발터 벤야민 선집 5
역사의 개념에 대하여 | 폭력비판을 위하여
초현실주의 외

발터 벤야민 선집 5

역사의 개념에 대하여 | 폭력비판을 위하여
초현실주의 외

발터 벤야민 지음 | 최성만 옮김

발터 벤야민 선집 5

역사의 개념에 대하여 | 폭력비판을 위하여 | 초현실주의 외

2008년 6월 25일 제1판 제1쇄 발행
2009년 9월 20일 제1판 제2쇄 발행
2012년 9월 5일 제1판 제3쇄 발행
2015년 5월 15일 제1판 제4쇄 발행
2017년 8월 31일 제1판 제5쇄 발행
2019년 1월 15일 제1판 제6쇄 발행
2021년 3월 15일 제1판 제7쇄 발행
2022년 11월 5일 제1판 제8쇄 발행

2024년 8월 15일 제1판 제9쇄 인쇄
2024년 8월 20일 제1판 제9쇄 발행

지은이 | 발터 벤야민
옮긴이 | 최성만
펴낸이 | 박우정

기획 | 이승우
편집 | 이현숙

펴낸곳 | 도서출판 길
주소 | 06032 서울 강남구 도산대로 25길 16 우리빌딩 201호
전화 | 02)595-3153   팩스 | 02)595-3165
등록 | 1997년 6월 17일 제113호

ⓒ 최성만, 2008. Printed in Seoul, Korea
ISBN 978-89-87671-80-2 (세트)
     978-89-87671-85-7 94100

■ 해제

발터 벤야민의 역사철학적 구제비평[1]

최성만(이화여대 교수 · 독문학)

1. 발터 벤야민의 '현재성'

19세기 말 니체가 "신은 죽었다"고 선언한 데 이어 20세기 말 후기 구조주의자들은 이성의 죽음과 주체의 죽음을 선포했다. 미셸 푸코 역시 인간의 사라짐을 진단했다. 하지만 어쩌면 신과 인간이 사라진 자리에 역사상 그 어떤 종교보다 강력한 힘으로 자본주의가 들어섰다고 볼 수 있지 않을까. 벤야민은 1921년에 쓴 「종교로서의 자본주의」라는 단편(斷片)에서 자본주의의 종교적 구조를 분석하면서, "자본주의는 순전히 제의(祭儀)로만 이루어진, 교리도 없는 종교"라고 말한

---

1) 이 글은 전영운 · 유형식 엮음, 『문학, 그 '사이'의 존재』(이학사, 2003)에 실린 나의 논문 「발터 벤야민의 역사철학적 구제비평」을 바탕으로 삼았고 그것을 대폭 수정 · 보완했음을 밝혀둔다.

다. 그에 따르면 '걱정'을 보편화하는 자본주의는 아무 교리도 초월성도 신학도 은총도 없는 무자비한 종교로서 종국에는 신까지도 죄(부채)에 끌어들인다. 그런데 벤야민이 이 단편을 역사적 유물론에 경도하던 후기가 아니라 신학적・형이상학적 색채가 짙던 초기에 썼다는 것은 놀라운 일이다. 그러나 그것은 달리 보면 벤야민의 사상에 정치와 신학의 양 날개를 가진 역사철학적 사유 내지 사회철학적 시각이 초기에서 후기까지 관통한다는 것을 반증하기도 한다. 『파사주』 프로젝트에서 벤야민은 종교로서의 자본주의와는 또 다른 방향에서 '지옥'으로서의 모더니티를 구상한다. 이때 그는 직접 신학적으로 사유한다.

지옥의 시간으로서의 '현대'. 지옥의 형벌들은 이 영역에 있는 것 중에서 가장 새로운 것이다. '항상 똑같은 것'이 일어난다는 것이 문제가 아니다. 영원회귀가 문제되고 있는 것은 더구나 아니다. 오히려 문제는 세계의 모습은 가장 새로운 것에서도 전혀 변하지 않는다는 점, 가장 새로운 것이 항상 동일한 것으로 머문다는 점이다. 이것이 지옥의 영원성을 구성한다. '현대'를 특징짓는 이 특성들의 총체성을 규정하는 일은 바로 이 지옥을 서술하는 일을 뜻한다. (V, 676)[2]

---

[2] 벤야민의 저작은 다음 전집(이하 『전집』)에서 인용한다. Walter Benjamin, *Gesammelte Schriften*, Bd. I~VII, Unter Mitwirkung von Theodor W. Adorno und Gershom Scholem hrsg. v. Rolf Tiedemann und Hermann Schweppenhäuser, Frankfurt a. M., 1972~89. 인용에서 로마 숫자는 전집의 권수, 뒤의 아라비아 숫자는 쪽수를 나타낸다. 그리고 그 뒤에 가능하면 해당 텍스트의 제목을 명시했다. 그 밖에 다음의 편지 선집에서도 인용하였다. Walter Benjamin, *Briefe*, 2 Bde., Hrsg. u. mit Anmerkungen versehen v. Gershom Scholem u.

여하튼 오늘날에도 우리가 살고 있는 자본주의 소비사회는 천국의 시뮬라크르이자 벤야민이 묘사하는 지옥이기도 하다는 점에는 누구도 이의를 달기 어려울 것이다. 벤야민은 모든 역사적 순간에는 "전혀 새로운 과제에 직면하여 전혀 새로운 해답을 얻을 기회"(I/3, 1231)가 주어져 있다고 말했다. 그런 의미에서 우리는 벤야민이 여전히 유효한가, 그의 사상은 현재성이 있는가(aktuell)를 묻기보다 우리가 살고 있는 현재가 충분히 현재적인가, 아니 그 현재에 대한 우리의 감각과 인식이 충분히 현재적인가를 물어야 할 것이다.[3]

벤야민은 역사·예술·사회·학문·문화 등에 관해 종합적으로 성찰한 사상가로서 그의 글에는 다양한 사유의 모티프들이 풍부하게 담겨 있다. 그 가운데 그의 역사철학적 성찰과 관련해서 보자면 현대 자본주의의 문제(물화와 소외), 그와 연관되는 법과 국가 및 문화의 제반 권력이 휘두르는 전체주의적 폭력성의 문제 등도 여전히 현재적이다. 최근에 이론적 작업을 하는 사상가들에게서 이와 관련된 주제가 심심치 않게 논의되는데, 그들이 벤야민의 역사철학적 글들을 중심적으로 다루고 있는 것을 볼 수 있다. 예를 들어 자크 데리다(Jacques Derrida)는 『법의 힘』에서 벤야민의 에세이 「폭력비판을 위하여」를 화두로 삼아 법·권력·폭력의 문제를 성찰했으며, 벤야민 전집의 이탈리아어 번역과 편집을 주도한 조르조 아감벤(Giorgio Agamben)은 『호모 사케르』[4]에서 오늘날 민주주의 국가에서 적법하게 행해지는 시민

Theodor W. Adorno, Frankfurt a. M., 1978(초판: 1966). (=『편지 선집』, 전 2권)
3) Uwe Steiner, *Walter Benjamin*, Stuttgart: Metzler, 2004, p. 189.
4) G. Agamben, *Homo Sacer*, Torino, Giulio Einaudi, 1995(독역: *Homo Sacer. Die*

의 '벌거벗은 삶'에 대한 주권·폭력·통치의 문제를 성찰하면서 위의 에세이를 비롯해, 진정한 비상사태(Ausnahmezustand, 예외상태)를 도입할 필요성을 역설하는 벤야민의 말을 인용한다.

억압받는 자들의 전통은 우리가 그 속에서 살고 있는 '비상사태'가 상례임을 가르쳐준다. 우리는 이에 상응하는 역사의 개념에 도달하지 않으면 안 된다. 그렇게 되면 진정한 비상사태를 도래시키는 것이 우리의 과제로 떠오를 것이다. 그리고 그로써 파시즘에 대항한 투쟁에서 우리의 입지가 개선될 것이다. (역사철학 8번 테제; 『호모 사케르』, 130쪽)

이러한 성찰은 전체주의 국가가 사라진다고 해서 전체주의적 권력이 사라지지 않는다는 점을 설파한 한나 아렌트나, 병원과 감옥을 비롯한 보호와 격리 시설들을 통해 인간의 신체를 통치해온 근대 권력의 실체 없는 작동방식을 해부한 푸코의 통찰에 직접 맞닿아 있다.

이 해제에서 나는 양차 대전 사이 유럽에서 '문학투쟁의 전략가', 아방가르드 지식인, 좌파 아웃사이더로서 예술과 역사와 정치와 문화를 성찰했던 벤야민의 사상세계를 특히 그의 역사철학적 사유를 중심으로 조망해보고, 그의 그런 사유가 오늘날에도, 아니 특히 오늘날에 대해 지니는 유효성과 현재성을 확인해보고자 한다.[5]

---

souveräne Macht und das nackte Leben, Frankfurt a. M., 2002; 국역: 『호모 사케르: 주권 권력과 벌거벗은 생명』, 새물결, 2008). 슬라보예 지젝(Slavoj Žižek)은 『실재계 사막으로의 환대—9·11과 그에 관련된 날짜에 관한 다섯 가지 논문』에서 아감벤의 이 책을 다루고 있다.

5) 참고로 벤야민의 생애와 사상은 『일방통행로/사유이미지』(발터 벤야민 선집 1, 도서

2. 비평의 중심 척도로서의 '현재성'

초기 벤야민의 비평은 우선 프리드리히 슐레겔(Friedrich Schlegel)과 노발리스(Novalis)로 대표되는 초기 낭만주의의 예술과 비평이론에서 영향을 받았다. 주지하다시피 초기 낭만주의의 비평은 계몽주의 시대에서처럼 비평 대상에 규범을 외부에서 적용하여 재단하는 비평이 아니라 한 개별 작품 속에서 그 속에 담긴 성찰을 작품의 자기인식에 이르기까지 무한히 전개하는 것이 그 특징이다. 그렇기 때문에 낭만주의 비평은 어떤 비평 척도에 따라 대상에 관해 판단을 내리기보다 대상 자체를 강화하고 보충하는 비평이다. 낭만주의 비평에서 가장 중요한 것은 비평한다는 사실 자체이고 그렇기 때문에 낭만주의 비평은 내재적 비평이자 '긍정적'(positiv) 비평으로 특징지어진다. 이러한 작품의 무한한 자기성찰과 자기비판으로서의 낭만주의 비평의 이념은 벤야민의 비평관뿐만 아니라 테오도르 아도르노의 철학에도 많은 영향을 주게 된다. 특히 벤야민의 '구제비평'(rettende Kritik)적 이념은 낭만주의 비평관에서 영감을 많이 얻었다. 하지만 벤야민에게 낭만주의적 비평방식은 흔히 생각하듯이 시문학적(poetisch) 비평방식과는 거리가 멀다. 벤야민에 의하면 낭만주의 비평은 근본적으로 작품의 '산문적'(prosaisch) 핵을 드러내는 데 본질이 있다. 작품의 산문적 핵을 드러내는 데 있어 '낭만주의적 반어'(romantische Ironie)는 그 비평방식의 중요한 요소를 이룬다.[6] 또한 벤야민은 낭만적이라는

출판 길, 2007; 이하 『선집』제1권에 서술되어 있다.

말에는 원래 환상적이고 몽환적인 것만이 아니라 오히려 그와는 정반대로 '소설적'(romanhaft)인 것이라는 뜻이 들어 있다고 강조한다. 주지하다시피 소설은 모든 장르적 특성을 포괄할뿐더러 내적 성찰(Reflexion)을 무한히 전개시키기에 가장 적합한 형식으로서 바로 이런 특성 때문에 소설은 낭만주의자들이 표방하던 비평의 이념에도 가장 잘 조응한다.

그러나 벤야민에게 낭만주의 비평은 대상 속에서의 무한한 '의식의 고양(高揚)'으로만 그치고 앎(지식)을 정주시키지 못하는 한계를 드러낸다. 대상에 대한 (역사적) 인식을 얻기 위해서는 결국 대상 자체를 무효화(파괴)할 필요가 있다. 이로써 작품은 낭만주의적 의식을 일깨우는 미적 경험의 대상으로서의 성격을 넘어서 인식의 대상으로 다시 태어나고, 이 인식 속에서 새로운 아름다움을 소유하게 된다. 이러한 현대적 비평방식의 단초를 벤야민은 독일 바로크 시대의 비애극(Trauerspiel)들에 특징적인 알레고리 형식에서 배우게 된다.

철학적 비평의 대상이 입증해야 하는 것은 예술형식의 기능이 모든 중요한 작품의 근저에 놓인 역사적 사실내용을 철학적 진리내용으로 만드는 데 있다는 점이다. 사실내용을 진리내용으로 변형시킴으로써 세월이 흐르

---

6) 폴 드 만과 같은 해체론자는 이 반어에 대한 낭만주의자들의 구상을 역사적 맥락을 사상한 채 추상적으로 극단화하여 해체론적 읽기의 구상에 형식주의적으로 차용한다. 신광현, 「시간/주체/언어: 폴 드 만의 '시간성의 수사'」, 『현대비평과 이론』, 제5권 제2호 통권 10호, 1995년 가을/겨울, 144~69쪽; 최성만, 「폴 드 만의 해체주의적 읽기이론에 대한 비판적 고찰」, 『독일문학』 제65집, 한국독어독문학회, 1998, 230~59쪽; 최성만, 「폴 드 만의 해체론적 수사학」, 『문예미학』 제6호, 문예미학회, 1999, 297~318쪽 참조.

면서 작품이 지닌 이전의 매력적 요소들이 감소되어가는 영향사적 쇠락현상이 새로운 탄생의 토대로 태어난다. 이 새로운 탄생 속에서 일시적 아름다움은 결국 모두 사멸해버리고 작품은 폐허로 자신의 위치를 굳히게 된다. 바로크 비애극의 알레고리적 구조 속에 구제된 예술작품의 그러한 폐허와 같은 형식들이 예전부터 분명하게 각인되어 있다. (I/1, 358:『독일 비애극의 원천』)

그에 따라 작품 내부로의 낭만주의적 침잠(미메시스)과 알레고리적 파괴(중단)는 벤야민의 비평방식을 특징짓는 양극이 되며 필자가 보기에 그 양극은 서로를 조건 짓는다. 이것은 비평(Kritik)과 주해(Kommentar)가 서로를 조건 짓는 방식과 유사하다. 즉 비평가로서 벤야민은 전승된 텍스트들을 주해하는 가운데 자신의 철학적 비평을 전개한다.

비평은 한 예술작품의 진리내용을 추구하며, 주해는 그것의 사실내용을 추구한다. 둘 사이의 관계는 무릇 저술의 기본법칙을 규정짓는데, 이 법칙에 따르면 한 작품의 진리내용은 이 진리내용이 의미심장한 것일수록 그 작품의 사실내용에 그만큼 더 눈에 띄지 않게, 그리고 더 내밀하게 결합되어 있다. 그에 따라 바로 그 진리가 가장 깊숙이 그것의 사실내용 속에 침전해 있는 작품들이야말로 생명력이 강한 작품들로 입증된다면, 세월이 흘러가면서 사실자료들은, 이것들이 세계 속에서 사멸해 가면 갈수록, 관찰자에게 작품 속에서 그만큼 더 분명하게 눈에 띄게 드러나게 된다. 이로써 현상에 따라 볼 때 사실내용과 진리내용은 작품의 초창기(=

작품이 만들어져 처음 수용된 시기]에는 하나로 합쳐져 있다가 그 작품이 [역사 속에] 지속되면서 서로 분리된다. 왜냐하면 사실내용이 눈에 띄게 드러난다면, 진리내용은 언제나 은폐되어 있기 때문이다. 후세의 비평가들에게는 시간이 흘러갈수록 눈에 띄게 드러나고 낯설게 나타나는 저 사실내용을 해석하는 일이 전제조건이 된다. 우리는 그 비평가를 한 양피지를 앞에 둔 금석학자(金石學者)에 비유할 수 있을 것이다. 양피지의 빛바랜 텍스트는 이 텍스트를 암시하는 강한 필치의 글씨로 쓰인 표지에 덮여 있다. 그 금석학자가 이 표지의 글씨를 읽는 일부터 시작해야 하는 것처럼, 비평가도 주해에서 시작해야 할 것이다. 〔……〕 한 비유를 들어 설명해보자. 어떤 자라나는 작품을 불타오르는 장작더미로 본다면 그 앞에 주해자는 화학자처럼 서 있고, 비평가는 연금술사처럼 서 있다. 주해자에게는 나무와 재만이 그의 분석의 대상들을 이룬다면, 비평가에게는 타오르는 불꽃 자체만이 수수께끼를 간직하고 있다. 그처럼 비평가는 작품의 진리를 묻는데, 이 진리의 살아 있는 불꽃은 존재했던 것의 무거운 장작더미와 체험된 것의 가벼운 재 위에서 계속 타오르고 있다. (I/1, 125: 「괴테의 친화력」)

하지만 주해와 비평의 구별은 그 둘이 상호 규정짓는 관계이기 때문에 또다시 지양된다고 할 수 있다. 한 텍스트에 대한 주해 없이 그것의 비평이 가능하지 않으며, 또한 비평으로 이어지지 못하는 주해는 불완전한 주해가 된다.

이처럼 결국 지속적인 사물들의 사실내용에 대한 완성된 통찰은 그 사물들의 진리내용에 대한 통찰과 합치한다. 진리내용은 사실내용의 진리내용임이 입증된다. (I/1, 128: 「괴테의 친화력」)

결국 작품 속으로의 문헌학적 침잠은 작품에 대한 비판적 인식이 산출되기 위한 전제조건을 이룬다. 그런데 초기 벤야민에서 주해의 대상이 전승된 정전적 텍스트들이었다면, 후기 벤야민에서(『파사주』) 이러한 주해 작업의 대상은 텍스트에서 벗어나 19세기 자본주의적 현대의 현실 전체가 된다. 중기에 이르기까지 주로 (고전적) 예술작품에 대한 해석을 통해 자신의 사상을 형성해가려고 했던 벤야민은 당대의 정신사적 문예학과 예술학에서 숭상되던 정신 개념의 추상성과 신화적 성격을 비판한다. 그의 이러한 비판은 나중에 바이마르 공화국 말기 그가 유물론적 입장을 굳혀갈 즈음에는 더욱 고조된다. 왜냐하면 사회는 이제 지식인들에게 관조적 사유의 여지를 더는 남겨두지 않는 상황으로 변해가는데도 여전히 또는 그만큼 더 악착같이 '정신지배주의'(Logokratie)적 태도에 매몰된 지식인들이 많았기 때문이다. 이 점에서 초기 벤야민의 비판은 후기에까지 이어진다. 우선 벤야민이 자신의 지적 작업에 대해 가졌던 자기이해를 살펴보자. 그의 프로그램은 "이전 세기의 학문 개념을 특징지었던 분과 학문들 사이의 경직된 벽을 허물어버리는 학문의 통합 과정을 예술작품에 대한 분석을 통해 촉진하는" 일이었다. 여기서 "예술작품은 어떤 측면에서도 영역적으로 국한할 수 없는, 한 시대의 종교, 형이상학, 정치, 경제적 경향들의 총체적 표현"으로 파악된다(VI, 219: 「이력서」).

이 점에서 벤야민은 당시 문예학의 정신사적 경향에 대해 비판적 입장을 취한다. 벤야민은 스스로 당대의 정신사적 분위기에 영향을 받으면서 자신의 고유한 사상세계를 구축해왔음에도 '정신'이나 '체험', '가치', '문화사' 등 초역사적이고 물화된 개념으로 자신들의 비역사적 태도를 은폐하고 위장하는 관념론적 강단 철학과 미학의 풍토를 받아들일 수 없었다. 왜냐하면 이러한 추상적 정신숭배적 태도는 결국 개별 작품에 내재한 폭발적 힘, 즉 작품이 그것을 수용하는 각각의 시대에 대해 내포하는 진리내용을 그르치고 작품의 사회적·역사적 의미를 왜곡하기 때문이며 결국 그로 인해 사회에 닥친 위기에 적절히 대처하지 못하기 때문이다. 그러나 '사회주의 리얼리즘'으로 대표되는 당대의 마르크스주의적 비평 역시 벤야민이 보기에 대부분 작품을 외재적으로 평가할 뿐 작품의 내부에 침잠해 들어가지 않는다는 점에서 진리내용을 놓치고 있기는 마찬가지다(VI, 178f). '좌파 아웃사이더'가 되기 이전에도 벤야민은 초기 청년운동에 헌신할 때부터 글쓰기 작업을 지고의 '정치적인' 의미로 파악해왔다. 「문학사와 문예학」이라는 제목의 서평에서 그는 초시대적 내면성의 신비주의로 빠져드는 문예학의 풍토를 통렬하게 질타한다.

'종합적'(synthetisch) 태도를 통해 항상 자신의 연구 대상의 광대함을 드러내는 저 학문은 이 모든 것을 통해 위세를 부린다. 그러나 커다란 전체를 노리는 이러한 욕심이 그 학문이 안고 있는 불행이다. 다음의 말에 유의해 보자. "정신적인 가치들은 압도적인 힘과 순수성을 지니고 나타난다. 〔……〕 이념들은 작가의 영혼을 뒤흔들고, 작가로 하여금 상징적으로 형상화하도록 자극을 가한다. 작가는 항상 우리로 하여금 그가 어떤 가치와 가치층을 우선시하는지를 체계적이지는 않지만 분명하게 느낄 수 있도록 해준다." 이런 가치의 늪 속에 머리가 일곱 개 달린 강단 미학의 히드라가 살고 있다. 여기서 일곱 개의 머리란 곧 창조성, 감정이입, 초시간성, 재창조, 추체험, 환영(幻影), 예술의 향유를 가리킨다. 〔……〕이러한 모든 기도(企圖)는 문학에 정통한 사람들에게는 섬뜩한 느낌을 자아낸다. 이를테면 용병 일개 중대가 여러 보화와 화려한 구경거리를 보겠다는 구실 아래 이 문학이라는 아름답고 튼튼한 집으로 육중한 발걸음을 내디디며 행군해 들어왔으나, 정작 이들은 이 집의 정돈된 모습과 재산 목록 따위에는 전혀 관심이 없다. 이들이 이 집에 진입한 목적은 이 집의 위치가 좋아서 내전이 발발할 경우 이 집을 거점으로 삼아 여기서 어떤 교두보를 공격하거나 방어할 필요가 있는 어떤 철로를 공격하기 위해서이다. 이런 식으로 문학사는 이곳 문학의 집에 진을 쳤는데, 그것은 '아름다움'과 '체험가치들'과 '이념적인 것' 또는 그와 유사한 것들로부터 최상의 엄호를 받으며 사격을 가할 수 있기 때문이다.[7]

그리하여 벤야민은 인식과 실천, 역사와 현재 사이의 긴장을 해체해버린 채 문학작품에 대한 인식을 문화재의 박물관적 지식으로 환원하는 당대 문예학의 비역사적 태도를 비판하면서 문예학과 문학사의 역사철학적 과제를 다음과 같이 제시한다.

---

[7] Walter Benjamin, *Gesammelte Schriften*, Bd. III, pp. 286~87.: Literaturgeschichte und Literaturwissenschaft. 정신사적 방법이 횡행하던 당시 문예학자 에밀 에르마팅거가 엮은 책: Emil Ermatinger, *Philosophie der Literaturwissenschaft*, Berlin, 1930에 대한 이 서평에서 벤야민은 그 스스로 '문학투쟁의 전략가'로서의 비평가의 면모를 유감없이 발휘하면서 강단 문예학의 경향을 총체적으로 비판한다.

중요한 것은 문학작품들을 그것들의 시대의 연관 속에서 서술하는 일이 아니라, 그것들이 탄생한 시대 속에서 그것들을 인식한 시대, 즉 우리 자신의 시대를 기술하는 일이다. 이로써 문학은 역사의 기관이 되며, 문학을 바로 그렇게 만드는 일 — 문헌들을 역사의 소재 영역으로 만드는 대신 — 이야말로 바로 문학사의 과제이다. (Ⅲ, 290)

그렇기 때문에 벤야민에게는 엄밀한 의미에서 문학사와 "예술사는 존재하지 않는다."[8] 그렇지만 이 말은 예술작품이 수용자의 주관적·임의적 인상에 따라 다양하게 해석될 수 있다는 뜻이 아니라 예술사란 그때그때 현재의 관점에서 새로이 해석되고 새로이 씌어져야 한다는 뜻이다. 즉 해석이란 문학작품을 둘러싼 사실들을 역사적 자료로서 실증주의적으로 확정하는 일도 아니고 수용자의 일시적이고 우연적인 인상을 기술하는 일도 아니며 그때그때 시간적 제약 속에 있는 주체가 자신이 처한 현재에 대한 역사적 문제의식을 가지고 대상과 만나는 데서 생겨난다. 특히 한 문학작품이 담고 있는 초시대적인 영원한 정신적 가치가 아니라, 그 작품이 지금 여기서 우리에게 말해주는 바를 물을 것을 요구하는 벤야민의 태도는 '현재성'(Aktualität)을 중시하는 그의 비평의 원칙에 상응하며, 이것은 비단 개별 작품의 해석에만 적용되는 것이 아니라 문학과 예술의 역사, 더 나아가 역사 전체를 바라보는 시각에도 적용된다. 그리하여 『일방통행로』에 실린 자

---

[8] 친우였던 플로렌스 랑(Florens Christian Rang)에게 보낸 1923년 12월 9일자 편지 (『편지 선집』, 제1권, 320).

신의 아포리즘들을 두고 "그것은 현재성을 영원의 이면(裏面)으로서 역사 속에서 포착하고 동전 뒤에 가린 이 이면을 찍어내는 일"(『편지선집』, 459)이라고 밝힌다. 벤야민에서 이러한 현재성이 바로 비평을 "문학사의 기초과학"(VI, 173)으로 만들며 역사에 대한 인식에서도 '지금시간', '인식 가능성의 현재'가 핵심적으로 작용하도록 만든다.

문화라는 전승된 보화는 풍부하고 화려하지만 그것은 또한 인류가 현재를 냉철하게 바라보는 시각을 가리는 '마술환등'(Phantasmagorie)으로 작용하기도 하고, 그때그때의 지배 권력에 의해 문화사로 치장되어 체제 긍정적 이데올로기로 이용되기도 한다. 따라서 "동시에 야만의 기록이 아닌 문화의 기록이란 결코 없다"(역사철학 7번 테제)고 한 벤야민에게 전승된 문화란 궁극적으로 현재를 사는 사람들의 삶에 유용한 지침을 주는 한에서만 의미가 있다. 그러나 여기서 문화를 향유하는 주체의 문제가 제기되는데, 문화는 지배 권력의 전유물이 아님에도 불구하고 그 역사성이 탈색되어 그때그때 지배 권력의 전리품으로 기능해온 것이 바로 역사이다. 문화를 이러한 지배관계에서 풀어내어 다수에게 돌려주는 것이 중요하다. 그렇기 때문에 벤야민은 역사의 주체는 (추상적인) 인류 전체가 아니라 "억압받는 사람들"이라고 명시한다.

요컨대 문화사라는 것은 단지 겉보기에만 통찰의 진전을 보여주고 있을 뿐 변증법의 진전을 겉보기로나마 보여주는 법은 한 번도 없다. 그 이유는 문화사에는 변증가의 경험이나 변증법적 사유를 신빙성 있는 진실한 경험으로 보증해주는 파괴적인 요인이 빠져 있기 때문이다. 분명 문화사는 인류의 등에 쌓이는 보화의 무게를 증가시키고 있기는 하다. 하지만 문화사는 인류에게 그 보화를 뒤흔들어 그것을 수중에 넣을 수 있도록 할 힘을 주지는 않는다. (II/2, 478: 「수집가이자 역사가 에두아르트 푹스」)

벤야민에게 역사의 진정한 이미지는 변증법적인 이미지이다. 현재의 위치에서 새로이 '구성'되어야 할 역사를 위해 파괴되어야 할 것은 무엇보다 문화사가 지어 보이는 역사의 '연속성'이라는 가상, 그리고 역사가 진보한다는 가상이다. 이러한 가상들을 파괴함으로써 인간이 직면한 현대의 위기 상황, 지금의 '비상사태'가 상례였음을 깨달을 수 있다. 벤야민의 이러한 유물론적·실용주의적인 역사철학에 바탕을 둔 문화 비판적 시각은 그가 자신의 입장을 스스로 규정한 바 있는 "인간학적 유물론"(anthropologischer Materialismus)으로 요약된다(「초현실주의」 참조).[9]

---

9) 최성만, 「벤야민에서 혁명과 인간학적 유물론」, 『21세기 자본주의와 대안적 세계화』, 맑스코뮤날레 조직위원회 엮음, 2007년 6월(3회 맑스 코뮤날레 기고문) 참조. "인간학적 유물론"을 설명하기 위해 이 글의 요약문을 소개하면 다음과 같다. "발터 벤야민은 1920년대 중반 이후 아방가르드적이고 유물론적인 글쓰기를 실천하면서 스스로 '좌파 아웃사이더'로 이해했으며 메시아주의적 신학과 급진적 성격의 유물론적 정치학을 결합한 독특한 사상을 전개하였다. 그는 (프롤레타리아) '혁명'에 대해 체계적인 이론을 세우지 않았지만 당대 좌파 이론과 실천에 개입하면서 끊임없이 혁명에 대해 성찰했다. 그의 혁명론의 특징은 1) 중단의 정치학, 2) 의식보다 감성에 정향하는 정치학(도취와 구성), 3) 부르주아적 개인의 자율적 주체를 벗어나는 집단의 신체적 '신경감응'(Innervation) 등이며 이 모든 특징이 '인간학적 유물론'으로 요약된다. 그는 혁명의 주체를 억압받는 계급, 프롤레타리아트로 본다. 그러나 그는 당시 사회민주주의를 비롯한 교조적 마르크스주의가 역사가 진보한다는 환상에 나태하게 빠져듦으로써 파시즘에 대응하지 못하고 프롤레타리아트의 힘을 약화시킨 점을 신랄하게 비판한다. 그에게 혁명은 진보라는 이름으로 진행되는 역사의 파국적 발전을 중단시키는 '블랑키'적 행동이다. "마르크스는 혁명이 세계사의 기관차라고 말했다. 그러나

기술의 발전과 대중에 대한 긍정적 태도 때문에 벤야민은 아도르노가 "비변증법적"이라고 비판했듯이 흔히 권력과 기술, 권력과 문화의 관계를 이데올로기 비판적 시각에서 냉철하게 고찰하지 못한 측면을 두고 비판받기도 한다. 그러나 물화된 '문화사' 개념에 대한 과격한 비판에서도 드러나듯이 그에게서 대중과 기술의 발전에 대한 해방적 관심은 그것이 해방적으로 작용하기 위한 조건으로서 사회질서를 혁명적으로 이루어야 한다는 정치적 관점과 서로 맞물려 있다는 점을 상기할 필요가 있다.

3. 감각학으로서의 '미학'

"극단은 서로 통한다"는 말을 자주 인용하는 벤야민은 스스로 그러한 극단의 사유를 실천했다. 극단의 결합은 예를 들면 역사적 유물론과 신학을 결합한 역사철학 1번 테제에 나오는 꼽추 난쟁이와 자동인형기계의 알레고리에서 분명히 드러난다. 그는 베르톨트 브레히트의 투박한 유물론적 미학에 경도해 있을 때 프란츠 카프카에 관한 형이상학적 에세이를 써서 브레히트와 토론하기를 바랐고, 「생산자로서

어쩌면 사정은 그와는 아주 다를지 모른다. 어쩌면 혁명은 이 기차를 타고 여행하는 사람들이 잡아당기는 비상 브레이크일 것이다." 또한 초현실주의와 푸리에의 유토피아적 구상에서 영감을 받은 그는 '도취'의 힘을 혁명에 필수적이라고 보고 '신체 공간'과 '이미지 공간'의 상호 침투, 이를 위해 테크놀로지에서 도구를 취하는 프롤레타리아트의 신체적 '신경감응'을 중시했다. 그러나 이것이 기존 질서에 '적응'하는 에너지로 머물지 구원을 위한 혁명적 파괴로까지 나아갈지는 여전히 열린 물음이다." 이 논문의 후속편으로서 최성만, 「발터 벤야민의 인간학적 유물론」, 『뷔히너와 현대문학』, 한국 뷔히너학회 편, 제30호, 2008년, 225~52쪽도 참조할 것.

의 작가」나 「기술복제시대의 예술작품」과 같은 급진적인 유물론적 글을 쓸 당시 니콜라이 레스코프(Nikolai Leskov)라는 러시아의 이야기꾼에 경도되어 전통적 서사의 아름다움을 찬미하기도 했다. 그러나 자세히 살펴보면 이러한 극단을 사유하는 경향은 한 편의 글 안에서도, 심지어 초기의 형이상학적·신학적 글 안에서도 엿볼 수 있다. 물론 극단에 대한 사유는 변증법적 사유를 특징짓는다. 그에 따라 벤야민에게서 형이상학과 유물론은 결코 대립되는 개념이 아니며, 오히려 상호 침투하는 데서 그 진정한 의미가 드러난다. 극단의 사유는 변증법적 사유이기는 하지만 사유 대상으로서 한 현상이 지닌 이의성(二義性, Zweideutigkeit)을 고수하는 '열린 변증법'의 사유로서, 벤야민은 여기서 그 현상에 대한 외재적 판단과 종합을 끊임없이 유보한 채 그 이의성을 그것이 자기전복을 일으킬 때까지 상호 침투시킨다. 레스코프의 이야기들에서 벤야민이 '의로운 자'와 '정의'(正義)를 말할 때 그것은 윤리적 카테고리로서가 아니라 사기꾼이나 악한을 비롯하여 삼라만상, 심지어 돌멩이와 같은 무생물까지 아우르는 정의로서 여기서 정의의 의미는 윤리와 도덕이 들어설 자리가 없을 정도로 확대된다. 그리하여 레스코프의 이야기들은 종종 "철저한 타락이 성스러움으로 변하는" 지점까지 나아간다. 벤야민적 변증법에는 '매개' 대신 '전복'(顚覆)과 '성좌'(Konstellation)적 요소가 두드러지게 나타난다는 점은 이미 동료나 연구자들에 의해 일찍부터 간파되었다.[10] 이

---

10) Rolf Tiedemann, *Dialektik im Stillstand. Versuche zum Spätwerk Walter Benjamins*, Frankfurt a. M., 1983, p. 36 참조.

러한 전복적 요소를 벤야민은 주로 그가 비평한 작가들에게서 읽어낸다. 살롱을 들락거렸던 '모방'과 '아첨'의 천재 마르셀 프루스트는, 몰락해가는 계급이기에 더욱더 봉건적 요소들로 치장하여 수다를 떠는 19세기 말 부르주아지의 세계에 어울려 들어가 그 수다를 흉내 내면서 일순간 그 우스꽝스러움을 전복적으로 드러낸다. 또한 벤야민이 카를 크라우스(Karl Kraus)의 저널리즘 비평에서 취하는 사회 비판적 태도를 "중국적 공손함"으로 특징지은 것은, 바로 그 작가가 거리를 두고 상대를 비판하는 것이 아니라 오히려 그 상대에 미메시스적으로 굴종하듯 파고들어가 상대의 본질을 폭로하기 때문이다. 이러한 태도는 그의 미학에도 어느 정도 적용된다.

벤야민의 "사유이미지"들은 많은 부분 그 자신의 경험, 특히 어린 시절의 경험에 원천을 두고 있다. 그의 인식론 내지 인식 비판, 모더니즘, 서사이론 역시 그의 경험이론을 바탕으로 한다. 벤야민이 특히 어린아이들의 경험과 지각세계에 관심이 많았던 것은 그가 강단 철학의 지배적 논리, 아도르노가 "동일성 논리"라고 칭한 것, 요컨대 의식철학의 주관주의적 경향을 비판적으로 바라보았음을 입증한다. 그가 개념이나 인식보다 '경험'이나 '지각'이라는 용어를 선호한 것도 같은 이유에서이다. 그는 지각 개념을 읽기 개념과 동의어로 사용한다. 그리고 이 지각의 대상은 인식과는 달리 동일성이 아니라 '유사성'이다.

동일성은 인식의 카테고리이다. 엄밀하게 보자면 동일성은 냉철한 지각에는 등장하지 않는다. 가장 엄격한 의미에서 냉철한 지각, 즉 모든 선입견을 떨쳐버린 지각은 극단적인 경우 언제나 어떤 유사한 것에만 맞닥

뜨릴 것이다. (『편지 선집』, 제2권, 805)

벤야민은 경험을 "살았던 유사성"(gelebte Ähnlichkeit)이라고 정의한다(VI, 88). 그는 칸트적 의미의 경험, 즉 자연과학적 인식이 되기 위한 경험에 포괄되지 않는 경험을 중시하기 때문에 '기억', '꿈과 깨어남', '충격' 체험, '마약' 체험, '기시감'(旣視感, déjà vu)과 같은 초심리학적이고 '신비적'(okkult)인 체험 일반을 주목한다. 이런 이유에서 그는 늘 예술가, 미개인, 광기에 사로잡힌 사람, 예언적 투시력을 가진 사람, 어린아이의 경험에 관심이 끌렸다. 또한 예술작품에 대한 경험은 그에게는 좁은 의미의 '미학'의 카테고리에 묶어둘 수 있는 경험이 아니며 오히려 그러한 '미학'이라는 분과학문적 틀을 폭파하는 인식론적·역사적·정치적 함의를 갖는 경험의 '소우주'로서 파악된다. 그리고 벤야민에게서 "미적 가상"은 헤겔과는 달리 "이념의 감각적 현현"이 아니라 신화를 인식하게 하는 신화적 매체와 같은 성격을 띤다. 미적 경험은 이미 어린 시절의 경험에서 마법적 경험으로 다가온다. 고전적 의미의 미적 경험의 전범으로 그가 『1900년경 베를린의 유년시절』에서 서술한 어린 시절의 한 기억이 많은 것을 시사해준다.

내가 원했을 때 열렸던 최초의 장롱은 서랍장이었다. 나는 손잡이 단추를 잡아끌기만 하면 되었다. 그러면 자물쇠가 찰칵 소리를 내면서 문이 열렸다. 그 안에는 내 빨래들이 보관되어 있었다. 거기 들어 있었음이 틀림없고 내가 더는 기억하지 못하는 내의며, 바지며, 멜빵 달린 내의와 같은 것들 속에는 내게서 사라지지 않고 나로 하여금 언제나 그 장롱에 다가가

도록 다시금 유혹하고 모험적으로 보였던 뭔가가 있었다. 나는 안쪽 깊숙한 데까지 손을 뻗어야 했다. 그러면 내 손에는 양말이 잡혔다. 양말들은 층층이 쌓여 있었고 늘 그랬듯이 둘둘 말려 있었다. 그래서 양말들은 한 켤레씩 조그만 주머니 모양을 하고 있었다. 내가 손을 그 양말 속 깊숙이 찔러 넣어보는 즐거움은 무엇에도 비할 수 없었다. 그것은 그 양모의 따뜻함 때문만은 아니었다. 내가 둘둘 말린 양말 속에서 손에 잡았고 나의 손을 그렇게 깊숙이 집어넣게 한 것은 바로 '선물'이었다. 내가 그 선물을 주먹으로 움켜쥐고서 그 부드러운 양모 덩어리를 힘닿는 데까지 소유하게 되었다고 믿으면, 숨 막히는 비밀을 폭로하게 될 두 번째 놀이가 시작되었다. 왜냐하면 나는 그 '선물'을 양말 주머니에서 꺼내려고 했기 때문이다. 나는 그 선물을 가까이 끌어당겼는데 나를 아연케 한 일이 벌어지고 말았다. '선물'을 주머니에서 빼냈는데, 주머니는 더는 거기에 없었던 것이다. 나는 이 불가사의한 진실을 아무리 자주 시험해보아도 충분치 않았다. 형식과 내용, 껍질과 껍질에 싸인 것, '선물'과 주머니는 하나였던 것이다. 이 과정은 내게 진리를, 어린아이의 손이 '주머니'에서 양말을 꺼내듯이, 시(문학)에서 조심스레 꺼내야 한다는 것을 가르쳐주었다. (VII/1, 416f.)[11]

이러한 어린 시절의 경험은 미적 가상에 관한 그의 사유에 그대로 전이되어, 미라는 것은 껍질 속에서만 미로 남아 있는 어떤 것이고,

---

[11] 이전 판에서는 이 마지막 문장을 이렇게 변주한다. "그것들은 하나였고 제3의 것으로서 양말 자체였으며 그 둘이 양말로 변해버린 것이다"[IV/1, 284: Schränke(장롱들)]. 『1900년경 베를린의 유년시절/베를린 연대기』(발터 벤야민 선집 3, 도서출판 길, 2007; 이하 『선집』 제3권), 118~19쪽 참조.

예술비평의 과제는 아름다운 가상이란 벗겨질 수 없는 어떤 껍질임을 입증하는 일이라는 생각으로 발전한다(I/1, 195: 「괴테의 친화력」). 양말은 어린아이에게 주머니와 '선물'이라는 유사성의 세계로 전치(轉置)되어 마법적 경험을 가져다준다. 그러나 어린아이는 결국 그 유희에서 '양말'이라는 현실을 다시 발견함으로써 마법에서 풀려난다. 이러한 마법에 걸림과 마법에서 풀려남은 동화 줄거리의 일반적인 구조를 이루기도 하며, 벤야민에게는 특히 『잃어버린 시간을 찾아서』의 작가 프루스트가 이러한 미적 경험의 대상인 유사성의 세계에 열정적으로 사로잡힌 작가로 나타난다.

우리가 흔히 일상적으로 기대하고 또 깨어 있는 상태에서 지각하는, 한 사물과 다른 사물 사이의 유사성은, 꿈의 세계가 갖는 보다 깊은 유사성을 변주하는 것에 지나지 않는다. 꿈의 세계에서 일어나는 일들은 결코 동일하지 않고 유사할 뿐이다. 다시 말해 꿈에서 사물들은 꿰뚫어 볼 수 없는 유사성 관계에 있다. 이러한 꿈의 세계의 특징을 알고 있는 것은 어린아이들인데, 아이들은 빨래가 든 장롱 서랍 안에 말아서 넣어둔 양말에서 그러한 꿈의 세계와 똑같은 구조를 발견한다. 그 양말은 '주머니'이자 동시에 '선물'이기도 하다. 그리고 아이들은 이 주머니와 그 안에 들어 있는 내용물을 단번에 어떤 제3의 것, 즉 양말로 변화시키는 경험을 지칠 줄 모르고 하는 것이다. 이처럼 프루스트는 자아라는 모조품을 단번에 비워버리고 지칠 줄 모른 채 제3의 것, 즉 이미지를, 그의 호기심, 아니 그의 향수(鄕愁)를 달래줄 그 이미지를 거듭해서 거두어들였던 것이다. 이 향수에 시달리며 그는 침대에 누워 있었다. 그것은 유사성의 상태에서 변형(왜곡)된

세계, 그 속에서 삶의 진실한 초현실주의적 얼굴이 떠오르는 그 세계에 대한 향수였다. 프루스트에게서 일어나고 있는 일은 바로 이러한 세계에 속하는 것이고, 또 그것은 조심스럽고 고상한 모습을 하고 떠오른다. 〔……〕 부서지기 쉬운 값진 현실, 즉 이미지를 담고서. (II/2, 314: 「프루스트의 이미지」)

견고한 자기동일성을 해체하고 현실의 물리적 시간을 지양하는 것은 '무의지적 기억'을 통해 (비감각적) 유사성의 세계를 발견하기 위한 전제조건이다. '미메시스 능력' 또는 상상력이 바로 이러한 미적 경험의 기관으로 작용한다. 그러나 이처럼 유사성의 세계로 전치된 현상세계는 미적 경험의 대상이 되는 것으로 그치지 않는다. 벤야민에게 유사성 현상이 예술의 영역에 한정된 것이 아니라 경험 일반, 특히 언어의 본질에 해당하듯이, 그가 여러 텍스트에서 언급한 '아우라'(Aura) 역시 미적 경험이 아니라 인간과 사물에 대한 경험 일반에 해당한다. 혹은 역으로 예술과 미학의 기능과 의미가 적어도 모더니티 이후 완전히 바뀐 것이다. 그리하여 벤야민의 프로그램은 "예술작품에 이르는 길을 예술의 영역적 성격에 대한 이론을 분쇄함으로써 개척"하는 일이었다. 이는 그가 초기에 비평의 궁극적 과제를 예술작품의 '진리내용'을 묻는 데서 본 것과 상통한다. "완성된 비평은 미학이라는 공간을 돌파한다"(VI, 179). 후기에 그는 영화를 위시한 새로운 매체들의 등장으로 예술의 환경 자체가 근본적으로 변화하게 된 기술복제의 시대에 예술은 그것이 전통적으로 지녀온 예술적 기능과 미적 가치를 더는 주도적 기능과 가치로서 보존하지 못할 것이라는 점을 예견한다. "오늘날에는 절대적 역점이 그 전시가치에 주어짐으로써 예술작품은 전혀 새로운 기능을 지닌 형상물이 되었다. 오늘날의 예술작품이 지닌 새로운 기능들 중에서도 우리가 잘 알고 있는 두드러진 기능은 예술적 기능이지만, 이 예술적 기능 역시 사람들이 나중에 부차적 기능으로 인식하게 될지도 모른다"(I/2, 484; VII/1, 358=『선집』 제2권, p. 55). 이처럼 벤야민에게 미적 경험은 예술이라는 영역에 한정되어 있지도 않고 칸트 식으로 모든 인식 영역에서 벗어난 자족적이고 자율적인 체험으로 그치는 것도 아니다. 초기 벤야민의 미적 경험은 특히 역사철학적 인식에 간섭받고 있고 후기에는 이러한 인식과 더불어 무엇보다 정치적 실천과 매개된다. 따라서 벤야민의 미학은 그리스어에서 그 말이 원래 의미했던 대로 감각적 지각 일반에 관한 이론(aisthesis)이며, 여기서 지각은 비감각적 영역으로까지 확대된다. 왜냐하면 벤야민에게서 언어 능력의 또 다른 이름이라 할 미메시스 능력이 추적하는 대상도 '비감각적 유사성'이기 때문이다.[12] 요컨대 미시적 시각을 추구하는 벤야민의 미학은 무엇보다 철학사에서 전승되어온 인식론적 틀이 갖는 주관주의적 경향에 대한 비판을 매개해주는 '감각학'(Aisthetik)의 역할을 한다.[13]

---

12) '비감각적 유사성'에 관해서는 『선집』 제6권에 들어 있는 「유사성론」과 옮긴이의 해제를 참조할 것.
13) 미학이 감각학으로 복원되는 경향은 『감각의 논리』에서의 들뢰즈나 그 이전에 메를로퐁티의 『지각의 현상학』을 언급하지 않더라도 모더니즘 문학과 예술 이래 일반적 경향으로 볼 수 있다. 다만 벤야민에서 감각학은 "예술의 영역적 성격을 폭파"할 필요성을 역설한 그 자신의 말대로 유물론적이고 정치적인 성격을 띤다는 점에서 여타 (예술)철학적 경향의 그것들과 분명한 변별성을 보인다는 점을 유의할 필요가 있다.

4. 모더니티 신화의 비판과 구제―『파사주』 프로젝트

그러나 프루스트적 '무의지적 기억'이나 초현실주의적 현실에 미메시스적으로 침잠하여 유사성의 세계를 발견하는 것은 벤야민에게는 그 자체에 목적이 있지 않다. 초현실주의적 꿈의 세계는 벤야민에와서 '각성'된다. 왜냐하면 중요한 것은 꿈 자체가 아니라 바로 그 꿈에서 깨어나 현실을 재발견하는 일이기 때문이다. 그래서 「초현실주의」에서 서술했듯이 꿈 자체가 아니라 꿈에서 깨어남, 즉 '범속한 각성'(profane Erleuchtung)이 벤야민에게 핵심적인 초현실주의적 경험이다. 꿈과 깨어남의 이러한 변증법을 벤야민은 나중에 『파사주』에서 19세기의 자본주의적 현대라는 신화적 꿈의 세계에 적용하게 된다. "자본주의는 꿈을 동반한 새로운 잠이 유럽에 덮쳤고 그 잠 속에서 신화적 힘들이 부활했던 일종의 자연현상이었다"(V, 494).

여기서는 이제 양말의 경험에서처럼 마법적인 유희가 주는 심미적 즐거움이 아니라 자본주의적 상품의 '물신'이 펼치는 환상적인 꿈 속에 침잠하여 그로부터 깨어나는 순간 자신의 현재를 읽어내는 일이 중요해진다. 꿈은 이러한 깨어남의 순간에 비로소 변증법적으로 읽히게 된다. 그는 마셜 버먼이 인용한 마르크스의 말대로 "모든 것을 녹여버리는"[14] 생산력의 광적인 발전(진보) 속에서 폐허로 변해가는 초기 자본주의의 기념비들에서 그 기념비들을 생산했던 시대와 동시에

---

14) Marshall Berman, *All That is Solid Melts into Air: The Experience of Modernity*, New York: Simon and Schuster, 1982 참조.

자신이 위치한 1930년대 현실을 함께 변증법적 이미지로 읽어내는 작업에 몰두한다. 그 부르주아의 기념비들이란 파사주, 만국박람회, 실내장식, 파노라마 등이다. 부르주아들은 유리와 철재와 같은 건축의 신소재들을 이용하여 기능적 건물을 짓는 대신 인간의 태곳적 꿈을 표현한 건물들, 특히 탐욕적인 상가 파사주(Passage)들을 지었다. 파사주에 진열된 상품들이 새로움의 가상 속에서 거리산보자(flâneur)를 그러한 꿈의 세계로 유혹하면서 자신의 물신성을 마음껏 만끽한다. 여기서 수집가이자 역사가 벤야민이 읽어낸 19세기 역사의 이미지는 '상품물신'이자 '유토피아'라는 이의성을 띤다.

한 시대에는 그 시대에 이어지는 다음 시대의 이미지들이 꿈속에 등장하는데, 이 꿈속에서 다가올 시대는 원사(原史, Urgeschichte)의 요소들, 다시 말해 계급 없는 사회의 요소들과 혼융되어 나타난다. 이 계급 없는 사회에 대한 경험들은 집단적 무의식 속에 저장되어 있고, 이 경험들은 새로운 것과 상호 침투하여 유토피아를 빚어낸다. 이 유토피아는 오랫동안 남는 건축물에서 시작하여 신속히 지나가버리는 유행에 이르기까지 수많은 삶의 형상들 속에 그 흔적을 남겼다. [V, 47: 「19세기의 수도 파리」(『파사주』 프로젝트 개요)]

벤야민은 『파사주』 프로젝트에서 앞서 언급한 건축물들 외에도 유행, 광고, 매음, 수집가, 거리산보자, 노름, 청년양식(Jugendstil) 등 19세기 문화라는 상부구조의 '원현상'(Urphänomen)들을 마르크스의 '상품물신'(Warenfetisch)이라는 카테고리를 중심으로 '몽타주 기법'을 통해 배열하고자 했다. 그러나 그는 이들 자본주의적 꿈의 잔해들에서 상품물신이 표현된 '마술환등'들만 읽어내는 것이 아니라 인간이 생산력 발전에 투사한 소망의 이미지, 즉 유토피아적 이미지를 함께 읽어낸다. 즉 그 현상들은 "어떤 꿈의 세계의 잔재들"로서 인간의 태곳적 꿈인 계급 없는 사회에 대한 표상들을 함축하고 있는 것으로 해석된다. 모더니티에 대한 비판인 『파사주』 프로젝트의 궁극적 목표는 이 표상들을 이것들이 갖는, "사회적 생산물의 미숙함과 사회적 생산 질서의 결함을 […] 미화"하는 보상의 기능에서 풀어내어 역사적 깨어남(각성)을 통하여 어떤 정화된, 혁명적인 이용의 대상으로 변용시키는 데 있다. 이때 꿈과 깨어남의 변증법은 그 구조를 두고 볼 때 앞서 서술한 비평적 인식의 방법론으로서 침잠과 파괴라는 두 원칙, 다시 말해 대상(꿈) 속으로의 미메시스적 '침잠'과, 그 대상(꿈)의 연속성을 중단시키고 이로부터 대상에 대한 진정한 인식을 전복적으로 얻어내는 '파괴'라는 비평의 두 원칙에 상응한다. 이때 변증가의 시선에는 과거에 일어났던 사건과 사물들 가운데 버릴 것이 하나도 없다. 그에게 '몰락의 시대'란 없는 것이다. 그러나 벤야민에게 19세기 자본주의적 현대라는 신화적 꿈은 역사적 인식을 위한 대상이기만 한 것은 아니다. 그 역사를 구제하여 현재를 위해 이용하는 것은 무엇보다 정치적 관심에서이다. 즉 구제의 관심은 단순히 지나간 과거의 모든 것을 '문화사'의 의미에서 무차별적으로 구제하려는 보존적 관심이 아니라 정치적·비판적인 관심인데, 그것은 그 집단의 신화적 꿈이 여전히 계속되고 있을뿐더러 바야흐로 파시즘에 의해 악용되려고 하기 때문이다. 그리고 파시즘은 자본주의적 현대가 진보의 신화라는 형태로 질주해온 역사가 부정적 형태로 응집된 현상들 가운데 하나이다. 오늘날 우리는 첨단의 기술문명이 상업주의적으로 이용되는 대중적 소비사회에서 살고 있다. 21세기 이른바 문화의 시대가 열리고 있다고는 하지만 그 문화가 단순히 산업적 조작과 소비의 대상으로 물화되고 대중이 주체적으로 향유하는 대상이 되지 못하는 한, 벤야민이 비판한 '문화사' 개념의 물신성은 변화된 모습으로 계속 억압적으로 작용하며 소비대중에 의해 재생산되고 있는 셈이다.

5. 벤야민의 역사철학—파괴와 구제

벤야민의 역사철학은 진보의 신화에 대한 과격한 비판이면서 동시에 이 진보의 신화에 의해 억압되어온 역사 전체를 구제하는 구제비평적 시각으로 특징지어진다. 진보의 신화에 대한 그의 비판은 '역사의 천사'라는 알레고리적 이미지에서, 구제비평적 시각은 '역사적 완전복구'(historische Apokatastasis)라는 신학적 사상에서 압축적으로 표현되고 있다. 역사적 완전복구의 사상은 오리게네스[15]에게서 유래하는, 극단적인 악까지도 구제한다는 이단적 구원론을 벤야민이 역사의 차원에 적용한 것으로서 벤야민이 스스로 자신의 사유 태도를 특징짓는 데 사용한다.

---

15) Origenes, 185?~254? : 알렉산드리아학파의 대표적 신학자. 그의 신학사상의 근본은 그리스도교와 그리스철학을 조화·융합시킨 데 있다. 그 목적을 위하여 사용된 방법이 성서의 비유적 해석이다.

문화사적 변증법을 위한 작은 방법론적 제안. 각 시대에 대해 여러 '영역'에서 특정한 관점에 따라 이분법을 수행하기는 아주 쉽다. 그러니까 한편으로는 그 시대의 '생산적인', '전망이 있는', '생생한', '긍정적인' 부분이 있고, 다른 한편에는 실패한, 낙후된, 사멸한 부분이 있다는 식으로 말이다. 우리는 심지어 이 긍정적인 부분을 부정적인 부분에 대비시킴으로써 긍정적 부분의 윤곽을 더욱 뚜렷하게 드러낼 것이다. 그러나 모든 부정은 살아 있는 것, 긍정적인 것의 윤곽을 위한 배경으로서만 그 가치를 갖는다. 따라서 이처럼 미리 배제된 부정적 부분에 대해 새로이 이분법을 적용하는 일이 결정적으로 중요하다. 그러니까 (척도를 전치시키는 것이 아니라!) 시각을 약간 전치시켜 그 부정적 부분에서도 이전과는 달리 다시금 긍정적인 부분과 그렇지 않은 부분을 드러내는 일이 중요하다. 그리하여 이런 작업을 무한히 계속하여, 과거 전체를 역사적 완전복구 속에서 현재로 불러낼 수 있도록 할 필요가 있다. (N 1a, 3 = V, 573)[16]

역사철학테제에서 "구원된 인류에게는 그들의 과거의 모든 순간순간이 인용 가능해진다"(I/1, 694)고 한 벤야민의 말은 이러한 구제비평적 시각을 분명하게 드러내준다. 또한 이러한 시각에서 그는 샤를 보들레르를 모더니티의 증인으로 구제한다. 하지만 구제에는 파괴가 전제된다. 여기서 파괴되는 것은 그 시인이 편향적으로 수용되어온 역사 전체의 맥락이다. 그에 따라 시인 자신이 펼친 '교감'이나 '상징'의

---

[16] N은 『파사주』 프로젝트의 노트와 자료들 분류기호 중 하나로서 "인식론적인 것, 진보의 이론" 부분을 가리킨다.

미학에 따라 상징주의 시인으로 전승되어온 보들레르는 그에 못지않게, 아니 그보다 더 본질적으로, 알레고리적 충동을 지닌 작가, 그럼으로써 모더니티의 본질을 선취한 작가로서 유물론적 시각에서 비판적으로 재해석된다. 실제로 보들레르에 대한 에세이를 읽다 보면 벤야민이 보들레르를 긍정하는지 부정하는지 분명히 드러나지 않는다. 그것은 벤야민에게 시인으로서의 보들레르와 그의 작품에 대한 심미적 평가가 비평적 서술의 궁극적 목적이 아니기 때문이다. 오히려 비평이 목표로 삼는 것은 이미 역사적 영향력을 행사해온 보들레르의 시에 각인된 '역사적 징표'를 읽어내는 일이다. 그렇지만 벤야민 자신이 스스로 '유물론적'이라고 이해한 이러한 관찰 태도는 유물론적·마르크스주의적 비평이 실제로 역사적으로 수행해온 비평, 즉 작가와 작품에 대해 외적 판단의 척도에 따라 연역적으로 재단하는 비평과는 다르다. 이런 맥락에서 그는 프란츠 메링(F. Mehring)이나 게오르기 플레하노프(G. Plekhanov)와 같은 마르크스주의 이론가들이 보여준 유물론적 비평의 결함을 지적한다(「수집가이자 역사가 에두아르트 푹스」 참조). 그리하여 벤야민은 주로 상징주의 시인으로 수용해온 부르주아 비평의 전통으로부터 보들레르를 구제할 뿐만 아니라 그를 단순히 부르주아 계급에 속한 시인으로 폄하해온 유물론적 비평의 전통으로부터도 구제한다. 그는 "진실과 허위를 가르는 일은 유물론적 방법의 출발점이 아니라 그 목표"라고 말한다(I/3, 1160f). 그렇기 때문에 진실과 허위가 혼합된 대상으로서 보들레르를 비판적으로 서술하는 작업은 보들레르가 수용되어온 전통에 대한 비판적 읽기, "역사의 결을 거슬러" 읽기와 합치한다. 역사의 결을 거슬러 읽는다는 것은 역사의 흐름이 시작한 시원(始原)이라는 진실로 되돌아가기 위해 역사가 흘러온 과정 전체, 즉 전승(傳承)의 역사를 추상적으로 부정하는 일이 아니다. 오히려 그것은 역사의 흐름에 "작용하고 있는 힘들의 이름을 명명함으로써 풍경을 변화"시키고자 한다. 보들레르의 경우 이러한 유물론적 관찰 태도는 그의 시가 대중적 성공을 거두게 된 비결, 그 영향력의 비밀을 사회사적·역사철학적으로 해명하는 작업을 요구한다. 벤야민은 이미 괴테의 소설 『친화력』에 대한 비평에서도 이러한 역사철학적 읽기를 시도하였으며, 이 비평에서 작가 괴테는 단순히 비판되지도 않고 '대가'(Olympier)로 추앙되지도 않으며, 오히려 소설의 사실내용을 이루는 '신화적인 것'에 대한 인식을 매개해준 점에서 비판적으로 구제된다. 작품을 그 '내부로부터' 비추고자 한 의도대로 이 「괴테의 친화력」 에세이는 대상 속으로의 문헌학적 침잠과 대상에 대한 역사철학적 비평의 관심이 상호 침투하는 비평의 전범을 보여준다. 그리스 비극과 바로크 시대 비애극에 대한 해석 역시 '원천'(Ursprung)을 지향하는 이러한 역사철학적 시각이 바탕에 깔려 있다. 또한 그의 보들레르론 역시 그 서술양식을 두고 볼 때 그가 프루스트의 비평문을 특징지었듯이 비평과 서술(미메시스적 재현)이 수렴하는 글쓰기를 실현한 것처럼 보인다.

　벤야민의 구제비평이 양식 면에서 이처럼 비평과 서술이 수렴되는 모습을 보여준다면 다른 한편 주제와 내용 면에서는 신화 비판이 중심을 이룬다. 역사, 이성 또는 진리와 대립관계에 있는 신화의 세계를 벤야민은 자주 '원시림'으로 비유한다.

지금까지 광기(狂氣)만 지배했던 영역을 개간하는 일. 원시림의 심연에서 유혹해 오는 공포의 제물이 되지 않기 위해 좌도 우도 살펴보지 않으며 날카롭게 간 이성(理性)의 도끼를 들고 전진할 것. 모든 영역은 이성에 의해 개간되어야 하며, 현혹과 신화의 덤불에서 정화되어야 한다. 이것이 지금 19세기라는 지역을 대상으로 이루어져야 한다. (N1, 4=V, 570f)

인간이 원시림 속에 있음을 자각함으로써 원시림을 벗어나기 시작하는 것이 어쩌면 진정한 진보가 이루어지는 순간이고, 인간의 역사가 끝나고 '인류'의 역사가 새로이 시작하는 순간일 것이다. 그에 따라 신화로부터 해방되는 과정으로서의 역사는 바로 비극적 죄를 저지르고 언어를 잃어버린 오이디푸스가 언어를 찾아가는 과정, '언어 발견'의 과정이라고 할 수 있다. 신화의 부정적 형상들은 그리스 비극에서 표현되고 있는 '죄와 속죄의 연쇄', 비극적 '운명'의 질곡, 심리학에서 말하는 '반복강박', 더 나아가 20세기 문명화된 시대에 야만을 낳은 전체주의 국가들이 표방하고 이용한 신화 등에 이르기까지 다양한 형상으로 나타난다. 주지하다시피 호르크하이머/아도르노는 『계몽의 변증법』에서 인간의 역사를 인간이 이성을 가지고 신화의 질곡에서 해방되어온 계몽의 역사이자 동시에 이성이 '도구적 이성'으로 발전해오면서 계몽이 다시 신화로 퇴행하는 부정적 변증법으로 점철된 역사로 보고, 그 해결의 실마리를 이러한 이성의 역사에 대한 철저한 자기반성에서 찾으려 한다.

역사 속에서 부정적 형태로 지속되는 신화적 폭력에 대한 비판은 벤야민의 문헌학적 연구와 비평의 중심 주제였다. 그는 일찍이 괴테의 소설 『친화력』에서 인간의 내면과 사회 속에 존속하는 이러한 신화적 폭력에 굴복하고 저항하는 작가의 대결 과정을 읽어낸 바 있다. 여기서 그는 신화의 영토는 "바닥에 닿으면 설 수 있는 능력이 없다는 것이 폭로되기에 바닥에 닿지 않으려고 허풍 떠는 원숭이들처럼 단어들이 흔들거리는 원시림이다. 신화가 닿지 않으려고 하는 바닥은 신화가 서서 자신을 해명해야 하는 이성이다"라고 규정한다(I/1, 163). 벤야민은 작가 괴테를 신화화·영웅화하고 그 작가의 작품들이 지닌 의미를 작가의 생애라는 최고의 작품에서 도출하는 당대의 전기주의적 문헌학의 태도에서도 신화적인 태도를 읽어낸다.

상징적 예술 개념에 의해 억압되어온 알레고리의 구제, 영원한 동질적 시간의 연속체를 폭파할 필요성에 대한 통찰, 앞서 지적한 물화된 문화사 개념, 나아가 '원래 어떠했는가'를 역사적 인식의 목표로 삼는 역사주의 방법 및 영원회귀의 사상에 대한 비판 등도 같은 신화 비판의 맥락에 속한다. 진리에 대한 신화의 무차별성은 이의성으로 현상되어 나타나는데, 이 현상을 변증법적으로 사유하여 신화의 신화성을 파악하는 것이 인식의 목표가 된다. 즉 신화의 극복은 역사를 그 신화에 추상적으로 대결시킴으로써 이루어지는 것이 아니고, 역사 속에 작용하는 신화적 이의성을 변증법적으로 사유함으로써 이루어지며, 이 사유를 통해 현상이 구제된다.

20세기 자본주의 사회 현실에서 이 신화가 행사하는 폭력은 진보라는 이름의 역사가 자신 속에 감추고 있는 '동일한 것의 영원회귀'와 파국의 이미지로 가시화되어 나타난다. 이러한 파국의 이미지는 파시즘적 야만이 인류의 생명과 인류가 쌓아온 문화 전체를 송두리째 파괴하려 하는 위기에 직면한 유대계 유럽 지식인에게 더욱 절박한 현실로 다가왔으리라 충분히 짐작할 수 있다. 벤야민은 이처럼 신화적 폭력 속에 몰락해가는 진보의 역사, 그리고 그 역사가 만들어내는 폐허에서 인간을 구제하려는 메시아주의적 노력을 '역사의 천사'라는 이미지로 응축하여 그리고 있다.

파울 클레(Paul Klee)가 그린 「새로운 천사」(Angelus Novus)라는 그림이 있다. 이 그림의 천사는 마치 자기가 응시하고 있는 어떤 것으로부터 금방이라도 멀어지려고 하는 것처럼 묘사되어 있다. 그 천사는 눈을 크게 뜨고 있고, 입은 벌어져 있으며 또 날개는 펼쳐져 있다. 역사의 천사도 바로 이렇게 보일 것임이 틀림없다. **우리들** 앞에서 일련의 사건들이 전개되고 있는 바로 그곳에서 그는, 잔해 위에 또 잔해를 쉼 없이 쌓이게 하고 또 이 잔해를 우리들 발 앞에 내팽개치는 단 하나의 파국만을 본다. 천사는 머물고 싶어 하고 죽은 자들을 불러일으키고 또 산산이 부서진 것을 모아서 다시 결합하고 싶어 한다. 그러나 천국에서 폭풍이 불어오고 있고 이 폭풍은 그의 날개를 꼼짝달싹 못하게 할 정도로 세차게 불어오기 때문에 천사는 날개를 접을 수도 없다. 이 폭풍은, 그가 등을 돌리고 있는 미래 쪽을 향하여 간단없이 그를 떠밀고 있으며, 반면 그의 앞에 쌓이는 잔해의 더미는 하늘까지 치솟고 있다. 우리가 진보라고 일컫는 것은 바로 **이러한** 폭풍을 두고 하는 말이다. (역사철학 9번 테제: I/1, 697f)

이 역사의 천사라는 알레고리적 이미지에서 드러나듯이 벤야민의 역사철학에서는 파국과 구원의 모티프가 착종되어 있다.[17] 파국은 우리 앞에 닥친 사건이 아니라 우리에게 이미 주어져 있는 것이라는 벤야민의 말은 극적으로 과장한 말이지만, 다른 한편 그 말은 파시즘의 위협 앞에서 유럽의 문명 전체가 파괴될 위기에 처한 역사적 상황에 직면하여 관조적이고 낙관적으로 사유할 공간이 지식인들에게 더는 남아 있지 않다는 통찰을 표현하고 있다는 사실을 감안한다면 어느 정도 이해할 수 있다. 그러나 '이성의 파괴'는 그 원인이 철학 전통의 변질이나 일부 파시스트들의 광기에 있는 것이 아니라 자본주의 현대사에서 자라나온 것이다. 여기서 무엇보다 대중의 태도가 문제가 된다. 현대적 의미의 대중은 19세기 초 역사의 무대에 처음 등장하였다. 그러나 19세기는 생산력 발전에 상응하는 사회적 질서를 만드는 데 실패했다는 것이 벤야민의 진단이다. 문제는 이런 대중이 바야흐로 파시즘적 조작에 이용되고 있다는 데 있다. 그렇기 때문에 벤야민이 최근사에 대해 갖는 역사적 관심은 궁극적으로 이러한 대중의 실체를 파악하여 파시즘적 조작에 대응할 올바른 대중운동적 실천전략을 모색하고자 하는 정치적 관심에서 나온 것이다.

6. 기억의 대상으로서의 열린 과거

이러한 벤야민의 구제비평적 시각은 초기의 문예비평부터 후기의 문화 비판에 이르기까지 그의 역사철학적 사상을 각인해온 신학적·

---

17) 이 '역사의 천사'를 비롯해 벤야민의 역사관에 대한 좀더 상세한 분석은 김유동, 「파괴, 구성 그리고 복원: 발터 벤야민의 역사관과 그 현재성」, 『문학과 사회』, 통권 74호(2006)를 참조할 것.

형이상학적 사유에서 자양을 취하고 있다. 그러나 성스러운 것이 세속적인 것과 짝을 이루듯이 그에게서 신학은 정치와 동전의 양면을 이루고 있다. 역사는 그에게 과학적 인식의 대상이기만 한 것이 아니라 무엇보다 '기억'의 대상이다. 기억의 대상이기 때문에 역사는 흘러가버린, 완결된 어떤 것이 아니라 열려 있는 미완의 것이다.

과학이 '확정'한 것을 기억은 수정할 수 있다. 기억은 완결되지 않은 것(행복)을 완결된 것으로 만들며, 완결된 것(고통)을 완결되지 않은 것으로 만들 수 있다. 이것은 신학이다. 하지만 기억 속에서 우리는 역사를 직접적으로 신학적인 개념들을 가지고 기록하려고 해서는 안 될지라도 그 역사를 근본적으로 비(非)신학적으로 파악하는 것을 금하는 어떤 경험을 하게 된다. (N 8, 1=V, 589)

지나간 과거가 완결되지 않았고 열려 있다는 것은 그것이 구제될 가능성과 필요성이 있음을 의미한다. 그에 따라 벤야민은 "역사적 시간에 대한 진정한 구상은 전적으로 구원의 이미지에 바탕을 둔다"고 언명한다(N 13a, 1=V, 600). 게르숌 숄렘도 전하고 있듯이 벤야민 생전에 좌파 지식인들 가운데 그의 사적 유물론적 사유에 깃든 신학적 요소를 이해하고 의미심장하게 받아들인 극소수의 사람들 가운데 하나인 아도르노에게서 이와 유사한 구원의 사유를 엿볼 수 있다.[18] 그

---

18) 게르숌 숄렘, 『발터 벤야민: 한 우정의 역사』, 최성만 옮김, 한길사, 2002(원전: Gershom Scholem, *Walter Benjamin: Die Geschichte einer Freundschaft*, Frankfurt a. M., 1975) 참조.

리고 벤야민과 달리 아도르노는 아우슈비츠를 경험했기 때문에 구원의 사유는 그가 '슬픈 과학'이라고 칭한 철학에서 사회 비판적 충동과 내밀하게 결합되어 더욱 과격한 표현을 얻고 있다. 아도르노는 사회의 '완성된 부정성'의 상태에서 철학이 수행할 과제를 다음과 같이 규정한다.

> 절망에 직면하여 아직도 책임질 수 있는 철학이 있다면 그것은 모든 사물을 관찰할 때 이것들이 구원의 관점에서 나타나게 될 모습으로 관찰하려는 태도일 것이다. 인식은 구원으로부터 이 세계에 비추이는 빛밖에 가진 것이 없다. 다른 모든 것은 재구성이고 단순한 기술(技術)일 뿐이다. 세계가 언젠가 메시아적 빛 속에서 결손되고 왜곡된 모습으로 드러나게 되듯이, 그 세계를 유사성의 세계로 전치하고 낯설게 나타나게 함으로써 그것의 갈라진 틈과 균열들을 드러내 보일 수 있는 시각들이 만들어져야 할 것이다. 아무런 자의나 폭력이 없이, 전적으로 대상과의 접촉으로부터 그와 같은 시각들을 얻어내는 일이야말로 사유가 해야 할 일이다. 그것은 아주 간단한 일이다. 왜냐하면 현 상태가 불가피하게 그와 같은 인식을 불러일으키기 때문이고, [사회의] 완성된 부정성은 일단 전체적으로 파악되고 나면 그 부정성의 반대를 지시하는, 거울에 비친 글자로 응축되기 때문이다. 그러나 다른 한편 그것은 전적으로 불가능한 일이기도 하다. 왜냐하면 그것은 현존을 옭아매는 체제로부터 벗어나 있는 어떤 입지점을 전제하기 때문이다. (아도르노, 『미니마 모랄리아』, 마지막 단편)[19]

---

19) Th. W. Adorno, *Minima Moralia: Reflexionen aus dem beschädigten Leben*,

벤야민은 프루스트에서 사물들이 "유사성의 세계로 전치"됨으로써 그 초현실주의적 얼굴을 드러낸다고 했다. 그러나 프루스트적 기억의 작업이 궁극적으로 작가 개인의 구제에 한정되었다면, 벤야민에게 중요한 것은 사회와 역사 전체의 구제이다. 그리고 그것이 중요한 이유는 개인들을 공동의 운명 속으로 옭아 넣는 사회가 위기 속에 있기 때문이다. 이 현재는 바로 지나간 것, 특히 최근에 지나간 것들에서 의도된 것으로서 역사철학적으로 읽힌다. 벤야민에서 역사는 무엇보다 이미지로서, 그것도 위기의 순간에 읽히는데, 그것은 지나간 과거의 모습이 아니라 오히려 현재의 모습이다.

과거에 지나간 것이 현재에 빛을 비추거나, 현재가 과거에 빛을 비추는 것이 아니라, 상(像)이라는 것은 그 속에서 이미 흘러간 어떤 것이 지금과 만나 섬광처럼 성좌구조를 이루는 무엇이다. 달리 말해 상이란 정지 상태의 변증법이다. 왜냐하면 현재가 과거와 맺는 관계는 순전히 시간적인 관계인 데 반해 과거가 지금과 맺는 관계는 변증법적 관계이기 때문이다. 즉 후자의 관계는 시간적인 성격이 아니라 이미지적 성격을 띠는 관계이다. 변증법적 상들만이 진정으로 역사적인 상들이고, 다시 말해 태고의 상들이 아니다. 읽힌 상, 곧 인식 가능성의 현재 속의 상에는, 모든 읽기의 행위에 동반하는, 위기의 순간, 위험의 순간이라는 인장이 찍혀 있다. (N 3, 1=V, 578)

Frankfurt a. M., 1971(Zuerst 1951), p. 333(국역: 아도르노, 『미니마 모랄리아』, 김유동 옮김, 도서출판 길, 2005).

초현실주의와 마찬가지로 부르주아 문화사에서 폐기되고 망각된 것, 낡아버린 것, 일상적인 것, 진부한 것, 망가지고 초라한 것으로부터 현재의 이미지를 읽어내고자 한 벤야민의 역사철학적 읽기는 위기의 순간에 요구되는 행동으로서 "씌어지지 않은 것을 읽기"(II/1, 213)라고 할 수 있다. 그리고 이러한 읽기의 순간은 이론적 통찰의 순간이기만 한 것이 아니라 무엇보다 정치적 함의를 갖는 순간이다. 또한 벤야민의 이러한 미메시스적·마법적 읽기는 어떤 직관이나 아우라적 경험을 신비화하는 것이 아니라 오히려 대상을 탈신비화하는 자기변증법적 각성의 구조를 지닌다. 그래서 그는 미메시스적 읽기의 목표를 "마법의 해체"(II/1, 213), 신화의 해체에 두는 것이다. 그가 해체하고자 한 부정적 의미의 마법에는 앞서 지적한 각종 신화적 힘들, 특히 모더니티와 관련해서는 예컨대 카프카의 작품이 형상화하는 관료주의와 조직의 세계, 「폭력비판을 위하여」에서 성찰하고 있는 역사 시대에 개인과 집단에게 운명적 힘으로 작용하는 각종 법적 폭력이 속한다고 볼 수 있다. 그 밖에도 이를테면 복제기술을 비롯하여 매체 환경의 획기적인 변화가 인간의 지각구조에 근본적 변화(위기와 가능성)를 가져오고 있다는 것을 인지하지 못한 채 여전히 휴머니즘의 전통, 미적 가상, 자율적 인간과 예술 개념, 관조적 감상에 집착하는 태도와 이를 파시즘적으로 이용하는 이데올로기들 역시 현실에서 작용하는 신화적 관념이라 할 수 있다. 그리고 신화는 결코 관념의 세계에만 작용하는 것이 아니다. 벤야민에 따르면 이 세계에 "아직 거지가 한 명이라도 존재하는 한 신화는 여전히 존재한다"(K 6, 4=V, 505). 즉 신화의 해체는 무엇보다 정치적 실천으로 해결해야 할 과제이다.

벤야민은 그처럼 씌어진 적이 없으면서 '인식 가능성의 현재'에 비로소 읽히는 역사의 이미지를 '정지 상태의 변증법'으로 정의한다. 여기서 정지되고 중단되는 것은 무엇보다 '균질하고 공허한' 시간의 연속성이다. 영원한 생성과 진보는 동일한 것의 영원회귀와 마찬가지로 그 마법이 벗겨져야 할 신화적 가상이다. 그리고 이 가상이 바로 현대가 끊임없이 만들어내면서 그 속에 안주했던 '마술환등'이다. '진보'의 이념은 헤겔적 변증법에서도 볼 수 있지만 역사의 '법칙성'을 낙관적으로 전망하는 이른바 정통 마르크스주의에서도 그 유산을 엿볼 수 있다. 그래서 벤야민은 헤겔적인 '생성'의 변증법에 의도적으로 대립하여 이 메시아적인 정지 상태의 변증법을 제시한다. 벤야민에 따르면 "'생성'은 리듬적으로, 즉 시간지각에 따라 볼 때, 우리에게 아무런 명증성도 주지 못한다. 우리는 생성을 센세이션과 전통으로 변증법적으로 짓찢어놓는다"(M 4=V, 1022). 이처럼 정지·중단·파괴의 충격은 벤야민에게서 모든 진정한 인식과 경험을 구성하기 위해 필수적인 요소이며 인식의 대상과 주체가 동시에 구제될 수 있기 위해 요구되는 요소이다.

7. 열린 미래

벤야민은 문학이론, 인식론, 언어철학, 사회철학, 미학, 예술이론, 교육학, 인류학 등 인문학과 사회과학의 여러 분야에서 폭넓게 인용되고 연구되는 사상가로서 그의 글들과 그 속에 담긴 다양한 모티프들은 오늘날에도 끊임없이 재해석되고 현재화되고 있다. 그의 사상은 카프카처럼 유대 정신이 그 안에서 숨 쉬고 있으나 글에서는 명시적으로 신학의 모습을 거의 드러내지 않으며, 그러면서 현대의 지적 담론의 문화가 형성되는 데 심대한 영향을 끼쳐왔다. 이것은 한편으로 유대 정신의 보편성을 어느 정도 입증해주는 사실이기도 하고, 다른 한편으로 그의 사상의 어떤 부분이 유대적 요소냐 아니냐는 물음이 결정적 물음이 아니라는 증거이기도 하다. 한편 그의 역사적 유물론은 그의 사유에 각인된 이러한 신학적·형이상학적 특성으로 인해 당대의 유물론 내지 마르크스주의 진영의 사상가들과 많은 차이를 보인다.

벤야민과 아도르노의 사상을 예술과 이론의 관계를 두고 비판적으로 고찰하자면, 어떤 의미에서 아도르노가 예술을 그의 '예술의 형이상학'이나 철학적 미학을 위해 희생시켰다면 벤야민은 예술을 정치에 봉사시켰다고 볼 수 있다.[20] 그러나 이들의 사상을 옹호하는 입장에서 보면 이들에게 중요한 물음은 예술 자체의 운명이 아니라 현재 사회 속에 살아가는 인간의 운명이었으며, 그리하여 그들은 이와 관련하여 예술과 미학을 역사철학적이고 사회비판적인 사유의 매개체로서 변증법적으로 고찰하였다고 할 수 있다.

초기의 벤야민은 예술작품을 한 시대정신의 총체적 표현으로서 무엇보다 신학적·형이상학적 사유의 대상으로서 고찰한다. 그러나 사

---

[20] Birgit Recki, *Aura und Autonomie: Zur Subjektivität der Kunst bei Walter Benjamin und Theodor W. Adorno*, Würzburg: Königshausen u. Neumann, 1988, p. 181 참조. "두 사람에게서 서로 다른 방식으로 예술이 묵시록적 의도 속에 편입된다. 즉 벤야민이 예술작품을 그것이 자율성을 상실한 이후에 정치적 계몽과 사회적으로 요구되는 자세를 훈련시킨다는 목적으로 이용한다면, 아도르노는 바로 유토피아적·사회적으로 파악되는 진리를 철학적으로 규정하기 위해 자율적 예술의 성과를 요구한다."

적 유물론에 경도한 중기 이후 그에게 예술은 '역사의 기관'으로서 여전히 중요한 역할을 하면서, 다른 한편 특히 테크놀로지의 발달, 그리고 사회 현실의 변화와 함께 그 사회적 의미와 기능에서 큰 변화를 겪는다. 그럼에도 벤야민에게서 예술작품에 대해 일관되게 견지된 관찰태도는 (역사철학적) 비평이라고 할 수 있으며 글쓰기를 통해 수행하는 비판은 처음부터 고도의 정치적 의미를 띠는 것이었다. 비평은 그 방법론에서 미메시스적 침잠과 알레고리적 파괴가 서로 변증법적으로 조건 짓는 관계에 있고 이러한 관계는 자본주의적 현대의 비판에서 꿈과 깨어나기, 역사의 망각과 기억의 변증법으로 이어진다. 여기서 파괴되는 것은 표상·의식·시간의 신화적이고 서사적인 연속성인데, 진정한 인식은 이러한 연속성이 중단되는 데서 구성된다. 작품이든 역사든 대상은 초시간적 재구성의 대상이 아니며 오히려 현재('지금시간')에 대해 구제되기 위해 파괴된다. 예를 들어 인용은 인용된 것을 그것이 속해 있던 연관관계에서 떼어냄으로써, 즉 그 연관성의 가상을 파괴함으로써 비로소 현재 속에서 구성하고 구제한다.

이러한 구제비평의 이념은 메시아주의적 구원에 그 뿌리를 두고 있으며 벤야민의 비평적 글쓰기 전체의 토대를 이룬다. 그리고 그의 구제비평은 또한 진보와 발전(생성)의 신화에 대한 비판이 그 중심 모티프를 이루는 유토피아적 역사철학을 지향한다. 문제는 단지 예나 지금이나 이러한 역사철학적 인식을 실천 속에서 담지할 주체가 누구냐는 것이고 이는 쉽게 답변할 수 있는 물음이 아님은 분명하다. 그렇지만 일부 탈근대주의자들처럼 이러한 물음을 또 다른 강박이나 공허한 물음으로 치부하여 폐기하는 것은 더욱더 불가능하다. 따라서 우리가 텍스트든 사회 현실이든 사유 대상을 전체 사회적 맥락 속에서 냉철하게 관찰하면서 그 대상의 구제를 모색하는 사고를 동시에 지향하는 것이 올바른 태도라는 데 동의한다면, 벤야민의 사상은 오늘날 우리에게 시사하는 바가 적지 않을 것이다. 또한 자본주의적 모더니티의 마취적이고 신화적인 꿈이 계속되는 이상 기억과 깨어나기의 '코페르니쿠스적 전환'을 모색하는 그의 사상이 우리에게 던지는 역사적 요구는 여전히 유효하다 할 것이다.

■ 옮긴이의 말

　벤야민의 역사철학을 언급하면 사람들은 바로 그의 마지막 글 「역사의 개념에 대하여」를 떠올릴 것이다. 그러나 앞서 해제에서 서술했듯이 자세히 들여다보면 우리는 벤야민의 역사철학적 사유가 사적 유물론에 경도한 중기부터가 아니라 초기의 비평적 글에서부터 일관되게 견지되어왔음을 알 수 있다. 예를 들어 초기의 에세이 「괴테의 친화력」은 괴테의 소설 『친화력』이 담고 있는 신화로서의 사실내용을 역사철학적 진리내용으로 읽어낸 비평이다. 중기의 주저인 『독일 비애극의 원천』 역시 단순한 문헌학적 연구나 예술철학적 논술을 넘어서 비극과 비애극, 그리고 알레고리 형식에 대한 철저한 역사철학적 비평이다. 벤야민은 "예술작품은 어떤 측면에서도 영역적으로 국한할 수 없는, 한 시대의 종교, 형이상학, 정치, 경제적 경향들의 총체적 표현"이라는 그의 신념에 맞게 바로크 비애극의 형식 요소들에 대한 역사철학적 인식들을 비애극의 언어적 사실자료들에서 추출해낸다. 여기서 벤야민이 그 자료들로부터 현재에 읽어낸 바로크 시대의 '역사적 경험'이 바로 이 논술의 대상이다. 이것은 『파사주』 프로젝트의 '미니어처'로서 쓴 보들레르 에세이의 대상이 시인의 작품에 표현된 모더니티의 '역사적 경험'인 것과 마찬가지다.[1] 대상에 대한 단순한 역사적·문헌학적 해석을 넘어 '현재성'이 각인된 역사철학적 인식을 구하는 벤야민의 관심과 비평 태도는 그 밖에도 프루스트, 카프카, 레스코프, 크라우스 등에 관한 그의 모든 비평문에 드러나 있다.

역사적 대상에 대한 이러한 관찰 태도는, 그가 역사철학 17번 테제에 기술했듯이, "한 시대에서 한 특정한 삶을, 필생의 업적에서 한 특정한 작품을 캐내는" 역사가의 태도에도 그대로 나타나 있다. "이러한 방법론에서 얻어지는 수확은, 한 작품 속에 필생의 업적이, 필생의 업적 속에 한 시대가, 그리고 한 시대 속에 전체 역사의 진행 과정이 보존되고 지양되는 것이다"(I/2, 703). 즉 예술작품은 그 속에—'인식 가능성의 현재'에 읽어낸—그 시대의 경험을 담고 있는 '단자'(單子, Monade)와 같다. 이때 이 경험의 핵심을 서술하기 위해 신학적 사유가 중요한 역할을 하는데, 이 신학적 시각 역시 역사철학 1번 테제인 자동인형기계의 알레고리에서 표현되고 있다.

이런 맥락에서 보면 벤야민의 사상은 주어진 언어적 자료에서 서로 긴밀히 연관된 신학적이며 정치적이고 동시에 역사철학적인 인식

---

1) 벤야민은 보들레르 에세이에서 "보들레르가 우울과 전생(vie antérieure)에서 진정한 역사적 경험의 산산조각 난 파편들을 손에 쥐고 있다"고 서술한다(I/2, 643).

을 구하는 데 초점을 맞추고 있다고 할 수 있다. 물론 여기서 언어를 비롯해 신학·정치·역사의 개념을 벤야민이 어떻게 이해하고 있고 그것들이 그의 사상의 맥락 속에서 구체적으로 어떻게 배치되고 상호 연관되어 나타나는지는 직접 텍스트 속에서 규명되어야 할 것이다.

나는 이러한 시각에서 문화와 역사철학에 관한 벤야민의 사유가 특히 두드러지게 표현된 텍스트들을 모았다.[2] 각 텍스트들의 성격이나 씌어진 배경은 해당 텍스트들의 맨 앞에 원전을 밝히는 부분에서도 기술했다.

● 운명과 성격(1919)

아도르노가 벤야민의 사상세계를 이해하기 위해 맨 처음 읽을 것을 추천한 이 짤막한 에세이에 대해 벤야민은 1924년 초 후고 폰 호프만스탈(Hugo von Hofmannsthal)에게 보낸 편지에서, 운명과 성격 개념의 굳어진 각질 표면이 철학적 통찰을 통해 해체되면서 그 표면 속에 갇혀 있던 언어적 생명의 형식들이 드러나도록 시도했다고 밝힌다(『편지 서집』, 329f). 언어·죄·법·정의·종교·비극·희극 등에 관한 초기 벤야민의 통찰들이 압축적으로 담겨 있는 이 에세이는, 언어 관련 글들과 「괴테의 친화력」, 『독일 비애극의 원천』 등을 이해하는 데 도움을 준다.

---

[2] 이 텍스트들 이외에 벤야민의 중요한 역사철학적 성찰들은 『파사주』 프로젝트(1927~40)의 노트묶음 N: 「인식론적인 것, 진보의 이론」(V/1, 570~611)에 담겨 있는데, 이미 번역·출판되었기에 이 선집에 싣지 않았다(『아케이드 프로젝트』, 새물결, 2005~06 참조).

● 폭력비판을 위하여(1921)

원래 벤야민은 글쓰기를 고도의 '정치적' 실천으로 파악했으면서도 정작 현실 정치에는 늘 의식적으로 거리를 두었다. 그렇지만 국가에 의한 적법한 폭력의 정점을 나타내는 전쟁, 특히 제1차 세계대전의 세계사적 파국에 대한 경험, 그리고 스위스 망명 시절 알게 되었고 당시 『유토피아의 정신』을 발표한 에른스트 블로흐와 나눈 정치에 관한 대화 등은 그로 하여금 정치에 대해 진지하게 성찰하게 만들었다. 실정법을 통해 개인에게 강제되는 국가권력의 신화적 성격을 성찰하면서 그에 대한 효과적 대항폭력 또는 비폭력적 폭력을 조르주 소렐(Georges Sorel)의 폭력론에 기대어 '총파업'에서 찾고 있는 이 에세이는 해제에서 잠깐 언급했듯이 최근의 세계사적 사건들과 연관하여 데리다, 아감벤, 지젝 등 사상가들의 정치철학적 성찰에 영향을 끼쳤고 다시 한 번 벤야민 사상의 현재성을 입증해준다(텍스트 탄생 배경에 관해서는 해당 텍스트 각주 참조).

● 종교로서의 자본주의(1921)

집필의 동기가 알려지지 않은 이 단편(斷片)에서 벤야민은 자본주의의 종교적 구조를 분석하면서, "자본주의는 순전히 제의(祭儀)로만 이루어진, 교리도 없는 종교이다. 자본주의는―칼뱅주의에서뿐만 아니라 나머지 정통 기독교 교파들에서도 입증되어야 할 테지만―서구에서 기독교에 기생하여, 종국에는 기독교의 역사가 그것의 기생충인 자본주의의 역사가 되는 형태로 발전해왔다"고 쓰고 있다. 막스 베버가 근대 자본주의의 추동력을 프로테스탄티즘의 윤리에서 보았다면 벤야민은 한 걸음 더 나아가 "종교개혁기에 기독교는 자본주의의 흥기에 유리한 여건을 마련했다기보다, 기독교 자체가 자본주의로 변형되었다"고까지 주장한다. 하지만 벤야민은 이 글의 목적이 기독교의 상황을 논쟁의 대상으로 삼는 것이 아니라 종교와 같은 힘을 갖고 사람들 위에 군림하는 자본주의 체제의 종교적 구조를 살펴보는 것임을 분명히 밝힌다. 여기서 흥미로운 점은 벤야민이 이 자본주의라는 제의종교의 성직자들로서 초인사상을 펼친 니체, 무의식의 억압을 설파한 프로이트를 들며 사회주의를 제창한 마르크스까지 포함시킨다는 점이다. 즉 사회주의 역시 이 죄를 지우는 제의종교로서의 자본주의의 부채를 떠맡게 되는 구상일 뿐이라는 점이다(텍스트 탄생 배경에 관해서는 해당 텍스트 각주 참조).

● 신학적·정치적 단편(1921)
　신학과 정치는 벤야민의 사상을 관통하는 모티프로서 동전의 양면을 이루는데, 비유담과 같은 이 짤막한 단편에서 그는 그 둘의 대립적이면시 싱호 연관되는 관게에 대해 성찰하고 있다(텍스트 탄생 배경에 관해서는 해당 텍스트 각주 참조).

● 꿈 키치(1926)
　1925년 파리를 방문한 벤야민은 폴 발레리가 발표한 작품들에 경탄하는가 하면, 다른 한편으로 초현실주의자들의 '수상쩍은' 텍스트들을 접하면서 비평을 준비하고 있다고 숄렘에게 전한다. 프랑스에서 무르익어가는 초현실주의 운동을 접하면서 성찰한 것을 담고 있는 이

짧은 단편은 3년 뒤에 씌어질 큰 분량의 에세이 「초현실주의」의 서곡으로 볼 수 있다.

● 초현실주의(1929)

'범속한 각성', '도취', 그리고 '인간학적 유물론'의 핵심 개념들로서 '신체 공간', '이미지 공간' 등 벤야민의 아방가르드 정치학의 주요 구상이 집약된 에세이이다. 프랑스 정신에 대한 벤야민의 관심은 일찍부터 싹텄다. 그는 보들레르의 시를 번역하면서 「번역자의 과제」를 쓰기도 하고 프란츠 헤셀(Franz Hessel)과 파리에 가서 프루스트의 소설 『잃어버린 시간을 찾아서』를 번역하기도 한다. 그 밖에도 앙드레 지드, 발레리와 같은 문인들의 글에도 고취된다. 1925년과 1927년 파리를 여행한 벤야민은 거기에서 앙드레 브르통, 폴 엘뤼아르, 루이 아라공 등 초현실주의 운동을 접하면서 많은 영감을 받는다. 아울러 그는 『문학 세계』 등에 프랑스 문단의 최근 동향에 관해 보고하기도 한다. 그러나 벤야민의 사상세계에 초현실주의가 끼친 영향은 『편지 전집』(총 6권, 1995~2000)에서 전거들이 밝혀지기 전까지 그간 벤야민 연구에서 크게 주목받지 못했다.[3] 벤야민은 1925년경부터 쓰기 시작한 아포리즘 모음인 『일방통행로』의 형식을 초현실주의 운동에서 발견했음을 고백한다. 그리고 그 뒤 『일방통행로』의 후속편으로 구상한 글, 즉 1927년에 시작하여 그가 사망한 1940년까지 매달렸던 『파사

---

3) Karlheinz Barck, "Der Sürrealismus. Die letzte Momentaufnahme der europäischen Intelligenz", in: Burkhardt Lindner(Hrsg.), *Benjamin-Handbuch. Leben-Werk-Wirkung*, Stuttgart, Weimar 2006, pp. 386~99, 여기서는 p. 386.

주』 프로젝트가 있음을 감안한다면 초현실주의는 벤야민의 중기 이후의 사상에 결정적 영향을 끼쳤음을 알 수 있다. 그러나 이는 당시 고립되어 있던 한 독일 지식인에 의한 초현실주의 운동의 일방적 수용이 결코 아니다. 이 에세이도 단순히 초현실주의 운동의 진행 경과에 대한 보고가 아니며, 이 운동에 대한 진단과 나아갈 방향에 대한 비판적 성찰에 더 큰 비중이 실려 있다. 이것은 그가 "이상주의적 도덕을 정치적 실천과 구제 불가능하게 연계하고 있다는 점"을 초현실주의 운동의 한계로 지적하는 데서도 드러난다.『파사주』프로젝트에 그는 이렇게 쓰고 있다. "이 작업의 경향이 아라공과 변별되는 점은 다음과 같다. 아라공이 꿈의 영역에 머무르기를 고수하는 반면, 여기서는 깨어남[각성]의 성좌구조가 발견되어야 한다. 아라공의 경우— '신화'와 같은—인상주의적 요소가 남아 있는 반면(그 책에 내용 없는 철학적 사색들이 많이 담겨 있는 것은 바로 이 인상주의 때문이다), 여기서는 '신화'를 역사의 공간 속에 해체시키는 일이 중요하다. 물론 그것은 과거에 대한 아직 의식되지 않은 지식을 일깨우는 일을 통해서만 이루어질 수 있다"(N 1, 9 & H 7 = V, 571 & 1014). 여기서 '신화'는 아라공의『파리의 농부』(*Le Paysan de Paris*, 1926) 서문인 '현대의 신화'(Mythologie moderne)를 가리킨다. 초현실주의를『파사주』프로젝트의 '병풍'으로 내세운 벤야민은 바로 '19세기의 원사'라는 초현실주의적 꿈에서 변증법적으로 깨어날 준비를 하고 있는 것이다.

이 에세이는 부제 "유럽 지식인들의 최근 스냅 사진"이 시사하듯이 단순히 한 문학운동에 대한 보고문이 아니다. 이 에세이를 쓸 무렵 적어둔 노트에 들어 있는 "초현실주의와 정치"라는 제목의 노트도 암시하듯이 벤야민은 이 운동을 새로운 문화정치학적 실험, 모더니티 이론, 아방가르드 지식인 운동으로 보고 있으며 자신을 그 유산을 상속한 지식인으로 이해하고 있다. 그리고 그는 『파사주』 프로젝트에서 초현실주의적 경험을 개인에게서 집단적 무의식으로 옮겨 모더니티에 대한 구제비평을 시도한다.

● 경험과 빈곤(1933)

이 텍스트는 1933년 나치가 집권할 무렵 씌어졌다. 원래 제목은 "경험의 빈곤"(Erfahrungsarmut)이었고 "경험과 빈곤"은 벤야민이 붙인 제목이 아니다. 이 텍스트에서 벤야민은 테크놀로지의 발달이 사람들 사이의 경험과 그 경험을 세대에서 세대로 전해주던 전통적인 서사형식들을 위축시키고, 나아가 전쟁과 인플레이션, 세계 경제의 위기 등 일련의 세계사적 파국으로 인해 내적 외적으로 영락해가는 현실을 직시하면서 냉철한 진단을 내린다. 그의 처방에 따르면 이처럼 인류에게 닥친 경험의 빈곤 상황에 직면하여 취해야 할 합당한 태도는 전승되어온 부르주아 개인 주체의 풍부한 휴머니즘적 경험으로 그러한 벌거벗은 상태를 가리는 대신 '긍정적 야만성'으로 대처하는 자세이다. 이러한 자세는 『사유이미지』에 들어 있는 '파괴적 성격'에 조응한다. 이 글에는 당시 나치를 피해 망명을 떠난 지식인으로서 벤야민 자신의 불안한 상황에 대한 성찰도 물론 배어 있다.

● 19세기의 수도 파리(『파사주』 독일어판 개요, 1935)
● 19세기의 수도 파리(『파사주』 프랑스어판 개요, 1939)

벤야민은 『일방통행로』를 쓴 뒤 그 후속편으로서 '파리의 파사주'를 계획한다(『선집』 제1권 해제 참조). 원래 잡지에 기고할 문학적 에세이로 계획했던 『파사주』는 벤야민이 1927년에 착수하여 1940년 사망할 때까지 13년간 매달린 프로젝트로 성장한다. 초기의 신학적·형이상학적 사유를 버리지 않으면서 유물론적 사유를 전유하기 시작한 그는 역사적으로 정향된 작업에서 문학적 형식을 책임질 수 없다고 판단하게 되었고 그리하여 원래의 계획을 '변형시키는' 작업에 착수한다. 이 과정에서 그는 예전에 구상한 모티프들을 하나도 버리지 않았지만 자본주의 분석과 사회사를 보다 더 강하게 편입시키게 된다. 이런 발상의 전환에는 막스 호르크하이머, 그리고 테오도르 아도르노와의 편지 교류가 큰 역할을 했다. 이들은 벤야민의 책이 완성되어가는 데 지대한 관심을 보였다.

이 작업은 해를 거듭할수록 분량이 늘어났고, 주로 파리의 국립 도서관에서 작업에 몰두하던 벤야민은 결국 이 작업을 완성하지 못한 채 1940년 나치를 피해 미국으로 망명하기 위해 피레네 산맥을 넘다 좌절하여 자결한다. 그리하여 『파사주』 프로젝트는 20여 쪽의 개요(Exposé)와 이 개요에서 언급한 현상과 주제 들에 대한 방대한 인용 자료들, 그리고 저자 자신이 그에 대해 붙인 주석들을 담은 묶음들로 남게 된다. 이 노트묶음들은 벤야민의 전집을 출간했던, 아도르노의 제자 롤프 티데만(Rolf Tiedemann)에 의해 편집되어 『파사젠베르크』(*Das Passagen-Werk*)라는 제목으로 1982년 출간, 『전집』 제5권에 편입된다.

벤야민은 '19세기의 원사'를 다루는 이 프로젝트에서 문화적 상부구조의 '근원현상들'을 마르크스의 '상품물신'이라는 카테고리를 중심으로 배열하려고 했다. 1935년 개요에 이어 1939년에 역시 사회연구소(Institut für Sozialforschung)를 위해 씌어진 프랑스어판 개요에서 벤야민은 계급투쟁적 개념들을 피하고 있는데, 이것은 호르크하이머와 아도르노 측에서 제기한 이의들을 받아들였기 때문인 것으로 풀이된다. 또한 두 판이 씌어진 사이에 전쟁이 발발하고 파시즘에 의한 문명의 파괴 과정이 점점 더 가속화한 탓인지 프랑스어판에서는 독일어판에 비해 유토피아적 요소가 줄어들고 그 대신 무정부주의적 혁명가 루이 블랑키의 우울한 사변적 성찰이 강하게 반영되었다(텍스트 탄생 배경에 관한 좀더 상세한 설명은 해당 텍스트 각주 참조).

● 수집가이자 역사가 에두아르트 푹스(1937)

벤야민의 이 에세이는 『사회연구지』에 실릴 목적으로 1933~34년에 호르크하이머의 위촉을 받아 씌어졌다. 호르크하이머는 푹스가 에로틱 미술 연구 때문에 기소되었던 재판에서 피고를 변론하는 증언을 하기도 했다. 푹스와 개인적으로도 알고 지내던 벤야민은 1934~37년 사이 이 에세이를 준비하는 동안 여러 차례 작업을 중단했다. 그는 푹스 에세이를 쓰는 데 거듭 어려움을 토로하기도 했지만, 1937년에 결국 탈고하고 나서는 비교적 만족스러워했다. 벤야민은 특히 이 에세이 초두에서 '역사적 유물론'에 관한 이론적 성찰을 전개하는데, 역사적 대상이 전통적인 역사주의적 관점에서 형성된 '역사의 연속체'로부터 풀려나와 독자(역사가) 자신의 '지금시간'의 경험, 대상의 '사후의 삶'을 구성하는 그러한 경험의 일부가 되는 독해의 과정을 사적 유물론의 방법이자 그 핵심적 과제로 제시한다. 이 에세이가 출간되기 전에 사회연구소의 편집진은 초두의 단락이 지나치게 마르크스주의에만 정향하고 있다고 느껴진다는 이유로 삭제할 것을 요청한다. 1977년에 『전집』에서 이 에세이는 다시 원상 복구되었다. 벤야민은 이 에세이의 몇몇 구절을 「역사의 개념에 대하여」에 그대로 인용하고 있다. 참고로 현재 국내에 푹스의 저작은 『풍속의 역사』(전 4권, 이기웅 외 옮김, 까치글방)와 『캐리커처로 본 여성 풍속사』(전은경 옮김, 미래인)가 번역되어 있다.

● 역사의 개념에 대하여(1940)

역사철학테제로 알려진 이 글은 벤야민 사후인 1942년에 그를 기릴 목적에서 『발터 벤야민 회고집』(*Walter Benjamin zum Gedächtnis*)이라는 제목으로 당시 로스앤젤레스에 망명을 가 있던 사회연구소의 잡지 『사회연구지』의 특별호로 출판되었다. 아도르노는 당시 이 테제의 서문을 다음과 같이 기획했다.

벤야민의 글들 가운데 이 역사철학 초고는 틀을 갖춘 마지막 글이다. 이 글은 출판할 목적으로 씌어진 것이 아니다. 이 원고를 썼음을 알리는 한 편지[4]에서 그는 이렇게 밝혔다. "전쟁과 전쟁이 몰고 온 상황이 저로

---

4) 1940년 4월 벤야민이 그레텔 아도르노(Gretel Adorno)에게 보낸 답장을 가리킨다. 1940년 2월 10일자 편지에서 그레텔 아도르노는 벤야민이 전에 언급한 적이 있는 이 글을 보내달라고 부탁했다.

하여금 몇 가지 생각을 기록하게 만들었습니다. 그것들은 제가 20여 년간 간직해왔고 심지어 저 자신 앞에서조차 간직해온 생각들입니다. 〔……〕 그 텍스트는 여러 의미에서 〔……〕 축소됐습니다. 당신〔그레텔 아도르노〕이 그 텍스트를 읽으면 얼마나 놀라실지, 아니면 제가 원치 않게도 혼란스러워하실지 저는 모르겠습니다. 어쨌거나 저는 특히 17번째 성찰을 보시라고 말씀드리고 싶군요. 그 성찰은 이 고찰들과 지금까지의 제 글들 사이에 숨어 있는 결정적인 연관을 알아차리게 해드릴 것인데, 그것은 그 단편이 제 글들이 추구해온 방법을 간명하게 표현하고 있기 때문입니다. 그 밖에 이 성찰들은 실험적 성격을 띠긴 하지만 「보들레르」 글들을 준비하는 데 비단 방법론적으로만 기여하는 것이 아닙니다. 추측건대 그 성찰들 속에—다른 차원에서이긴 하지만—나타나고 있는 기억(과 망각)의 문제가 앞으로도 오랫동안 저를 사로잡을 것 같군요. 제가 이 노트들을 (당신께 보내드릴 형태로는 말할 나위도 없이) 출판할 생각이 조금도 없다는 점은 굳이 말씀드리지 않아도 되겠죠. 이 글이 출판된다면 열성적 오해들이 엄청나게 생겨날 것입니다." 그는 그 글을 보내는 것을 미루었다. 이 초고는 1941년에야 연구소에 도착했다. 벤야민의 죽음은 우리에게 이 글을 출판해야 한다는 의무를 부과했다. 이 텍스트는 그의 유산이 되었다. 이 텍스트는 단편으로 끝났기 때문에 우리가 사유를 통해 그의 사상의 진실에 충실해야 할 것이다.

아도르노의 이 서문은 실리지 않았고 그 대신 호르크하이머와 아도르노가 서명한, 여기 실린 역사철학테제들이 벤야민의 마지막 글이며 이번 호에 실린 글들이 그를 추모하기 위해 기획되었다는 문장이 씌어졌다.

벤야민은 1935년 『파사주』 프로젝트의 개요를 쓴 뒤 예전에 『독일 비애극의 원천』에서 그랬던 것처럼 이 『파사주』 책을 위해 고유한 인식론을 개발할 필요성을 느꼈다. 그리고 그의 방법론적 성찰들은 『파사주』 프로젝트의 노트묶음 N: 「인식론적인 것, 진보의 이론」(V/1, 570~611) 속에 모였다. 이 당시에만 해도 아직 역사철학테제는 씌어지지 않았다. 벤야민이 명시적으로 이 테제들에 대해 처음 언급한 것은 1940년 2월 호르크하이머에게 보낸 편지에서이다. 따라서 이 테제들은 빨라야 1939년 말 내지 1940년 초에 씌어진 것으로 추정된다. 숄렘은 「발터 벤야민과 그의 천사」(Walter Benjamin und sein Engel, in: *Zur Aktualität Walter Benjamins*, hrsg. von Siegfried Unseld, Frankfurt a. M., 1972, p. 129)에서 벤야민이 전쟁이 발발한 직후 잠시 감금되었던 수용소에서 풀려나와 1940년 초 이 테제를 썼으며, 당시 히틀러와 스탈린이 맺은 밀약의 충격에서 깨어난 상태를 이 글에서 표현하고 있다고 밝히고 있다. 숄렘에 따르면 벤야민은 이 밀약에 대한 답변으로 쓴 이 글을 당시 옛 지우였던 모르겐슈테른(Soma Morgenstern)에게 낭독해주었다고 한다.

● 「역사의 개념에 대하여」 관련 노트들

「역사의 개념에 대하여」와 관련하여 쓴 메모와 단편들로서 최종적으로 완결된 텍스트에 반영되지 않은 중요한 성찰들을 발견할 수 있다. 또한 메모 중 일부는 『파사주』 프로젝트의 노트묶음 N 속의 단편들이다.

위 텍스트들의 원전은 모두 벤야민의 『전집』(Walter Benjamin, *Gesammelte Schriften*, Bd. I~VII, Frankfurt a. M., 1972~89)에서 취했고, 영역본도 참고했다. 물론 문화와 역사철학에 관련된 벤야민의 텍스트들은 여기 실린 글들이 전부가 아니다. 오히려 역사철학적 사유는 그의 글과 사상 전체에 녹아 있다. 다만 『선집』을 전체 10권으로 기획하면서 해당 주제에 속하는 대표적인 글들을 분류하여 모았을 뿐이다. 또한 역사철학에 해당하면서 동시에 언어철학에 관련된 텍스트들도 있기에 분류에 절대적 기준이 있을 수 없다. 해당 주제에 포함시키면 좋겠다는 텍스트가 있으면 앞으로 남은 선집 번역에 반영할 수 있기에 독자 여러분의 조언을 기대한다. 물론 이 번역에서 발견될지 모를 오역과 어색한 번역에 대한 질정도 바라 마지않는다. 아울러 틈틈이 번역 정정을 제안해준, 베를린에서 유학 중인 임석원 씨에게 이 자리를 빌려 감사의 말씀을 전한다. 끝으로 좋은 책을 만들어 보급하겠다는 일념으로 꼼꼼하게 원고를 다듬고 챙겨준 이승우 편집장에게 심심한 감사의 말을 전한다.

2008년 6월
최성만

● 차례 ●

■ 해제: 발터 벤야민의 역사철학적 구제비평 ——————— 5
■ 옮긴이의 말 ————————————————— 47

운명과 성격 ————————————————— 63
폭력비판을 위하여 ——————————————— 77
종교로서의 자본주의 —————————————— 119
신학적 · 정치적 단편 —————————————— 127
꿈 키치 ——————————————————— 133
초현실주의 —————————————————— 141
경험과 빈곤 ————————————————— 169
19세기의 수도 파리(독일어판) —————————— 181
19세기의 수도 파리(프랑스어판) ————————— 219
수집가이자 역사가 에두아르트 푹스 ———————— 253
역사의 개념에 대하여 ————————————— 327
「역사의 개념에 대하여」 관련 노트들 ——————— 351

● 일러두기

고딕체는 원문에서 이탤릭체로 강조한 부분임.
(   ) 괄호는 원문에서 직접 쓴 부분이거나 옮긴이가 한자·원어 병기를 한 부분임.
〔   〕 괄호는 옮긴이의 추가 설명 부분임.
〔원주〕 표시가 없는 주(註)는 옮긴이 주임. 간혹 전집 편집자가 밝힌 전거가 있을 경우 그것을 표시했음.

운명과 성격[1]
(1919)

Walter Benjamin, *Gesammelte Schriften*, Frankfurt a. M., 1972~89, Bd. II/1, pp. 171~79. (Schicksal und Charatkter)

운명과 성격은 보통 인과적으로 연결된 것으로 간주되며, 성격은 운명의 원인으로 칭해진다. 이런 시각의 바탕에 놓인 생각은 다음과 같다. 한편으로 한 사람의 성격, 그러니까 그가 반응하는 방식이 모든 세세한 점까지 알려져 있고, 다른 한편 세상의 사건이 그 성격에 다가갈 영역들이 알려져 있다면, 무엇이 그 성격에 닥칠 것인지, 그리고 무엇이 그 성격에 의해 수행될지를 정확하게 말할 수 있을 것이다. 다시 말해 그의 운명이 알려지게 될 것이다. 현시대의 관념들은 운명 개념을 직접적으로 사유할 수 있게 해주지 못한다. 그래서 현대인들은 성격을 이를테면 한 사람의 신체적 특징들에서 읽어낼 생각을 하게

---

1) 발터 벤야민이 1919년에 쓴 이 에세이는 잡지 *Die Argonauten*, 1. Folge, Heft 10~12(1921), pp. 187~96에 발표되었다.

되는데, 그것은 그들이 성격 일반에 대한 지식을 자기 자신 안에 이미 갖고 있기 때문이라는 것이다. 그에 반해 그와 유사하게 이를테면 한 사람의 운명을 그의 손금에서 읽어내려는 생각은 받아들일 수 없는 것으로 나타난다는 것이다. 이것은 '미래를 예언하는 일'이 불가능하게 보이는 것처럼 불가능한 것으로 여겨진다. 즉 이러한 범주 아래에 운명의 예언이 마냥 포괄되고 있으며, 그에 비해 성격은 뭔가 현재와 과거에 놓여 있는 것, 따라서 인식 가능한 것으로 나타난다. 그런데 사람들에게 어떤 기호로부터이든 그들의 운명을 예언해줄 수 있다고 하는 사람들의 주장에 따르면, 그 운명이 그것에 주의를 기울일 줄 아는 사람(즉 운명 일반에 대한 직접적 지식을 자기 자신 안에 이미 갖고 있는 사람)에게는 어떤 식으로든 현전해 있거나, 더 조심스럽게 말하면, 그 자리[현장]에 있다는 것이다. 미래의 운명이 '그 자리에 있다'는 것이 그 운명 개념에 모순되지도 않고 그 운명을 예언하는 것이 인간의 인식 능력들에 모순되지도 않는다는 이 가정은 앞으로 드러나겠지만 이치에 맞지 않는 말은 아니다. 게다가 성격과 마찬가지로 운명도 그 자체가 아니라 오로지 기호를 통해서만 조망할 수 있는데, 왜냐하면—이러저러한 성격의 특성, 이러저러한 운명의 사슬이 직접 목전에 놓여 있다 할지라도—그 개념들이 뜻하는 맥락은 기호를 통해서밖에는 달리 그 자리에 나타날 수 없기 때문이다. 그 이유는 그 맥락이 직접적으로 가시적인 것을 초월해 있기 때문이다. 성격학적 기호의 체계는 점성술이 연구하는 기호들의 성격학적 의미를 도외시한다면 일반적으로 신체에 국한된다. 반면에 운명의 기호는 전승된 견해에 따르면 신체적 현상들 이외에 외적 삶의 모든 현상들이 될 수 있다. 그러나 기호와 기의 사이의 연관은 보통 그 두 영역에서 상이한 문제이긴 하지만 똑같이 닫혀 있고 어려운 문제이다. 왜냐하면 기호들은 그 기호들에 대한 모든 피상적인 관찰과 잘못된 실체화에도 불구하고 그 두 체계에서 인과적 연관관계를 근거로 성격이나 운명을 의미할 수 없기 때문이다. 의미 연관은 결코 인과적으로 규명될 수 없는 법이다. 그것은 가령 지금의 경우 그러한 기호들의 존재를 운명과 성격을 통해 인과적으로 불러냈을지라도 그러하다. 나는 다음에서 그와 같은 기호체계가 성격과 운명에 어떤 모습으로 나타나는지를 연구하는 것이 아니라 단지 기의 자체만 관찰 대상으로 삼을 것이다.

성격과 운명의 본질 및 그들의 관계에 대한 전승된 견해는, 그것이 운명을 예언할 수 있는 가능성을 합리적으로 이해할 수 있게 만들 수 없다는 점에서 문제성 있는 견해로 남을 뿐만 아니라, 그 견해가 토대로 삼는 분리가 이론적으로 이루어질 수 없기 때문에, 맞지 않는다는 점이 드러난다. 왜냐하면 활동하는 어떤 사람의 핵심이 위의 견해에 따르면 성격이라고 하는데, 그 사람의 외부에 대한 모순 없는 개념을 형성하기는 불가능하기 때문이다. 그 어떤 외부세계라는 개념도 활동하는 사람의 개념이 갖는 경계를 그어 정의될 수 없다. 활동하는 사람과 외부세계 사이에는 오히려 모든 것이 상호작용이고, 그 둘의 활동영역은 서로 넘나든다. 그것들에 대한 관념은 서로 상이할 수 있지만, 그것들의 개념은 분리할 수 없다. 한 인간의 삶에서 무엇이 궁극적으로 성격의 기능으로 통용되고, 무엇이 운명의 기능으로 통용되어야 하는지 어느 경우에도 말할 수 없을 뿐만 아니라(그런 언급은 이를테면 그 둘이 경험에서만 서로 넘나든다면 여기서 아무것도 의미하지 않을 것이다), 행동하는 인간이 대면하는 외부는 얼마든지 그의 내부로, 또 그의 내부는 얼마든지 그의 외부로 원칙적으로 귀속시킬 수 있으며, 심지어 원칙적으로 그것으로 간주할 수 있다. 성격과 운명은 이렇게 볼 때 이론적으로 구분되기는커녕 서로 합치한다. 그리하여 니체는 이렇게 말한다. "한 사람이 성격을 갖고 있다면, 그는 언제나 회귀하는 어떤 체험도 갖는다."[2] 이것이 뜻하는 바는, 한 사람이 성격을 갖고 있다면 그의 운명은 본질적으로 불변적이라는 점이다. 이 말은 또다시 그 사람이 아무런 운명도 갖고 있지 않다는 뜻이다―그리고 이러한 결론을 스토아학파 철학자들이 내렸다.

따라서 운명의 개념을 얻으려면 이 운명 개념이 성격 개념과 순수하게 구분되어야 하는데, 이것은 성격 개념이 보다 엄밀하게 규정되기 전에는 성공할 수 없다. 이 규정을 근거로 그 두 개념은 전혀 상이한 것이 될 것이다. 성격이 있는 곳에는 운명은 틀림없이 없을 것이고, 운명의 연관 속에서는 성격이라는 것을 만날 수 없을 것이다. 이를 위해 그 두 개념을 그것들이 일반적인 언어 사용에서 발생하는 것처럼 상위의 영역들과 개념들의 주권을 찬탈하지 않는 어떤 영역들에 귀속시켜볼 생각을 할 필요가 있다. 즉 사람들은 보통 성격을 윤리적 연관 속에, 운명을 종교적 연관 속에 넣는다. 이 두 영역으로부터 그 둘을 그것들을 그곳으로 전치시킬 수 있었던 오류를 밝힘으로써 몰아

---

[2] Friedrich Nietzsche, *Werke in drei Bänden*, hg. von Karl Schlechta, Bd. 2, 2. Aufl. München, 1960, p. 626 ["Jenseits von Gut und Böse. Vorspiel einer Philosophie der Zukunft"(선악의 피안), 제4부, Sprüche und Zwischenspiele, Aph. 70].―전집 편집자

낼 수 있다. 이 오류는 운명 개념의 경우 그것이 죄 개념과 결부됨으로써 생겨난다. 그리하여 전형적인 경우를 들자면 운명적인 불행이 종교적 죄지음에 대한 신 또는 신들의 대답으로 간주된다. 그러나 이때 그에 상응하는 관계로서 운명 개념이 도덕을 통한 죄 개념과 함께 주어졌던 개념, 다시 말해 무죄 개념과 맺는 관계는 빠져 있다는 점이 석연치 않다. 운명사상이 그리스 고전기에 형성되었을 때를 보면 한 사람에게 주어지는 행복은 전혀 그의 무죄한 삶의 역정에 대한 확인으로 파악되지 않고, 오히려 가장 무거운 죄지음인 교만(Hybris)으로의 유혹으로 파악되었다. 무죄에 대한 관계는 따라서 운명에는 등장하지 않는다. 그리고 더 깊이 들어가는 물음은, 과연 운명 속에 행복에 대한 관계가 있느냐이다. 행복은, 불행이 의심할 여지가 없이 그렇듯이, 운명을 위한 구성적 범주인가? 오히려 행복한 사람을 운명의 연쇄와 그의 운명의 그물망에서 풀어내주는 것이 행복이다. 횔덜린(Fr. Hölderlin)이 지복한 신들을 "운명이 없는"[3] 신들이라고 부른 것은 그 까닭이 있다. 따라서 행복과 지복(至福, Seligkeit)은 무죄와 마찬가지로 사람들을 운명의 영역에서 벗어나게 한다. 그러나 그 유일하게 구성적인 개념들이 불행과 죄이고 그 안에서 상상할 수 있는 아무런 해방의 길도 없는 (왜냐하면 무엇인가가 운명이라면 그것은 불행과 죄이기에) 어떤 질서, 그와 같은 질서는 종교적인 질서일 수가 없다. 그것은 제아무리 오해된 죄 개념이 그쪽을 지시하는 듯이 보일지라도

---

3) Friedrich Hölderlin, *Sämtliche Werke*, Hrsg. von Friedrich Beißner, Leipzig, 1965, p. 192〔"Hyperions Schicksalslied"(히페리온의 운명의 노래), v. 7〕. ― 전집 편집자.

그러하다. 따라서 오로지 불행과 죄만 통용되는 또 다른 영역, 지복과 무죄가 너무 가볍게 여겨져 위로 떠도는 어떤 저울을 찾을 필요가 있다. 이 저울이 **법**(Recht)의 저울이다. 운명의 법칙들인 불행과 죄는 법을 인격의 척도로 상승시킨다. 죄만이 법 연관 속에 있을 거라고 가정하는 것은 맞지 않다. 오히려 모든 법적 죄지음은 하나의 불행 이외에 아무것도 아니라는 점을 증명할 수 있다. 법의 질서는 사람들의 마성적(魔性的, dämonisch) 실존 단계, 즉 그 단계 속에서 법조문들이 사람들의 관계들만이 아니라 신과 사람의 관계도 규정했던 그러한 실존 단계의 한 잔재에 불과하다. 그런데 사람들이 오해함으로써, 즉 법의 질서를 정의(Gerechtigkeit)의 영역과 혼동함으로써, 데몬(Dämon)들에 대한 승리가 시작된 시대를 넘어 그 질서는 유지되었다. 창조적 정신(Genius)이 죄의 안개를 뚫고 처음으로 머리를 치켜들었던 것은 법이 아니라 비극에서였다. 왜냐하면 비극 속에서 마성적 운명이 돌파되었기 때문이다. 그러나 이교적으로 끝을 내다볼 수 없는 죄와 속죄의 연쇄가 스스로 속죄한 인간, 순수한 신과 화해한 인간의 순수성으로 대체됨으로써 돌파된 것이 아니다. 오히려 비극 속에서 이교적 인간은 자신이 신들보다 낫다는 것을 깨닫는데, 하지만 이 인식이 그에게서 언어를 **빼앗아** 가고 그는 말을 잃은 둔중한 상태로 남는다. 스스로 고백하지 않은 채 그 인식은 은밀하게 자신의 힘을 모으려 한다. 그 인식은 죄와 속죄를 측량하여 저울판 위에 올려놓는 것이 아니라 그것들을 뒤흔들어놓는다. 중요한 것은 '윤리적 세계질서'가 다시 재건되는 것이 아니라, 도덕적 인간이 아직 말없이, 아직 미성숙하게—바로 그러한 자로서 그는 영웅으로 불린다—저 고통스러운 세상의 흔들림 속에서 몸을 일으켜 세우려 하는 것이다. 도덕적 무언성, 도덕적 유아성(幼兒性) 속에서의 창조적 정신의 탄생이라는 역설이 비극의 숭고함이다. 아마 이것이 숭고함 일반의 근거일 것이고, 그 숭고함 속에서 신보다 오히려 창조적 정신이 출현한다. ─따라서 운명은 한 삶을 심판받은 삶, 원래는 이제 심판을 받고 그러고 나서 죄인이 되는 삶으로 바라보는 데서 드러난다. 괴테(J. W. von Goethe)는 이러한 두 단계를 다음의 말로 요약하고 있다. "너희는 가난한 자를 죄인으로 만들고 있다."[4] 법은 형벌을 받도록 심판하는 것이 아니라 죄를 짓도록 심판한다. 운명은 살아 있는 것의 죄 연관이다.[5] 이 죄 연관은 살아 있는 것의 자연적 상태에 상응하고, 아직 남김없이 해체되지 않은 가상에 상응하는데, 인간은 그 가상에서 벗어나 있기 때문에 결코 완전히 그 가상 속에 잠기지 않고 그 가상의 지배하에서 그 자신의 최상의 부분이 눈에 보이지 않은 채로 머물 수 있었다. 따라서 인간은 근본적으로 운명을 가진 존재가 아니며, 운명의 주체는 규정할 수 없다. 판관은 그가 원하면 어디서든 운명을 볼 수 있다. 모든 형벌에서 그는 맹목적으로 운명을 힘께 지시하지 않으면 안 된다. 인간은 그러한 판결에 결코 명중되지는 않지만, 아마도 가상 덕분에 자연적 죄와 불행에 관여하는, 그의 내부에 있는 단순한 삶(das bloße Leben)은 명중된

---

[4] Johann Wolfgang von Goethe, *Sämtliche Werke*, Jubiläumsausgabe, Hrsg. von Eduard von der Hellen, Bd. 2, Teil 2, Stuttgart, Berlin, 1902, p. 88〔"Aus Wilhelm Meister"(빌헬름 마이스터에서), 3번째 시, 6행〕.─전집 편집자

[5] 벤야민은 이 구절을 「괴테의 친화력」(Goethes Wahlverwandtschaften)에서 다시 인용하며(Bd. I/1, 138), 「폭력비판을 위하여」에서도 여기서 제시한 운명과 법에 대한 성찰을 더 상세하게 전개한다.

다. 운명에 맞게 이 살아 있는 존재는 그처럼 카드나 행성에 연결될 수 있고, 점쟁이 여인은 가장 가까이 있는 계산 가능한 것들, 가장 가까이 있는 확실한 사물들(부정不淨하게 확실성을 수태한 사물들)을 갖고 그 살아 있는 존재를 죄 연관으로 밀어 넣는 간단한 기술을 이용한다. 그로써 점쟁이 여인은 기호들을 통해 사람 속의 자연적 삶에 대해 뭔가를 알게 되고, 그것을 거명된 그 사람의 자리에 두려고 한다. 다른 한편 그녀를 찾아간 사람은 자신 속의 죄지은 삶을 위하여 퇴위한다. 죄 연관은 아주 비본래적으로 시간적이며, 그 종류와 척도에서 구원이나 음악이나 진리의 시간과는 판이하다. 이러한 것들은 특수한 종류에 속하는 운명의 시간을 확실하게 밝혀야만 완전하게 해명될 수 있다. 카드로 점을 치고 손금을 보는 자는 어쨌든 이러한 시간을 (현재적으로가 아니라) 언제든 다른 시간과 동시적으로 만들 수 있음을 가르친다. 운명의 시간은 보다 상위의 삶, 덜 자연적인 삶의 시간에 기생적으로 기대는 비자립적인 시간이다. 그 시간은 현재라는 것을 모르는데, 그것은 운명적 순간들은 열악한 소설들에만 있기 때문이며, 또한 그 시간은 과거와 미래도 독특한 변전(變轉) 속에서만 알 뿐이다.

따라서 성격의 개념과 완전히 무관하며 그 규정 근거를 전혀 다른 영역에서 찾는 운명의 개념이 있는데, 이것은 카드 점을 치는 여인의 의도와 똑같이 비극에서의 운명에도 해당하는 진정하고 유일한 개념이다. 이에 상응한 상태로 성격 개념도 설정되지 않으면 안 된다. 그 두 질서 모두 해석하는 방식과 연관되고 손금 보기에서 성격과 운명이 본래 합치한다는 점은 우연이 아니다. 둘 다 자연적 인간, 아니 인간 속의 자연에 해당하며, 바로 이 자연이 그 자체로 주어진 기호에서든 아니면 실험적으로 주어진 자연의 기호에서든 그런 기호를 통해 예고된다. 따라서 성격 개념의 근거는 마찬가지로 자연 영역과 연관되어야 하며, 운명이 종교와 상관이 없듯이, 윤리나 도덕과는 아무런 상관이 없을 것이다. 다른 한편 성격 개념은 그것이 운명 개념과 혼란스럽게 결합하여 구성하는 특성들도 역시 벗어던져야 할 것이다. 이러한 결합은 인식을 통해 임의로, 아주 단단한 직조로까지, 촘촘하게 짤 수 있는 그물망이라는 관념에 의해 이루어지며, 성격은 피상적 관찰에게 그러한 그물망으로 나타난다. 즉 인간을 아는 전문가의 날카로운 시선은 굵은 기본 특성들 이외에 더 섬세하고 더 밀접하게 연관되는 특성들을, 그 겉보기의 그물망이 하나의 천으로 짜일 때까지, 볼 수 있다는 것이다. 이 직조의 실 가닥들 속에서 결국 한 빈약한 지성이 해당 성격의 도덕적 본질을 포착할 수 있다고 생각하고, 그 성격에서 좋은 특성과 나쁜 특성을 구별하였다. 그러나 도덕이 입증할 일이지만 결코 특성들이 아니라 오로지 행동들만이 도덕적 중요성을 지닐 수 있다. 그런데 외관을 보는 눈은 다르게 보려고 한다. '도둑 같은' '낭비적인' '용기 있는'과 같은 성격들만 도덕적 평가를 함께 의미하는 듯이 보이는 것이 아니라(여기서 그 개념들이 띠는 겉보기에 도덕적인 색조까지도 도외시할 수 있다), 무엇보다 '희생적인' '음흉한' '복수심에 불타는' '시기하는' 등과 같은 말들이 도덕적 평가를 더는 사상(捨象)할 수 없는 성격적 특징들을 보여주는 것처럼 보인다. 그렇지만 그러한 추상화는 어느 경우에나 수행될 수 있을 뿐만 아니라 그 개념들의 의미를 파악하기 위해서 필수적이기도 하다. 그것도 그 추상화는 이렇게 생각할 수 있다. 즉 가치평가 자체는 전적으로 유지되고 단지 그것의 도덕적 악센트만 그 평가에서 탈각됨으로서 그때그때 긍정적이거나 부정적 의미에서 조건 지어진 판단들, 이를테면 ('영리한'이나 '아둔한'과 같이) 지성의 특성들에 대한 의심할 여지 없이 도덕적으로 중립적인 명칭들이 표현하는 것과 같은 판단들에 자리를 내주는 것이다.

이때 어디서 그와 같은 사이비 도덕적인 특성의 명칭들에 그것의 진정한 영역이 지시되어야 하는지를 가르쳐주는 것이 희극이다. 희극의 중심에는 성격희극의 주인공으로서 우리가 만일 삶 속에서 그의 행동들을 무대에서가 아니라 그 사람 자신 앞에서 마주해야만 한다면 악한이라고 부를 사람이 서 있는 경우가 허다하다. 하지만 희극의 무대에서 그의 행동들은 성격의 빛을 갖고서 그 행동들 위에 쏟아지는 관심만을 얻으며, 이 성격은 고전적인 경우들에 도덕적 심판의 대상이 아니라 고도의 명랑함(Heiterkeit)의 대상이다. 희극적 주인공의 행동들은 결코 그 자체로서, 결코 도덕적으로 관중에게 다가오지 않는다. 그의 행위들은 성격의 빛을 되쏘는 한에서만 관심을 끈다. 이때 사람들은 몰리에르와 같은 위대한 희극작가가 성격특성들의 다양성 속에서 그의 인물을 결정하려고 하지 않는다는 점을 보게 된다. 오히려 심리학적 분석을 통해서는 그의 작품에 접근할 수 없다. 『수전노』(*Avare*, 1668)나 『상상으로 앓는 사나이』(*Malade imaginaire*, 1673)에서 인색함이나 우울증이 실체화되고 모든 행동의 바탕에 놓이게 된다면, 심리학적 분석의 관심을 가지고서는 아무것도 이룰 수 없다. 이 드라마들은 우울증과 인색함에 대해 가르쳐주는 게 아무것도 없고, 그것들을 이해할 수 있게 해주기는커녕 그것들을 점점 더 과격하게 표현한다. 만일 심리학이 경험적이라고 추정된 사람의 내면적 삶을 대상으로 한다면, 몰리에르 희극의 인물들은 그러한 심리학에게는 예시 수단으로서도 쓸모가 없다. 성격은 그 인물들에게서 그 성격의 유일한 특성의 광채 속에서 태양처럼 전개되는데, 그 광채는 어떤 다른 특성도 그 특성 주변에서 보이도록 내버려두지 않고 가린다. 성격희극의 숭고함은 이러한 인간의 익명성에 바탕을 두고 그의 성격특성의 유일성 속에서 개성이 최고도로 전개되는 한복판에서의 그의 도덕성에 바탕을 둔다. 운명이 죄지은 인물의 엄청난 분규(紛糾), 그 인물의 죄의 분규와 연계성을 전개해나가는 반면, 성격은 죄 연관 속에 있는 인물의 신화적 노예화에 대해 창조적 정신의 답변을 준다. 분규는 단순함이 되고, 운명은 자유가 된다. 왜냐하면 희극적 인물의 성격은 결정론자들의 허수아비 인형이 아니고, 그 광채 아래에서 그 인물의 행위의 자유가 가시적으로 드러나는 촛대이기 때문이다. — 인생의 자연적 죄, 원초적 죄, 즉 그것의 원칙적 해소 불가능성이 가르침을 이루고 그것의 간헐적인 해소가 이교도의 제의를 이루는 그 원초적 죄에 관한 도그마에 대해 창조적 정신은 인간의 자연적 무죄의 비전을 맞세운다. 이 비전은 그 나름대로 역시 자연의 영역 안에 머물고 있다. 그렇지만 그 비전은 그 본질상 도덕적 통찰들에 가까이 있으며, 이는 비극의 형식 속에서만—물론 그 이념의 유일한 형식은 아닌 그 형식 속에서만—주어진 그 정반대의 이념이 그러한 것과 마찬가지다. 그러나 성격의 비전은 모든 형식들 가운데 해방적이다. 여기서 제시될 수 없지만 성격의 비전은 그것이 갖는 논리학과의 친화성 측면에서 자유와 연관된다. —따라서 성격특성은 그물망 속의 마디가 아니다. 성격특성은 인간의 무색의(익명의) 하늘에 떠 있는 개성의 태양이고, 희극적 행동의 그림자를 드리우는 태양이다. (모든 비극적 줄거리는 그것이 장중한 모습으로 제아무리 숭고하게 진행해가더라도 희극적 그림자를 드리운다는 코엔H. Cohen의 심오한 말은 이 점을 본래의 맥락으로 이끈다.)

관상학적 기호들은 여타의 점술적 기호들과 마찬가지로 고대인들에게는 주로 운명을 해명하는 데 쓰였으며, 이것은 죄에 관한 이교적 신앙이 지배한 데 따른 것이다. 희극과 같은 관상학은 창조적 정신의 새 시대에 나타난 현상이었다. 그 관상학이 예전의 예언술과 갖는 연관을 현대의 관상학은 복잡한 분석을 지향하는 노력 속에서나 그것이 사용하는 개념들의 비생산적인 도덕적 가치평가 속에서 여전히 보여준다. 바로 이 점에서 고대와 중세의 관상학자들이 더 옳게 보았는데, 그들은 성격이, 이를테면 기질론(氣質論)이 포착하려고 했던 것처럼, 단지 도덕적으로 중립적인 소수의 기본 개념들로만 파악될 수 있다는 점을 인식했다.

폭력비판을 위하여[1]
(1921)

Walter Benjamin, *Gesammelte Schriften*, Frankfurt a. M., 1972~89, Bd. II/1, pp. 179~203. (Zur Kritik der Gewalt)

폭력[2] 비판이라는 과제는 그 폭력이 법과 정의와 맺는 관계들을 서

---

1) 1919~20년에 벤야민은 정치에 대한 논문들을 쓸 계획을 세웠고, 이 논문들은 모두 폭력 문제를 중심적으로 다룰 예정이었다. 이 계획은 실현되었는데, 그중 하나가 이 에세이이고, 두 번째는 1920년에 쓴 「'삶과 폭력'에 대한 짤막하면서 매우 시의성 있는 노트」였으며, 비교적 분량이 큰 세 번째 에세이는 제1부에서 '진정한 정치가'를 다루고, 제2부에서 '진정한 정치'를 다루었다. 이 제2부는 다시 '폭력의 해체'와 '최종 목적이 없는 목적론'으로 나뉜다. 그러나 첫 번째 에세이를 제외하고 나머지는 실종되었다. 이 폭력비판의 에세이는 1921년 8월 사회과학 잡지 *Archiv für Sozialwissenschaften und Sozialpolitik*, 47호(1920/21), pp. 809~32에 발표되었다.
2) 독일어 Gewalt는 힘·폭력·권력·권능·무력을 뜻하며, 이 에세이에서는 주로 폭력으로 번역했지만 혹간 맥락에 따라 -권·강제력·강압 등으로 번역한다. 법과 국가와 연관된 맥락에서는 Gewaltenteilung(삼권분립)이나 Staatsgewalt(국가권력)처럼 권(력)으로 번역할 때도 있고 대개 강제력으로 번역되지만 대부분 폭력으로 번역했으며, 독자들은 그것이 적법한 폭력일 경우 강제력의 의미를 띤다는 것을 유추하기 바란다. 형용사 gewaltig는 '강력한, 엄청난', gewaltsam은 '폭력적이고 강제적인', 그리고 gewalttätig 역시 '(행위가) 폭력적이고 난폭한'을 뜻한다. 한편 Recht는 권리, 법, 옳음(정당함)을 뜻하며 맥락에 따라 달리 번역한다. Naturrecht는 자연법 또는 자

술하는 작업으로 돌려서 말할 수 있다. 왜냐하면 어떤 원인이 어떻게 작용하든 간명한 의미에서의 폭력이 되는 것은 그 원인이 윤리적 상황에 개입할 때에야 비로소 가능하기 때문이다. 이 관계들의 영역은 법과 정의의 개념으로 지칭된다. 둘 가운데서 우선 법을 두고 보자면 모든 법질서의 가장 원초적인 기본 관계는 목적과 수단의 관계라는 점은 분명하다. 더 나아가 폭력은 목적의 영역이 아니라 우선 수단의 영역에서 찾을 수 있다는 점이다. 이런 인식들을 통해 폭력을 비판하기 위해 많은 것이, 그렇지만 어쩌면 겉보기와는 다른 것이 주어지게 되었다. 즉 폭력이 수단이라면 그 폭력을 비판하기 위한 어떤 척도가 마냥 주어진 것으로 나타날 수 있을 것이다. 그 척도는 폭력이 그때그때 특정한 경우에 정당한 목적 또는 부당한 목적을 위한 수단이냐는 물음에서 나타난다. 그에 따라 폭력의 비판은 정당한 목적들의 체계 속에 묵시적으로 주어져 있다고 할 수 있다. 그런데 사정은 그렇지 않다. 왜냐하면 그와 같은 체계가 설사 모든 의심을 불식시키는 안정된 체계라 할지라도 그 체계가 내포할 수 있는 것은 어떤 원칙으로서의 폭력의 기준이 아니라 그 폭력이 사용된 사례들에 대한 기준이기 때문이다. 폭력 일반이 원칙으로서, 심지어 스스로 정당한 목적들을 위한 수단으로서, 윤리적이냐는 물음은 여전히 열린 채로 있는 셈이다. 이 물음을 결정하기 위해서는 좀더 자세한 기준이 필요한데, 다시 말해 수단 자체의 영역에서의 구분이, 그것도 그 수단이 봉사하는 목적

연권(천부인권)으로 번역된다. 또한 Macht는 권력의 뜻이 가장 강하게 담긴 단어이고, 맥락에 따라 능력·무력·강제력으로 번역된다.

들에 대한 고려 없이, 이루어질 필요가 있다.

이와 같은 엄밀하고 비판적인 문제제기를 배제하는 것이 법철학에서 하나의 큰 조류를 어쩌면 그것의 가장 두드러진 표지로서 특징짓는데, 자연법(Naturrecht)이 바로 그것이다. 자연법론은 마치 인간이 자신의 신체를 자기가 지향하는 목표를 향해 움직일 '권리'(Recht)에서 문제될 것을 찾지 못하듯이, 정당한 목적을 위해 폭력적 수단을 사용하는 데서 하등의 문제를 보지 않는다. 자연법론의 관점에 따르면 (이 관점은 프랑스 혁명에서 자행된 테러리즘에 이데올로기적 토대를 제공해주었는데) 폭력은 자연적 소산으로서 말하자면 원료와 같은 것이며, 그것을 사용하는 것은 사람들이 폭력을 부당한 목적을 위해 남용하지 않는 한 문제될 것이 없다. 자연법론에 기초한 국가이론에 따라 개인들이 자신들의 모든 폭력을 국가를 위해 포기한다면, 이러한 일은 다음의 (예컨대 스피노자가 신학정치론에서 강력하게 확언한 바 있는)[3] 전제 아래서 일어난다. 즉 개인은 스스로, 그리고 그와 같은 이성에 맞는 계약을 체결하기 전에, 그 자신이 사실적으로 지닌 모든 임의의 폭력을 법적으로도 행사한다는 전제가 그것이다. 아마도 이러한 견해들은 나중에도 찰스 다윈(Ch. Darwin)의 생물학을 통해 활성화되었던 것 같은데, 다윈의 생물학은 전적으로 독단적인 방식으로 자연선택 이외에 폭력만을 자연의 원초적인 수단, 자연의 모든 생명

---

[3] Baruch de Spinoza, *Theologisch-politischer Traktat*. Carl Gebhardt의 주석 · 색인 · 서문을 곁들인 번역, Leipzig, 1908, pp. 273~91(제16장: "Über die Grundlagen des Staates, über das natürliche und das bürgerliche Recht des einzelnen und über das Recht der höchsten Gewalten"). — 전집 편집자

체와 관련된 목적들에 유일하게 적합한 수단으로 간주했다. 다윈적인 통속철학은 이러한 자연사적 도그마에서 조금만 더 나아가면 거의 자연적 목적에만 적합한 폭력은 그렇기 때문에 이미 적법한 폭력이라는 조야한 법철학적 도그마로 이어질 수 있다는 것을 종종 보여주었다.

폭력을 자연적으로 주어진 것으로 보는 이러한 자연법론의 명제에 정면으로 맞서 등장한 것이 실정법적 명제로서 이들은 폭력을 역사적으로 생성된 결과로 본다. 자연법론이 모든 현존하는 법을 그것의 목적에 대한 비판을 통해 판단할 수 있을 뿐이라면, 실정법[법실증주의]은 모든 생성하는 법을 오로지 그것의 수단에 대한 비판을 통해 판단한다. 정의가 목적들의 기준이라면 적법성이 수단들의 기준이다. 그러나 이러한 대립에도 불구하고 두 학파는 공통된 기본 도그마에서 수렴하는데, 즉 정당한(gerecht) 목적들은 정당화된(berechtigt) 수단들을 통해 달성할 수 있고, 정당화된 수단들은 정당한 목적들에 사용될 수 있다는 것이 그것이다. 자연법론은 목적의 정의[정당성]를 통해 수단을 '정당화'하려고 노력하며, 실정법은 수단을 정당화함으로써 목적의 정당성을 '보증하려고' 노력한다. 이 이율배반은 공통된 독단적 전제가 허위라면, 즉 한편에서 정당화된 수단, 다른 한편에서 정당한 목적이 서로 합치할 수 없게 대립한다면 풀릴 수 없는 것으로 드러날 것이다. 그러나 이 점에 대한 통찰은 이 순환 고리를 떠나 정당한 목적에 대해서뿐만 아니라 정당화된 수단에 대해서도 서로 독립된 기준이 제시되기 전까지는 결코 얻어질 수 없을 것이다.

목적의 영역, 그리고 그와 함께 정의의 기준에 대한 물음은 이 연구에서 우선 제외된다. 그 대신 폭력을 이루는 일정한 수단들의 정당화에 대한 물음이 연구의 중심에 들어선다. 자연법론의 원칙들은 그 물음을 결정할 수 없으며 단지 바닥 없는 결의론(決疑論, Kasuistik)[4]에 이를 뿐이다. 왜냐하면 실정법이 목적의 무조건성에 대해 맹목적이라면 자연법은 수단의 조건성에 대해 맹목적이기 때문이다. 그 대신 실정법론은 연구의 출발점에서 가설적인 토대로 수용될 수 있는데, 그것은 실정법론이 폭력이 사용된 사례들과 무관하게 폭력의 종류들에 관해 근본적인 구분을 해주기 때문이다. 이 구분은 역사적으로 인정된, 즉 이른바 승인된(sanktioniert) 폭력과 승인되지 않은 폭력을 두고 이루어진다. 다음에서 이루어질 숙고들이 그 구분에서 출발한다면 그것은 물론 주어진 폭력들이 승인된 것인지 혹은 아닌지에 따라 분류된다는 것을 뜻하는 것은 아니다. 왜냐하면 폭력비판에서 폭력의 실정법적 척도는 적용되는 것이 아니라 오히려 판단될 수만 있기 때문이다. 문제가 되는 것은 그와 같은 척도 또는 차이가 폭력 일반에서 가능하다는 점이 폭력의 본질에 대해 도대체 무슨 결과를 가져오느냐는 물음, 즉 그러한 구분의 의미에 대한 물음이다. 왜냐하면 그러한 실정법적 구분이 의미가 있고 그 자체가 완벽하게 근거를 갖고 있으

---

[4] 결의론은 어원 Casus(경우, 사례)가 이미 암시하듯이 실제적 삶의 가능한 사례들에 대해서 미리 어떤 율법들의 체계에 의존하여 올바른 태도를 규정하는 윤리학의 부류로서 스토아학파와 가톨릭 도덕신학에서 발전되었다. 법학에서는 보편적이고 포괄적인 정황이 아니라 특수하고, 또 가능한 한 많은 개별 사례들에 대해 법률적으로 규제된 정황에서 출발하는 법적 판결의 방식 내지 그러한 시도를 가리킨다. 기독교에서 결의론은 특히 예수회원들에 의해 옹호되었는데, 여기서 결의론은 인간의 자립적 활동을 구속하고 정신적 예속을 강요하는 중요한 수단이 되었다. 그러나 프로테스탄트는 인간 개개인이 도덕적 행위를 처음부터 법률 조문 체계 속에 짜 넣을 수 있다는 율법주의에 비판적인 태도를 취했다. 결의론은 일상어에서 궤변과 유사한 뜻으로도 쓰인다.

며 다른 어떤 구분으로도 대체할 수 없다는 점은 금세 드러날 것이지만, 그와 동시에 그러한 구분이 유일하게 일어날 수 있는 영역이 어떤 영역인지가 밝혀질 것이기 때문이다. 요컨대 실정법이 폭력의 적법성을 위해 제시하는 척도가 그 척도의 의미에 따라서만 분석될 수 있다면, 그 척도가 적용될 영역은 그 영역의 가치를 두고 비판되어야 하기 때문이다. 그렇다면 이러한 비판을 위한 입지는 법실증주의 외부에서, 그러나 또한 자연법의 외부에서 찾을 필요가 있다. 어째서 법에 대한 역사철학적 고찰만이 그러한 입지를 제공할 수 있는지 드러나게 될 것이다.

    폭력을 적법한 폭력과 적법하지 않은 폭력으로 구분하는 작업의 의미는 손쉽게 파악되지 않는다. 그 의미가 정당한 목적을 위한 폭력과 부당한 목적을 위한 폭력으로 구분하는 데 있다는 자연법론의 오해는 단호하게 배격될 수 있다. 오히려 실정법은 모든 폭력에 대해 그것의 역사적 기원에 대한 증명을 요구한다는 점, 그러한 증명이 일정한 조건에서 그 폭력의 적법성과 승인을 획득한다는 점은 이미 암시한 바와 같다. 법적 폭력[강제력]을 인정하는 일은 그것의 목적에 근본적으로 저항 없이 순응하는 데서 가장 분명하게 표명되기 때문에, 그 목적에 대한 어떤 일반적인 역사적 인정이 존속하는지 아니면 그러한 인정을 결하고 있는지가 폭력을 분류하는 가설적인 근거의 기초가 될 수 있다. 이러한 인정이 없어도 되는 목적들은 자연적 목적들로 칭해지고 그 밖의 다른 것들은 법적 목적들로 칭해질 수 있을 것이다. 더욱이 폭력이 자연적 목적에 봉사하는지 아니면 법적 목적에 봉사하는지에 따라 나타나는 여러 가지 폭력의 기능은 어떤 특정한 법적 상황을 토대로 삼음으로써 가장 구체적으로 전개할 수 있다. 다음에 이루어질 상술에서는 편의상 현재 유럽에서의 상황을 대상으로 삼을 것이다.

법적 주체로서의 개별 인격체에 관한 한 유럽의 법 상황에서 특징적인 점은 이 각각의 개인의 자연적 목적들을, 그 목적들이 상황에 따라 합목적적으로 폭력적으로 추구될 수도 있는 모든 경우에는, 허용하지 않으려는 경향을 보인다는 점이다. 다시 말해 법질서는 개인들의 목적이 합목적적으로 폭력적으로 추구될지도 모를 모든 영역들에 법적 목적들을 세워둠으로써 법적 강제력만이 이런 식으로 그것을 실현할 수 있게끔 만들려고 한다. 심지어 그 법질서는 예를 들어 교육의 영역처럼 자연적 목적들이 원칙적으로 넓은 범위까지 자유로이 주어져 있는 영역들까지도, 그 자연적 목적들이 과도한 폭력성을 통해 추구되자마자, 법적 목적들을 통해 제한하려고 한다. 이렇게 제한을 가하는 사례를 우리는 교육적 처벌권의 한계에 대한 법률에서 볼 수 있다. 현재 유럽의 입법 상황의 일반적 준칙을 표명하자면, 개인의 모든 자연적 목적들은 그것이 다수 큰 폭력을 가지고 추구된다면 법적 목적들과의 충돌을 피할 수 없다는 점이다. (이것과 정당방위권이 일으키는 모순은 앞으로 고찰이 진행되면서 저절로 해명될 수 있을 것이다.) 이 준칙으로부터 법은 개인의 수중에 놓인 폭력을 법질서를 전복할 위험요소로 간주한다는 결론이 나온다. 법적 목적들과 법적 집행권을 무력화하는 위험으로 본다는 말일까? 그렇지 않다. 왜냐하면 만약 그렇다면 폭력 일반이 아니라 불법적 목적에 이용된 폭력만이 유죄 판결을 받을 것이기 때문이다. 사람들은 법적 목적들의 체계는 어디에선가 자연적 목적들이 여전히 폭력적으로 추구되어도 좋다면 유지될 수 없을 것이라고 말한다. 그러나 이것은 일단 단순한 도그마에 불과하다. 그와는 반대로 사람들은 개인에 대해 법이 폭력을 독점하는 데 관심을 갖는 것은 법적 목적을 지키려는 의도 때문이 아니라 법 자체를 지키려는 의도 때문이라고 설명할 수 있지 않을까 하는 놀라운 가능성을 고려해봐야 할 것이다. 각각의 법의 수중에 놓여 있지 않은 폭력은 그 법에 위험으로 작용하는데, 그 이유는 그 폭력이 추구하는 목적 때문이 아니라 그 폭력이 법의 외부에 존재한다는 사실 때문이라는 점을 고려해봐야 할 것이다. 이와 똑같은 추측은 '대'범죄자의 형상 자체가 그의 목적이 제아무리 극악무도하다 할지라도 얼마나 자주 민중에게서 은밀한 경탄을 불러일으켰는지 생각해보면 더 분명하게 납득할 수 있다. 그러한 현상은 그 범죄자가 저지른 행위 때문이 아니라 그 행위가 증명하는 폭력 때문에 가능한 것이다. 그러니까 이 경우에 오늘날 법이 모든 행동 영역에서 개인에게서 빼앗으려고 하는 폭력이 실제로 위협적인 모습으로 등장하고 있으며, 그 범죄자가 제압되는 가운데서도 법에 반감을 갖는 대중들의 공감을 자극한다. 폭력의 어떤 기능 때문에 그 폭력이 근거를 갖고 그처럼 법에 위협적으로 보이고 또 법에게 두려움을 줄 수 있는지는 바로 현재의 법질서에 의거해서도 그 폭력을 펼치는 것이 여전히 허용되는 곳에서 드러날 수밖에 없다.

우선 노동자들에게 보장된 파업권(Streikrecht)의 형태로 이루어지는 계급투쟁이 바로 그 경우이다. 조직된 노동자 계급은 오늘날 국가 이외에 폭력에 대한 권리를 인정받고 있는 유일한 법적 주체이다. 물론 이러한 견해에 대해, 파업이 결국 보여주는 것은 행동의 중지, 비(非)행동인데 그것은 전혀 폭력이라고 부를 수 없다는 이의가 제기된다. 그러한 생각은 아마 국가권력이 파업권을 허용하는 일을 더는 회피할 수 없었을 때 그것을 허용하는 것을 용이하게 해주었을 것이다. 그러나 파업권은 무조건 허용되는 것이 아니기 때문에 무제한적으로 허용되지 않는다. 물론 어떤 행동을 중지하는 것, 어떤 직무를 중지하는 것은 그것이 단지 '관계의 중단'과 똑같은 것이 되는 곳에서는 완전히 비폭력적이고 순수한 수단일 수 있다. 또한 국가(또는 법)의 견지에서 볼 때 노동자들의 파업권에는 폭력에 대한 권리보다는 그러한 폭력이 사용자들에 의해 간접적으로 행사될 수 있는 곳에서 그러한 폭력을 벗어날 권리가 허용되어 있는 것처럼, 그러한 점에 상응하는 파업, 단지 사용자들에게 '등 돌리기'나 '소외'를 표명하기만 하는 파업의 경우가 생겨날 수 있다. 그러나 그와 같은 중지 행위 속에 폭력의 요인이, 그것도 협박(Erpressung)의 형태로 반드시 등장할 때가 있는데, 그것은 그러한 중지 행위가 중지된 행동을 그것과 전혀 상관이 없거나 뭔가 그것의 외면적인 것만 수정하는 특정한 조건 속에서 다시 이전처럼 수행할 태세를 원칙적으로 갖고서 일어나는 경우이다. 그리고 이런 의미에서, 국가의 관점과 대립해 있는 노동자들의 관점에 따라 보면, 파업권은 일정한 목적을 관철하기 위해 폭력을 사용할 권리를 이룬다. 두 견해에서의 대립은 혁명적인 총파업(Generalstreik)이 대두했을 때 날카롭게 드러난다. 총파업에서 노동자들은 매번 자신들의 파업권을 주장할 것이지만, 국가는 파업권이 '그런' 뜻에서 주어진 것이 아니라는 이유를 들어 이러한 주장을 남용이라고 부르면서 비상조치법을 반포할 것이다. 왜냐하면 입법자들에 의해 전제된 파업의 특수한 계기가 모든 기업체에 주어져 있는 것이 아닌데도 모든 기업체에서 파업을 동시적으로 벌이는 것은 불법이라고 선언하는 것은 국가의 재량에 맡겨져 있기 때문이다. 이러한 해석상의 차이 속에 법적 상황의 객관적 모순이 표현되는데, 그 법적 상황에 따르면 국가는 그것의 목적을 이따금 자연적 목적들로 무관심하게 대하다가 (혁명적 총파업 같은) 심각한 경우에는 적대적으로 대하는 어떤 폭력을 인정하고 있는 것이다. 얼핏 보면 역설처럼 보일지라도, 어떤 법을 수행하면서 취하는 태도 역시 특정한 조건에서는 폭력으로 불릴 수 있다. 그것도 어떤 태도는 그것이 능동적일 때 폭력으로 불릴 수 있는데, 바로 그것이 자신에게 부여된 권리를 그 권리를 부여한 법질서를 전복하기 위해 행사할 때가 그런 경우다. 그러나 그 태도가 수동적일 때에도 마찬가지로 폭력으로 불릴 수 있는데, 바로 위에서 전개한 성찰의 의미에서 그것이 '협박'일 경우에 그러하다. 그렇기 때문에 법이 파업하는 사람들을 폭력적인 사람들로 보고 일정한 조건에서 폭력을 써서 대처한다면 그것은 법적 상황에서의 객관적인 모순을 증명해줄 뿐이며, 법에서의 논리적 모순을 증명하는 것은 아니다. 왜냐하면 국가가 파업에서 다른 어떤 것보다도 두려워하는 폭력의 기능이 있다면, 바로 그것을 밝혀내는 것이 본 연구가 폭력비판의 유일하게 확실한 토대로서 의도하는 것이기 때문이다. 다시 말해 폭력이 외양에서 드러나는 것이라면, 즉 당장 얻으려고 하는 어떤 임의의 것을 직접 수중에 넣으려는 단순한 수단이라면, 그 폭력은 단지 강탈적 폭력으로서만 자신의 목적을 달성할 수 있을 것이다. 그 폭력은 비교적 지속적인 방식으로 상황을 근거 짓거나 수정하기에는 전혀 쓸모가 없을 것이다. 하지만 파업은 그러한 일을 해낼 수 있다는 것, 법적 상황을 근거 짓고 수정할 수 있다는 것을 보여준다. 설령 정의감이 그로 인해 아무리 심하게 모욕을 당했다고 느끼게 될지라도 그렇다. 이에 대해 그러한 폭력의 기능은 우연적이고 산발적이라고 반박할 수 있을 것이다. 전쟁의 폭력을 고찰해봄으로써 그 반박을 물리칠 수 있다.

전쟁권(Kriegsrecht, 전쟁법)의 가능성은 파업권의 가능성과 꼭 마찬가지로 법적 상황에서의 객관적 모순에 바탕을 둔다. 즉 법적 주체들이 폭력을 승인하는데, 승인하는 사람들에게는 그 폭력의 목적이 자연적 목적으로 남아 있으며 그렇기 때문에 법적 주체 자신의 법적 목적이나 자연적 목적과는 심각한 경우 갈등관계를 빚을 수 있는 모순이 그것이다. 물론 전쟁권은 우선 아주 직접적으로, 그리고 강탈적인 폭력으로서 그것의 목적을 지향한다. 그러나 매우 특이한 점은, 국가 법적 관계들에 관해 그 시초조차 모르는 원시적 상황에서조차—또는 바로 그런 상황에서야말로—, 그리고 승자가 이제는 침범할 수 없는 어떤 소유물을 장악한 경우들에서조차 어떤 평화가 의례직으로 요구된다는 점이다. 아니 '평화'라는 말은 그것이 '전쟁'이라는 의미의 상관자로 나타나는 의미에서 (그러니까 평화는 이것과는 전혀 다른 의미, 이것과 마찬가지로 비유적이지 않으면서 정치적인 의미를 갖기도 하는데, 칸트가 말하는 '영구평화'[5]의 의미가 그것이다) 바로 각각

---

[5] I. Kant, *Gesammelte Schriften*, hg. von Königlich Preußischen Akademie der Wissenschaften, 1. Abt.: Werke, Bd. 8, Berlin, 1923, pp. 341~86(*Zum ewigen Frieden*). — 전집 편집자

의 승리에 대한 그처럼 선험적이고 모든 여타의 법적 상황과 무관한 필연적인 승인을 지칭한다. 이때 승인은 새로운 상황이, 그 상황이 지속되기 위해 사실상 어떤 보증이 필요한지의 여부와 전혀 상관없이, 새로운 '법'으로 인정받는다는 의미이다. 즉 자연적 목적을 위한 모든 폭력의 원초적이고 원상(原像)적인 폭력이라 할 이 전쟁의 폭력에 따라 추론해도 된다면 모든 그와 같은 폭력에는 어떤 법정립적 (rechtsetzend, 법제정적) 성격이 내재해 있다. 이러한 인식이 갖는 의미는 나중에 다시 논의할 것이다. 이 인식은 현대법이 갖는 앞서 언급한 경향, 즉 단지 자연적 목적에 정향한 폭력까지 포함하여 모든 폭력을 적어도 법적 주체로서의 개인에게서 빼앗으려는 경향을 설명해준다. 대범죄자의 경우 이러한 폭력이 새로운 법을 정립하겠다고 위협하며 법에 맞서는데, 민중은 그러한 위협이 무력함을 알면서도 중요한 경우에는 오늘날에도 여전히 태곳적과 마찬가지로 그 위협 앞에서 공포에 떤다. 그러나 국가는 이러한 폭력을 전적으로 법정립적인 것으로서 두려워하는데, 이는 외부의 힘들이 국가에게 전쟁권을 인정하도록 강요하고 계급들이 자신들에게 파업권을 인정하도록 강요할 때 국가가 그러한 폭력을 법정립적인 것으로 인정하지 않을 수 없는 데서 엿볼 수 있다.

지난 전쟁[제1차 세계대전]에서 군사적 폭력에 대한 비판이 폭력 일반에 대한 격렬한 비판을 위한 출발점이 되었다면—이러한 비판은 적어도 폭력이 더는 소박하게 행사되어서도 안 되고 용인되어서도 안 된다는 점을 가르쳐준다—그 폭력은 법정립적 폭력으로서만 비판의 대상으로 떠오르지 않았으며 오히려 그보다 더 맹렬하게 어쩌면 또 다른 기능을 두고 비판을 받았던 것 같다. 그러니까 폭력의 기능이 갖는 이중성은 국민개병제도를 통해서 비로소 형성될 수 있었던 군국주의에서 특징적이다. 군국주의는 폭력을 국가의 목적을 위한 수단으로 보편적으로 사용하게끔 만드는 강박이다. 이와 같은 폭력 사용에의 강박은 폭력 사용 자체와 마찬가지로 또는 그보다 더 강하게 비판받았다. 그 강박 속에 폭력은 자연적 목적을 위해 단순히 폭력을 사용하는 경우에 볼 수 있는 것과는 전혀 다른 기능이 드러난다. 그 강박은 폭력을 법적 목적을 위한 수단으로 사용하는 데 있다. 왜냐하면 시민들을 법률 아래에—이 경우 국민개병에 관한 법률 아래에—예속시키는 일은 법적 목적이기 때문이다. 앞서 고찰한 폭력의 기능이 법정립적 기능이라면 이 두 번째 기능은 법보존적(rechtserhaltend) 기능이라 부를 수 있다. 그런데 군역의 의무는 법보존적 폭력의 적용 사례로서 그 어떤 것으로도 원칙적으로 변별되는 것이 아니기 때문에 그것에 대해 효과적으로 비판한다는 것은 평화주의자들과 행동주의자들[6]

---

[6] 행동주의(Aktivismus)는 표현주의와 병행하여 일어났으면서 표현주의와는 반대로 문학을 목적을 위한 수단으로, 문인을 '실현하는 자'로 강조하는 이른바 문학혁명 또는 문화혁명 내에서의 정신적·정치적 운동을 가리킨다. '우파' 행동주의도 있었지만, 행동주의는 무엇보다 5권의 잡지 『목표』(Das Ziel, 1916~24, 쿠르트 힐러Kurt Hiller 발행)로 대표되는 사회혁명적·평화주의적 테제와 프로그램을 가리킨다. 좁은 의미의 행동주의자들로는 힐러('목표를 위한 연맹', 1917)와 루비너(L. Rubiner)가 있다. 넓은 의미로는 케어(A. Kerr), 브로트(M. Brod), 벤야민, 블뤼어(H. Blüher), 레온하르트(R. Leonhard), 비네켄(G. Wyneken)과 같은 『목표』 지 기고자들도 여기에 속한다. 행동주의의 전성기는 1915~20년이다. 니체로부터 영향을 받았고, 하인리히 만(Heinrich Mann)의 에세이 「정신과 행위」(Geist und Tat, 1910)가 프로그램적 의미를 주었다. 1918년 '정신노동자들의 정치위원회'를 창립하려 했지만 실패로 돌아갔다. 행동주의는 1919년 '문화정치적 운동'에만 자신을 국한하면서 몰락하기 시작했다. 힐러만이 여러 저술활동을 벌이며 문인을 통해 해방된 인간이라는 구체적 유토피아의 목표를 충실히 추구하였다.

의 선언이 기도한 것처럼 쉬운 일은 결코 아니다. 오히려 그 비판은 모든 법적 폭력에 대한 비판, 다시 말해 법적 또는 행정적 폭력에 대한 비판과 합치하며 그보다 적은 프로그램을 가지고서는 전혀 수행할 수 없다. 자명한 이야기지만 그 비판은, 우리가 그야말로 유아적인 무정부주의를 선포하려고 하지 않는다면, 사람들이 사람에 대해 어떠한 강박도 인정하지 않는다면서 "마음에 드는 것은 허용된다"[7]고 선언함으로써 수행할 수 있는 것도 아니다. 그와 같은 격률은 윤리적이고 역사적인 영역에 대한 성찰을 배제하고 그로써 행동의 모든 의미를 배제하면서 더 나아가 현실의 의미 일반을 배제할 뿐이다. 그 현실의 의미는 '행동'을 그 현실의 영역에서 떼어내버린다면 구성할 수 없다. 더 중요한 것은 사람들이 흔히 시도하듯이 어쩌면 의심할 여지가 없는 최소의 프로그램을 담은 정언명법, 즉 인류를 너 자신의 인격에서나 다른 사람의 인격에서도 언제나 동시에 목적으로 대하고 결코 단순히 수단으로 대하지 않도록 행동하라는 정언명법[8]을 표방하는 것도 이러한 비판 자체를 위해서 충분치 않다는 점이다.[9] 왜냐하면 실정법은 그것이 자신의 뿌리를 의식할 경우 인류의 이해관계를 각 개

---

[7] Johann Wolfgang von Goethe, *Sämtliche Werke*, Jubiläumsausgabe. Hrsg. von Eduard von der Hellen, Bd. 12, Stuttgart, Berlin, o. J. p. 130(*Torquato Tasso*, 994행). — 전집 편집자
[8] I. Kant, 앞의 책, Bd. 4, Berlin, 1911, p. 429(*Grundlegung zur Metaphysik der Sitten*, 2. Abschnitt). — 전집 편집자
[9] [원주] 오히려 이 유명한 요청에서 의심해볼 수 있는 것은, 그것이 너무 적게 내포하고 있지 않은지, 즉 자기 자신과 다른 사람을 어떤 점에서는 수단으로 이용하도록 만들거나 수단으로 이용하는 것이 허용된 것인지 하는 점이다. 이러한 의심에는 그럴 만한 충분한 이유를 댈 수 있을 것이다.

인의 인격체 내에서 인정하고 또 촉구할 것을 충분히 요구하고 나설 것이기 때문이다. 실정법은 이러한 이해관계를 어떤 운명적 (schicksalhaft) 질서를 재현하고 보존하는 데서 본다. 법이 근거를 갖고 지킬 것을 주장하는 이 운명적 질서를 비판하는 일도 없어서는 안 되겠지만, 그 질서에 대해 어떤 상위 질서의 자유를 명시할 수 없으면서 단지 형태를 알 수 없는 '자유'의 이름으로 등장하는 모든 반박은 무력할 따름이다. 하지만 완전히 무력한 것은 그 비판이 법질서 자체의 몸통과 사지를 반박하지 않고 개별적인 법률이나 법 관례들만 반박할 때이다. 법은 물론 그러한 개별 법률들을 자신의 권력의 비호 아래 두는데, 이때 권력의 본질은 오로지 하나의 운명만이 존재하고 바로 현존하는 것, 특히 위협적인 것(das Drohende, 절박하게 닥친 것)이 그 운명적 질서에 속한다는 데 있다. 왜냐하면 법보존적 폭력은 어떤 위협적인 폭력이기 때문이다. 게다가 그것의 위협은 사정을 잘 알지 못하는 자유주의 이론가들이 해석하듯이 겁을 준다는 의미를 갖지 않는다. 엄밀한 의미에서 겁을 준다는 것에는 위협의 본질에 모순되며 또한 어떤 법률로도 다다를 수 없는 규정이 속하는데, 그것은 그 법률의 손아귀에서 벗어날 수 있다는 희망이 존재하기 때문이다. 그럴수록 그 법률은 운명처럼 위협적인 모습으로 드러나는데, 범죄자가 걸려들지의 여부는 운명에 달려 있기 때문이다. 법적 위협의 무규정성에 들어 있는 심오한 의미는 그 법질서가 유래하는 운명의 영역에 대한 이후에 이루어질 고찰을 통해 비로소 해명될 것이다. 법적 위협의 무규정성에 대한 귀중한 힌트는 형벌의 영역에 놓여 있다. 형벌들 가운데 사형제도는 실정법의 타당성이 의문시된 이래로 다른 모든 것보다 더 비판을 받아왔다. 그 비판의 논거들이 대부분의 경우 근본적이지 못했다 할지라도 비판의 동기들은 원칙적이었고 또한 지금도 그러하다. 사형제도를 비판하는 사람들이 어쩌면 근거를 댈 수 없으면서도, 아니 어쩌면 느끼고 싶지 않으면서도 느낀 것은, 사형제도에 대한 반론은 형량이라든지 법률이 아니라 법 자체의 원천을 공격한다는 점이다. 그러니까 폭력이, 운명적으로 등극한 폭력이 법의 원천이라면, 폭력 중에 최고의 단계라고 할 수 있는 폭력에서, 즉 그 폭력이 법질서에 등장하는 곳에서 삶과 죽음을 결정하는 폭력에서, 그 폭력의 원천들이 현존하는 것 속으로 전형적으로 튀어나오게 되며 그 현존하는 것 속에서 끔찍한 형태로 발현한다는 추측을 어렵지 않게 할 수 있다. 원시적 법 상황에서 사형은 그것과 전혀 '관련'이 없는 것처럼 보이는 소유권 침해와 같은 범죄들에도 적용된다는 사실도 그 점과 상통한다. 그렇지 않아도 사형의 의미는 범법 행위를 처벌하는 데 있는 것이 아니라 새 법을 확립하는 데 있다. 왜냐하면 법은 그 어떤 다른 법 집행보다 생사여탈의 폭력을 행사하는 데에서 스스로를 확인하기 때문이다. 그러나 그와 동시에 바로 그러한 사형제도에서 법 속의 부패한 무엇인가가, 섬세한 감정이라면 가장 분명하게 들을 수 있게, 전달되어 온다. 분명하게 들리는 이유는 섬세한 감정은 운명이 그와 같은 집행 과정에서 스스로 위세를 떨치며 모습을 드러냈을 상황으로부터 무한히 멀리 벗어나 있다고 여기기 때문이다. 그러나 지성은 법정립적 폭력과 법보존적 폭력에 대한 비판을 종결짓고자 한다면 이 상황에 더욱 결연하게 다가가려고 해야 할 것이다.

이 두 가지 폭력이 사형제도에서보다 훨씬 더 비틀린 결합 속에서,

마치 유령 같은 혼합 속에서 현대 국가의 제도 속에 나타나는 또 다른 곳이 바로 경찰이다. 경찰은 물론 법적 목적을 위한 강제력(처분권)이긴 하지만 그와 동시에 이 강제력을 광범위한 영역에서 스스로 설정하는 권한(명령권)을 갖고 있다. 경찰이라는 관청이 지닌 수치스러운 측면은 가장 거칠게 투입되기에는 그 관청에게 주어진 권한이 드문 경우에만 충분할 따름이면서도 그만큼 더 맹목적으로 가장 다치기 쉬운 구역들에서나—법률이 그들로부터 국가를 보호해주지 않는 그런—사려 깊은 사람들을 겨냥하여 개입해도 좋기 때문이라는 이유만으로 소수의 사람들만 느낄 수 있는 것인데, 그러한 수치스러운 측면은 그 경찰 안에서 법정립적 폭력과 법보존적 폭력의 구별이 지양되어 있다는 점에 있다. 법정립적 폭력은 그것이 승리를 통해 입증되기를 요구받는 반면, 법보존적 폭력은 그것이 새로운 목적을 설정하지 않는다는 제한에 묶인다. [그런데] 경찰의 강제력은 이 두 조건들로부터 해방되었다. 경찰의 강제력은 법정립적인데, 그 이유는 그것의 특징적인 기능은 법률을 공표하는 일이 아니라 그것이 법적 권리를 갖고 반포하게 하는 모든 법령을 공표하는 일이기 때문이다. 또한 경찰의 강제력이 법보존적인 이유는 그것이 그러한 목적을 수행하는 데 이용되기 때문이다. 경찰의 강제력이 갖는 목적들이 여타 법의 목적들과 언제나 동일하거나 아니면 그것들과 결부되어 있다는 주장은 전혀 진실이 아니다. 오히려 경찰의 '권리'[법]는 근본적으로 국가가 무력해서든 아니면 각각의 법질서의 내재적 맥락 때문에서든 자신이 어떤 대가를 치르고서라도 도달하기를 원하는 자신의 경험적 목적들을 더는 법질서를 통해 보증할 수 없는 지점을 가리킨다. 따라서 경찰은 법적 목적과 관련이 전혀 없는데도 법령에 의해 규제된 삶을 통해 무자비하게 괴롭히는 존재로서 시민을 따라다니거나 또는 시민을 완전히 감시하거나 아니면 명백한 법적 상황이 주어져 있지 않은 무수히 많은 경우에 '치안 유지 때문에' 개입한다. 시간과 장소가 고정된 '결정' 속에 형이상학적 범주를 인정하며 그 범주를 통해 비판의 권리를 내세우는 법과는 반대로 경찰제도를 들여다보면 아무런 본질적인 것도 찾아낼 수 없다. 경찰제도가 문명화된 국가들의 삶 속에 떠도는 결코 포착될 수 없고 도처에 확산되어 있는 유령 같은 현상이듯이 그것의 강제력은 형태가 없다. 그리고 경찰이 세부적으로는 도처에서 똑같이 보인다 할지라도 결국 명백하게 드러나는 점이 있는데, 즉 경찰의 정신은 경찰이 절대군주의 모습으로 입법적 전권과 행정적 전권이 통합되어 있는 지배자의 강제력을 과시할 때가 그래도 덜 끔찍했다는 사실이다. 즉 경찰의 정신은 그 존재가 그와 같은 절대군주적 관계로 보호받지도 않는 민주주의 체제 속에서 가장 심하게 타락한 모습을 보여준다.

 모든 폭력은 수단으로서 법정립적이거나 법보존적이다. 폭력이 이 두 술어 중에 어느 것에 대해서도 권리를 내세우지 않는다면 그로써 그것은 스스로 모든 타당성을 포기한 셈이다. 이로부터 수단으로서 모든 폭력은 가장 유리한 경우에서조차 법 일반의 문제성에 관련되어 있다는 결론이 나온다. 또한 우리의 연구가 도달한 이 지점에서 폭력의 의미를 아직 확실하게 가늠할 수 없을지라도 지금까지 상술한 것에 따라 볼 때 법이라는 현상은 매우 이의성(二義性)을 띤 윤리적 빛 속에서 나타나기 때문에 서로 상충하는 인간의 이해관계를 규제하는

데 폭력적 수단 이외의 다른 수단은 전혀 없는 것인지의 물음이 저절로 대두된다. 우선 그 물음은 갈등을 완전히 비폭력적으로 조정하는 일이 결코 법적 계약으로 귀결될 수 없다는 점을 확인하지 않을 수 없게 만든다. 다시 말해 법적 계약은 그것이 제아무리 평화적으로 계약 당사자들에 의해 맺어질지라도 결국에는 가능적 폭력으로 이끈다. 왜냐하면 법적 계약은 각 당사자에게 상대편에 대해, 만일 상대편이 계약을 위반하게 될 경우, 어떤 방식으로든 폭력〔강제력〕을 행사할 권리를 부여하기 때문이다. 그뿐이 아니다. 계약의 결과와 마찬가지로 계약의 원천 역시 폭력을 요구한다. 그 폭력은 법정립적인 폭력으로서 물론 직접적으로 그 계약 속에 현전해 있을 필요는 없지만, 법적 계약을 보증하는 권력 자체가—그 권력이 그 계약 자체 속에 폭력을 통해 적법하게 투입되지 않는다 해도—폭력적 기원을 갖고 있는 한, 그 계약 속에 들어 있다. 어떤 법적 기관에서 폭력의 잠재적 현존에 대한 의식이 사라지게 되면, 그 기관은 퇴락한다. 이에 대해서는 요즈음 의회(Parlament)들이 좋은 본보기를 제시해준다. 의회들은 그들 자신의 존재를 빗지고 있는 혁명적 힘들을 스스로 깨닫지 못한 채로 있었기 때문에 익히 알려진 한심한 연극을 펼치고 있다. 특히 독일에서는 그렇지 않아도 그러한 〔혁명적〕 폭력들의 마지막 발현이 의회에게는 아무런 영향도 미치지 못한 채 지나가버렸다. 의회들에게는 그것들 속에 대표되고 있는 법정립적 폭력에 대한 감각이 부족하다. 의회들이 이러한 폭력에 합당한 의결들에 이르지 못하고 오히려 타협 속에서 정치적 사안들에 대한 짐짓 비폭력적인 처리 방식을 선호하게 되는 것은 놀라운 일이 아니다. 그러나 이것은 "모든 공공연한 폭력을 거부함에도 불구하고 폭력의 성향 속에 놓인 어떤 산물인데, 그 이유는 타협으로 이끄는 노력은 자신에게서 나온 것이 아니라 외부에서, 바로 반대 방향의 노력에서 그 동기가 주어지기 때문이고, 제아무리 자유로운 의지로 수용된 타협도 강압적 성격 없이 생각될 수 없기 때문이다. '달리 되었더라면 더 좋을 것이다'라는 것이 모든 타협의 기본 정조이다."[10]—특징적이게도 의회의 퇴락 때문에 정치적 갈등에 대한 비폭력적 중재라는 이상으로부터, 어쩌면 전쟁 때문에 이 이상을 받아들인 경우만큼이나 많은 정신들이 등을 돌린 것 같다. 평화주의자들에게는 볼셰비키주의자들과 생디칼리스트들이 대립해 있다. 이들은 오늘날의 의회에 대해 파괴적이면서 전반적으로 적확한 비판을 가했다. 그럼에도 비교해 볼 때 높은 수준의 의회가 바람직하고 환영할 만하다 할지라도, 사람들은 원칙적으로 정치적 합의를 위한 비폭력적 수단에 대해 논의할 때 의회주의를 다룰 수는 없을 것이다. 왜냐하면 의회가 필수적인 사안들에서 성취하는 것은 원천과 결말에서 폭력이 점착된 법질서들일 수밖에 없기 때문이다.

　갈등들을 비폭력적으로 화해시키는 것이 도대체 가능한 일일까? 물론이다. 사적 개인들 사이의 관계는 그러한 예들을 풍부하게 보여준다. 비폭력적 합일은 진심의 문화가 사람들에게 합의를 위한 순수한 수단을 손에 쥐여주는 곳이면 어디서나 찾아볼 수 있다. 즉 한결같이 폭력일 뿐인 모든 종류의 적법하거나 불법적인 수단들에 대해서는

---

10) 〔원주〕 Erich Unger, *Politik und Metaphysik* (Die Theorie. Versuche zu philosophischer Politik, 1. Veröffentlichung), Berlin, 1921, p. 8.

순수한 수단으로서 비폭력적 수단들을 맞세울 수 있다. 진심에서 우러나오는 예의, 애정, 평화에 대한 사랑, 신뢰, 그리고 그 밖에 여기서 거론될 수 있는 것이 그러한 수단의 주관적 조건이다. 그러나 그것의 객관적 현상을 결정하는 법칙은, (이 법칙의 엄청난 파급력은 여기서 논의할 수 없는데) 순수한 수단들은 결코 직접적인 해결이 아니라 항상 간접적인 해결을 가져다주는 수단들이라는 점이다. 따라서 순수한 수단들은 결코 사람과 사람 사이의 갈등을 중재하는 데 직접 관여하지 않으며 사물들의 우회로를 통해서만 관여한다. 인간의 갈등들이 재화와 맺는 가장 사실적인 관계 속에서 순수한 수단의 영역이 열린다. 그렇기 때문에 넓은 의미의 기술(技術)이 그 수단의 가장 고유한 영역이다. 이 기술이 가장 철저하게 나타난 예는 아마도 시민들의 합의 기술로서 담화(Unterredung, 협의, 상의)라 할 것이다. 즉 담화에서 비폭력적 합의가 가능할 뿐만 아니라 폭력을 원칙적으로 배제하는 일이 한 중요한 관계에서 가장 극명하게 드러나는데, 바로 거짓말이 처벌받지 않는다는 것이 그것이다.[11] 아마 거짓말을 원초적으로 처벌하는 입법은 지구 상에 없었던 것 같다. 이 사실에서 비로소 폭력이 진혀 접근할 수 없을 정도로 사람들의 합의가 이루어지는 비폭력적인 어떤 영역이 존재한다는 점이 웅변되고 있는데, 본래의 '의사소통'의 영역, 즉 언어의 영역이 그것이다. 나중에야, 그리고 독특한 퇴락의 과정 속에서 법적 폭력이 그럼에도 그 영역에 침투해 들어왔다. 그것은 사기

---

11) 거짓말의 무죄성에 관련된 벤야민의 또 다른 말을 상기할 수 있겠다. "사람을 대할 때 일상적 예절을 중시하면서 거짓말을 비난하는 사람은 유행에 맞게 옷을 입으면서 정작 내의는 입고 있지 않은 사람과 같다"(『일방통행로』, 『선집』 제1권, 109쪽).

(詐欺, Betrug)를 처벌 대상으로 만듦으로써 이루어졌다. 즉 법질서가 시초에는 승리를 거두는 자신의 폭력에 대한 자신감에서 법을 거스르는 폭력을 그것이 나타나는 바로 그곳에서 내리치는 것으로 만족했고, 사기 자체는 그것이 스스로 폭력적인 어떤 것도 지니지 않기 때문에 로마와 고대 게르만의 법에서 "민법은 깨어 있으면서 지키고 있는 자들을 위해 씌어졌다"(jus civile vigilantibus scriptum est) 내지는 돈을 감시하는 눈[12]이라는 원칙에 따라 처벌받지 않았다. 그러던 것이 나중에 법은 자신의 강제력에 대한 믿음이 무너지면서 예전의 법과는 달리 더는 스스로 모든 외부의 폭력을 감당할 수 있다고 느끼지 못하게 되었다. 오히려 그 외부의 폭력에 대한 두려움과 자기 자신에 대한 불신이 법이 흔들리게 되었음을 나타낸다. 법은 법보존적 강제력이 보다 더 강하게 발현하지 않아도 되게끔 하려는 의도에서 목적들을 내세우기 시작했다. 즉 법은 도덕적 차원을 고려해서가 아니라 그 사기가 사기를 당한 사람에게서 불러일으킬지도 모를 폭력적 사태들에 대한 두려움에서 사기를 단죄하기 시작한다. 그와 같은 두려움은 법이 그 원천에서부터 지니는 고유한 폭력적 성격과 대립되기 때문에 그와 같은 목적은 법의 정당화된 수단들에는 어울리지 않는다. 그러한 목적들 속에서 법 자체 영역의 퇴락뿐만 아니라 그와 동시에 순수한 수단들이 줄어드는 현상이 드러난다. 왜냐하면 사기를 금지하는 데서 법은 완전히 비폭력적인 수단들에 대해, 이들이 반작용으로 폭

---

[12] 로마법에 따르면, 돈을 감시하는 눈처럼 민법은 깨어 있는 자들을 위해 씌어졌다는 것은 사람들은 스스로 자신의 권리를 알아서 지켜야 한다는 원칙을 뜻한다(참조: http://de.wikipedia.org/wiki/Latein_im_Recht).

력을 낳을 수 있다는 이유로, 사용을 제한하기 때문이다. 여기서 사유된 법의 경향은 국가의 이해관계에 반하는 파업권을 인정하는 데서도 작용하였다. 법이 파업권을 용인하는 이유는 법이 스스로 맞서기를 두려워하는 폭력적 행동들을 제지하기 때문이다. 예전에 노동자들은 곧장 태업에 돌입했으며 공장에 불을 지르곤 했다.―사람들을 모든 법질서의 테두리 내에서 그들의 이해관계들을 화해시키는 방향으로 유도하기 위해서는 모든 덕을 차치하더라도 최종적으로 효과적인 동기가 있는데, 곧 폭력적인 대립이 어떤 결과를 가져오든 그 대립에서 당사자 모두에게 공통되게 생겨날지도 모르는 손해에 대한 두려움에서 폭력적 수단 대신 순수한 수단들을, 제아무리 꺾이기 힘든 의지에게도, 손에 쥐여주는 동기가 바로 그것이다. 그러한 순수한 수단들은 사적 개인들 사이에 일어나는 이해관계상의 갈등에서 수많은 사례들을 통해 명백히 드러난다. 그러나 계급과 국가가 대립할 때는 상황이 다르다. 이 경우에는 승리자와 패배자에게 똑같이 닥쳐올 상위의 질서들이 대다수 사람들의 감정에, 또한 거의 모든 사람의 통찰에 아직 감춰져 있다. 여기서 순수한 수단의 정치를 위한 가장 지속적인 동기를 주게 될 그와 같은 상위의 질서들과 그 질서들에 상응하는 공동의 이해관계를 찾아내는 일은 논의를 너무 멀리 끌고 가게 될 것이다.[13] 그래서 사적 개인들 사이의 평화적인 관계를 지배하는 수단들에 대한 유비로서의 순수한 정치의 수단 자체를 지적하는 것으로 만족하고자 한다.

---

13) 〔원주〕 Unger, 앞의 책, pp. 18ff를 볼 것.

계급투쟁에 관한 한 그 안에서 파업은 일정한 조건에서는 순수한 수단으로 여겨져야 한다. 두 가지 본질적으로 상이한 종류의 파업이 있는데 이것의 가능성은 이미 고찰하였고 여기서 더 상세하게 특징을 짚어보고자 한다. 이 두 종류의 파업을—순수하게 이론적인 성찰보다는 정치적인 성찰을 토대로—처음으로 구별한 것은 조르주 소렐(G. Sorel)의 공적이다. 소렐은 파업을 정치적 총파업과 프롤레타리아 총파업으로 대립시킨다. 그 둘 사이에는 폭력에 대한 관계에서도 대립이 존재한다. 정치적 파업을 지지하는 자들에게는 다음과 같은 생각이 적용된다. "국가권력의 강화가 그들 구상의 토대이다. 현재의 조직 속에서 그 정치가들(즉 온건한 사회주의자들)은 야당의 비판에 의해 흔들리지 않고 침묵하게 할 줄 알며 자신들의 기만적인 법령들을 반포하게 될 강력하게 중앙집권화되고 훈련된 폭력에 대한 구상을 준비한다."[14] "정치적 총파업은 [······] 어떻게 해서 국가가 자신의 힘을 하나도 잃어버리지 않는지, 어떻게 해서 특권 계층의 권력이 [다른] 특권 계층에게로 이양되는지, 어떻게 해서 생산자 집단이 그들의 주인을 바꾸게 되는지를 보여준다."[15] 이와 같은 정치적 총파업에 (더욱이 이들의 공식은 지나간 독일 혁명의 공식인 것처럼 보이는데) 비해 프롤레타리아 총파업은 국가권력의 타도라는 유일한 과제를 떠맡는다. 프롤레타리아 총파업은 "모든 가능한 사회정책이 가져올 모든 이데올로기적 결과들을 배제한다. 그 파업의 지지자들은 가장 대중적

---

14) [원주] Georges Sorel, *Réflexions sur la violence*, 5e édition, Paris, 1919, p. 250.
15) [원주] G. Sorel, 앞의 책, p. 265.

인 개혁들까지도 부르주아적인 것으로 간주한다."[16] "이 총파업은 스스로 국가를 지양하고자 한다는 것을 선언함으로써 정복을 통해 얻을 물질적 이득에 무관심하다는 점을 아주 분명하게 드러낸다. 국가는 실제로 [……] 그 부담을 사회 전체가 떠맡게 될 모든 사업들로부터 이득을 취하는 지배 계급들의 존재 근거였다."[17] 첫 번째 형식의 작업 중단은 그것이 노동조건의 외면적 수정만을 유발하기 때문에 폭력이라면, 두 번째 형식의 작업 중단은 순수한 형식으로서 비폭력적이다. 왜냐하면 그것은 외면적인 양보와 모종의 노동조건상의 수정에 따라 다시 작업을 재개할 태세를 갖고 일어나는 것이 아니라 오직 전적으로 변화된 노동, 국가에 의해 강요되지 않은 노동만을 재개하려는 결심에서 일어나기 때문이다. 이것은 일종의 전복인데, 이와 같은 종류의 파업은 이러한 전복을 유발하기보다 오히려 수행한다. 그렇기 때문에 이 파업들 중 첫 번째 파업은 법정립적인 파업인 반면, 두 번째 파업은 무정부주의적 파업이다. 마르크스가 간간이 했던 언급들에 부응하는 가운데 소렐은 혁명적 운동을 위한 모든 종류의 프로그램, 유토피아, 요컨대 모든 종류의 법규범의 정립을 배격한다. "총파업과 함께 이 모든 좋은 것들은 사라진다. 혁명은 명확하고 단순한 봉기(Revolte)로 나타나며, 사회학자들을 위해서나 사회개혁을 추구하는 아마추어들을 위해서도, 그리고 프롤레타리아 계급을 위해 사유하는 것을 직업으로 삼는 지식인들에게도 아무 자리가 남아 있지 않다."[18]

---

16) [원주] G. Sorel, 앞의 책, p. 195.
17) [원주] G. Sorel, 앞의 책, p. 249.
18) [원주] G. Sorel, 앞의 책, p. 200.

이처럼 심오하고 윤리적이며 진정으로 혁명적인 구상에 대해서는 그와 같은 총파업을 그것이 몰고 올지 모를 파국적인 결과 때문에 폭력으로 낙인찍고 싶어 하는 어떠한 고찰도 맞서지 못한다. 오늘날의 경제는 전체적으로 볼 때 화부(火夫)가 떠나면 멈춰버리는 어떤 기계보다는 오히려 통제하는 자가 등을 돌리자마자 돌진하는 맹수에 비유할 수 있다고 하는 말이 나름대로 일리 있을지 모른다. 그럼에도 어떤 행동의 폭력성은 그 행동이 가져올 결과나 그 행동의 목적에 따라서 판단되어서는 안 되고 오로지 그 행동의 수단이 갖는 법칙에 따라 판단되어야 한다. 하지만 결과만을 주시하는 국가권력은 바로 그와 같은 파업에 대해서는 대부분 실제로 협박의 성격을 띠는 국부적 파업과는 반대로 폭력이라고 규정하면서 대응한다. 그 밖에 총파업에 대한 그처럼 엄격한 구상이 그 자체로서 혁명 상황에서 본래의 폭력이 전개되는 것을 줄이는 데 어느 정도로 적합한지에 대해서 소렐은 매우 재치 있는 근거를 대면서 서술했다. ─ 이와는 반대되는 폭력적인 작업 중단, 정치적 총파업보다 더 비윤리적이고 조야한 성격을 보여주는 뛰어난 사례로서 독일의 여러 도시에서 볼 수 있던, 봉쇄(Blockade)와 유사한 형태를 보여준 의사들의 파업이 있다. 이 파업에서 가장 비열한 모습으로 무자비한 폭력 행사의 모습이 드러나는데, 그것이 그처럼 비난받아야 하는 까닭은 여러 해 동안 조금도 저항할 시도를 하지 않은 채 "죽음에게 자신의 먹잇감을 확보"해주다가 처음 기회가 생기자 생명을 마음대로 방치해버리는 직업군에서 일어났기 때문이다. ─ 최근의 계급투쟁들에서보다 더 분명하게 수천 년 국가의 역사에서 비폭력적 합의의 수단들이 형성되어왔다. 상호 교류에서 외교사절들의 책무가 법질서를 수정하는 데 있었던 것은 단지 간헐적인 경우에 불과하다. 외교사절들은 주로 사적 개인들 사이의 합의와 유사하게 그들 국가의 이름으로 평화적인 방법으로, 그리고 계약을 체결하지 않으면서 그때그때 자신들의 갈등을 중재해왔다. 이것은 중재재판을 통해서라면 더 단호하게 해결될 섬세한 과제이면서 근본적으로 중재재판적인 해결 방식보다 더 상위에 있는 해결 방식인데, 그 이유는 해결이 모든 법질서를 넘어서, 그에 따라 폭력 없이 이루어지기 때문이다. 그리하여 사적 개인들의 관계처럼 외교사절들의 관계도 그 고유한 형식과 덕들을 산출해내었으며, 이것들은 나중에 외면적이 되었다고 해도 늘 그런 것은 아니었다.

자연법이나 실정법 모두가 예상하는 폭력의 전 영역에서 위에서 암시한 것처럼 법적 폭력의 문제성에서 벗어나 있을 폭력은 하나도 없다. 그럼에도 지금까지 세계사적인 존재 상황의 세력권으로부터의 구원이라는 관념은 차치하더라도 인간의 과제들에 대해 어떻게든 생각할 수 있는 해결에 관한 그 어떤 관념도 모든 종류의 폭력을 전적으로, 원칙적으로 배제한 가운데서는 이루어질 수 없는 채로 미물기 때문에 모든 법 이론이 포착하는 폭력과는 다른 종류의 폭력에 대한 물음이 필연적으로 제기된다. 그와 함께 그 두 이론에 공통된 근본적 도그마, 즉 정당한 목적은 정당화된 수단을 통해 달성할 수 있고, 정당화된 수단은 정당한 목적에 사용될 수 있다는 도그마의 진리에 대한 물음도 제기된다. 그러니까 정당화된 수단들을 투입하는 데서 볼 수 있는 운명과 같은 폭력이 정당한 목적 자체와 화해할 수 없는 대립관계에 놓이게 된다면 어찌할 것인가. 그리고 그와 동시에 다른 종류의 폭력, 그 목적들에 대해 정당화된 수단이 될 수도 없고 정당화되지 않은 수단도 될 수 없으며 전반적으로 그 목적들에 대해 수단으로서가 아니라 오히려 어떻게든 다르게 관계를 맺는 그러한 폭력이 예측 가능하게 된다면 어찌할 것인가. 이로써 모든 법 문제들의 종국적인 결정 불가능성(이 결정 불가능성은 그것이 지닌 전망이 없다는 측면을 두고 볼 때 어쩌면 생성하는 언어들에서 '옳고' '그름'에 대해 간명하게 결정을 내리는 것이 불가능한 성격에 비견될 수 있을 것이다)에 관한 희한하면서 우선 낙담케 하는 경험에 한 줄기 서광이 비치게 된다. 수단의 정당화와 목적의 정당성에 대해서 결정하는 것은 결코 이성이 아니며 오히려 전자에 대해서는 운명적인 질서, 후자에 대해서는 신이라고 할 수 있다. 이러한 통찰은 정당한 목적을 어떤 가능한 법의 목적으로, 즉 보편타당할 뿐만 아니라(이것은 정의의 특성에서 분석적으로 추론된다) 보편화가 가능한 것으로 생각하는(이것은 앞으로 드러나겠지만 정의의 그러한 특성과 배치된다) 완고한 습관이 지배하고 있다는 단 하나의 이유 때문에 드물 따름이다. 왜냐하면 어떤 한 상황에 대해 정당하고 보편적으로 인정받으며 보편타당하게 여겨지는 목적들이라도 다른 상황에서는, 이 상황이 여타의 관계에서도 앞의 상황과 유사하다 할지라도, 보편타당하지는 않기 때문이다. ─여기서 문제되는 폭력의 기능, 즉 폭력이 갖는 간접적이지 않은 기능을 일상적 삶의 경험이 이미 보여준다. 사람을 두고 보자면 예를 들어 분노는 사람을 극명하게 드러나는 폭력의 폭발, 목전의 목적에 대해 수단으로서 관련되지 않는 그러한 폭발로 이끈다. 그 폭력은 수단이 아니라 발현(Manifestation, 현현)인 것이다. 게다가 이 폭력은 그것이 비판을 받을 수 있는 전적으로 객관적인 발현의 양상들을 알고 있다. 이러한 발현은 가장 의미심장한 모습으로 우선 신화(Mythos)에서 나타난다.

신화적 폭력은 그것이 갖는 원초적 이미지의 형태를 두고 볼 때 신들의 단순한 발현이다. 그것은 신들의 목적을 위한 수단도 아니고 신들의 의지의 발현도 아니며 무엇보다도 우선 신들의 존재의 발현이다. 니오베(Niobe)의 신화는 그러한 폭력에 대한 탁월한 예를 담고 있다.[19] 물론 아폴론과 아르테미스의 행위가 단지 형벌에 지나지 않는 것처럼 보일 수 있다. 그러나 그들의 폭력은 현존하는 법을 위반한 데 대해 벌을 내리는 것보다 훨씬 더 많은 법을 세운다. 니오베의 교만은 자신 위에 내릴 숙명을 불러내는데, 그것이 그가 법을 침해하기 때문이 아니라 오히려 운명에게 싸움을 걸어 도발하기 때문이며 — 이 싸움에서 운명이 승리할 수밖에 없고 법을 일단 승리 속에서 드러낼 뿐이다. 고대의 의미에서 그와 같은 신적인 폭력이 얼마나 형벌의 법보존적 폭력이 아니었는지는 영웅 설화들이 보여주는데, 영웅 설화들에서 예를 들어 프로메테우스와 같은 영웅[20]은 위엄에 찬 용기를 가지고 운명을 도발해내며 변전하는 운세 속에서 그 운명과 싸우다가 결국 설화에서 새로운 법을 언젠가 인간에게 가져다주리라는 희망이 전혀 없지 않은 상태로 남겨진다. 오늘날에도 민중이 대범죄자를 보고 경탄할 때 떠올리려고 하는 것이 본래 이러한 영웅과 그 영웅이 타고

---

19) 호메로스, 『일리아스』(Illias), 24, 605~617행; 오비디우스, 『변신 이야기』, 6, 146~312행 참조. — 전집 편집자
20) 헤시오도스, 『신통기』, 507~616행, 『노동과 나날』(Erga kai Hēmerai), 47~105행 참조. — 전집 편집자

난 신화의 법적 폭력이다. 따라서 폭력은 불안정하고 양의적인 운명의 영역으로부터 니오베에게 불어 닥친다. 그 폭력은 원래 파괴적이지 않다. 그 폭력은 그것이 니오베의 자식들에게 피를 흘리는 죽음을 가져올지라도 어머니인 니오베의 삶 앞에서는 멈춰버리며, 이 삶을 자식들의 종말을 통해 이전보다 더 죄스러운 삶으로 만들면서 영원히 말 없는 죄의 담지자이자 인간과 신들 사이에 가로놓인 경계의 초석으로 남겨둔다. 신화적 발현들에서 나타나는 이러한 직접적 폭력이 법정립적 폭력과 가장 가까운 것으로, 아니 그와 동일한 것으로 드러나고 싶어 한다면, 거꾸로 그 폭력으로부터 법정립적 폭력 위로—이 법정립적 폭력이 위에서 전쟁의 폭력을 서술할 때는 단지 중간적 폭력으로 특징지어졌다는 점에서—하나의 문제점이 떨어진다. 그와 함께 이 맥락은 법적 폭력의 모든 경우에 그것의 바탕에 놓인 운명을 해명하는 빛이 더 확산되어 그에 대한 비판을 큰 윤곽에서 끝까지 밀고 갈 수 있도록 해준다. 다시 말해 법 정립에서 폭력의 기능은 다음과 같은 의미에서 이중적이다. 즉 법 정립은 물론 법으로서 투입되는 것을 그것의 목적으로 삼아 수단으로서의 폭력을 가지고 추구하긴 하지만, 목적한 것을 법으로서 투입하는 순간 폭력을 〔소임을 다했으니〕 물러나게 하는 것이 아니라 이제야 비로소 엄격한 의미에서, 그것도 직접적으로 법정립적인 폭력으로 만든다. 이러한 일은 그 법 정립이 폭력이 없는 독립된 어떤 목적이 아니라 그 폭력에 필연적이면서 내밀하게 연계된 목적을 법으로서 권력의 이름으로 투입하면서 일어난다. 법 정립은 권력의 설정이며 그 점에서 폭력을 직접 발현하는 행위이다. 정의는 모든 신적인 목적 설정의 원리이고, 권력은 모든 신화적

법 정립의 원리이다.

이 후자의 원리는 엄청난 결과를 몰고 오는 사용처를 국법(Staatsrecht)에서 발견한다. 즉 국법의 영역에서는 신화적 시대의 모든 전쟁을 종결짓는 '평화'가 기도하는 것과 같은 경계 설정이 법정립적 폭력 일반의 근원현상이다. 그 경계 설정에서 가장 분명하게 드러나는 사실은 권력에게 모든 법정립적 폭력을 소유하는 데서 얻는 터무니없는 이득 이상의 것이 보장될 것이라는 점이다. 경계가 확정된 곳에서 적은 무조건 파괴되지 않으며, 심지어 승리자에게 가장 월등한 폭력이 주어지는 곳에서도 그 적에게 권리가 주어진다. 그것도 마성적이고 양의적인 방식으로 '동일한' 권리가 주어진다. 즉 계약 당사자 쌍방에게 넘어서는 안 되는 것은 똑같은 선이다. 이로써 '넘어서면'(übertreten, 위반하면) 안 되는 법률들의 동일한 신화적 이의성이 그 끔찍한 원형의 모습으로 등장하는데, 아나톨 프랑스(Anatole France)는 그들은 가난한 자와 부유한 자 똑같이 다리 아래에서 노숙하는 것을 금지한다고 말하면서 이 이의성을 풍자적으로 지적한다.[21] 또한 소렐도 그기 모든 법의 시초에 욍이나 거물들, 요컨대 권력자들의 '특'권('Vor'recht, 우선권)이 있지 않았는지 추측할 때 비단 문화사적 진실만이 아니라 형이상학적 진실을 건드리고 있는 것 같다. 다시 말해 법은 존속하는 동안 필요한 만큼 변형해가면서 그런 특권으로 남을 것이다. 왜냐하면 법만이 보증할 수 있는 폭력의 관점에서 보면 평등이란 없고 기껏해야 똑같은 크기의 폭력만이 있을 따름이기 때문이

---

21) 이 구절은 프랑스의 소설 『붉은 백합』(*Le lys rouge*, 1894)에 나온다. ─ 전집 편집자

다. 하지만 경계 설정의 행위는 법을 인식하는 데 또 다른 점에서 중요한 의미를 지닌다. 법률과 범위를 한정하는 경계는 적어도 태곳적에는 불문율이었다. 인간은 아무것도 모른 채 그 경계를 넘다가(위반하다가) 속죄(Sühne)에 빠진다(벌을 받는다). 왜냐하면 씌어지지 않고 알려지지 않은 법을 침범하는 일이 불러일으키는 법의 개입은 형벌과는 달리 속죄라고 불리기 때문이다. 그러나 제아무리 속죄가 아무것도 모르는 자를 불행에 빠뜨릴지라도 그것의 등장은 법의 의미에서 우연이 아니라 여기서 다시 한 번 계획적인 이의성 속에서 나타나는 운명이다. 이미 헤르만 코엔(Hermann Cohen)은 고대의 운명관을 잠깐 고찰할 때 그 운명을 두고 "이러한 벗어남, 이러한 추락을 유발하고 초래하는 것처럼 보이는 것은 운명의 질서 자체"라는 사실에 대한 "불가피하게 되는 통찰"이라고 칭한 적이 있다.[22] 성문법을 두고 고대 공동체의 초창기에 벌어진 싸움이 신화적 규약들의 정신에 대항한 반란(Rebellion)으로 이해될 수 있듯이, 이러한 법의 정신은 법에 대한 무지가 처벌로부터 보호해주지 않는다는 현대적 원칙도 입증해준다.

보다 순수한 영역을 열어 보여주기는커녕 직접적 폭력의 신화적 발현은 가장 깊은 차원에서 모든 법적 폭력과 동일한 것으로 드러나며 법적 폭력의 문제성에 대한 예감을 그것의 역사적 기능의 타락상에 대한 확신으로 만들어준다. 이로써 이 역사적 기능을 파괴하는 것이 과제가 된다. 이 과제야말로 신화적 폭력에 중단을 명할 수 있을 어떤 순수한 직접적 폭력에 대한 물음을 최종적으로 다시 한 번 제시

---

22) Hermann Cohen, *Ethik des reinen Willens*, 2. rev. Aufl., Berlin, 1907, p. 362.

해준다. 모든 영역에서 신화에 대해 신이 맞서듯이 신화적 폭력에도 신적인 폭력이 맞선다. 그것도 후자의 폭력은 모든 면에서 전자에 대한 반대상을 가리킨다. 신화적 폭력이 법정립적이라면 신적 폭력은 법 파괴적이고, 신화적 폭력이 경계를 설정한다면 신적 폭력은 경계가 없으며, 신화적 폭력이 죄를 부과하면서 동시에 속죄를 시킨다면 신적 폭력은 죄를 면해주고(entsühnend), 신화적 폭력이 위협적이라면 신적 폭력은 내리치는 폭력이고, 신화적 폭력이 피를 흘리게 한다면 신적 폭력은 피를 흘리지 않은 채 죽음을 가져온다. 니오베의 설화에 대해서는 이러한 폭력의 전범으로서 고라의 무리[23]를 치는 신의 법정을 대립시킬 수 있을 것이다. 그 신의 법정은 특권 계층인 레위족의 무리에 적중하며, 그들을 위협을 가하지도 않고 아무 예고 없이 내리치며 파괴 앞에서도 멈추지 않는다. 그러나 신의 법정은 바로 그러한 파괴 속에서 면죄를 가져다주며, 이 신적 폭력이 갖는 피를 흘리지 않는 성격과 면죄해주는 성격 사이에 깊은 연관이 있다는 것은 의심의 여지 없이 명백하다. 왜냐하면 피는 단순한 생명의 상징이기 때문이다. 그런데 여기서 지세히 서술할 수는 없지만 법적 폭력의 유발은 단순한 자연적 삶의 죄지음(Verschuldung)으로 거슬러 올라간다. 그 죄지음은 살아 있는 자를 아무 죄도 없이 불행하게 속죄에 넘겨줌으로써 그 죄지음을 '속죄'하게 하며—어쩌면 죄인도 면죄해줄지 모르나 죄로부터는 아니고 법으로부터 면죄할 것이다. 왜냐하면 단순한 삶과 함께 살아 있는 자에 대한 법의 지배도 그치기 때문이다. 신화적

---

[23] 구약 「민수기」 제16장 참조. — 전집 편집자

폭력은 그 폭력 자체를 위해 단순한 삶에 가해지는 피의 폭력이고, 신적 폭력은 살아 있는 자를 위해 모든 생명 위에 가해지는 순수한 폭력이다. 전자는 희생을 요구하고 후자는 그 희생을 받아들인다.

  이 신적 폭력은 종교적 전승을 통해서만 입증되지 않고 적어도 성화된 발현 속에서 오늘날의 삶에서도 발견된다. 완성된 형태의 교육적 폭력으로서 법의 테두리 밖에 있는 것이 그러한 신적 폭력의 현상형식들 중의 하나이다. 따라서 신적 현상형식들은 신 자신이 폭력을 기적 속에서 행하는 점을 통해서가 아니라 피를 흘리지 않고 내리치며 면죄해주는 수행의 요인들을 통해 정의된다. 마지막에는 모든 법정립의 부재를 통해 정의된다. 그 점에서 이러한 폭력을 파괴적이라고도 부르는 것은 정당화된다. 그러나 그 폭력은 단지 상대적으로, 즉 재화·법·생명과 같은 것과 관련해서 파괴적인 것이지, 결코 살아 있는 자의 영혼과 관련해서 절대적으로 파괴적인 건 아니다. —물론 그처럼 순수하거나 신적인 폭력을 확장하는 것은 바로 오늘날에는 격렬한 반발을 불러일으킬 것이다. 사람들은 그러한 폭력이 연역적으로 볼 때 결과적으로 치명적인 폭력을 사람들이 조건부로 서로에게 행사하도록 내버려둔다는 점을 들어 반박할 것이다. 그것은 인정되지 않는다. 왜냐하면 "죽여도 됩니까?"라는 물음에 "살인하지 못한다"[24]는 계명이 요지부동의 답변으로 주어지기 때문이다. 이 계명은 신이 행위가 일어나는 것을 '가로막는' 것처럼 행위 앞에 서 있다. 그러나 그 계명은 그것을 따르도록 하는 것이 진실로 처벌에 대한 두려움이어서

---

24) 구약 「출애굽기」 제20장 13절 및 「신명기」 제5장 17절 참조. — 전집 편집자

는 안 되듯이 이루어진 행위에 대해서는 적용할 수 없는 것, 비교할 수 없는 것으로 남는다. 이루어진 행위에 대해서는 그 계명으로부터 아무런 판단도 나오지 않는다. 그처럼 이루어진 행위에 대해 신적인 판단을 사전에 예측할 수도 없으며 판단의 근거도 마찬가지로 예측할 수 없다. 그렇기 때문에 인간이 다른 인간을 폭력적으로 살해하는 행위를 계명을 근거로 심판하는 사람들은 정당하지 않다. 계명은 판단의 척도로서 있는 것이 아니라 행동하는 인격체 또는 공동체에 대해 행동의 지침으로서 있는 것이다. 행동하는 인격체나 공동체는 홀로 있으면서 그 계명과 대결해야 하며 엄청난 경우에 처할 때 그 계명을 도외시하는 책임을 스스로 떠맡아야 한다. 정당방위에 따른 살해를 심판하는 일을 분명하게 거부하는 유대교도 그렇게 이해했다.―그러나 앞서 언급한 사상가들은 더 멀리 있는 어떤 정리(定理)에까지 소급하여 그 정리로부터 심지어 계명에 대해서도 나름대로 근거를 대보려고 생각하는 것 같다. 이것은 삶의 신성함에 관한 명제로서, 그 명제를 그들은 모든 동물이나 또는 심지어 식물의 삶에도 관련시키거나 아니면 인간의 삶에 국한시킨다. 그들의 논거는 예를 들어 억압자들을 혁명적으로 처단하는 극단적인 경우에 다음과 같이 제시된다. "내가 죽이지 않으면, 나는 영원히 정의의 세계를 구현하지 못한다고 […] 정신적 테러리스트는 생각한다. […] 하지만 우리는 한 존재의 행복과 정의보다 […] 존재 자체가 더 상위에 있다는 점을 고백한다."[25] 이 마지막 문장이 잘못되었고 심지어 천박하다는 것은 분명

---

25) [원주] Kurt Hiller, "Anti-Kain. Ein Nachwort", in: *Das Ziel*. Jahrbücher für

하지만, 그것이 계명의 근거를 더는 행위가 살해된 자에게 가하는 것에서 찾지 않고 그것이 신과 가해자 자신에게 가하는 것에서 찾아야 할 의무를 밝혀내고 있는 것도 분명하다. 존재가 단순한 생명(bloßes Leben) 이외의 아무것도 의미하지 않는다면—그리고 이 문장은 위에 서술한 것을 숙고할 때 존재를 바로 이 의미에서 사용한다—존재가 정의로운 존재보다 더 상위에 있다는 문장은 잘못되었고 천박하다. 그러나 그 문장은 존재가(또는 그보다 낫기로는 생명이)—이 말들은 그것의 이중적 의미가 평화라는 말과 유사하게 그것이 각기 두 영역에 대해 갖는 관계로부터 해소될 수 있다—'인간'이라는 요지부동의 혼합 상태를 의미한다면 엄청난 진실을 내포한다. 즉 그 문장이 인간의 비존재는 정의로운 인간이 (반드시: 단순히) 아직 존재하지 않음보다 뭔가 더 끔찍한 것이라는 것을 말하고자 한다면 말이다. 위의 문장이 그럴듯하게 보이는 것은 바로 이러한 이의성 덕택이다. 바로 인간은 어떠한 경우라도 인간의 단순한 생명과 일치하지 않으며, 그 인간 속의 단순한 생명과도, 그리고 인간의 어떤 특정한 상태나 특성과도, 심지어 인간의 신체적 존재의 유일무이함과도 일치하지 않는다. 인간이 (또는 그 인간 속에 지상에서의 삶과 죽음과 사후의 삶을 통틀어 동일하게 놓여 있는 생명이) 성스럽다면, 그것은 그의 상태가 성스럽다는 뜻이 아니며, 그의 신체적인 생명, 동류의 인간에 의해 손상될 수 있는 생명이 성스럽다는 뜻도 아니다. 인간의 생명을 동물이나 식물의 생명과 본질적으로 구별시키는 요소는 무엇일까? 그리고

---

geistige Politik, Hrsg. von Kurt Hiller, Bd. 3, München, 1919, p. 25.

동식물이 성스럽다손 치더라도 그것들은 단순한 생명 때문에, 그 생명 속에서 성스러운 것은 아니다. 생명의 성스러움에 관한 도그마의 원천은 탐구해볼 가치가 있다. 취약해진 서구 전통의 마지막 혼란으로서, 그 전통이 잃어버린 성자를 우주론적으로 파고들어갈 수 없는 어떤 것 속에서 찾으려 하는 것은 어쩌면 최근의 경향일지 모르며, 아니 아마도 그럴 것이다. (살인을 금지하는 모든 종교적 계율들의 오랜 전통은 이것에 대해 아무것도 말해주지 못하는데, 그 이유는 그 계율들에는 현대의 정리의 경우와는 다른 사상이 바탕에 깔려 있기 때문이다.) 마지막으로 생각해볼 문제는 여기서 성스럽다고 언명된 것은 오랜 신화적 사유에 따라 볼 때에는 죄지음의 뚜렷한 담지자, 즉 단순한 생명이라는 점이다.

폭력에 대한 비판은 폭력의 역사에 대한 철학이다. 역사의 '철학'인 이유는 그 역사의 종결이라는 이념만이 그 역사의 시대적 자료들을 비판하고 구분하며 결정하는 입장을 가능케 하기 때문이다. 가장 가까운 것에만 정향할 뿐인 시선은 기껏해야 법정립적인 것과 법보존적인 것으로서의 폭력의 형상들에서 변증법적 부침(浮沈) 정도를 감지해낼 수 있을 뿐이다. 그 변증법적 부침의 변동법칙은, 모든 법보존적 폭력은 그것이 지속되면서 그것 속에 대표되는 법정립적 폭력을 적대적 대항폭력들을 억압함으로써 간접적으로 스스로 약화시킨다는 점에 바탕을 둔다(이것의 몇 가지 징후들은 연구를 해가는 동안 지적되었다). 이러한 현상은 새로운 폭력들이 승리하거나 예전에 억압되어온 폭력들이 지금까지 법정립적이던 폭력에 승리하여 그로써 새로이 몰락할 새로운 법의 근거를 세울 때까지 지속된다. 신화적 법

형식들의 마력 속에 머무는 이러한 순환 고리를 돌파해내는 데에서, 법과 더불어 그 법에 의존하는 폭력들처럼 그 법이 의존하는 폭력들 전체, 즉 종국에는 국가권력〔국가폭력〕을 탈정립(Entsetzung)하는 데서, 새로운 역사 시대의 토대가 마련된다. 신화의 지배가 오늘날의 상황 속 이곳저곳에서 이미 깨어지고 있다면, 그 새로운 것은 법에 반대하는 어떠한 말도 저절로 처단될 정도로 상상할 수 없이 먼 미래에 놓여 있는 것이 아니다. 하지만 폭력이 법의 테두리를 넘어서서도 순수하고 직접적인 폭력으로 존속하는 것이 보장되어 있다면, 그로써 혁명적 폭력 역시 가능하다는 사실과 함께 어떻게 그것이 가능한지, 어떤 이름으로 인간을 통한 순수한 폭력의 최고의 발현을 증명할 수 있는지가 드러난다. 그러나 특정한 경우에 순수한 폭력이 언제 실제적으로 있었는지를 결정하는 것은 사람들에게 똑같이 가능하지도 않고 똑같이 시급하지도 않다. 왜냐하면 비할 바 없이 큰 영향들 속에서가 아니라면 신적인 폭력이 아니라 오로지 신화적인 폭력만이 그 자체로서 확실하게 인식될 수 있기 때문이다. 그 이유는 폭력이 인간에게 주는 면죄하는 힘은 명백하게 드러나지 않기 때문이다. 다시금 신화가 법과 교배하여 낳은 모든 영원한 형식들이 순수한 신적 폭력 앞에 던져져 있다. 이 신적 폭력은 죄인을 두고 군중들이 여는 신의 법정에서와 꼭 마찬가지로 진정한 전쟁에서 나타날 수 있다. 그러나 모든 신화적 폭력, 개입하여 통제하는(schaltend) 폭력이라고 불러도 좋을 법정립적 폭력은 배척해야 마땅하다. 그 폭력에 봉사하는 관리된(verwaltet) 폭력이라고 할 수 있는 법보존적 폭력 역시 배척해야 마땅하다. 성스러운 집행의 옥새와 인장이지 결코 그것의 수단이 아닌 신적 폭력은 베풀어 다스리는(waltend)²⁶⁾ 폭력이라 부를 수 있을 것이다.

---

26) 독일어에서 둘 다 지배, 관리하다 등을 뜻하는 schalten과 walten에서 전자는 기능적으로 작동시키고 관리하며 통제한다는 의미가 강하다면, 후자는 부정적 의미로도 쓰이긴 하지만 주로 신의 섭리·평화·은총 등이 지배한다는 의미가 강하다. (물론 walten의 어원이 Gewalt라는 점은 흥미롭다.) 그래서 여기서는 전자를 '개입하여 통제하는'으로, 후자를 '베풀어 다스리는'으로 풀어서 번역한다.

종교로서의 자본주의[1]

Walter Benjamin, *Gesammelte Schriften*, Frankfurt a. M., 1972~89, Bd. VI, pp. 100~103. (Kapitalismus als Religion)

자본주의에서 일종의 종교를 볼 수 있다. 즉 자본주의는 예전에 이른바 종교들이 그 답을 주었던 것과 똑같은 걱정, 고통, 불안을 잠재

---

1) 1921년 중반에 씌어진 이 단편의 집필 동기에 대해서는 거의 알려진 바가 없고 『전집』 제6권에 실려 1985년에 출간되었다. 이 단편은 벤야민 연구자 우베 슈타이너(Uwe Steiner)에 따르면 원래 세 부분으로 나뉘어 있었다. 첫째 부분은 문헌에 대한 언급으로 끝나는 부분까지이고 중간 부분에는 "돈과 비(레자벤디오 비평을 위하여)"[Geld und Wetter (Zur Lesabéndio-Kritik)]라는 제목 아래 여러 표제어가 나열되어 있으며, 마지막 부분은 '걱정'으로 시작하는 부분으로서 원래 이 마지막 부분 위에 "종교로서의 자본주의"라는 제목이 붙어 있었다. 전집 편집자들은 중간 부분을 떼어 『일방통행로』의 주석 부분에 실었다(Bd. IV, 941). 그것은 이 중간 부분의 일부가 실제로 「세무 상담」이라는 제목의 아포리즘에 들어가게 되었기 때문이다(『선집』 제1권, 149쪽 이하 참조). Uwe Steiner, "Kapitalismus als Religion", in: Burkhardt Linder (Hrsg.), *Benjamin-Handbuch. Leben-Werk-Wirkung*, Stuttgart, Weimar: Verlag J. B. Metzler, 2006, p. 164 참조. 슈타이너는 이 단편에 대한 해석을 여러 차례 시도한 적이 있고, 이 *Benjmain-Handbuch*에서 이 단편에 대한 연구 상황과 해설 등을 다시 충실하게 요약하고 있다.

우는 데 핵심적으로 기여한다. 자본주의의 이러한 종교적 구조를 증명하는 일은—그것도 베버가 말한 것과 같이 어떤 종교적 조건을 가진 형상으로서만이 아니라 본질적으로 종교적인 현상으로서의 자본주의로서—오늘날에도 끝없는 보편 논쟁으로 빠져들게 할 수 있다. 우리는 우리를 감싸고 있는 그물망을 잡아당길 수는 없다. 하지만 나중에 이 모습은 조망이 가능해질 것이다.

그렇지만 현재 상태에서 이 자본주의의 종교적 구조에서 세 가지 특성만큼은 인지할 수 있다. 첫째 자본주의는 순수한 제의종교(祭儀宗敎, Kultreligion)로서, 어쩌면 지금껏 존재했던 가장 극단적인 제의종교일 것이다. 자본주의에서는 모든 것이 직접적으로 제의와 관계를 맺는 가운데에서만 의미를 지닌다. 자본주의는 특정한 교리도 신학도 모른다. 제의의 이러한 구체적 성격과 연관되는 것이 자본주의의 두 번째 특성인데, 즉 제의의 영원한 지속이 그것이다. 자본주의는 꿈(희망)도 자비도 없는 제의를 거행하는 일이다. 그 속에는 '평일'이란 것이 없고, 모든 성스러운 치장의 의미, 경배하는 자의 극도의 긴장이 펼쳐지는 끔찍한 의미에서의 축제일이 아닌 날이 없다. 세 번째 특성으로 이 제의는 부채를 지운다는 점이다. 자본주의는 추측건대 죄를 씻지 않고 오히려 죄를 지우는 제의의 첫 케이스이다. 이 점에서 이 종교체제는 엄청난 운동의 추락 과정 속에 있다. 죄를 씻을 줄 모르는 엄청난 죄의식은 제의를 찾아 그 제의 속에서 그 죄를 씻기보다 오히려 죄를 보편화하려고 하며, 의식(意識)에 그 죄를 두들겨 박고 결국에는 무엇보다 신 자신을 이 죄 속에 끌어들임으로써 신 자신도 속죄에 관심을 갖도록 만든다. 이 속죄는 제의 자체 속에서 기대할 수 없고 이 종교의 개혁,

즉 그 종교 속의 뭔가 확실한 것에 의지하려는 개혁에서도 기대할 수 없으며, 그 종교에 대한 거부에서도 기대할 수 없다. 이 자본주의라는 종교운동의 본질은 종말까지 견디기, 궁극적으로 신이 완전히 죄를 짓게 되는 순간까지, 세계 전체가 절망의 상태에 도달할 때까지 견디기이다. 그것은 이러한 절망의 상태를 희망하고 있는 것이다. 종교가 존재의 개혁이 아니라 존재의 붕괴인 점에 바로 자본주의가 지닌 역사적으로 전대미문의 요소가 있다. 절망이 종교적 보편 상태로까지 확장되어, 그 상태에서 구원을 기대한다는 것이다. 신의 초월성은 무너졌다. 그러나 신은 죽은 것이 아니라 인간의 운명 속에 편입되었다. 인간이라는 행성이 절대적으로 고독한 그 궤도 속에서 절망의 집을 뚫고 나온다는 것이 니체의 에토스를 규정짓는다. 이 인간이 바로 자본주의적 종교를 인식하면서 성취하기 시작한 초인(超人)이다. 자본주의라는 종교의 네 번째 특성은 그것의 신이 숨겨져 있어야 한다는 점, 그 신이 지은 죄의 정점에서 비로소 그 신의 이름을 부를 수 있다는 점이다. 이 제의는 아직 익지 않은 신성 앞에서 행해지는 제의로서, 신성에 대한 모든 표상과 사고는 그 성숙함의 비밀을 짐해한다.

프로이트의 이론도 이 제의를 주관하는 지배적 성직자의 반열에 속한다. 그의 이론은 전적으로 자본주의적으로 고안되었다. 억압된 것, 죄스러운 생각은 아직 해명되어야 할 깊은 유비관계에서 보자면 바로 무의식의 지옥이 그 이자를 지불하는 자본이다.

이 자본주의적 종교 사유의 유형은 니체의 철학에서 웅대하게 표현되고 있다. 초인의 사상은 묵시록적 '비약'을 회심, 속죄, 정화, 보속으로 전치시키는 것이 아니라 겉보기에 항구적인, 마지막 단계에서는 파열적인 불연속적 상승으로 전치시킨다. 그에 따라 상승과 발전은 '비약을 만들지 말라'는 의미에서 서로 합치하지 않는다. 초인은 회귀 없이 도달된 인간, 하늘을 뚫고 자라나온 역사적 인간이다. 상승된 인간성을 통해 하늘을 폭파하는 일, (니체에게도) 종교적으로 죄로 남아 있는 이 모습은 니체를 이미 심판했다. 마르크스도 이와 유사하다. 회귀하지 않는 자본주의는 죄(Schuld, 채무; 이 개념의 데몬적인 이의성을 보라)의 기능으로서의 이자와 이자의 이자와 함께 사회주의가 된다.

자본주의는 순전히 제의로만 이루어진, 교리도 없는 종교이다.

자본주의는—칼뱅주의에서뿐만 아니라 나머지 정통 기독교 교파들에서도 입증되어야 할 테지만—서구에서 기독교에 기생하여, 종국에는 기독교의 역사가 그것의 기생충인 자본주의의 역사가 되는 형태로 발전해왔다.

여러 종교의 성상(聖像)들과 여러 국가의 화폐를 비교해 볼 것.

화폐의 장식에서 표명되는 정신.

자본주의와 법. 법의 이교도적 성격. Sorel, *Réflexions sur la violence*(소렐의 『폭력에 대한 성찰』), p. 262.

여러 단계를 거쳐 자본주의를 극복하기. Unger, *Politik und Metaphysik*(웅거의 『정치와 형이상학』), p. 44.

Fuchs, *Struktur der kapitalistischen Gesellschaft o. ä.*(푹스, 특히 『자본주의 사회의 구조』).

Max Weber, *Gesammelte Aufsätze zur Religionssoziologie*(막스 베버, 종교사회학에 대한 논문 모음), 제2권, 1919/20.

Ernst Troeltsch, *Die Soziallehren der christlichen Kirchen und*

Gruppen(에른스트 트룈치, 기독교 교회와 단체들의 사회이론) (『전집』, 제1권, 1912).

무엇보다 쇤베르크(Schönberg)의 제II장의 참고문헌을 보라.

Landauer, *Aufruf zum Sozialismus*(란다우어, 『사회주의에의 호소』), p. 144.

걱정들(Die Sorgen)은 자본주의 시대에 고유한 정신병이다. 빈곤, 떠돌이-걸인-탁발승적 행각에서 정신적(물질적이 아닌) 탈출구 없음. 그처럼 탈출할 길이 없는 상태는 죄를 지우는 상태이다. '걱정들'은 이 탈출구 없음의 죄의식을 나타내는 지표다. '걱정들'은 개인적이고 물질적인 차원에서가 아니라 공동체 차원에서 탈출구를 찾지 못한다는 불안에서 생겨난다.

종교개혁기에 기독교는 자본주의의 흥기에 유리한 여건을 마련했다기보다, 기독교 자체가 자본주의로 변형되었다.

방법론적으로 우선 연구할 물음은, 돈이 역사가 흐르면서 스스로 고유의 신화를 구성하기 위해 기독교에서 신화적 요소들을 끌어들일 때까지 신화와 어떤 관계를 맺어왔는가이다.

살인배상금/선행들의 보고(寶庫)/성직자에게 빚을 지우는 봉급(.) 부의 신으로서의 플루토스[2]

Adam Müller, *Reden über die Beredsamkeit*(아담 뮐러, 『달변에 대한 논의들』), 1816, pp. 56ff.

---

2) Plutus : 그리스 신화에 나오는 재물의 신.

이 점에서 지식이 갖는 구원적이면서 동시에 살인적인 성격에 관한 교리와 자본주의의 연관관계: 즉 구원적이면서 해치우는 지식으로서의 결산(決算).

종교로서의 자본주의를 인식하기 위해, 원래 이교(異敎)가 최초에 종교를 '상위의' '도덕적' 관심으로서가 아니라 가장 직접적이고 실제적인 관심으로서 파악했다는 점, 달리 말해 이교는 오늘날 자본주의처럼 그것의 '이상적' 또는 '초월적' 성격에 대해 확실한 생각을 갖고 있지 않았다는 점을 상기할 필요가 있다. 오히려 이교는 그 단체 내에 비종교적이거나 다른 것을 믿는 개인 속에서 그 단체의 회원을 보았는데, 이것은 오늘날 부르주아가 벌이를 하지 않는 구성원 속에서 그 집단의 회원을 보는 것과 마찬가지다.

신학적 · 정치적 단편[1]
(1921)

Walter Benjamin, *Gesammelte Schriften*, Frankfurt a. M., 1972~89, Bd. II/1, pp. 203~04. (Theologisches-politisches Fragment)

메시아 자신이 비로소 모든 역사적 사건을 완성시킨다. 그것도 메시아가 그 역사적 사건이 메시아적인 것에 대해 갖는 관계를 스스로 구원하고 완성하고 만들어낸다는 의미에서이다. 그렇기 때문에 어떤 역사적인 것도 그 자체로부터 메시아적인 것과 연관되기를 바랄 수

---

1) 이 단편의 생성 시기에 대해서는 아도르노와 숄렘 사이에 논란이 있었다. 아도르노는 벤야민이 이 단편을 1938년 산레모에서 자신과 자신의 부인 그레텔 아도르노에게 "자신의 가장 최근의 글"이라면서 읽어줬고 그때 이 "신학적·정치적 단편"이라는 제목을 제안했다고 주장한다. 반면 숄렘은 이 단편은 그 내용이나 여러 정황으로 미루어 보아 벤야민이 유덴툼에 경도했던 시기인 1920~21년에 씌어졌을 것이라고 추정한다. 더욱이 이 단편에서 언급된 블로흐의 『유토피아의 정신』이 그것을 방증한다고 주장한다. 롤프 티데만(Rolf Tiedemann)을 비롯한 전집의 편집자들은 한편으로 숄렘의 의견에 동조하면서도, 다른 한편 벤야민에게 특징적인 점으로서 초기에 썼던 글이 그 현재성을 잃지 않고 후기에 다시 스스로 인용되는 점을 두고 볼 때, 이 글이 씌어진 것은 1921년이지만 1938년 아도르노에게 다시 읽어줬을 가능성이 있다고 추정한다.

없다. 그렇기 때문에 신의 왕국은 역사적 동력(Dynamis)의 목표가 아니다. 신의 왕국은 목표로 설정될 수 없다. 역사적으로 볼 때 신의 왕국은 목표가 아니라 종말이다. 그렇기 때문에 세속적인 것의 질서는 신의 왕국에 대한 생각에서 구축(構築)될 수 없으며, 그렇기 때문에 신정정치(神政政治)는 아무런 정치적 의미도 가질 수 없고 오로지 종교적 의미만을 갖는다. 신정정치의 정치적 의미를 강력하게 부인했다는 점이 에른스트 블로흐(Ernst Bloch)의 『유토피아의 정신』[2]의 가장 큰 공적이다.

세속적인 것의 질서는 행복의 이념에 정향해야 한다. 이 세속적 질서가 메시아적인 것과 맺는 관계가 역사철학의 가장 중요한 가르침 중의 하나이다. 그것도 그 관계로부터 일종의 신비주의적 역사관이 규정되는데, 이 역사관의 문제를 우리는 하나의 이미지로 제시해볼 수 있다. 한 화살의 방향이 세속적인 것의 동력이 작용하는 목표를 나타내고 그 반대 방향이 메시아적 집약성의 방향을 나타낸다면, 자유로운 인류의 행복 추구는 그 메시아적 방향과 멀어지려 한다. 하지만 자신의 길을 가는 어떤 힘이 반대로 향한 길에 있는 다른 힘을 촉진할 수 있는 것처럼 세속적인 것의 세속적 질서 역시 메시아적 왕국의 도래를 촉진할 수 있다. 즉 세속적인 것은 그 왕국의 범주는 아니지만, 하나의 범주이며, 그것도 가장 적확한 범주들 중의 하나로서, 바로 그 왕국의 지극히 조용한 다가옴의 범주이다. 왜냐하면 모든 지상의 존재는 행복 속에서 자신의 몰락을 추구하며, 그러면서 행복 속에서만

---

[2] Ernst Bloch, *Geist der Utopie*, München, Leipzig, 1918(신판은 1923).

그 지상의 존재는 그 몰락을 발견하도록 예정되어 있기 때문이다. 반면에 마음, 즉 내적인 개별적 인간의 직접적인 메시아적 집약성은 고통의 의미에서의 불행을 헤치고 간다. 불멸로 인도하는 종교적 원상복구에는 몰락의 영원으로 이끄는 속세적인 원상복구가 상응하며, 이처럼 영원히 사멸해가는, 총체적으로 사멸해가는 속세적인 것, 그 공간적 총체성뿐만 아니라 시간적 총체성까지도 사멸해가는 속세적인 것의 리듬, 이 메시아적 자연의 리듬이 행복(Glück)이다. 왜냐하면 자연은 그것의 영원하고 총체적인 무상함(Vergängnis, 사멸)으로 인해 메시아적이기 때문이다.

이 몰락을 추구하는 일이—자연이라고 칭할 인간의 단계들에 대해서도—세계 정치의 과제이고, 그것의 방법은 니힐리즘으로 불려야 한다.

꿈 키차[1]
(1927)

Walter Benjamin, *Gesammelte Schriften*, Frankfurt a. M., 1972~89, Bd. II/2, pp. 620~22. (Traumkitsch)

푸른 꽃은 이제 더는 제대로 꿈꾸어지지 않는다. 오늘날 하인리히 폰 오프터딩겐이 되어 잠에서 깨어난 사람은 늦잠을 잤음이 틀림없다.[2] 꿈의 역사는 아직 씌어져야 할 것으로 남아 있는데, 그 꿈의 역사에 대한 통찰을 연다는 것은 자연에 예속된 미신을 역사적 각성(覺醒, 開眼, Erleuchtung)을 통해 부수는 것을 뜻할 것이다. 꿈꾸는 일은 역사를 형성하는 데 관여해왔다. 꿈에 대한 통계는 일화적인 풍경의 사랑스러움을 넘어 전쟁터의 황무지 속으로 진입하게 될 것이다. 꿈

---

1) 벤야민이 스스로 제목을 붙인 이 글은 1925년에 씌어졌지만 1927년 이 글이 『노이에 룬트샤우』(*Die Neue Rundschau*, 제38호, 1927) 지에 출판되었을 당시 "초현실주의에 대한 주석"(Glosse zum Sürrealismus)이라는 제목으로 출판되었다.
2) 『하인리히 폰 오프터딩겐』(*Heinrich von Ofterdingen*, 일명 『푸른 꽃』)은 독일 초기 낭만파 작가 노발리스(Novalis)의 미완의 소설 제목으로서 1802년에 처음 출간되었다. 폰 오프터딩겐은 미지의 연인의 얼굴을 담고 있는 신비한 푸른 꽃을 찾아 헤매는 중세의 시인이다.

들은 전쟁을 명령했고 태곳적에 전쟁은 법과 불법을 결정했으며, 심지어 꿈들의 한계까지 지시했다.

꿈은 더는 어떤 푸른 꽃을 열어 보여주지 않게 되었다. 꿈은 회색이 된 것이다. 사물들 위에 덮인 회색빛 먼지 층이 꿈의 최상의 부분이다. 꿈들은 이제 평범한 것을 향해 가는 지름길이다. 기술은 사물들의 외양을 마치 효용 가치를 잃어버리게 될 지폐들처럼 영영 다시는 못 볼 듯이 챙겨버린다. 이제 우리의 손은 그 외양을 다시 한 번 꿈속에서 붙잡으며 낯익은 윤곽들을 마지막으로 더듬는다. 우리의 손은 그 대상들을 붙들 때 그것들의 가장 해진 부분을 잡는다. 그 부분은 언제나 잡기에 가장 적당한 부분인 것은 아니다. 아이들은 유리잔을 움켜잡는 것이 아니라 그 유리잔 속으로 손을 집어넣는다. 그런데 사물은 꿈들에게 어떤 면을 드러내는 것일까? 가장 해진 부분이라는 게 무엇일까? 그것은 습관으로 닳아빠지고 싸구려 격언들로 양념을 친 면이다. 사물이 꿈에게 자신을 드러내는 면은 키치이다.

손뼉을 치면서 사물들의 판타지 상들이 레포렐로 그림책 "꿈"의 낱장들이 되어 땅에 떨어진다.[3] 각 낱장마다 격언들이 씌어 있다. "내가 가장 사랑하는 연인, 그것은 무위(無爲)" 또는 "가장 큰 권태에게 금메달을"이라든가 "복도에 내게 원한을 품고 있는 자가 있다" 등. 초현실주의자들은 그러한 시들을 지었으며, 친한 예술가들끼리 그 그림책을

---

3) 레포렐로는 모차르트의 오페라 「돈 조반니」(Don Giovanni)에서 돈 조반니의 시종으로 등장한다. 그는 주인이 정복한 여인들의 이름을 기록한 목록을 들고 다니는데 거기엔 많은 이름들이 적혀 있다. 19세기 중엽에 독일의 레포렐로 출판사는 그러한 반짝 인기를 끄는 책들을 출판했다.

베껴 그렸다. 『반복』이라고 폴 엘뤼아르(Paul Eluard)는 한 책에 제목을 달았는데, 그 표지에 막스 에른스트(Max Ernst)는 네 명의 소년들을 그려 넣었다.[4] 그 소년들은 독자, 교사, 강단에 등을 돌린 채 난간 밖을 내다보고 있는데 거기 공중에 기구가 떠 있다. 난간 위에는 거대한 연필 한 자루가 심을 드러내며 흔들거리고 있다. 아이들 경험의 반복은 이런 생각을 하게 만든다. 즉 우리가 어린아이였을 때 우리 부모의 세계에 대한 가슴 답답한 항의조차 없었다. 그 세계 중간에 있는 아이들로서 우리는 우월하게 보였다. 우리가 평범한 것을 붙잡을 때면 그것과 함께 우리는 좋은 것을 붙잡는 것이고, 그것은, 보라, 아주 가까이에 있었다.

왜냐하면 우리 부모의 감상성은 거듭 증류되어 우리 느낌의 가장 사실적인 이미지를 만들어내기엔 더없이 좋기 때문이다. 부모의 장황한 말들은 우리에게 쓰디쓰게 들려 괴상한 수수께끼 그림으로 쪼그라든다. 대화를 장식하는 것들은 가장 내밀한 엉클어짐들로 가득 차게 되었다. 그 속에 영혼의 경도(傾倒), 사랑, 키치가 있다. "초현실주의는 그 본질적인 진실의 측면에서 대화를 재건한다는 시명을 갖고 나왔다. 파트너들은 예의범절의 강박에서 해방되었다. 말하는 자는 어떤 명제도 연역하지 않을 것이다. 그러나 대답은 원칙상 말한 사람의 자기애를 신경 쓰지 않는다. 왜냐하면 말과 이미지들은 듣는 자의 정신에게는 디딤판으로 여겨지기 때문이다."[5] 브르통의 초현실주의 선

---

4) Paul Eluard, *Répétitions. Dessins de Max Ernst*, Paris, 1922. — 전집 편집자
5) André Breton, *Manifeste du Surréalisme*, Poisson soluble, Nouvelle édition, augmentée d'une préface et de la Lettre aux Voyantes, Paris, 1929. — 전집 편집자

언에 나오는 멋진 인식들이다. 그것들은 대화적 오해들의 공식, 말하자면 대화에서 살아 있는 것의 공식들을 이룬다. 왜냐하면 '오해'란 유일하게 진실한 현실이 대화 속으로 밀려들어오는 리듬을 뜻하기 때문이다. 한 사람이 현실적으로 말할 줄 알면 알수록, 그만큼 사람들은 그를 더 완벽하게 오해하게 된다.

『꿈의 파장』[6]에서 루이 아라공은 꿈을 꾸는 마니아가 어떻게 파리에서 확산되고 있는지를 보고한다. 젊은 사람들은 시의 비밀을 찾아냈다고 믿었다. 실제로는 그들은 이 시대의 모든 집약적인 힘들과 마찬가지로 시작(詩作)을 중단했다. 생 폴 루[7]는 이른 새벽 잠자러 가기 전에 자기 방 문에 "시인은 작업 중"[8]이라는 팻말을 붙였다. 이 모든 것은 폐기된 사물들의 심장부로 뚫고 들어가기 위함이다. 평범한 것의 윤곽들을 수수께끼 이미지로 해독하기 위해서이거나, 숲 같은 내장 속에서 숨어 있는 "빌헬름 텔"을 헤집어내기 위해서이거나 "신부는 어디에 있지?"라는 물음에 답할 수 있기 위해서이다. 꿈 작업의 도식들로서의 수수께끼 이미지들은 이미 오래전에 정신분석이 발견한 것이다. 초현실주의자들은 그와 같은 확실성을 가지고 심리가 아니라 사물들을 추적한다. 대상들의 토템 나무(Totembaum)를 그들은 근원사의 밀림 속에서 찾아 헤맨다. 이 토템 나무 최상단의, 최후의 찡그린

---

6) Louis Aragon, *Une vague de rêves*, Paris, 1924. — 전집 편집자

7) Saint-Pol-Roux, 1861~1940 : 프랑스의 시인. Paul Roux라고도 불린다. 말라르메로부터 큰 영향을 받은 그는 초기에 상징주의에 매료되었다. 점차 이미지의 자유로운 분출과 표현의 풍부함을 즐겨, 이성의 테두리를 벗어나면서 동시에 예지를 얻는 초현실주의의 자동기술(自動記述) 기법을 수용했다. 뒤늦게(1920년대) 초현실주의 시인으로 주목을 받게 되었으며 이 운동의 선구자로서 인정받았다.

8) André Breton, 앞의 책, p. 28. — 전집 편집자

얼굴이 키치이다. 키치는 우리가 꿈속에서나 대화에서 사멸한 사물세계의 힘을 빨아들이기 위해 두르는 평범한 것의 마지막 마스크이다.

우리가 예술이라 불렀던 것은 신체에서 2미터 떨어진 곳에서 비로소 시작한다. 그런데 키치 속에서 사물세계는 사람의 몸에 닥쳐온다. 사물세계는 더듬는 그의 손에 몸을 맡기고 마침내 그 손아귀 내부에서 자신의 형상들을 만들어낸다. 새로운 인간은 옛 형식들의 모든 정수(精髓)를 자신 속에 지니고 있으며, 19세기 후반부에서 유래한 환경과의 갈등 속에서—꿈들에서든 몇몇 예술가들의 문장과 이미지에서든—만들어지는 것은 "가구가 비치된 인간"으로 부를 수 있을 어떤 존재다.

초현실주의
– 유럽 지식인들의 최근 스냅 사진
(1929)

Walter Benjamin, *Gesammelte Schriften*, Frankfurt a. M., 1972~89, Bd. II/2, pp. 295~310. (Der Sürrealismus. Die letzte Momentaufnahme der europäischen Intelligenz)

정신적 조류들은 낙차에 도달할 수 있는데, 그 낙차는 비평가가 거기에 발전소를 세울 수 있을 정도로 충분히 클 수 있다. 그러한 낙차를 초현실주의에 대해서 프랑스와 독일의 수준 차이가 만들어내고 있다. 1919년 프랑스의 몇몇 문인들이 형성한 서클에서—이 서클의 가장 중요한 이름들로 앙드레 브르통(André Breton), 루이 아라공(Louis Aragon), 필리프 수포(Philippe Soupault), 로베르 데스노스(Robert Desnos), 폴 엘뤼아르(Paul Eluard)를 들 수 있다—생겨난 것은 전후 유럽의 우울한 권태와 프랑스 데카당스의 마지막 도랑물이 합쳐져 이룬 조그만 개천에 불과했을지도 모른다. 오늘날에도 여전히 그 운동의 '진정한 원천'을 넘어서지 못하고 있고, 또 오늘날에도 여기서 다시 한 번 한 무리의 문인들이 점잖은 공중(公衆)을 현혹하고 있다는 것 말고는 이야기할 것이 하나도 없는 똑똑한 사람들은 약간은 어떤 전문가들 모임과 같은데, 이들은 이 흐름의 한 원천을 두고 충분히 숙고한 뒤에 이 작은 개울로는 결코 발전기의 터빈을 돌릴 수 없을 거라는 확신에 도달한다.

독일인 관찰자는 그 원천에 서 있지 않다. 이 점은 그에게 호기(好機)이다. 그는 계곡에 서 있다. 그는 이 운동의 에너지를 가늠해볼 수 있는 것이다. 독일인으로서 일찍이 지식인들의 위기, 더 정확히 말해 휴머니즘적 자유 개념의 위기에 친숙한 그 관찰자, 영원히 지속되는 토론의 단계에서 벗어나 어떤 희생을 무릅쓰고서라도 결단을 내리려는 어떤 광적인 의지가 그 운동 속에서 깨어났는지를 알고 있고, 무정부주의적 반대파와 혁명적 기율(紀律) 사이에서 극도로 노출되어 있는 그 운동의 입장을 몸소 경험해야만 하는 그 관찰자에게는 만약 그가 그 운동을 피상적으로만 보고서 '예술' 운동이니 '시적' 운동이라고 여긴다면 변명의 여지가 없다. 그 운동이 초기에는 그러했다면, 바로 그 초기에 브르통은 대중에게 일정한 실존형식을 제시하면서 그 실존형식을 스스로 유보하는 실천 방식과는 결별하고 싶다고 이미 선언했다. 이것은 더 간단하게 변증법적으로 요약하자면 이렇다. 여기서는 밀접하게 결속한 일군의 사람들이 '시적인 삶'을 가능한 것의 극단적 한계까지 추구함으로써 시의 영역이 내부로부터 폭파되었다. 그리고 그들이 랭보(A. Rimbaud)의 『지옥의 계절』(*Saison en Enfer*)은 그들에게 더는 아무런 비밀도 지니지 않는다고 주장한다면 우리는 그러한 그들의 말을 그대로 믿을 수 있다. 왜냐하면 이 책은 실제로 그와 같은 운동의 최초의 전거(典據)이기 때문이다. (근대에 나온 전거이다. 더 오래된 선조들에 대해서는 나중에 언급할 것이다.) 사람들은 이 운동에서 문제되는 것이 무엇인지를 랭보가 그 책의 필사본에서 밝힌 것보다 더 궁극적이고 날카롭게 표현할 수 있을까? 거기서 랭보는 "대양과 극 지역에서 피는 꽃들의 비단에서"라는 시행 옆에 나중에 "그런 건 없다"고 써놓았던 것이다.[1]

초현실주의에서 전개된 변증법적 핵심이 처음에 얼마나 눈에 띄지 않고 주변적인 실체 속에 들어 있었는지는 이 운동이 어떻게 발전할지 아직 예측할 수 없던 시기인 1924년에 아라공이 그의 『꿈의 파장』(*Vague de Rêves*)에서 보여주었다.[2] 오늘날 그 발전 경향은 예측할 수 있게 되었다. 왜냐하면 아라공이 거기서 영웅들의 명단을 우리에게 남겨줬던 영웅적 단계가 끝이 났다는 것은 분명하기 때문이다. 그러한 운동들에서는 비밀결사의 원초적인 긴장이 권력과 지배를 둘러싼 구체적이고 세속적인 투쟁 속에서 폭발하거나 공적인 선언으로 해체되고 변형될 수밖에 없는 순간이 언제나 있기 마련이다. 지금 초현실주의가 이러한 변형 단계 속에 있다. 그러나 초현실주의는 그것이 영감에 가득 찬 꿈의 물결의 형태로 그 창립자들에게 밀려들어왔던 그 당시에만 해도 가장 온전한 것, 완결된 것, 절대적인 것으로 보였다. 초현실주의가 접촉한 것은 모두 그것에 융합되었다. 삶은 깨어남과 잠 사이의 문지방이 마치 이리저리 넘쳐흐르는 수많은 이미지들의 발

---

[1] 벤야민은 두 가지 오류를 범했다. 인용된 구절은 『지옥의 계절』이 아니라 『일뤼미나시옹』(*Illumination*, 1872)에 나오는 'Barbare'에서 발췌한 것이다. 그리고 "그런 건 없다"는 나중에 써 넣은 것이 아니라 텍스트의 일부이다(Rimbaud, *Œuvres*, éd. Suzanne Bernard, Paris, 1960, p. 292).—전집 편집자
[2] 이 문장은 벤야민 자신이 쓴 다음의 에세이에서 따온 것이다. "Zum Gegenwärtigen gesellschaftlichen Standort des französischen Schriftstellers"(프랑스 작가의 현재의 사회적 입지에 대하여), in: *Gesammelte Schriften*, II/2, p. 798.—전집 편집자

자국들로 밟히듯이 모든 이의 삶 속에서 밟혔을 때에만 살 만한 가치가 있는 듯이 보였다. 언어는, 소리와 이미지가, 그리고 이미지와 소리가, '의미'라는 동전이 들어설 틈이 더 남아 있지 않을 정도로 자동기계적인 정확성을 갖고 서로 행복하게 맞아떨어질 때에만 언어 자체가 되는 것처럼 보였다. 이미지와 언어가 가장 먼저 입장할 권리를 갖는다. 생 폴 루는 아침 녘에 잠자러 가면서 그의 방 문에 "시인은 작업 중"이라는 팻말을 붙였다.[3] 브르통은 이렇게 적었다. "조용. 나는 아직 아무도 통과하지 않은 곳을 통과하려고 합니다. 조용! 먼저 들어가시죠, 사랑스런 언어여."[4] 언어가 먼저 들어갈 권리를 갖는다.

의미보다 먼저인 것만이 아니다. 자아보다 먼저이기도 하다. 세계의 조직 속에서 꿈은 개성을 벌레 먹은 치아처럼 느슨하게 한다. 이처럼 도취(Rausch)를 통해 자아를 느슨하게 하는 일이야말로 이 사람들을 도취의 마력에서 탈출시킨 생산적이고 생생한 경험이다. 여기서는 초현실주의적 경험 전체를 규정해보려는 것이 아니다. 그러나 이 서클의 글들이 문학이 아니라 다른 것, 즉 선언문, 구호, 기록, 허풍, 위조 같은 것을 주제로 삼고 있고, 아무튼 문학을 주제로 삼고 있지 않다는 것을 인식한 사람은 이 운동에서 이론이나 심지어 환상이 아니라 경험들이 주제라는 점도 아울러 안다. 그리고 이 경험들은 결코 꿈을 꾸거나, 대마초를 복용하고 아편을 피우는 시간에 한정되지 않는

---

3) André Breton, *Manifeste du Surréalisme*, Paris, 1975(Coll. Idées/Gallimard), p. 24.—전집 편집자
4) André Breton, *Point du jour*, Nouvelle édition revue et corrigée, Paris, 1970(Coll. Idées/Gallimard), p. 23("Introduction au discous sur le peu de réalité").—전집 편집자

다. '초현실주의적 경험들'에 관해 우리가 종교적 엑스터시나 환각제의 엑스터시만을 알 뿐이라고 생각하는 것은 큰 오해이다. 레닌이 종교를 민중을 위한 아편이라고 말했는데, 그로써 그는 초현실주의들이 바랐던 것보다 더 밀접하게 종교와 아편을 결부시켰다. 랭보, 로트레아몽, 아폴리네르가 초현실주의를 탄생시켰을 때 보여준 가톨릭주의에 대한 신랄하고 열정적인 반발도 이야기되어야 할 것이다. 그러나 종교적 각성을 참되고 창조적으로 극복하는 것은 결코 환각제를 통해서가 아니다. 그 극복은 **범속한 각성**(profane Erleuchtung), 유물론적이고 인간학적인 영감 속에서 이루어진다. 그러한 영감에 대마초나 아편 또는 그 밖에 어떤 것이든 선례를 줄 수 있기는 하다. (그러나 그러한 선례는 위험한 선례이다. 그리고 종교들의 선례는 더 엄격하다.) 이러한 범속한 각성은 초현실주의를 언제나 그 각성의 절정에서, 그 초현실주의의 절정에서 발견한 것은 아니다. 그리고 그러한 각성을 가장 강력하게 보여주는 저술들인 아라공의 탁월한 책 『파리의 농부』와 브르통의 『나자』(Nadja)는 매우 혼란스러운 결손 현상을 보여주고 있다. 『나자』에는 "사코(Sacco)와 방제티(Vanzetti)의 표지 아래 감동적인 파리 약탈의 날들"에 대해 묘사한 구절이 있으며, 브르통은 이어서 확언하기를, 희소식(Bonne-Nouvelle) 거리는 이 시기에, 그 이름이 늘 제시했던 대로, 폭동의 전략적 약속을 이행했다고 했다.[5] 하지만

---

5) André Breton, *Nadja*, Edition entièrement revue par l'auteur, Paris, 1975(Coll. Idées/Gallimard), pp. 179~80.—전집 편집자(전집 편집자들은 벤야민이 사용한 1928년 초판을 구할 수 없었고 이 1975년 판은 벤야민이 인용한 초판과 다른 부분이 많은 것 같다고 추정한다.—옮긴이)

사코 부인도 등장하는데, 그녀는 필러의 희생자의 부인이 아니라 위진 가 3번지에 살고 있고[6] 폴 엘뤼아르에게 나자에게서는 하등 좋은 일도 기대할 수 없다고 말해줄 줄 안 점쟁이 여인이다. 우리는 지붕, 피뢰침, 물받이, 베란다, 풍신기(風信旗), 회벽 장식들로 이어지는 초현실주의의 위험한 길이—벽면을 기어오르는 사람에게는 모든 장식물들이 아주 쓸모 있음이 틀림없다—심령론의 눅눅한 뒷골방으로 이르기도 한다는 것을 시인한다. 하지만 우리는 초현실주의가 자신의 미래를 묻기 위해 창문을 조심스럽게 두드리는 소리를 듣고 싶지 않다. 누군들 이 혁명의 양자(養子)들이 교단 수녀, 퇴역 장교, 모리배 이민자의 비밀 집회에서 벌어지는 모든 일들과 아주 분명하게 구분되어 있기를 바라지 않겠는가.

    그 외에도 브르통의 책은 이 '범속한 각성'의 몇 가지 기본 특성을 설명하기에 아주 적합하다. 그는 『나자』를 "문이 꽝 하며 닫히는 책"[7] 이라고 칭한다. (모스크바에 있을 때 나는 어느 호텔에 묵은 적이 있는데, 그곳의 거의 모든 방에는 불교도 연합대회에 참여하러 모스크바에 온 티베트 라마승들이 투숙해 있었다. 나는 복도에 있는 수많은 방문들이 늘 열려 있는 것을 알게 되었다. 처음에 우연처럼 보이던 것이 섬뜩하게 느껴졌다. 나는 그 방들에는 결코 폐쇄된 공간에 머물지 않기를 권하는 어느 종파의 승려들이 거주하고 있다는 것을 듣고 알았다. 그 당시 내가 경험한 쇼크를 『나자』를 읽는 독자도 틀림없이 느

---

[6] André Breton, 앞의 책, pp. 92~93, 주석.—전집 편집자
[7] André Breton, 앞의 책, pp. 18, 184~85 참조.—전집 편집자

낄 것이다.) 유리로 된 집에 산다는 것은 최고의 혁명적 미덕이다. 그것 역시 도취이고, 우리가 정말 필요로 하는 도덕적 노출증이다. 자신의 실존에 관한 문제에서 신중하다는 것은 귀족적 미덕이었는데 그것이 이제 점점 더 출세한 소시민의 관심사가 되었다. 『나자』는 예술소설과 실화소설 사이의 진정한, 창조적 종합을 찾아냈다.

사랑에서도 '범속한 각성'을 인식하려면 그 사랑을 진지하게 여기기만 하면 되고, 이 점을 『나자』도 암시한다. 저자는 이렇게 이야기한다. "나는 바로 그 당시에(즉 나자와 교제하던 시절에) 루이 7세의 시대에 많은 관심을 쏟고 있었다. 왜냐하면 그 시대는 '사랑의 궁정들'이 지배하던 시대였기 때문이다. 그래서 나는 사람들이 그 당시 삶을 어떻게 바라봤는지를 아주 집중해서 떠올려보려고 했다."[8] 그런데 우리는 한 작가를 통해 프로방스적인 기사도적 사랑(Minne)이 사랑에 대한 초현실주의적 구상에 놀랍게도 근접한 점을 몇 가지 자세하게 알게 되었다. 에리히 아우어바흐(Erich Auerbach)가 바로 그인데, 그는 『세속적 세계의 시인 단테』라는 탁월한 저서에서 이렇게 쓰고 있다. "신 양식(Neuer Stil)을 구현한 시인들에게는 모두 신비스러운 연인이 있는데, 그들 모두에게는 대개 똑같은, 아주 특이한 사랑의 모험이 일어나며, 그들 모두에게 사랑의 신 아모르가 감각적 향유보다는 각성에 더 유사한 재능을 부여하거나 또는 그 재능이 발현되지 못하도록 만든다. 그 시인들 모두 그들의 내적인 삶과 어쩌면 외적인 삶까지도 결정짓는 모종의 비밀스러운 단체에 속해 있다."[9] 도취의 변증법은

---

[8] André Breton, 앞의 책, pp. 111~12.—전집 편집자

참으로 희한한 특성을 갖고 있다. 한 세계에서의 엑스터시는 어쩌면 그와 상보적인 세계에서는 부끄럽도록 냉철한 상태가 아닐까? 기사도 사랑은—그리고 사랑이 아니라 그러한 기사도적 사랑이 브르통을 텔레파시적 소녀에게 연결한다—순결이 황홀경이기도 하다는 사실 말고 무엇을 바란단 말인가? 그 황홀경은 예수의 심장이 묻힌 무덤이나 마리아의 제단에 면해 있기만 한 것이 아니라 어느 전투가 있는 날 아침이나 승리한 다음 날 아침에도 면해 있는 세계로 인도한다.

비의적(秘義的) 사랑에서 여인은 가장 중요하지 않은 존재다. 브르통에게도 그렇다. 그는 나자 자신보다 나자에 가까이 있는 사물들에 더 가까이 있다. 그렇다면 나자에 가까이 있는 사물들은 어떤 것들인가? 이 규준이 초현실주의에 시사하는 바는 그 무엇보다도 크다. 어디서 시작할 것인가? 브르통은 자랑스럽게도 놀라운 발견을 하고 있다. 그는 제일 먼저 '낡아버린 것'에서 나타나는 혁명적 에너지와 맞닥뜨린다. 즉 최초의 철 구조물, 최초의 공장 건물, 최초의 사진들, 사멸하기 시작하는 대상들, 살롱의 그랜드 피아노들, 5년 전의 의상들, 유행이 물러가기 시작할 때의 상류층 스탠드바들이 그것들이다. 이 사물들이 혁명과 어떤 관계에 있는지는 아무도 이 작가들보다 더 정확하게 알고 있지 않다. 어떻게 해서 사회적 빈곤뿐만 아니라 똑같이 건축상의 빈곤, 실내장식의 빈곤, 노예화된 사물들과 노예화시키는 사물들이 혁명적 니힐리즘으로 반전(反轉)하는지를 이 예언가들과 기

---

9) Erich Auerbach, *Dante als Dichter der irdischen Welt*, Berlin, Leipzig, 1929, p. 76.—전집 편집자

호해석자들 이전에 아무도 알아채지 못했던. 아라공의 「오페라 아케이드」[10]는 말할 것도 없이 브르통과 나자는 우리가 쓸쓸한 기차여행을 할 때나(기차는 낡은 것이 되기 시작한다), 대도시의 빈민구역에서 신에게 버림받은 일요일 오후나, 새 집의 비에 젖은 유리창을 통해 첫눈에 경험하는 모든 것을 혁명적 행동은 아닐지라도 혁명적 경험으로 바꾸어주는 한 쌍의 연인이다. 그들은 이러한 사물들 속에 숨겨진 '분위기'〔정조, Stimmung〕의 엄청난 괴력을 폭발시킨다. 여러분은 결정적인 순간에 바로 최근에 가장 인기 있던 유행가에 의해 규정될 어느 한 인생이 어떤 형태를 취할 것이라고 생각하시는지?

이 사물세계를 극복할 트릭은—여기서 방법보다는 트릭을 얘기하는 것이 더 온당할 것이다—과거를 향한 역사적 시선을 정치적 시선과 맞바꾸는 데 있다. "그대 무덤들이여, 미술관의 사자(死者)들이여, 병풍 뒤, 왕궁, 성, 수도원 들에 있는 시체들이여, 문을 열어라! 여기 모든 시대의 열쇠 뭉치를 손에 쥐고 있는 요술사 같은 사람이 서 있노니, 그는 가장 교활하게 잠긴 자물쇠도 끌러 열 줄 알고 그대들을 오늘날의 세계 한복판으로 들어오도록 초대하고, 돈이 고귀하게 만들어주는 짐꾼들, 기계공들 속에 끼어들게 하고, 기사 시대의 무기들처럼 멋진 그들의 자동차 안으로 편히 모시고, 국제선 철도 침대차에 앉게 하며, 오늘날 자신들의 특권을 뽐내고 있는 모든 사람들과 함께 어울릴 수 있도록 해줄 것이다. 하지만 문명은 이네들을 간단히 해치울 것이다." 이 연설은 아폴리네르의 친구 앙리 에르츠(Henri Hertz)가 아폴

---

10) 아라공의 『파리의 농부』 제1부의 제목.—전집 편집자

리네르로 하여금 하게 했다. 아폴리네르로부터 그 기술(技術)이 시작된다. 그는 단편집 『이교(異敎)의 교조(敎祖)와 그의 일파』[11]에서 (그가 내면적으로 경도했던) 가톨릭주의를 공중에 날려버리기 위해 그 기법을 마키아벨리적으로 계산하면서 사용했다.

이러한 사물세계의 중심에 그들이 가장 갈망해 마지않던 대상인 도시 파리 자체가 있다. 그러나 폭동이 비로소 그 도시의 초현실주의적 얼굴을 남김없이 드러내준다. (포탄 소리와 총소리만이 결정을 지시하는 인적 없는 거리들.) 그리고 어떤 얼굴도 한 도시의 진짜 얼굴만큼 초현실주의적이지 않다. 조르조 데 키리코(Giorgio de Chirico)나 막스 에른스트가 그린 어떤 그림도 도시 내부의 요새들, 즉 그 도시의 운명을 극복하고 또 그 도시의 운명, 대중의 운명 속에서 자신의 운명을 극복하기 위해 우선 정복되고 점령돼 있어야 할 그 요새들의 예리한 입면도에 필적할 수 없다. 나자는 이러한 대중의 대변자이고 그 대중을 혁명으로 고취하는 무의식의 대변자이다. 즉 그것은 "나의 유일한 믿을 만한 행동들을 고취하는, 살아 숨 쉬고 울려 퍼지는 위대한 무의식이며, 나는 그것이 내 소유의 모든 것을 영원히 지배한다는 점을 늘 입증하고 싶다." 그래서 여기서 사람들은 이 요새들의 목록을 찾아볼 수 있으니 다른 어느 곳에서도 더러움이 그 상징적 위력을 이보다 더 잘 보존하지 않았던 모베르(Maubert) 광장에서 시작하여 내가 안타깝게도 더는 알지 못한 '현대 극장'(Théâtre Moderne)에까지 이른다. 그러나 브르통이 묘사하는 이층에 있는 바에는—"그곳은 아주

---

11) Guillaume Apollinaire, *L'Hérésiarque et Cie.*, Paris, 1910.—전집 편집자

어두웠고, 빠져나갈 수 없는 터널과 같은 복도였고—어떤 호수 밑바닥 위에 있는 살롱이었다"[12]—오래된 프린체스(Prinzeß) 카페의 전혀 이해되지 못한 공간을 상기시키는 무언가가 있었다. 그곳은 푸른 불빛 속에 커플들이 앉아 있는 이층의 뒷골방이었다. 우리는 그곳을 '해부실'이라 불렀다. 그곳은 사랑을 위한 마지막 바였다. 그러한 곳들에서 브르통에게는 사진이 아주 희한한 방식으로 개입한다. 사진은 도시의 거리, 성문, 광장 들을 삼류 소설의 삽화로 만들고, 이 수백 년 된 건물들에서 그것들의 진부한 명징함을 뽑아내어 그것들을 어떤 묘사된 사건에, 옛날 하녀들이 읽던 책들에서와 똑같이 글자 한 자 다르지 않은 인용문들과 쪽수가 가리키는 그런 사건에, 가장 원초적인 밀도를 갖고서 결부시킨다. 그리고 여기 등장하는 파리의 장소들은 모두 이런 사람들 사이에서 일어나는 일이 마치 회전문처럼 돌아가는 장소들이다.

초현실주의자들의 파리도 하나의 '작은 세계'이다. 다시 말해 큰 세계, 우주에서도 상황은 다르지 않다. 역시 이곳에도 차들이 움직이는 데서 유령 같은 신호들이 번득이는 교차로가 있고, 사건들 산의 상상도 못 할 유사성들과 얽힘이 늘 일상적으로 있다. 그곳은 초현실주의의 서정시가 보고하는 공간이다. 그리고 이것은 '예술을 위한 예술'의 불가피한 오해에 대처하기 위해서라도 언급할 필요가 있다. 왜냐하면 예술을 위한 예술은 거의 한 번도 액면 그대로 받아들여질 수 없었고 거의 언제나 그 아래서, 이름이 아직 없기 때문에 사람들이 신

---

12) André Breton, 앞의 책, p. 44.—전집 편집자

고할 수 없는 어떤 화물이 표류하고 있는 깃발이기 때문이다. 그것은 다른 어떤 작품보다도 예술의 위기를, 우리가 그 증인인 예술의 위기를 밝혀줄 어떤 작품에 다가갈 순간일 것이다. 그 작품이란 곧 비의적 문학의 역사이다. 그런 문학의 역사가 아직 기술되지 않았다는 것은 결코 우연이 아니다. 왜냐하면 그런 비의적 문학의 역사가 씌어질 것이—그러니까 개별 '전문가'들 각자가 자신의 분야에서 "꼭 알 만한 가치가 있는 것을 제공"하여 이루어진 모음집으로가 아니라, 내적인 필요성에서 발전사라기보다 항상 새로이 비의적 문학을 원초적으로 부활시키는 작업을 나타낼 개개인의 튼실한 글로서 씌어질 것이—요구되고 있는데, 그렇게 씌어질 경우 그 역사는 어느 세기에서나 높이 평가할 수 있는 지식인 고백서 중의 하나가 될 것이다. 그런 역사서의 마지막 장에 초현실주의의 엑스레이 사진을 발견해야 할 것이다. 브르통은 「미량(微量)의 현실에 대한 담론 입문」[13)]에서 어떻게 해서 중세의 철학적 실재론이 시적 경험의 바탕에 놓여 있는지를 암시하고 있다. 그러나 이 실재론은—그러니까 사물들 밖에서든 사물들 내부에서든 개념들이 실제로 특수하게 존재한다는 믿음은—논리적 개념 영역에서 마법적 단어 영역으로의 전이(轉移)를 언제나 아주 빨리 찾아냈다. 그리고 예술적인 유희가 아니라 마법적 단어 실험들은 이제 벌써 15년 동안이나 아방가르드 문학 전체를—그것이 미래파로 불리든, 아니면 다다이즘이나 초현실주의로 불리든—휩쓸어온 열정적

---

13) André Breton, "Introduction au discous sur le peu de réalité", *Point du jour*, Nouvelle édition revue et corrigée, Paris, 1970(Coll. Idées/Gallimard).—전집 편집자

인 음성적 그래픽적 변형놀이다. 여기서 구호, 주문, 개념이 어떻게 뒤얽히는지는 아폴리네르가 그의 최후의 선언인 「새로운 정신과 시인들」에서 한 다음 말이 보여준다. 1918년에 그는 이렇게 말한다. "우리 모두 단 하나의 단어를 통해서 대중이니 민족이니 우주니 하는 복합적인 본체들을 칭하는 데 아주 빠른 속도로, 또 단순하게, 익숙해지게 되었는데, 이런 속도와 단순함에 상응하는 현대적인 것이 문학에는 없다. 그러나 오늘날의 시인들은 이 틈새를 메우고 있다. 그들의 종합적 시들은 새로운 존재들을 만들어내며, 그 존재들의 구체적 현상은 집단을 표현하는 위의 말들과 마찬가지로 복합적이다."[14] 하지만 아폴리네르와 브르통이 동일한 방향에서 더 힘차게 뛰쳐나가면, 그리고 초현실주의를 주변 환경에 접목하는 일을, "과학이 정복한 것들은 논리적 사고보다 오히려 초현실주의적 사고에 바탕을 둔다"[15]는 선언으로 이루어낸다면, 달리 말해 그들이, 그 절정을 브르통이 포에지에서 보고 있는 (이것은 방어될 수 있다) 신비화를 과학적 발전이나 기술적 발전의 토대로도 삼으려 한다면, 그와 같은 통합은 지나치게 성급한 것이다. 이 운동이 잘 파악되지 못한 기계문명의 기적을 성급하게 추종하는 현상,—아폴리네르는 말한다: "옛날 우화들은 대부분 실현되었고, 이제 작가들에게 주어진 과제는 새로운 우화들, 발명자 나름대로 다시 실현할지도 모를 새 우화들을 고안하는 일이다"[16]—

---

14) Apollinaire, "L'esprit nouveau et les poètes", in: *Mercure de France*, No. 491, Tome CXXX, 1er Décembre 1918, p. 387.—전집 편집자
15) Pierre Naville, *La révolution et les intellectuels*, Paris, 1926, p. 146 참조.—전집 편집자
16) Apollinaire, "L'esprit nouveau et les poètes", 앞의 책, p. 392.—전집 편집자

이 후텁지근한 판타지들을, 통풍이 잘된 파울 셰어바르트(Paul Scheerbart)의 유토피아와 비교해 보면 아주 많은 교훈을 얻을 수 있다.

"모든 인간의 활동에 대한 생각은 나를 웃기게 만든다"는 아라공의 언급은 초현실주의가 그 시초에서 그것의 정치화에 이르기까지 어떤 길을 밟아와야 했는지를 아주 분명하게 알려준다. 처음 이 그룹에 속했던 피에르 나빌(Pierre Naville)이 그의 뛰어난 저술 『혁명과 지식인들』(La Révolution et les Intellectuels)에서 이러한 발전 경로를 변증법적이라 칭한 것은 타당하다. 이렇게 극단적으로 정관적인 태도에서 혁명적 야당으로 변모할 때에 모든 급진적인 정신적 자유를 표명하는 일에 대한 부르주아지의 적대감이 주요 역할을 하고 있다. 이 적대감이 초현실주의를 좌익으로 몰아넣었다. 정치적 사건들, 무엇보다 모로코 전쟁이 이러한 발전을 가속화했다. 『위마니테』(L'Humanité)[17]에 발표된 「모로코 전쟁에 반대하는 지식인들」이라는 선언문을 통해, 가령 생 폴 루 연회에서 벌어진 유명한 스캔들로 특징지어진 것과는 근본적으로 다른 토론장이 획득되었다. 당시, 전쟁이 끝난 직후,[18] 초현실주의자들이 그들이 경배하던 한 시인을 축하하는 자리가 민족주의 분자들이 참여함으로 인해 얼룩지게 되었다고 판단하자 "독일 만세"를 외치는 사태가 벌어졌을 때 그들은 스캔들의 한계 내에 머물 수밖에 없었다. 부르주아지가 온갖 행동에 대해 예민한 반면 그러한 스캔

---

17) 1904년 장 조레(Jean Jaués)에 의해 사회주의당의 기관지로 창립된 일간지로서 1920년 공산당 기관지가 되었다.

18) 사실은 1925년. Maurice Nadeua, *Geschichte des Surrealismus*, Karl Heinz Laier 의 독역, Reinbek bei Hamburg, 1968, pp. 91ff 참조.―전집 편집자

들에는 둔감하다는 것은 잘 알려져 있다. 특이한 것은 그와 같은 정치적 기상 변화의 영향 아래서 아폴리네르와 아라공이 시인의 미래를 예견할 때 일치된 시각을 보였다는 점이다. 아폴리네르의 『학살당한 시인』(*Poète assassiné*) 중 「추적」과 「살인」의 장(章)에는 어느 시인 학살 장면을 묘사한 유명한 구절이 들어 있다. 출판사들이 습격을 당하고, 시집들은 불태워지며, 시인들은 맞아 죽는다. 그런데 이와 똑같은 장면들이 같은 시기에 지구 전체에서 벌어지고 있었다.[19] 아라공은 『상상』(*Imagination*)에서 그러한 만행을 예감하면서 최후의 십자군 원정을 떠나자고 멤버들을 불러 모은다.[20]

우리가 그러한 예언들을 이해하고 또 초현실주의가 도달한 노선을 전략적으로 측정하려면 이른바 선의의 좌파 부르주아 지식인 계층에 어떤 사고 유형이 확산되어 있는지를 살펴봐야 한다. 그 사고 유형은 이 서클이 현재 러시아에 정향하고 있는 데서 충분히 분명하게 드러난다. 물론 여기서 우리는 러시아에 대한 날조를 주도했던 앙리 베로(Henri Béraud)나 그가 이렇게 선도한 길을 부르주아적 원한에 사로잡혀 착한 당나귀처럼 뒤따라가는 파브르뤼스(Fabre-Luce)를 얘기하자는 게 아니다. 그렇지만 중개 역할을 한 조르주 뒤아멜[21]의 전형적인 안내 책자조차 문제점이 많다. 이 책 전반에 흐르고 있는 그 신교 신학자의 지나치게 올곧고, 지나치게 감동에 사로잡히며 또 감성을 자

---

19) Apollinaire, *Le poète assassiné*. Nouvelle édition, Paris, 1927, p. 104 참조.—전집 편집자
20) Louis Aragon, *Le paysan de Paris*, Paris, 1961, p. 80~82 참조.—전집 편집자
21) Georges Duhamel, 1884~1966 : 의학을 공부한 프랑스의 소설가, 비평가, 시인.

극하는 언어는 얼마나 견디기 어려운가. 사물들을 모종의 상징적 조명 속으로 밀어 넣는 방법, 곤혹스러움과 언어에 대한 무지에서 연유한 그 방법은 얼마나 낡은 방법인가. "진정한, 보다 더 깊은 혁명, 어떤 의미에서 슬라브인들 영혼의 실체 자체를 변화시킬 수 있을 혁명은 아직 일어나지 않았다"[22)]는 그의 결론은 또 얼마나 배신적인가. 이러한 프랑스 좌파 지식인들의 전형적인 점은—그와 짝을 이루는 러시아 지식인들도 똑같지만—, 그들의 긍정적 기능이 전적으로 혁명에 대한 의무감이 아니라 전승된 문화에 대한 의무감에서 나온다는 점이다. 그들의 집단적 업적은 그것이 긍정적인 한에는 보수주의자들의 업적에 근접한다. 그러나 정치적·경제적으로 사람들은 그들이 언제든 사보타주를 일으킬 위험이 있음을 예상해야 할 것이다.

이 좌파 부르주아 입장 전체에서 특징적인 점은 이상주의적 도덕을 정치적 실천과 구제 불가능하게 연계하고 있다는 점이다. 단지 '신념'의 무력한 타협들과 대비했을 때에만 초현실주의, 아니 초현실주의 전통이 지닌 어떤 핵심 부분들을 이해할 수 있다. 이러한 이해를 위해 일어난 일은 아직 많지 않다. 랭보와 로트레아몽의 악마주의를 예술을 위한 예술의 짝으로서 속물주의의 재산 목록에 넣고 싶은 유혹은 너무 컸다. 그러나 우리가 이 낭만적 모조품을 열어보려고 결심한다면, 그 안에서 뭔가 쓸 만한 것을 찾아낼 수 있다. 우리는 악에 대한 숭배를, 정치를 온갖 도덕화하는 딜레탕티슴에 대항하여—낭만적으로이기는 하지만—소독하고 격리하는 장치로서 발견한다. 이러

---

22) Georges Duhamel, *Le voyage de Moscou*, Paris, 1922, p. 189.—전집 편집자

한 확신 속에서 우리는, 혹시 어린이 성폭행이 중심에 놓인 브르통의 어떤 공포물에 나오는 장면을 접할 경우, 아마도 몇십 년은 더 거슬러 올라갈 것이다. 1865년에서 1875년 사이에 거물급 무정부주의자들 몇 명은 서로에 관해 모른 채 그들의 지옥의 기계를 갖고 작업하고 있었다. 그리고 놀라운 것은 그들이 서로 독립되어 있으면서 그 기계의 시계를 동일한 시각에 정확히 맞춰놓고 있었다는 점인데, 40년이 지나자 서유럽에서 도스토옙스키, 랭보, 로트레아몽의 저작들이 똑같은 시기에 폭발한 것이다. 더 자세히 보자면 우리는 도스토옙스키의 전 저작에서 실제로 1915년이 되어서야 발표된 한 구절을 인용해볼 수 있겠다. 『악령』에 나오는 "스타브로긴의 고해"가 그것이다. 이 장은 로트레아몽의 『말도로르의 노래』(*Chants de Maldoror*)의 세 번째 노래와 아주 밀접하게 연관된 장으로서 악에 대한 정당화를 담고 있다. 이 구절은 오늘날 초현실주의를 대변하는 어느 작가가 할 수 있던 것보다 더 강렬하게 초현실주의의 모티프들을 표현해주고 있다. 왜냐하면 스타브로긴은 초현실주의자의 선구이기 때문이다. 그 이외의 어느 누구도, 선이란 그 선을 행하는 자의 남성적 미덕임에도 불구하고 신으로부터 영감을 받은 것이라면, 악은 온전히 우리의 자발성에서 생겨난 것이고, 이 악에서 우리는 자립적이고 또 전적으로 우리 자신에게 의지할 수밖에 없는 존재라는 속물적 견해가 얼마나 무식한 견해인지 파악하지 못했다. 그 이외의 어느 누구도 가장 비열한 행위 속에서, 아니 바로 그 속에서 영감을 보지 못했다. 또한 그는, 마치 이상주의적인 부르주아가 덕행을 인식했듯이, 야비함을 세상의 흐름 속에서뿐만 아니라 우리 자신 속에 이미 배태되어 있는 어떤 것으로, 우리에게 과제로 주어진 것이 아니라면 적어도 실행해볼 만한 것으로 인식했다. 도스토옙스키의 신은 하늘과 땅과 인간과 동물만 창조한 것이 아니라 야비함, 복수, 잔인함도 창조했다. 그리고 여기서도 그는 악마가 그의 일을 간섭하도록 내버려두지 않았다. 그렇기 때문에 그것들은 모두 그에게서 아주 원천적이며, 어쩌면 '웅대하지'는 않을지언정 『창세기』의 첫날처럼' 영원히 새롭다. 그것들은 속물들에게 죄악이 나타날 때 보이는 상투적 모습들과는 완전히 동떨어져 있다.

여기 언급된 작가들이 멀리까지 놀라운 영향을 미칠 수 있게 한 긴장이 얼마나 큰 긴장인지는 이시도르 뒤카스(Isidore Ducasse)가 1869년 10월 23일 출판사 사장에게 자기의 시적 작업을 설득하기 위해 쓴 편지가 아주 익살스러운 방식으로 증명한다. 거기서 그는 자신을 아담 미츠키에비치, 존 밀턴, 로버트 사우디, 알프레드 드 뮈세,[23] 보들레르와 동렬에 놓으면서 이렇게 말한다. "물론 저는 독자를 억누르고 그럼으로써 그 독자가 선을 치유제로서 더욱더 강렬하게 열망하도록 하기 위해 절망만을 노래할 뿐인 이 문학 판에 뭔가 새로움을 끌어들이기 위해 약간 어조를 과장했지요. 그렇게 해서 사람들은 결국 선만을 노래하는 셈이 되는데, 다만 그 방법이 빅토르 위고나 다른 몇몇 생존한 작가들이 속한 옛 유파의 방법보다 더 철학적이고 덜 소박하다는 것이지요."[24] 하지만 로트레아몽의 괴상한 책이 어떤 맥락 속에

---

23) Adam Bernard Mickiewicz, 1798~1885 : 폴란드의 낭만파 시인.
　Robert Southey, 1774~1843, 영국의 시인·전기작가. 프랑스 혁명에 열광하여 서사시 『잔 다르크』(1796)를 썼고 후에 계관시인이 되었다.
　Louis-Charles-Alfred de Musset, 1810~1857: 19세기 전반 프랑스 낭만파의 시인 극작가 소설가.

있다고 한다면, 아니 어떤 맥락 속에 집어넣을 수 있다면, 그것은 반란의 맥락이다. 그렇기 때문에 수포가 1927년 그의 전집 출간에서 뒤카스의 정치적 이력을 서술한 것은 충분히 납득이 가는 시도였으며, 그 자체가 무지에서 비롯한 시도는 아니었다. 유감스럽게도 뒤카스의 정치 이력에 대한 기록들은 없었는데, 수포가 뭔가 끌어들인 것은 착각에서 비롯한 것이었다. 그에 비해 기쁘게도 그와 비슷한 시도가 랭보의 경우에는 성공했다. 그리고 랭보의 참다운 이미지를 폴 클로델[25]과 파테르느 베리숑(Paterne Berrichon)이 가톨릭적으로 착색한 데 맞서 방어한 것은 마르셀 쿨롱(Marcel Coulon)의 공로다. 랭보는 가톨릭이었다. 그렇다, 하지만 그는 그 자신의 고백에 따르자면 그의 가장 비참한 부분에서 가톨릭이었다. 그는 그 부분을 스스로 지칠 줄 모르게 고발했고 그 자신의 증오와 모든 이의 증오, 그의 멸시와 모든 이의 멸시에 노출시켰다. 그 부분은 그로 하여금 반란을 이해하지 못하겠다는 고백을 하게끔 만들었다. 그러나 그것은 자기 스스로 충분히 활동할 수 없었던 한 코뮌주의자의 고백이며, 이때 그는 문학에 등을 돌렸고 종교와는 일찍이 이미 가장 초기에 쓴 시에서 결별을 했있다. 그는 "증오여, 나는 너에게 내 보물을 맡겼다"[26]고 『지옥의 계절』에서 쓰고 있다. 이 말에서도 초현실주의의 시학은 줄기를 감으며 뻗어 올라갈 수 있을 것이며, 그 시학은 아폴리네르에게서 유래하는, 놀라게

---

24) Comte de Lautréamont (Isidore Ducasse), *Œuvres complètes*. Avec les préfaces de L. Genonceaux u. a., Paris, 1953(éd. Corti), p. 398.—전집 편집자
25) Paul-Louis-Charles-Marie Claudel, 1868~1955 : 현대 프랑스의 대표적인 시인이자 극작가.
26) Rimbaud, 앞의 책, p. 211.—전집 편집자

하는 시작(詩作), 즉 '경악'의 이론보다 더 깊이, 에드거 앨런 포(E. A. Poe)의 사상의 심부에까지, 뿌리를 내릴 것이다.

미하일 바쿠닌(M. A. Bakunin) 이래 유럽에서는 급진적인 자유 개념이 더는 존재하지 않았다. 초현실주의자들이 바로 그 개념을 갖고 있다. 그들은 자유주의적이고 도덕적·휴머니즘적으로 낡아빠진 자유의 이상을 처치해버린 최초의 사람들이다. 왜냐하면 그들은 "이 지상에서 수천의 잔혹한 희생을 치러야만 얻어질 수 있는 자유란, 그것이 지속하는 동안, 무제한적으로, 그 충만한 형태로, 그리고 어떤 실용주의적인 계산도 없이 향유될 필요가 있음"을 확신하기 때문이다. 그리고 이것은 "인류의 가장 단순한 혁명적 형태의 해방투쟁은(이 형태야말로 어느 면에서 보든 해방인데) 해볼 만한 가치가 있는 유일한 사안"[27]임을 증명한다. 하지만 그들은 이러한 자유의 경험을 다른 혁명적 경험, 우리가 이미 해봤기 때문에 인정하지 않을 수 없는 그 경험, 곧 혁명의 구성적이고 독재적인 면과 결합할 수 있을까? 요컨대 반역을 혁명과 연결할 수 있을까? 우리는 전적으로 희소식 거리에 쏠려 있는 삶을 어떻게 르코르뷔지에와 야코뷔스 오우트[28]의 공간들에서 표상해야 하는가?

혁명을 위한 도취의 힘들을 얻기, 이것이 초현실주의의 모든 책과 시도가 추구하는 목표이다. 초현실주의는 그것을 자신의 가장 고유한

---

27) Breton, *Nadja*, éd. 1975, 앞의 책, p. 168.—전집 편집자
28) Jacobus Johannes Pieter Oud, 1890~1963 : 네덜란드의 건축가. '데 스테일파'(De Stijl派)에 가담하여 구성적 건축을 추구했는데, 기능주의적 스타일로 로테르담 시의 집합주택 등을 건축하였다.

과제라고 불러도 좋다. 이 과제를 성취하려면 우리가 이미 알고 있듯이 모든 혁명적 행위 속의 어떤 도취적 요소가 살아 있는 것만으로는 부족하다. 그 과제는 무정부주의적 과제와 동일하다. 그러나 강세를 오로지 무정부주의적 과제에만 둔다는 것은 혁명을 방법과 기율 면에서 준비하는 일을 순전히 연습과 전야제 사이에서 휘청거리는 실천을 위해 소홀히 하는 것을 뜻한다. 여기에 도취의 본질에 대한 너무 단순하고 비변증법적인 견해까지 추가된다. '경악의 상태에 있는' 화가, 시인의 미학, 경악한 자의 반응으로서의 예술미학은 몇 가지 아주 치명적인 낭만주의적 편견에 사로잡혀 있다. 신비적이고 초현실주의적이고 환상적인 능력과 현상들을 진지하게 규명하는 작업에는 낭만주의적 머리로는 결코 다다를 수 없는 어떤 변증법적 교차(交叉)의 사고가 전제된다. 즉 수수께끼 같은 것에서 그 수수께끼 같은 측면을 열정적으로 또는 광적으로 강조하는 것은 우리에게 별다른 도움을 주지 못한다. 오히려 우리는, 일상을 꿰뚫어 볼 수 없는 것으로, 그리고 꿰뚫어 볼 수 없는 것을 일상적인 것으로 인식하는 변증법적 시각의 힘으로, 그 비밀을 일상 속에서 재발견하는 정도로만 그것을 꿰뚫을 수 있다. 예를 들어 텔레파시적인 현상들에 대한 제아무리 열정적인 연구도, 독서의 범속한 각성이 그 텔레파시적인 현상들에 대해 가르쳐주는 것의 절반만큼도, (그 자체가 고도의 텔레파시적인 과정이라고 할 수 있는) 독서에 관해 가르쳐주지 않을 것이다. 또 다른 예로, 환각제 도취에 관한 제아무리 열정적인 연구도, 사유의 범속한 각성이 환각제 도취에 관해 가르쳐주는 것의 절반만큼도 (그 자체가 고도의 마취제인) 사유에 관해 가르쳐주지 않을 것이다. 독서하는 자, 사유하는 자, 기다리는 자, 거리산보자는 아편 복용자, 몽상자, 도취된 자와 마찬가지로 각성한 자의 유형들이다. 그것도 후자의 사람들보다 더 범속한 자들이다. 여기서 우리가 고독 속에서 복용하는 가장 끔찍한 마약— 즉 우리 자신 —은 말할 것도 없을 것이다.

"도취의 힘들을 혁명을 위해 얻기"—이것은 달리 말하면 시적(문학적) 정치인가? "우리는 그 음료의 맛을 다 보았다. 뭐든 좋으니 그것 말고 다른 것 좀 달라!" 이제 여러분은 시 세계로의 여행이 사물들을 어떻게 밝혀주는지 흥미를 갖고 보게 될 것이다. 그도 그럴 것이 부르주아 당들의 프로그램은 무엇일까? 봄을 노래하는 열악한 시이다. 터질 정도로 비유로 가득 찬 그런 시이다. 사회주의자는 "우리 아이들과 손자들의, 보다 더 아름다운 미래"를, 모두가 "마치 천사들인 듯이" 행동하고, 각자 "마치 부유한 듯이" 많이 갖고, 또 각자 "자유스러운 듯이" 사는 데서 본다. 천사들, 부유함, 자유는 흔적도 찾아볼 수 없다. 모든 것이 이미지일 뿐이다. 그러면 이 사회민주주의 클럽 시인들의 이미지 창고는 어떠한가? 그들의 "고답파 운율(gradus ad parnassum)은?" 낙천주의다. 한편 "염세주의의 조직"을 시대의 요청으로 삼고 있는 나빌의 글에서는 사뭇 다른 분위기를 느낄 수 있다. 그의 문학 동료들의 이름으로 그는 이 양심 없는 딜레탕트적 낙천주의가 색깔을 드러내지 않으면 안 될 최종 시한을 정한다. 즉 혁명의 전제조건은 어디에 있는가? 신념의 변화에 있는가 아니면 외적 환경의 변화에 있는가? 이것은 정치와 도덕의 관계를 규정짓고 어떠한 얼버무림도 용납하지 않는 핵심적 물음이다. 초현실주의는 그 물음에 대한 공산주의적 답변에 더욱더 가까이 다가왔다. 그리고 그것은 전방위적인 염세주의를 뜻한다. 절대적으로 그렇다. 문학의 운명을 불신하고 자유의 운명을 불신하고, 유럽의 인류의 운명을 불신하며, 무엇보다 계급 간의, 민족 간의, 개인 간의 모든 소통을 불신, 불신, 불신하기이다. 그리고 I. G. 나염회사와 공군력의 평화적인 완성에 대해서만 전폭적으로 신뢰하기이다. 그러나 그러고 나면, 그 뒤엔?

여기 아라공이 최근의 책 『양식론』(*Traité du Style*, 1928)에서 비유와 이미지를 구별할 것을 요구하는 통찰이 그 정당성을 보여준다. 양식 문제에 대한 이 훌륭한 통찰은 확장될 필요가 있다. 즉 정치에서만큼 비유와 이미지 이 둘이 그처럼 노골적이고 화해 불가능하게 충돌하는 곳이 없다. 다시 말해 염세주의를 조직한다는 것은 정치에서 도덕적 메타포를 추방하는 일, 정치적 행동의 공간에서 백 퍼센트의 이미지 공간(Bildraum)을 발견하는 일 이외의 다른 것을 뜻하지 않는다. 그러나 이 이미지 공간은 정관적으로는(kontemplativ) 전혀 측정할 수 없다. 부르주아지의 지적 헤게모니를 무너뜨리고 프롤레타리아 대중과의 접점을 획득하는 일이 혁명적 지식인들의 이중 과제라면, 그들은 이 과제의 두 번째 부분에서 거의 완전히 좌절한 셈인데, 그 까닭은 그 부분이 정관적으로는 해낼 수 없는 부분이기 때문이다. 그런데도 사람들은 그 과제가 마치 그런 것인 양 거듭해서 제시하고 프롤레타리아 시인들, 사상가들, 예술가들을 부르는 것을 주저하지 않았다. 그에 비해 레온 트로츠키(Leon Trotzki)는 『문학과 혁명』(*Literatur und Revolution*)[29]에서 이미, 그러한 프롤레타리아 작가들은 승리를 거두

---

29) 초판은 러시아어로 1923년에, (불완전한) 독일어 역은 빈(Wien)에서 1924년에 출간됨.

는 혁명에서만 등장할 것이라는 점을 지적해야만 했다. 실제로 중요한 것은 부르주아 출신의 예술가를 '프롤레타리아 예술'의 거장으로 만드는 일이라기보다 그를, 그의 예술 활동을 희생한 대가를 치르고서라도, 이 이미지 공간의 중요한 장소들에서 기능을 발휘하게 만드는 일이다. 아니 그의 '예술가적 경력'을 중단하는 일이 어쩌면 그의 그러한 기능의 본질적 부분이 되어야 하지 않을까?

그럴수록 그 예술가가 이야기하는 위트들은 더 나아질 것이다. 그리고 그는 그 위트들을 더 잘 이야기할 것이다. 위트에서, 욕지거리 속에서, 오해 속에서, 그리고 어떤 한 행동이 스스로 이미지를 자신으로부터 밖에 내세우고 그 이미지 자체가 되며, 그것을 자신 속으로 잡아채고 물어뜯는 곳 어디서나, 가까움이 자기 자신을 스스로의 눈으로 바라보는 곳 어디서나, 이렇게 찾았던 이미지 공간이 열리는 법이다. 그 이미지 공간은 '안락한 방'이라는 게 없는, 보편적이고 완전한 현재성(Aktualität)의 세계이며, 한마디로 정치적 유물론과 신체적 피조물이 내적 인간, 영혼(Psyche), 개인 또는 우리가 그것들에게서 비난하고자 하는 그 밖의 것을, 변증법적 정의(正義)에 따라, 그리하여 어느 부분도 그것에서 찢겨 나가지 않은 채로 있지 않도록, 서로 공유하는 공간이다. 그럼에도 — 아니 바로 그와 같은 변증법적 파괴 뒤에 — 그 공간은 여전히 이미지 공간이며, 더 구체적으로 말해 신체 공간(Leibraum)일 것이다. 왜냐하면 아무것도 소용이 없고 이러한 고백을 해야 할 때가 되었기 때문이다. 즉 포크트[30]와 부하린(N. I.

---

30) August Christoph Carl Vogt, 1817~95 : 독일 동물생리학자. 그는 정신활동이 대

Bucharin) 식의 형이상학적 유물론은 초현실주의자들의 경험이 입증하고 그 이전에는 헤벨(J. P. Hebel), 뷔히너(Georg Büchner), 니체, 랭보의 경험이 입증한 것과 같은 인간학적 유물론으로 단절 없이 넘어갈 수 없다. 잔재가 남는다. 집단 역시 신체적이다. 그리고 기술 속에서 그 집단에 조직되는 신체(Physis)는 그것의 정치적이고 객관적인 현실에 따라 볼 때 저 이미지 공간 속에서만, 즉 범속한 각성이 우리를 친숙하게 만드는 그 이미지 공간에서만 생성될 수 있다. 그 기술 속에서 신체와 이미지 공간이 서로 깊이 침투함으로써 모든 혁명적 긴장이 신체적인 집단적 신경감응(kollektive Innervation)이 되고 집단의 모든 신체적 심경감응이 혁명적 방전(放電)이 되어야만 비로소, 현실은 「공산주의자 선언」이 요구하는 것처럼 그 자체를 능가하게 될 것이다. 현재로서는 초현실주의자들이 그 「공산주의자 선언」이 오늘날 내리는 지령을 파악한 유일한 사람들이다. 그들은 한 사람도 빠짐 없이 그들의 얼굴 표정을, 매분 60초 동안 째깍거리는 자명종의 숫자판과 맞바꾸며 짓고 있다.

뇌의 생리활동에 의해 이루어진다고 주장했으며, 정신과 물질을 구분·대립시키는 이원론을 배척하였다. 사상(思想)과 뇌수의 관계는 담즙과 간, 소변과 신장의 관계와 같다는 기계론적 유물론의 입장을 취하여 이른바 속류(俗流) 유물론의 대표자가 되었다.

경험과 빈곤[1]
(1933)

Walter Benjamin, *Gesammelte Schriften*, Frankfurt a. M., 1972~89, Bd. II/1, pp. 213~19. (Erfahrung und Armut)

우리의 독본(讀本)들에는 한 노인에 관한 우화가 나오는데, 이 노인은 임종에서 아들들에게 포도밭에 보물이 숨겨져 있다고 유언을 한다.[2] 그걸 파내기만 하면 된다는 것이다. 아들들은 파보았지만 보물의 흔적은 찾지 못했다. 하지만 가을이 오자 그 포도밭에는 나라 전체에 있는 어떤 포도밭에서보다 포도들이 많이 열렸다. 그때 그들은 아버지가 그들에게 경험을 선사했다는 것을 알아챘다. 축복은 금(金)에 있는 것이 아니라 성실함 속에 있다는 경험이 그것이다. 그러한 경험

---

[1] 이 에세이는 1933년 나치가 집권하면서 『문학 세계』(*Die Literarische Welt*) 지가 정간되자, 프라하로 옮겨 잠깐 동안 간행된 *Die Welt im Wort* 지에 출판되었다. 이 글의 주석들은 모두 전집 편집자 또는 옮긴이가 단 것이다.
[2] '포도밭의 보물'은 이솝 이야기에 나오는데, 독일에서는 다음의 책 이래로 널리 알려졌다. Esopus [neu in Reimen verfaßt] von Burchard Waldis, hg. von Julius Tittmann, 제2부, Leipzig, 1882, p. 45("Vom alten Weingärtner," 3. Buch, 48. Fabel).—전집 편집자

들을 사람들은 우리가 자라오는 동안 위협하듯이 또는 달래듯이 들이밀었다. "풋내기 젊은 애야, 뭘 안다고 말하려고 해." "넌 곧 알게 될 (erfahren) 거다." 사람들은 경험이 무엇인지를 잘 알고 있었다. 언제나 어른들은 그 경험을 젊은 사람들에게 주었다. 요컨대, 나이의 권위를 가지고서 속담을 통해, 달변으로 장황하게 늘어놓는 이야기들 속에서, 때로는 벽난로 가나 아들과 손자 들 앞에서 먼 나라에서 온 이야기로서 알고 있다. ─ 이 모든 것은 어디로 갔는가? 그 누가 제대로 뭔가를 이야기해줄 줄 아는 이들을 아직 만날 수 있는가? 어디에서 임종을 맞은 사람들로부터 오늘날에도 세대에서 세대로 반지처럼 옮아가는 믿을 만한 말들이 나오는가? 그 누가 오늘날에도 속담에서 도움을 받는가? 누가 자기 경험을 얘기하면서 젊은이와 대적할 엄두를 내기라도 하는가?

아니다, 분명한 것은 이것이다. 경험은 유통 가치가 떨어졌고, 그것은 1914~18년 사이 세계사적으로 끔찍한 경험들 중의 하나를 겪었던 세대에서 일어난 일이다. 아마 그것은 겉보기와는 달리 그다지 이상한 일은 아닐 것이다. 그 당시 사람들이 전쟁터에서 말없이 돌아오는 모습을 똑똑히 보지 않았던가? 전달 가능한 경험을 풍부하게 갖고 온 것이 아니라 그럴 경험이 거의 없는 상태로 돌아온 그들을? 10년 뒤 전쟁소설들의 홍수 속에서 쏟아져 나온 것은 입에서 귀로 흘러가는 경험과는 전혀 다른 것이었다. 아니다, 이상할 것이 없는 일이다. 왜냐하면 전략적 경험이 진지 전쟁에 의해, 경제적 경험이 인플레이션에 의해, 그리고 육체적 경험이 배고픔에 의해, 윤리적 경험이 권력자들에 의해 이처럼 철저하게 허위였음이 입증된 적이 없기 때문이다. 아직 마차를 타고 학교에 다니던 그 세대는 맨 하늘 아래, 구름 말고는 변치 않고 남겨진 것이 하나도 없는 풍경 속에 서 있고, 그 가운데에 파괴적인 흐름들과 폭발들의 역장(力場) 속에 왜소하고 부서지기 쉬운 인간의 몸뚱이가 있다.[3]

이처럼 기술이 엄청나게 발전하면서 사람들 위에 전혀 새로운 빈곤이 덮쳤다. 그리고 점성술과 요가의 지혜, 크리스천 사이언스와 손금 보는 점술, 채식주의와 그노시스, 스콜라 철학과 심령주의를 가지고 사람들 사이로 파고든, 아니 오히려 사람들 위로 덮친, 답답하게 널린 갖가지 이념들이 이러한 빈곤의 이면이다. 왜냐하면 여기서 일어나는 일은 진정한 부활이 아니라 갈바니(Galvani) 전기 작용이기 때문이다. 우리는 앙소르(James Ensor)의 거대한 그림을 떠올리면 된다. 거기에는 유령이 대도시의 거리들을 메우고 있다. 카니발에서처럼 가면을 쓴 속물들, 밀가루를 뿌린 일그러진 가면들, 이마 위에 금박 왕관을 쓴 자들이 골목길들마다 꾸역꾸역 하염없이 밀려온다. 이 그림들은 그렇게 많은 사람들이 희망을 거는 소름 끼치는 혼란스러운 부활 장면을 모사(模寫)한 것에 지나지 않을지 모른다. 그러나 여기 분명하게 드러나는 사실은, 우리가 겪고 있는 경험의 빈곤은 거대한 빈곤의 일부에 불과하다는 점, 그 거대한 빈곤은 다시 중세 걸인의 얼굴과 같은 날카롭고 정확한 윤곽을 띤 얼굴을 갖게 되었다는 점이다. 그도 그럴 것이 교양의 산물 전체는 바로 그 경험이 우리를 그것과 연결

---

3) 이 단락은 「이야기꾼: 니콜라이 레스코프의 작품에 대한 고찰」(Der Erzähler: Betrachtungen zum Werk Nikolai Leskows)의 제1절에 약간 변형되어 다시 나온다 (II/2, 439).

시키지 않는다면 무슨 가치가 있단 말인가? 그 경험이 위선적으로 얻은 것이거나 사취한 것이라면 어떻게 될 것인지는 지난 세기의 온갖 양식과 세계관들의 끔찍한 잡탕이 우리에게, 우리가 우리의 빈곤을 고백하는 일을 명예로운 일이라고 여기지 않아도 되기에는 너무 분명하게, 보여줬기 때문이다. 아니 우리는 시인해야 할 것이다. 이러한 경험의 빈곤은 사적인 경험만이 아니라 인류의 경험 전체가 빈곤해졌음을 뜻한다. 그리고 그로써 일종의 새로운 야만성(Barbarentum)을 뜻한다.

  야만성? 실제로 그렇다. 우리는 새로운 긍정적인 개념의 야만성을 도입하기 위해 그렇게 부르기로 한다. 그도 그럴 것이 경험의 빈곤이 야만인을 어디로 데려간단 말인가? 경험의 빈곤은 그를 처음부터 다시 시작하는 데로 이끈다. 새롭게 시작하기, 적은 것으로 견디어내기, 적은 것으로부터 구성하고 이때 좌도 우도 보지 않기이다. 위대한 창조자들 중에는 인정사정이 없는 자들이 항상 있었는데, 이들은 일단 판을 엎어버리는 일부터 시작했다. 그들은 다시 말해 제도(製圖) 책상을 갖고자 했고, 건설자(Konstrukteur)들이었다. 그러한 건설자들 중의 하나가 데카르트였는데, 그는 우선 자신의 전체 철학을 위해 "나는 생각한다, 고로 존재한다"는 단 하나의 확실성 이외에 아무것도 가지지 않고자 했고 거기에서 그는 출발했다. 아인슈타인도 그러한 건설자였는데, 그는 갑자기 광대한 물리학의 세계 전체에 관심을 잃었다. 오로지 뉴턴의 등식들과 천문학의 경험들 사이의 어떤 작은 불일치 하나만이 그의 관심을 끌었다. 이와 똑같은, 처음부터 새로 시작하기를 염두에 둔 예술가들이 있는데, 이들은 수학자들에게 기대어 세계를 입체파 화가들처럼 입체기하학적 형태들을 가지고 구축하려 하거나 아니면 파울 클레(Paul Klee)처럼 엔지니어들에게 기댔다. 왜냐하면 클레의 형상들은 마치 제도판 위에 디자인된 듯이 보이면서도 표정을 나타내는 데서는 내면에 복종하기 때문이다. 그것은 좋은 자동차 몸체에서도 무엇보다 엔진의 요구를 충족하는 것과 같다. 내면성이 아니라 내면에 복종한다. 그것이 그들을 야만적으로 만든다.

여기저기에서 일찍이 최고의 머리들은 이 점을 이해하기 시작했다. 시대에 일말의 환상도 품지 않으면서 그 시대에 온몸으로 몰입하는 것이 그들의 특징이다. 시인 베르톨트 브레히트(Bertold Brecht)가 공산주의는 부의 공정한 분배가 아니라 가난의 공정한 분배라고 파악하거나, 현대 건축의 선구인 아돌프 로스가 "나는 현대적 감정을 지닌 사람들을 위해서만 글을 쓴다. 〔……〕 나는 르네상스나 로코코에 대한 동경에 사로잡힌 사람들을 위해서는 쓰지 않을 것이다"[4]라고 선언한 것이나 매일반이다. 화가 클레처럼 복잡한 예술가와 로스처럼 프로그램이 뚜렷한 예술가는 둘 다, 갓 태어난 아기처럼 소리를 지르면서 이 시대의 더러운 기저귀에 누워 있는 벌거벗은 동시대인에게 눈을 돌리기 위해, 전승되어온 장중하고 고결한 인간상, 과거의 온갖 제물들로 치장한 인간상을 박차고 나온다. 그 새로 태어난 아기를 파울 셰어바르트만큼 기뻐하며 웃으면서 반긴 사람은 없다. 그는 멀리서 보면 쥘 베른(Jule Verne)처럼 보이는 소설들을 썼지만, 기발한 차량을 탔으면서도 단지 왜소한 프랑스인이나 영국인 연금생활자가 우

---

[4] Adolf Loos, *Trotzdem. 1900~1930*, 2. verm. Aufl. (Die Schriften von Aldolf Loos in zwei Bänden, Bd. 2), Innsbruck, 1931, p. 54("Keramika").―전집 편집자

주를 휘젓고 다니는 모습을 그린 베른과는 사뭇 다르게 어떻게 하면 우리의 망원경, 우리의 비행기와 로켓이 예전의 사람들을 개조하여 전적으로 새로운 형상들, 보기도 좋고 사랑스러운 형상들로 만들 것인지의 물음에 관심이 끌렸다. 게다가 이미 이 형상들도 어떤 전혀 새로운 언어로 이야기한다. 그것도 그 언어에서 결정적인 점은 유기적인 것과 반대되는 자의적·구성적인 것을 지향하는 특성이다. 그 특성은 셰어바르트적 인간, 아니 그보다는 셰어바르트적 사람들의 언어에서 독특한 점이다. 왜냐하면 인간과의 유사성, 이 휴머니즘의 원칙을 그 사람들은 거부하기 때문이다. 심지어 그들의 이름도 그러하다. 그의 책에 등장하는 사람들은 페카, 라부, 소판티, 또는 그와 유사하게 불리며, 그의 책도 그의 주인공의 이름을 따서 『레자벤디오』[5]라는 제목이 붙었다. 러시아 사람들도 아이들에게 '탈인간화된' 이름을 붙여준다. 그들은 아이들을 혁명의 달을 따서 옥토버라고 부르거나 5개년 계획을 따서 '피아틸레트카'(Pjatiletka)라고 부르거나, 비행협회의 이름을 따서 '아비아킴'(Awiachim)이라고 부른다. 언어를 기술(技術)적으로 갱신하는 것이 아니라 투쟁이나 노동에 도움이 되도록 동원하는 것이다. 어쨌든 현실의 변화에 기여하는 것이지 그것을 기술(記述)하기 위한 것이 아니다.

  그러나 셰어바르트로 다시 돌아와 얘기하자면, 그는 자기가 그린 인물들을—그리고 그 인물을 본떠서 그의 동시대인들도—신분에 맞는 숙소로, 로스와 르코르뷔지에가 나중에 제시하게 된 것과 같은

---

5) Paul Scheerbart, *Lesabéndio. Ein Asteroiden-Roman*, München, 1913.

밀고 움직일 수 있는 유리로 된 집들에 투숙시키는 데 가장 큰 비중을 둔다. 유리가 그 위에는 아무것도 부착하지 않는 단단하고 매끄러운 재료인 것은 이유가 있다. 또한 유리는 차갑고 냉철한 재료이다. 유리로 된 사물들은 '아우라'가 없다. 유리는 보통 비밀의 적이다. 유리는 소유의 적이기도 하다. 위대한 작가 앙드레 지드(A. Gide)는 내가 소유하고 싶은 모든 것은 내게 불투명해진다고 말한 적이 있다. 셰어바르트와 같은 사람들이 유리 건물에 관해 꿈꾸는 것은 그들이 새로운 빈곤을 신봉하는 사람들이기 때문일까? 그러나 어쩌면 여기서는 이론보다 어떤 비유가 더 많은 것을 말해줄 것이다. 1880년대 부르주아의 방에 들어서면 그 방이 풍길지 모르는 모든 '안락함'에도 불구하고 '네가 여기서 찾을 건 아무것도 없다'는 인상이 가장 강하게 다가온다. 찾을 게 하나도 없는 것은 여기 거주자가 자신의 흔적을 남겨놓지 않은 구석이 이미 하나도 없기 때문이다. 즉 벽의 선반 위는 장식품들로 빼곡하고, 안락의자는 덮개가 씌워져 있으며, 창문들에는 커튼이, 벽난로 앞에는 난로막이 병풍처럼 쳐져 있다. 브레히트가 한 멋진 말이 이 방을 벗어나는 데, 그것도 멀리 벗어나는 데 도움을 주는데, 그의 『도시 거주민을 위한 독본』(Lesebuch für Städtebewohner)에 나오는 첫 번째 시의 후렴 "흔적을 지워라!"[6]가 그것이다. 여기 이 부르주아의 방에서는 그와 반대되는 태도가 습관이 되었다. 그리고 거꾸로 인테리어가 거주자들로 하여금 습관을 최대한 많이 갖추도록 강요하는

---

6) Bertolt Brecht, *Versuche 1~12*, Heft 1~4, Neudruck der ersten Ausgabe, Berlin, Frankfurt a. M., 1959, p. 108("Aus dem Lesebuch für Städtebewohner. 1," *Versuche 4~7*, Heft 2).─전집 편집자

데, 그 습관들은 그 사람 자신에게보다 그가 그 안에서 살고 있는 실내장식에 더 맞추는 습관들이다. 이것은 그런 플러시로 된 방에 거주하는 사람들이 가사(家事)에서 뭔가 망가질라치면 빠지게 되는 어처구니없는 상태를 아직 아는 사람이라면 누구나 이해할 수 있다. 심지어 그 거주자들이 화를 내는 방식조차—그리고 차츰 사멸하기 시작하는 이 감정을 그들은 탁월하게 연기해 보일 수 있다—무엇보다 사람들이 "이 세상에 남겨놓은 흔적"[7]을 지워버린 어떤 사람이 보이는 반응이었다. 이렇게 발전하도록 길을 튼 것은 셰어바르트가 유리를 가지고, 그리고 바우하우스(Bauhaus)가 강철을 가지고서였다. 그들은 흔적을 남기기 어려운 공간들을 만들어냈다. 이미 20년 전에 셰어바르트가 이렇게 선언했다. "여기서 말했던 것을 두고 볼 때 우리는 아마 '유리 문화'라는 표현을 쓸 수 있을 것이다. 새로운 유리 환경은 이제 인간을 완전히 바꿔놓을 것이다. 그리고 이 새 유리 문화가 그에 반대하는 적들을 너무 많이 만들어내지 않기를 바랄 뿐이다."[8]

경험의 빈곤. 이것을 우리는 마치 사람들이 새로운 경험을 동경한다는 것처럼 이해할 필요는 없다. 그보다 사람들은 경험들에서 풀려나고 싶어 하며, 그들이 그들의 빈곤을, 외적 빈곤과 결국 내적 빈곤까지도, 순수하고 분명하게 통용시킬 수 있는 환경, 그리하여 뭔가 훌륭한 것이 여기서 나오게 될 그런 환경을 동경한다. 그들은 언제나 무

---

7) J. W. 괴테, 『파우스트』 제2부, 11583번째 행. "내가 이 세상에 남겨놓은 흔적은 이제 영구히 사라지지 않을 것이다."
8) Paul Scheerbart, *Glasarchitektur*, Berlin, 1914, p. 125(CXI). 1880년대 부르주아의 방~여기까지의 단락은 『사유이미지』에 들어 있는 단편 「흔적 없이 거주하기」(Spurlos wohnen)의 변형이다(『선집』 제1권 참조).

지한 것도, 경험이 없는 것도 아니다. 종종 우리는 정반대를 말할 수 있다. 즉 그들은 그 모든 것을 '삼켜버렸다'고, '문화'와 '인간'을 삼켜버렸고, 그리하여 그것들로 너무 배가 불러 지쳐버렸다고. 그들보다 더 셰어바르트의 말들이 자신에게 딱 들어맞는다고 느끼는 사람은 아무도 없다. "너희는 모두 너무 지쳤다. 그것도 단지 너희가 너희의 생각 모두를 아주 단순하면서 아주 훌륭한 어떤 계획에 집중하지 않았기 때문이다." 피로 뒤에는 잠이 온다. 그리고 꿈이 낮 동안의 슬픔과 무력감을 보상해주고 깨어 있을 때는 힘이 없는 매우 단순하면서도 참으로 위대한 삶을 실현시켜 보여주는 것은 전혀 보기 드문 경우가 아니다. 미키 마우스의 삶은 오늘을 살아가는 사람들의 그러한 꿈이다. 이 삶은 기술적 기적들을 능가할 뿐만 아니라 그 기적들을 우스꽝스럽게 만드는 기적들로 가득 차 있다. 즉 그 기적들에서 가장 독특한 것은, 그것들이 모두 기계장치 없이, 즉흥적으로, 미키 마우스와 그의 신봉자들 및 그의 추격자들의 몸에서, 나무나 구름이나 바다에서와 마찬가지로 가장 일상적인 가구들에서 나온다는 점이다. 자연과 기술, 원시성과 안락함은 여기서 완전히 하나가 된다. 또한 끝없는 일상의 분규에 지쳐버렸고 삶의 목적이 수단들에 대한 무한한 원근법적 시각에서의 가장 먼 소실점으로만 떠오르는 사람들의 눈앞에는 어느 방향에서나 가장 단순하면서 동시에 가장 안락한 방식으로 자기 자신을 충족시키는 삶이 구원의 빛처럼 나타난다. 그런 삶 속에서 자동차는 밀짚모자보다 더 무겁지도 않고, 나무에 열린 열매는 어떤 기구의 풍선처럼 빠르게 둥그렇게 익는다. 그리고 이제 우리는 일단 거리를 두고, 물러서려 한다.

우리는 빈곤해졌다. 우리는 종종 '현재적인 것'의 작은 동전을 대가로 받기 위해 인류의 유산 한 조각 한 조각을 포기했고, 때로는 가치의 백분의 일만큼이라도 전당포에 맡겨야만 했다. 경제위기가 문 앞까지 왔고, 그 뒤에 그림자가, 다가올 전쟁이 있다. 움켜쥐는 것은 오늘날 소수의 권력자들의 사안이 되었고, 이들은 아마 수많은 사람들보다 더 인간적이지 않을 것이다. 대부분 더 야만적일 테고, 그렇지만 좋은 방식으로 야만적이지는 않다. 하지만 다른 사람들은 새롭게, 적은 것을 가지고 꾸려나가야만 한다. 그들은 근본적으로 새로운 것을 자신의 일로 만들고 그 새로운 것을 통찰과 포기 위에 구축한 사람들을 따른다. 이들의 건물, 그림, 이야기 들 속에 인류는, 필요에 따라서는 문화보다 더 오래 살아남으려고 대비하고 있다. 그리고 중요한 것은 그들이 그 일을 웃으면서 한다는 점이다. 어쩌면 이 웃음은 이따금 야만적으로 들릴지 모른다. 좋다. 우리는 개개인이 때때로 약간의 인간성을 대중에게, 그것을 언젠가 이자와 이자의 이자를 붙여 돌려줄 그 대중에게 내주기를 바랄 뿐이다.

19세기의 수도 파리[1)]
『파사주』독일어판 개요
(1935)

Walter Benjamin, *Gesammelte Schriften*, Frankfurt a. M., 1972~89, Bd. V/1, pp. 45~59. (Paris, die Hauptstadt des XIX. Jahrhunderts)

물은 파랗고 식물들은 장밋빛이다.

저녁은 바라보기에 달콤하구나.

산책 나가는 사람들, 산책 나가는 귀부인들.

그들 뒤로 작은 여인들이 따라간다.

— 응우옌 트롱 히엡, 『프랑스의 수도 파리. 운문의 회상』,

하노이, 1897, 25번째 시[2]

---

1) 벤야민은 그의 『파사주』 프로젝트의 개요인 이 에세이를 뉴욕으로 이전해 있던 사회 연구소의 공동 소장인 프리드리히 폴로크(Friedrich Pollock)의 제안으로 1935년에 썼다. 그러나 최초로 출판된 것은 1955년이다(W. Benjamin, *Schriften*, 2 Bde., Frankfurt a. M., 1955).
2) [원주] Nguyen-Trong-Hiep, Paris capitale de la France. Recueil de vers, Hanoi, 1897, Poésie XXV.

I. 푸리에 혹은 파사주들

이 궁전들의 신비로운 원주들은,

그 주랑들이 펼쳐 보이는 것들을 통해,

온갖 측면에서 애호가들에게 보여준다,

산업이 예술의 경쟁자라는 것을.

— 『파리의 새로운 경치』, 파리, 1828, p. 27[3]

파리의 파사주(Passage)들은 대부분 1822년부터 약 15년 사이에 생겨난다. 파사주들이 등장하게 된 첫 번째 조건은 섬유산업의 호황이다. 신상품 가게들(magasin de nouveautés), 자체 내에 보다 큰 상품 창고들을 갖고 있는 최초의 건물들이 모습을 드러내기 시작하는데 이 건물들이 바로 백화점의 전신들이다. 발자크는 이 시대를 이렇게 묘사했다. "진열장의 위대한 시(詩)가 마들렌 교회부터 생드니 성문에 이르기까지 다채로운 연(聯)을 노래한다."[4] 파사주들은 사치품 거래의 중심지가 된다. 파사주들을 꾸미는 일을 통해 예술은 상인들에게 봉사하게 된다. 동시대인들은 지칠 줄 모르고 파사주들에 경탄하게 된다. 오랫동안 이 파사주들은 여행객들을 유혹하게 된다. 한 「화보를 곁들인 파리 안내서」는 이렇게 쓰고 있다. "사치산업의 신발명품

---

[3] 〔원주〕 *Nouveaux tableaux de Paris*, Paris, 1828, I, p. 27.
[4] Honoré de Balzac, "Histoire et physiologie des boulevards de Paris," in: George Sand, Honoré de Balzac, Eugène Sue, et al., *Le Diable à Paris*(파리의 악마), vol. 2, Paris, 1846, p. 91.—전집 편집자

인 이 파사주들은 유리 천장으로 덮이고 대리석을 깐 회랑들로서 큰 건물들 사이를 가로지르고 있으며, 건물 소유주들은 이와 같은 투기 사업을 위해 결탁하였다. 천장으로부터 조명을 받는 이 회랑들은 양편에 우아한 상점들이 즐비하게 늘어서 있어서 그러한 통로 자체가 하나의 도시, 아니 하나의 세계의 축소판처럼 되어 있다." 파사주들은 가스등 조명이 처음으로 켜지는 무대가 된다.

파사주가 생겨나게 된 두 번째 조건을 이루는 것은 철조 건축의 시작이다. 제정(帝政)[5]은 이 철조 건축술을 통해 고대 그리스적 의미에서의 건축술을 부흥시키는 데 기여하게 된다. 건축이론가 뵈티허는 "새 체제의 예술형식들에서 헬레니즘적 형식원칙"이 우세해질 수밖에 없다고 말함으로써 당시의 일반적인 신념을 피력하고 있다.[6] 제정기의 양식은 국가를 자체 목적으로 하는 혁명적인 테러리즘의 양식이다. 국가의 성격이 시민 계급의 지배 도구로서 기능하는 것에 있음을 나폴레옹이 알아차리지 못했다면, 그 시대 건축가들 역시 철이 갖는 기능적 성격, 즉 철의 구성 원리가 건축 분야에서 주도권을 쥐게 될 것이라는 사실을 깨닫지 못했다. 이 건축가들은 폼페이의 기둥을 본떠 받침대[도리]를 만들고, 주거(住居)를 본떠 공장을 짓게 된다. 이것은 나중에 최초의 역사(驛舍)들이 별장(Chalets)처럼 지어진 것과 마찬

---

5) 제2제정(1852~70)은 제2공화정 때의 대통령 루이 보나파르트가 1851년 말 쿠데타로 헌법을 개정하고 나폴레옹 3세로서 제위에 올랐던 1852년 말부터 1870년 프로이센-프랑스 전쟁에서 패할 때까지 약 20년 동안을 가리키며 프랑스 자본주의의 확립기에 해당한다.

6) Karl Boetticher, "Das Prinzip der Hellenischen und Germanischen Bauweise hinsichtlich der Übertragung in die Bauweise unserer Tage", in: *Zum hundertjährigen Geburtstag Karl Böttichers*, Berlin, 1906, p. 46. ─전집 편집자

가지다. "구성은 잠재의식(Unterbewußtsein)의 역할을 맡게 된다."[7] 그럼에도 불구하고 혁명전쟁에서 생겨난 엔지니어라는 개념이 통용되기 시작하고, 설계자와 장식가 사이의 싸움, 공과대학과 미술학교 사이의 싸움이 시작된다.

철과 함께 건축의 역사에서 처음으로 인공적 소재가 등장한다. 철은 19세기가 지나면서 점점 더 발전 속도가 빨라진다. 이 발전의 역사는 1820년대 말부터 시험되기 시작한 기관차가 오로지 철로 된 선로 위에서만 가동될 수 있다는 사실이 밝혀지면서 결정적인 추동력을 얻게 된다. 선로는 최초의 조립 가능한 철제물로서 받침대의 전신이 된다. 사람들은 철을 주거용 건물에 쓰는 것을 꺼렸다. 그 대신 파사주, 전시회장, 역사 등 사람들이 임시로 머무는 건축물에 철을 사용했다. 그와 동시에 유리를 건축에 응용할 수 있는 분야가 확장되었다. 하지만 건축 자재로서 유리를 널리 사용하기 위한 사회적 조건들은 100여 년이 지난 뒤에야 마련된다. 셰어바르트의 『유리 건축』(1914)[8]에서만 해도 유리는 유토피아적 연관에서 등장하고 있다.

모든 시대는 앞으로 다가올 시대를 꿈꾼다.

— 쥘 미슐레, 『미래여! 미래여!』[9]

---

7) Sigfried Giedion, *Bauen in Frankreich*, Leipzig/Berlin, 1928, p. 3. —전집 편집자.
8) Paul Scheerbart, *Glasarchitektur*, Berlin, 1914. —전집 편집자.
9) Jules Michelet, *Avenir! Avenir!*, in: Europe, tome 19, No. 73, 15 janvier 1929, p. 6. —전집 편집자.

새로운 생산수단의 형식은 처음에는 예전 생산수단의 형식에 지배받기 마련이다(마르크스).[10] 이 새로운 생산수단의 형식은 집단의식 속에 이미지들을 산출하는데, 이 이미지들 속에서 새것은 옛것과 상호 침투한다. 이 상들은 소망의 이미지들(Wunschbilder)이다. 그리고 이 이미지들 속에서 집단은 사회적 생산물의 미숙함과 사회적 생산질서의 결함들을 지양하면서 동시에 미화하려 한다. 그와 함께 이 소망의 이미지들 속에는 낡아버린 것 — 다시 말해 최근에 지나간 것 — 으로부터 자신을 떼어놓으려는 강한 노력이 나타난다. 이러한 경향은 새로운 것에서 자극을 받는 구상적 판타지로 하여금 태고의 것으로 되돌아가게 한다. 한 시대에는 그 시대에 이어지는 다음 시대의 이미지들이 꿈속에 등장하는데, 이 꿈속에서 다가올 시대는 원사(原史, Urgeschichte)의 요소들, 다시 말해 계급 없는 사회의 요소들과 혼융되어 나타난다. 이 계급 없는 사회에 대한 경험들은 집단적 무의식 속에 저장되어 있고, 이 경험들은 새로운 것과 상호 침투하여 유토피아를 빚어낸다. 이 유토피아는 오랫동안 남는 건축물에서 시작하여 신속히 지나가버리는 유행에 이르기까지 수많은 삶의 형상들 속에 그 흔적을 남겼다.

이러한 상황은 푸리에[11]적인 유토피아에서 드러난다. 푸리에적 유

---

10) Karl Marx, *Das Kapital* I, in: Karl Marx/Friedrich Engels, *MEW[Marx-Engels-Werke]*, Bd. 23, 3. Aufl., Berlin, 1969, p. 404(Anm. 103).—전집 편집자
11) Charles Fourier, 1772~1837 : 프랑스의 사회이론가. 자본주의 사회에서 부의 증대가 곧 노동자들의 가난의 증대임을 목격하고 자본주의 상업을 비판했다. 생산자 협동조합인 팔랑주에 바탕을 둔 새로운 사회의 건설을 주장한 그는 개인의 사회복지에 대해 책임을 지는 농업 공동체라 할 수 있는 팔랑주가 자본주의보다 더 공정한

토피아는 자신의 가장 내밀한 추동력을 기계의 출현에서 얻었다. 그러나 이 점은 그러한 유토피아가 그려진 글들에서 직접적으로 표현되고 있지는 않다. 그의 서술들은 상행위(商行爲)의 부도덕성과 그러한 상업을 위해 동원된 허위의 도덕에서 출발한다. 푸리에적 공동체(phalanstère)는 사람들을 윤리가 불필요한 상황으로 되돌아가도록 한다. 그 공동체의 가장 복잡한 조직은 기계적 조직으로 나타난다. 기계론적 열정과 비교(秘敎)적 열정이 함께 맞물려 작용하는 이 체제는 심리학의 영역을 기계에 원시적으로 유비시킴으로써 구상된 것이다. 사람들을 기계처럼 배치하는 이 기제는 게으름뱅이들의 천국, 즉 태고의 소망상징을 만들어내는데, 푸리에의 유토피아는 이 소망상징에 새로운 활력을 불어넣은 것이다.

푸리에는 자신이 구상한 공동체의 건축학적 규준을 파사주에서 보았다. 파사주를 반동적인 방식으로 변형한 것, 이것이 푸리에 관점의 특징이다. 즉 파사주들은 원래 상업의 목적에 기여하는 것인데, 푸리에는 이것을 거주지로 변형한다. 그의 공동체는 파사주들로 이루어진 도시이다. 푸리에는 제정의 엄격한 형식세계에서 비더마이어[12]의 다채로운 목가를 만들어내는 것이다. 이 목가의 광휘는 에밀 졸라(E. Zola)에 이르기까지 퇴색한 모습으로 지속된다. 졸라는 푸리에의 이

부의 분배를 가져올 것이고 군주제를 비롯한 어떤 정치체제에도 도입될 수 있다고 생각했다. 푸리에 사상에 기반을 둔 이상사회 건설 운동이 이후 프랑스와 미국 중심으로 전개된다.

12) Biedermeier : 1815~48년의 복고기에 주로 남동독일에 두드러지게 나타났던 시민 풍속 및 정신적·문화적 경향을 지칭한다. 가구·인테리어·미술·문학 등에 나타난 이 경향은 신고전주의적 형식을 단순화한 것, 자연에서 취한 모티프를 이용한 점이 특징이다.

념들을 그의 『노동』(1901)에 끌어들이고 있지만, 『테레즈 라캥』에서는 파사주에 작별을 고한다. — 마르크스는 카를 그륀[13)]에 맞서 푸리에를 옹호하면서 푸리에의 "거창한 인간관"[14)]을 강조한다. 마르크스 또한 푸리에의 유머러스한 면을 환기했다. 실제로 장 파울[15)]은 『레바나』에서 교육자 푸리에와 비슷한 면모를 보이고, 셰어바르트 역시 『유리 건축』에서 유토피아 작가인 푸리에와 닮은 모습으로 나타난다.

II. 다게르 혹은 파노라마

태양아, 정신 차려!

— 비에르츠, 『문학전집』, 파리, 1870, p. 374[16)]

건축이 철을 사용하면서 예술을 넘어 성장하기 시작하듯이 회화 역시 파노라마[17)]를 통해 예술을 벗어나게 된다. 파노라마가 확산되는

---

13) Karl Grün, 1817~87 : 독일의 작가, 저널리스트.

14) Marx und Engels, *Die deutsche Ideologie*, in: *MEW*〔*Marx-Engels-Werke*〕, Bd. 3, Berlin, 1958, p. 502 참조.

15) Jean Paul, 본명: Johan Paul Friedrich Richter, 1763~1825 : 독일의 작가. 해박한 지식이 뒷받침된 기지와 분방한 상상력, 은유가 풍부한 문체, 장대한 구문을 특징으로 한다. 저작으로 소설 『헤스페루스』(*Hesperus*, 1795), 『거인』(*Titan*, 1800~03) 등, 이론서로 『미학 입문』(*Vorschule der Ästhetik*, 1804), 교육학에 관한 고전적 작품 『레바나 혹은 교육이론』(*Levana, oder Erziehungslehre*, 1807)이 있다. 벤야민은 장 파울을 독일 최고의 알레고리 작가로 높이 평가한다.

16) 〔원주〕 Wiertz, Œuvres littéraires, Paris, 1870, p. 374. — 전집 편집자〔Antoine-Joseph Wiertz, 1806~65 : 거창한 역사화를 주로 그린 벨기에의 화가 — 옮긴이〕

17) 파노라마(Panorama)는 반원형으로 만곡(彎曲)된 배경그림 등의 앞에 초목·인물 등의 모형을 배치하여 입체감을 나타내고 조명에 의해 실내에서 구경하는 사람에게

과정의 정점은 파사주의 등장과 때를 같이한다. 사람들은 기술적 조작을 통해 파노라마를 완전한 자연 모방의 터전으로 만드는 데 여념이 없었다. 사람들은 하루의 시간 변화가 자연 풍경에 비친 모습, 달이 뜨는 모습, 폭포수가 쏟아지는 소리를 모사하려고 했다. 다비드는 파노라마에서 자연을 모방하여 그릴 것을 제자들에게 가르친다.[18] 파노라마는 자연을 묘사하면서 그 변화의 모습들을 실제와 구별하기 어려울 정도로 유사하게 만들어내려고 함으로써 스스로 사진을 넘어 무성영화와 유성영화를 예시(豫示)하게 된다.

파노라마와 함께 파노라마적 문학이 동시에 생겨난다. 『101의 책』(Le livre des Cent-et-Un), 『프랑스인들의 자화상』(Les Français peints par eux-mêmes), 『파리의 악마』(Le diable à Paris), 『대도시』(Le grande ville)와 같은 작품들이 이에 속한다. 이 책들 속에서 통속문학의 집단 작업이 준비되는데, 1830년대에 지라르댕[19]이 신문 문예란을 통해 그런 작업을 위한 터전을 만들었다. 이 책들은 개별적인 스케치들로 이루어져 있는데, 이 스케치들의 일화(逸話)적 성격은 파노라마에서 입체적으로 세워놓은 전면에 상응하고, 그것들의 정보적 배경은 파노라

야외의 넓은 실제 경치를 보는 느낌을 주는 장치이다. 전투나 역사적 장면 등의 전모를 파악하게 하여 현실감을 자아내는 이 장치는 바로크의 무대장치에서 발생하였고, 18세기 말 파리·런던에서 실현되었으며, 19세기 후반에 크게 성행하였다. 디오라마(Diorama)는 파노라마와 유사하지만, 파노라마가 실제 환경에 가깝도록 무대 도처에 실물이나 모형을 배치해 전체와 부분의 관계를 명백히 하는 데 비해, 주위 환경이나 배경을 그림으로 하고, 모형 역시 축소 모형으로 배치한다는 점이 다르다.
18) Jacques Louis David, 1748~1825 : 신고전주의풍으로 그린 프랑스의 화가(파사주 프로젝트, E 1, 8 참조).
19) Émile de Girardin, 1806~81 : 프랑스 신문 경영인.

마의 배경그림에 상응한다. 이러한 문학은 사회적으로도 파노라마적이다. 여기서 노동자는 마지막으로 자신이 속한 계급의 외부에서 목가적 풍경의 장식물로 나타난다.

예술과 기술의 관계가 전도될 것을 예고하는 이 파노라마들은 동시에 새로운 생활감정의 표현이기도 하다. 도시인들이 시골에 대해 갖는 정치적 우월성은 19세기가 지나면서 여러 가지로 표현되는데, 이제 도시인들은 시골을 도시로 끌어들일 시도까지 하게 된다. 파노라마에서 도시는 시골로 확장되고, 이것을 거리산보자(flâneur)는 나중에 보다 더 은밀한 방식으로 행하게 된다. 루이 자크 망데 다게르[20]는 파노라마 화가인 피에르 프레보스트[21]의 제자로서, 프레보스트의 상점은 파노라마 파사주에 위치해 있었다. 프레보스트와 다게르의 파노라마 묘사. 1839년 다게르의 파노라마는 소실된다. 같은 해에 그는 금속판 사진의 발명을 공표한다.

아라고[22]는 한 의회 연설에서 사진을 선보인다. 그는 기술의 역사에서 사진이 차지할 위치를 지정해준다. 그는 사진이 과학적으로 쓰

---

20) Louis Jacques Mandé Daguerre, 1787~1851 : 사진을 발명한 사람들 중의 한 사람. 다게르는 1822년 디오라마를 발명한 뒤 카메라 옵스큐라(Camera obscura: 사진기의 전신)로 찍은 상을 광화학적으로 고정시키려고 노력한다. 1829년 그는 니에프스(Joseph-Nicephore Niepce)와 함께 파트너 협약을 맺어 적절한 사진술의 개발에 진력한다. 그렇지만 니에프스가 죽은 뒤에야 다게르는 1837년 은판사진술로 알려진 다게레오타이프(Daguerretypie)를 개발한다. 이것이 1839년 파리 과학원에서 프랑수아 아라고(F. Arago)에 의해 소개된다.
21) Pierre Prévost, 1764~1823 : 프랑스의 화가.
22) Dominique François Jean Arago, 1786~1853 : 빛의 현상을 연구한 프랑스의 물리학자. 빛의 파동설을 입증하기 위한 실험을 고안하였고 빛의 편광 법칙을 발견하는 데 기여했다.

이게 될 것임을 예언한다. 그에 비해 예술가들은 사진의 예술적 가치에 대해 논쟁을 벌이기 시작한다. 사진술의 발명은 소형초상화가의 거대한 직업군을 사라지게 만든다. 이것은 경제적 이유에서만은 아니었다. 초기 사진은 예술적 측면에서 소형 초상화보다 뛰어났다. 기술적인 면에서 볼 때 초기 사진은 노출 시간이 길어서, 사진에 찍히는 사람이 고도로 집중할 것을 요구했기 때문이다. 사회적 측면에서 볼 때 초기 사진사들은 아방가르드에 속했고 그들의 고객은 대부분이 아방가르드 출신이었다. 나다르[23]가 그의 직업 동료들보다 더 앞선 점은 그가 파리의 운하 체계를 촬영하려고 시도한 데서 특징적으로 드러난다. 이로써 처음으로 렌즈의 대상 영역을 새로이 개척할 수 있다는 생각들이 생겨나게 되었다. 사진기의 렌즈가 갖는 의미는 새롭게 열리는 기술과 사회의 현실에 직면하여 회화와 그래픽의 정보에서 주관적 요소가 애매하게 느껴지는 그만큼 더욱더 커지게 된다.

1855년 만국박람회에서 처음으로 '사진'은 특별 전시의 기회를 맞는다. 같은 해에 비에르츠는 사진에 대한 장문의 글을 발표하는데, 이 글에서 그는 사진에 회화를 철학적으로 계몽할 역할을 부여한다.[24] 그는 그 자신의 그림들이 보여주듯이 이 계몽을 정치적 의미로 이해했다. 비에르츠는 사진을 선동적으로 이용하는 방법으로서 몽타주를 예견하지는 않았을지라도 적어도 그것을 요구한 최초의 인물이라고

---

23) Nadar, 본명: Gaspard-Felix Tournachon, 1820~1910 : 프랑스 작가, 캐리커처 작가, 사진작가. 지도와 측량 분야에 사진을 이용하는 특허를 얻고 최초로 공중에서 기구를 타고 촬영하기도 했으며 사진 인터뷰도 시도했다.
24) Wiertz, 앞의 책, pp. 309~10.—전집 편집자

할 수 있다. 교통체계가 점점 더 발달하면서 회화의 정보적 의미는 점점 줄어들게 된다. 회화는 우선 색의 요소들을 강조함으로써 사진에 대응하기 시작한다. 인상파가 입체파에 자리를 내주면서 회화는 사진이 당분간 따라올 수 없는 영역을 개발하였다. 사진은 사진대로 고객이 전혀 이용할 수 없었거나 단지 그림으로만 이용할 수 있었던 형상, 풍경, 사건을 무제한으로 시장에 쏟아냄으로써 19세기 중엽부터 상품경제의 영역을 엄청나게 확대해나갔다. 판매를 확대하기 위해 사진은 촬영기술을 유행에 맞게 변형함으로써 대상 영역을 새롭게 개척하기 시작했고, 이것이 이후 사진의 역사를 결정짓게 된다.

III. 그랑빌 혹은 만국박람회

그렇다, 파리에서 중국에 이르기까지 온 세계가,
오 거룩한 생시몽이여, 그대의 가르침에 귀 기울인다면,
황금시대가 온통 화려하게 다시 태어나리라.
강들은 초콜릿과 차(茶)로 가득 차 흐를 것이고,
골고루 구운 양들이 초원에서 뛰어놀 것이며,
살짝 튀긴 곤들매기들이 센 강 속에서 헤엄칠 것이고
시금치들이 프리카세 되어 자라날 것이며,
온통 주변에 부수어놓은 튀긴 빵들로 곁들여질 것이고
나무에는 사과잼들이 열릴 것이며,
농부들은 외투와 장화들을 수확할 것이고,
포도주 눈이 내리고, 치킨 비가 내릴 것이며,

하늘에서는 순무와 함께 요리된 오리들이 떨어질 것이다.

— 랑글레/방데뷔르크, 「청동왕 루이와 생시몽주의자」,
팔레 로얄 극장, 1832년 2월 27일[25]

만국박람회는 상품이라는 물신(物神)을 찾아가는 순례지이다. "유럽은 상품을 보러 출타 중이다"라고 텐[26]은 1855년에 쓰고 있다. 만국박람회 이전에 국내 산업박람회가 있었는데, 최초의 산업박람회는 1798년 샹드마르스[27]에서 개최된다. 이 박람회는 "노동자 계급을 즐겁게 해주기" 위한 취지에서 생겨났고, "노동자 계급에게 일종의 해방적 축제가 된다."[28] 노동자들이 고객으로 전면에 떠오른 것이다. 유흥산업은 아직 틀이 갖추어지지 않았고 민속축제가 그 틀을 제공한다. 샤프탈[29]은 이 박람회의 개막 연설에서 산업에 대해 언급한다. ─ 지구의 산업화를 계획한 생시몽주의자들은 만국박람회의 구상을 끌어들인다. 이 새로운 분야에서 최초의 권위를 상징하는 미셸 슈발리에(Michel Chevalier)는 앙팡탱[30]의 제자이자 생시몽주의자들의 신문

---

25) 〔원주〕 Langlé et Vanderburch, Louis—Bronze et le Saint—Simonien. 〔벤야민은 Théodore Muret, *L'histoire par le théâtre 1789~1851*, Paris, 1865, p. 191에서 재인용하고 있다. ─ 전집 편집자〕

26) Hippolyte—Adolphe Taine, 1828~93 : 프랑스 철학자·비평가·역사가. 〔실제로 이 언급을 한 것은 프랑스 문헌학자·종교사가 르낭(Joseph Ernst Renan, 1823~92)이었다. ─ 영역본 편역자〕

27) Champ de Mars : 파리의 연병장.

28) Sigmund Engländer, *Geschichte der französischen Arbeiter—Associationen*, Hamburg, 1864, Bd. 4, p. 52. ─ 전집 편집자

29) Jean Antoine Chaptal, 1756~1832 : 프랑스의 화학자·정치가.

30) Barthlémy Prosper Enfantin, 1796~1864 : 프랑스의 사회이론가·실업가. 공상적

『르 글로브』(Le Globe)를 편집한 인물이다. 생시몽주의자들은 세계 경제의 발전을 예견했지만 계급투쟁은 예견하지 못했다. 19세기 중엽에 이들은 산업과 상업 분야에 관여하지만 프롤레타리아에 관련된 물음들에는 아무 대책도 마련하지 못했다.

만국박람회는 상품의 교환가치를 미화한다. 박람회는 상품의 사용가치가 뒷전으로 밀려나는 하나의 틀을 형성하는 것이다. 박람회는 어떤 판타스마고리아(Phantasmagorie)[31]를 열어 보여주는데, 사람들

사회주의자로 생시몽주의의 지도자가 되었다. 주요 저서로 『영원·과거·현재·미래의 삶』(La Vie éternelle, passée, présente, future, 1861)이 있다.

[31] 판타스마고리아의 본래적 의미는 '환상'(幻像) 또는 '환영'(幻影)이다. 뿐만 아니라 판타스마고리아는 연극 용어로도 쓰이는데, 연극에서 사용되는 의미는 인공적인 조명을 이용해서 환영 등을 만들어내는 '마술환등'을 의미한다. 벤야민은 파사주에 대한 논의에서 도시의 많은 파사주들, 즉 백화점, 쇼핑몰, 철도역 그리고 카페 등에 대한 공간적 경험과 그곳을 채우고 있는 상품들에 대한 체험을 '판타스마고리아'라는 개념을 가지고 설명한다. 따라서 파사주에 대한 이해 그리고 그 안에서의 거리산보자의 체험을 이해하는 데 이 '판타스마고리아'라는 개념은 핵심적 역할을 한다. 자본주의 사회는 기본적으로 상품사회이고, 상품사회는 그 안에서 살아가는 사람들에게 판타스마고리아라는 환상, 환영을 준다는 데서 벤야민의 상품과 대도시 그리고 판타스마고리아의 관계에 대한 고찰이 시작된다. 그러나 벤야민이 상품과 관련해서 처음으로 이 판타스마고리아 개념을 사용한 것은 아니다. 상품과 관련해서 판타스마고리아라는 개념을 처음 사용한 사람은 마르크스이다. 마르크스는 『자본』 제1권에서 상품의 물신적 성격(der Fetischcharakter der Ware)을 분석하면서, 사용가치를 상실한 자리에 교환가치가 주된 가치로 등장하고 이 교환가치를 지닌 상품이 물신적 성격을 띠면서 판타스마고리아적인 형식을 지니게 됨을 지적했다(참고: Karl Marx, Das Kapital I, MEW, Bd. 23, pp. 85~87). 이러한 마르크스의 논의에 착안해서 벤야민은 상품과 대도시 그리고 그 안에서의 거리산보자의 체험을 판타스마고리아로 규정한다. 특히 판타스마고리아적 체험을 가장 강하게 느낄 수 있는 공간을 벤야민은 만국박람회(Weltausstellung)로 보았다. 이 공간에서 공간의 체험자들은 상품에 대한 판타스마고리아와 정신 분산적 지각(Zerstreuung)을 체험한다. 따라서 이 두 개의 체험 방식이 도시를 산책하는 거리산보자가 갖는 기본적 체험형식으로 등장하게 된다. 판타스마고리아라는 단어를 환영, 환상 또는 마술환등으로 번

은 정신을 분산시키며 즐기기 위해 판타스마고리아 속으로 들어선다. 이 일을 유흥산업은 사람들을 상품의 위치로까지 올려놓음으로써 더 용이하게 만들어준다. 사람들은 자신으로부터의 소외와 타인으로부터의 소외를 즐김으로써 그 유흥산업의 조작들에 몸을 맡긴다. ― 상품의 등극(登極)과 상품을 감싸는 정신 분산의 광휘는 그랑빌[32]의 예술이 다루는 내밀한 주제이다. 이것에 상응하는 것이 상품의 유토피아적 요소와 냉소적 요소 사이의 분열이다. 생명 없는 대상들을 표현하는 데서 그의 예술이 보이는 재치들은 마르크스가 상품의 "신학적

역할 수도 있겠다. 그러나 어느 단어도 벤야민이 생각하는 판타스마고리아를 잘 드러내주지 못한다. 마치 벤야민의 아우라(Aura) 개념처럼 말이다. 왜냐하면 벤야민이 이 판타스마고리아라는 개념을 사용할 때는 환영과 환상 또는 마술환등의 요소가 다 들어가 있기 때문이다. 기본적으로 판타스마고리아는 환영과 환상을 의미하고, 또 대도시인이 체험하는 이 환영과 환상은 유리 건물 그리고 조명과 불가분의 관계를 맺고 있다. 도시 전체에 상품의 궁전으로 등장한 유리와 철제로 이루어진 새로운 유형의 건축물들과 그 안에 사용가치를 상실한 채 교환가치만을 지닌 많은 화려한 상품들 그리고 그것들을 비추는 조명들은 모두 마술환등과 같은 효과를 내면서 거리산보자에게 환영과 환상을 주기 때문이다. 뿐만 아니라 유리가 건축의 주재료로 등장하면서 공간에 대한 지각도 달라진다. 즉 내부 공간의 외면화가 일어난다. 건물 밖에 있으면서도 건물 내부를 들여다볼 수 있고, 또 외부에서 내부에 전시된 상품들을 바라보는 행위 또한 판타스마고리아를 체험하게 하는 것이다. 이 복합적인 체험 과정이 바로 벤야민이 말하는 판타스마고리아이다(『선집』 옮긴이 중 윤미애의 기술을 따랐음).

32) Grandville, 1803~47 : 본명은 Jean Ignace Isidore Gérard로 프랑스의 소묘가이자 캐리커처 작가. 특히 정치적·사회적 캐리커처들을 그려 『캐리커처』(*La Caricature*), 『샤리바리』(*Le Charivari*)와 같은 풍자지(諷刺誌)들에 발표했다. 그는 인간과 동물을 자주 비교해서 그렸다. 그는 또한 삽화가로도 유명한데, 특히 『라퐁텐 우화집』, 디포의 『로빈슨 크루소』, 스위프트의 『걸리버 여행기』 등의 삽화를 그렸다. 후기 작품은 초현실주의의 선구로 여겨진다. 그 밖에 『하루의 변화』(1829), 『동물들의 사적·공적 생활의 장면들』(1840~42, 전 2권), 『또 다른 세계』(1844)와 같은 작품들이 있다.

변덕스러움"[33]이라고 부른 것에 상응한다. 이것은 이 시기에 사치산업에서 등장하는 상품명을 가리키는 '특제품'에서 분명하게 표현된다. 그랑빌의 연필 아래에서 자연 전체는 '특제품'으로 변한다. 그는 이 자연을 광고가 — 광고라는 말도 이 당시 생겨난다 — 품목들을 선보이기 시작할 때의 정신과 같은 정신에서 제시한다. 이 정신은 광기로 치닫는다.

　　유행: 죽음 씨! 죽음 씨!
　　　　　　　　　　　　　　— 레오파르디, 『유행과 죽음의 대화』[34]

　만국박람회는 상품들의 우주를 구축한다. 그랑빌의 상상들은 상품적 성격을 우주로 확산시킨다. 그의 상상들은 우주를 현대화한다. 토성의 고리는 토성의 주민들이 저녁나절에 신선한 공기를 쐬러 나오는 철제 발코니가 된다. 문학 분야에서 이 그래픽으로 그린 유토피아와 짝을 이루는 것이 푸리에주의 자연탐구가인 투세넬[35]의 책들이다. — 유행은 상품이라는 물신이 경배받고자 하는 의식(儀式)을 규정해준다. 그랑빌은 유행이 일용품에 대해 갖는 요구를 거의 우주에까지 확대한다. 그는 유행을 극단에 이르기까지 추구함으로써 유행의 본성을 드러내게 된다. 유행은 유기적인 것에 대립해 있다. 유행은 살아 있는 육

---

33) Karl Marx, 앞의 책, p. 85. — 전집 편집자
34) Giacomo Leopardi, *Operette morali. A cura di Alessandro Donati*, Bari, 1928, p. 23("Dialogo della moda e della morte"). — 전집 편집자
35) Alphonse Toussenel, 1803~85 : 프랑스의 작가, 저널리스트, 자연사학자, 푸리에주의자.

신을 비유기체 세계에 접합한다. 살아 있는 것에서 유행은 시체들의 권리를 탐지해낸다. 비유기적인 것의 성적 매력에 굴복하는 물신주의가 그 유행의 생명력이다. 상품 숭배는 이러한 물신주의를 이용한다.

1867년 파리 박람회를 위해 빅토르 위고는 「유럽 민족들에게」라는 선언문을 쓴다. 유럽 민족들의 이해관계는 그보다 먼저, 그리고 더 분명하게 프랑스 노동자사절단이 대표했었다. 최초의 노동자사절단은 1851년 런던 만국박람회에, 그리고 750명으로 구성된 두 번째 사절단은 1862년 박람회에 파견되었다. 두 번째 사절단은 마르크스의 국제노동자연합인 인터내셔널의 창립에 간접적으로 중요한 의미를 지닌다. — 자본주의 문화의 판타스마고리아는 1867년 만국박람회에서 화려하게 펼쳐진다. 프랑스 제정의 권력은 절정에 달했다. 파리는 사치와 유행의 수도로서 자리를 굳힌다. 오펜바흐[36]는 파리의 삶에 리듬을 부여한다. 오페레타는 지속되는 자본의 지배라는 아이러니컬한 유토피아를 나타낸다.

IV. 루이 필리프 혹은 실내장식

> 머리는 [……]
> 침대 맡 탁자 위에 미나리아재비처럼
> 쉬고 있다.
>
> — 보들레르, 「순교의 여인」

---

36) Jacques Offenbach, 1819~80 : 독일 태생의 프랑스 작곡가.

루이 필리프[37] 치하에 사적 개인(Privatmann, 한량)이 역사의 무대에 등장한다. 새로운 선거권의 도입과 함께 민주주의 장치가 확장되면서 동시에 의회에서 기조(F. Guizot)에 의해 조직된 부패도 확산된다. 부패한 의회의 보호 아래 지배 계급은 사업을 벌이면서 역사를 주도해 간다. 이들은 자신들의 주식 소유를 불리기 위해 철도 건설을 장려한다. 또한 한량이 경영을 맡은 격인 루이 필리프의 지배체제를 돕는다. 7월 혁명(1830)과 함께 부르주아지는 1789년 대혁명의 목표들을 성취하였다(마르크스).

사적 개인에게 처음으로 거주 공간이 작업장과 대립된 위치에 서게 된다. 거주 공간은 실내(Interior)에서 형성된다. 사무실은 그 실내의 보충물이 된다. 사무실에서 현실의 일들을 처리하는 사적 개인은 실내에서 자신의 환상들을 즐길 수 있기를 요구한다. 이 필요성은 그가 자신의 사업적인 숙고들을 사회적인 숙고로 확장하려고 생각하지

---

37) Louis Philippe, 1773~1850 : 프랑스의 국왕(재위: 1830~48). 부르봉-오를레앙가(家)의 필리프 공(公)의 아들로서 1785년 샤르트르 공이 되었고, 부친이 처형된 뒤에 오를레앙 공이 된다. 그는 우선 프랑스 혁명군의 장군으로 왕권에 대항해 싸웠지만 그를 옹립하여 왕정을 회복하려는 C. F. 뒤무리에의 음모에 가담했다가 실패하자 오스트리아로 망명한다. 이후 20여 년간 여러 나라에서 망명생활을 보낸 그는 1814년 왕정복고와 더불어 프랑스로 귀국하여 자유주의자들의 야당과 결속한다. 1830년 7월 혁명과 더불어 왕위에 추대된 그는 자유주의적 대(大)부르주아지들의 지지를 기반으로 '프랑스 시민의 왕'으로 1848년 2월 혁명 때까지 군림하였다. 그가 통치한 기간은 시민사회의 융성기로서 은행가·대기업가·대지주 계급이 상승하는 기간이었고, 흔히 '쥐스트밀리외'(Juste-milieu)로 불리는 중용주의 정신으로 특징지어진다. 그의 정부는 총리 기조의 지배 아래에 점점 더 보수적 경향을 띠게 되었다. 루이 필리프 양식은 그의 치하에 유행한 장식미술의 양식을 지칭하며 영국의 초기 빅토리아 양식, 독일의 비더마이어 양식 등과 공통점을 보인다. 이 양식은 고전주의에서 출발하여 후기 고딕, 루이 15세 양식 등 과거의 양식들이 혼합되어 사용된 모습을 보인다.

않는 만큼 더욱더 절실해진다. 자신의 사적인 환경을 조성할 때 그는 그 두 가지, 즉 사업적 숙고와 사회적 숙고들을 모두 억압한다. 여기서 실내장식의 판타스마고리아가 생겨난다. 실내장식은 사적 개인에게 우주를 나타낸다. 이 실내장식 속에서 사적 개인은 먼 곳에서 온 것과 과거를 수집한다. 그의 살롱은 세계 극장 속의 특별석이다.

유겐트슈틸(Jugendstil, 청년양식)[38]에 대한 추기(追記): 실내장식은 세기말 유겐트슈틸에서 붕괴되기 시작한다. 하지만 유겐트슈틸은 그 이데올로기의 측면에서 보면 실내장식의 완성으로 보인다. 고독한 영혼을 미화하는 일이 유겐트슈틸의 목표로 나타난다. 개인주의가 유겐트슈틸의 이론이다. 반 데 벨데[39]에서 집은 인격의 표현으로 나타난다. 장식이 이 집과 맺는 관계는 서명이 그림[회화]과 맺는 관계와 같다. 유겐트슈틸의 진정한 의미는 그 이데올로기 속에 표현되지 않는다. 유겐트슈틸은 기술에 포위된 채 상아탑에 갇혀 있는 예술의 마지막 탈출 시도를 나타낸다. 유겐트슈틸은 내면성의 비축된 에너지를

---

38) 청년양식은 1890~1914년에 건축, 조형예술, 응용예술, 문학에서 번성한 양식으로 19~20세기에 유럽·미국 각지에서 일제히 유행한 장식 양식인 아르 누보(Art Nouveau)의 경향과 유사하다. 이 이름은 1896년 뮌헨에서 창간된 잡지 『유겐트』(Jugend, 청춘, 청년)에서 딴 것이다. 한편 이보다 일찍 영국에서 진행된 미술공예 운동의 새 바람은 아르 누보 정신을 앞서고 있었다. 영국에서는 이 운동을 '모던 스타일'(근대 양식)이라 불렀다. 독일에서 이 양식은 건축가이자 공예가인 반 데 벨데에 의해 주도되다가 나중에 앞서 말한 잡지 『유겐트』와 연계되었다.
39) Henry Clemens Van de Velde, 1863~1957 : 벨기에 건축가·공예가. 1892년 브뤼셀에 산업미술 아틀리에를 설립하였고, 1897년 자택을 건축할 때에는 건물에서 생활용품에 이르기까지 모두 유기적인 디자인으로 일관하였다. 이러한 새로운 장식의 흐름은 파리의 한 미술상에 의해 아르 누보로 소개되고, 그해 드레스덴 산업박람회에 출품한 가구와 장식으로 국제적인 평가를 받았다.

총동원한다. 이 에너지들은 영적인 선형(線型) 언어에서, 또 기술로 무장된 주변 세계에 맞서는 벌거벗은 식물적 자연을 상징하는 꽃에서 표현된다. 유겐트슈틸은 철 구조물의 새로운 요소들이나 버팀목의 형태들을 탐구한다. 장식의 영역에서 유겐트슈틸은 예술에 이러한 형태들을 되찾아주려고 노력한다. 콘크리트는 유겐트슈틸의 건축에 입체적 형상화의 새로운 가능성을 열어준다. 이 시기에 생활 공간의 진정한 무게중심은 사무실로 옮아가게 된다. 현실로부터 소외된 자는 자신의 자택에 거처를 마련한다. 유겐트슈틸의 결말은 『건축가 솔네스』[40]가 보여준다. 즉 자신의 내면성을 근거로 기술과 겨루어보고자 했던 개인의 시도는 그 자신의 몰락으로 귀결된다.

> 나는 나의 영혼, 즉 사물을 〔……〕 믿는다.
> ― 레옹 되블, 『전집』, 파리, 1929, p. 193[41]

실내장식은 예술의 도피처이다. 수집가는 실내장식의 진정한 거주자이다. 수집가는 사물을 미화하는 것을 자신의 일로 삼는다. 그에게는 사물을 소유함으로써 사물에서 상품적 성격을 벗겨낸다는 시시포스적 과제가 주어진다. 그러나 그는 사물에 대해 사용가치 대신에 애호가적 가치만을 부여할 뿐이다. 수집가는 먼 세계 또는 지나간 세계만 꿈꾸는 것이 아니라 동시에 보다 더 나은 세계를 꿈꾸는데, 이 더

---

40) 입센의 희곡으로 1892년 작품.
41) 〔원주〕 Léon Deubel, *Œuvres*, Paris, 1929, p. 193.

나은 세계에서 사람들은 일상세계에서와 마찬가지로 자신에게 필요한 것을 얻지 못하지만 사물들은 유용해야 한다는 의무에서 해방되어 있다.

실내장식은 사적 개인의 우주이기만 한 것이 아니라 그가 자신을 담아두는 케이스이기도 하다. 거주한다는 것은 흔적을 남긴다는 뜻이다. 실내장식에서 그 흔적들은 강조된다. 사람들은 가장 일상적인 용품의 흔적이 찍히는 덮개와 보호커버, 함과 케이스를 다양하게 고안해낸다. 또한 그 집에 사는 사람도 자신의 흔적들을 실내장식 속에 남긴다. 이 흔적들을 추적하는 탐정소설이 생겨난다. 포는 『가구의 철학』과 탐정소설들을 쓰면서 이러한 실내장식의 최초의 관상학자(觀相學者)가 된다. 최초의 탐정소설들에서 범인들은 신사나 부랑아가 아니라 부르주아 개인들이다.

V. 보들레르 혹은 파리의 거리들

모든 것은 내게 알레고리가 된다.

— 보들레르, 「백조」

멜랑콜리에서 자양을 취하는 보들레르의 천재성은 알레고리적 천재성이다. 보들레르에게서 처음으로 파리가 서정시의 대상이 된다. 이 시는 향토문학이 아니다. 오히려 도시를 바라보는 알레고리 작가의 시선은 소외된 자의 시선이다. 그것은 거리산보자의 시선으로서, 그의 생활 방식은 장차 대도시인에게 주어질 위안 없는 생활 방식을 아직은 화해의 희미한 빛으로 감싸서 보여준다. 거리산보자는 아직 대도시와 부르주아 계급의 문턱에 서 있다. 대도시와 부르주아 계급 그 어느 것도 그를 아직 압도하지 못한 상태다. 그 둘 어디에도 그는 안주하지 못한다. 그는 군중 속에서 피난처를 찾는다. 군중의 인상을 그린 최초의 인물들은 엥겔스와 포이다.[42] 군중은 일종의 베일로서 이 베일을 통해 거리산보자에게 낯익은 도시가 판타스마고리아로서 손짓한다. 이 판타스마고리아 속에서 도시는 때로는 풍경이 되고 때로는 방이 된다. 나중에 이 둘은 백화점을 구축하게 되고, 이 백화점은 거리 산보 자체를 상품 판매고를 높이는 데 유용하게 이용한다. 백화점은 거리산보자의 마지막 종착지이다.

지식인들 역시 거리산보자로서 시장으로 향한다. 지식인들은 시장을 구경하기 위해서 간다고 말하지만, 실제로는 이미 구매자를 찾으러 가는 것이다. 지식인들이 아직 후원자를 갖고 있으면서 시장과 친숙해지기 시작하던 이 과도기에 그들은 자유로이 방랑하는 자들로 나타난다. 이들은 경제적 지위가 아직 결정되어 있지 않은 그만큼 정치적 기능도 결정되어 있지 않았다. 이러한 싱태는 직업직 음모꾼들에게서 가장 두드러지게 표현된다. 이 음모꾼들은 전적으로 방랑자 무리에 속한다. 이들의 처음 활동 무대는 군대이지만 나중에는 소시민층이나 때때로 프롤레타리아층에 터전을 잡기도 한다. 그렇지만 이들은 프롤레타리아의 원래 지도자들 속에서 자신들의 적을 본다. 「공산

---

42) 엥겔스, 포, 보들레르 등 최초로 군중을 묘사한 작가들에 관한 상세한 논의는 벤야민의 에세이 「보들레르의 몇 가지 모티프에 관하여」를 참조할 것(『선집』 제4권).

주의자 선언」은 이들의 정치적 삶에 종지부를 찍게 된다. 보들레르의 시는 이 방랑자층의 반항적 파토스에서 그 힘을 끌어낸다. 그는 비사회적인 무리의 편에 선다. 또한 그는 자신의 유일한 성적 공동체를 한 성매매 여성과 실현하게 된다.

> 아베르누스 호수로 이르는 길은 찾기 쉽다.
>
> ― 베르길리우스, 『아이네이스』[43)]

보들레르의 시가 갖는 독특한 요소는 여자와 죽음의 이미지가 제3자의 이미지인 파리의 이미지 속에서 상호 침투한다는 데 있다. 그의 시들이 그리는 파리는 침몰한 도시로서 그것은 지하의 도시라기보다 해저 도시에 가깝다. 물론 도시의 지하에 속하는 요소들이―그것의 지형적 형상, 센 강의 오래된 하상(河床)이―보들레르의 세계에 자국을 남겼다. 그렇지만 보들레르의 '죽음 같은 목가성'에서 결정적인 것은 사회적 토대, 즉 현대의 토대이다. 현대는 보들레르 시의 중심을 이룬다. 그는 우울(spleen)의 자격으로 이상(idéal)을 짓찢는다(「우울과 이상」). 그러나 바로 그 현대가 언제나 원사를 인용한다. 여기서 인용은 이의성(二義性)을 통해 일어나는데, 이의성은 이 시대의 사회적 상황과 산물들에 고유한 법칙이다. 이의성은 변증법이 구체적 현상으로 나타나는 방식이고 정지 상태의 변증법의 법칙이다. 이 정지가 유토

---

43) Vergilius, *Aeneis*, VI, 126행.―전집 편집자〔아베르누스 호는 이탈리아 나폴리 부근의 호수로서 지옥의 입구로 여겨졌다.―옮긴이〕

피아이며 변증법적인 이미지는 따라서 꿈의 이미지이다. 그와 같은 이미지를 상품 일반이 보여준다. 즉 물신으로 보여준다. 그와 같은 이미지를 집이면서 거리인 파사주가, 파는 사람이자 상품인 성매매 여성이 보여준다.

> 나는 나의 지리(地理)를 알기 위해 여행한다. (「한 광인의 수기」)
> ― 마르셀 레자, 『미친 자들에게서 보이는 예술』, 파리, 1907, p. 131[44]

『악의 꽃』의 마지막 시는 「여행」이다. "오 죽음이여, 늙은 선장이여, 시간이 되었네. 닻을 올리게!" 거리산보자의 마지막 여행은 죽음이다. 이 여행의 목적지는 새로움이다. "새로움을 찾아 미지의 한가운데로!" 새로움은 상품의 사용가치와 아무런 상관도 없는 속성이다. 새로움은 집단적 무의식이 만들어내는 이미지들에서 빼놓을 수 없는 가상의 원천이다. 새로움은 허위의식의 정수(精髓)이고, 유행은 그 허위의식의 지칠 줄 모르는 매개자가 된다. 이 새로움의 가상은, 마치 한 거울이 다른 거울에 비추어지듯이, 항상 똑같은 것의 가상 속에 스스로를 비춘다. 이 반영의 산물이 '문화사'라는 판타스마고리아이고, 이 판타스마고리아 속에서 부르주아들은 자신들의 허위의식을 만끽한다. 자신의 과제에 대해 회의하기 시작하고 "유용성과 떼어놓을 수 없는"(보들레르)[45] 것이 되기를 그친 예술은 이제 새로움을 자신의 최

---

44) [원주] Marcel Réja, *L'art chez les fous*, Paris, 1907, p. 131.
45) Charles Baudelaire, *Œuvres complètes*. Texte établi, présenté et annoté par Claude Pichois, Bd. 2, Paris, 1976, p. 27("Pierre Duponts", Préface zu den

고의 가치로 만들지 않으면 안 된다. 속물이 예술에서 새로운 것을 판단하는 자(arbiter novarum rerum)가 된다. 유행에서 댄디(Dandy)가 행하는 일을 예술에서는 속물이 행한다.—17세기에 알레고리가 변증법적 이미지들의 규준(規準, Kanon)이 되었듯이 19세기에는 새로움이 그 규준이 된다. 신상품들을 파는 상점들에 발맞추어 신문들이 등장한다. 언론은 정신적 가치들의 시장을 조직하기 시작하고 이 시장은 우선 호황을 누린다. 비타협주의자들은 예술을 시장에 내다 파는 데 저항한다. 그들은 '예술을 위한 예술'(l'art pour l'art)의 기치 아래 모여든다. 이 구호에서 종합예술작품(das Gesamtkunstwerk)이라는 구상이 생겨난다. 종합예술작품은 기술의 발전에 맞서 예술을 밀폐시키고자 한다. 종합예술작품을 기념하는 예식은 상품을 미화하는 기분 전환과 짝을 이룬다. 둘 다 인간의 사회적 현존을 사상(捨象)해버린다. 보들레르는 바그너의 매력에 사로잡혔다.

VI. 오스망 혹은 바리케이드

나는 미, 선, 위대한 것들을 숭배한다,
위대한 예술을 고취하는 아름다운 자연을.
그것은 귀를 즐겁게 하고 눈을 매혹한다.
나는 여인과 장미와 같은 만개한 봄을 사랑한다!

— (오스망 남작) 『늙은 사자의 고백』[46]

"Chants et Chansons".—전집 편집자

> 장식의 화려한 왕국,
>
> 풍경과 건축의 매력,
>
> 그리고 온갖 장면의 효과는
>
> 단지 시각(視角)의 법칙에 근거할 뿐.
>
> ― 프란츠 뵐레, 『연극의 교리문답』, 뮌헨, p. 74[47]

조르주 오스망[48]의 도시적 이상은 가로들의 긴 대열을 원근법적 시각으로 조망하는 일이었다. 그것은 19세기에 거듭 등장하는 취향, 즉 기술적 필연성을 예술적 목표를 통해 고상하게 만들려는 취향에 상응한다. 부르주아 계급의 세속적 지배와 정신적 지배를 관장하는 기관들은 가로의 배열 체제에 편입됨으로써 신격화되어야 했으며, 가로의 대열은 정비되기 전에 천으로 덮여 있다가 마치 기념물처럼 공개되었다. ―오스망의 활동은 나폴레옹 시대의 제국주의 정책에 잘 들어맞았다. 나폴레옹 제국주의는 금융자본에 호조건을 마련해주었다. 파리

---

46) Baron Hausmann, *Confession d'un lion devenu vieux*. 출판 연도와 장소 표시도 없고 저자도 익명인 이 판은 1888년 파리에서 출간되었다.―전집 편집자
47) 〔원주〕 Franz Böhle, *Theater-Katechismus*, München, p. 74.
48) George-Eugène Haussmann, 1809~91 : 프랑스 제2제정기(1852~70)에 파리를 근대화한 관리. 지금의 파리 모습은 오스망의 개조로 이루어졌다. 그는 파리에서 실직을 없애고 살기 좋고 청결하며 교통이 편리할 뿐만 아니라 싸움과 혼란이 없는 도시를 만드는 데 뜻을 두었다. 생미셸·세바스토폴·리볼리·도메닐·라스파유 등의 큰 거리가 개통되고, 주변 건물이 헐리면서 개선문·노트르담 대성당·오페라극장 등이 그 모습을 드러냈다. 또한 중앙 시장이 정비되고 주위에 철도가 부설되면서 가스등에 불이 들어왔으며, 이에 따라 파리는 면목을 쇄신했다. 시가지가 확장되어 몽수리 뷔트쇼몽 등의 공원도 조성되었다. 프로이센-프랑스 전쟁, 파리 코뮌(1870~71)으로 파리는 많은 피해를 보았으나 그 와중에도 오페라극장이 완성되었다.

는 투기의 열기에 휩싸였다. 증권시장에서 벌어지는 게임은 봉건사회로부터 전해 내려온 노름의 형식들을 밀어내버렸다. 거리산보자가 공간의 판타스마고리아에 탐닉했다면, 노름꾼들은 시간의 판타스마고리아에 빠져들었다. 노름은 시간을 마약으로 변화시켰다. 라파르그[49]는 노름을 경기(景氣)의 신비를 본뜬 축소판이라고 선언한다.[50] 오스망이 주도한 가렴주구 정책은 사행성 투기를 불러일으키는 계기를 마련한다. 부르주아와 오를레앙 야당에 의해 고취된 항소법원[51]의 판결은 오스망주의의 재정적 위험 부담을 가중시키게 된다.

오스망은 자신의 독재를 지탱하려 했고 파리를 비상 정권 아래 두려고 했다. 1864년 그는 한 의회 연설에서 불안정한 대도시 주민들에 대한 증오심을 표현한다. 이 대도시 주민들은 그가 벌이는 사업 때문에 꾸준히 증가해 간다. 집세의 상승은 프롤레타리아를 변두리 지역으로 내몰았다. 그로 인해 파리의 구역들은 본래의 모습을 잃게 된다. '적색지대'[52]가 형성된다. 오스망은 스스로 자신을 '파괴의 예술가'라고 불렀다. 그는 소명의식을 갖고 있었으며 회상록[53]에서 그 점을 강

---

49) Paul Lafargue, 1842~1911 : 프랑스의 작가, 사회주의 운동 지도자. 마르크스와 함께 인터내셔널에서 활동하기도 했다.
50) 아마도 벤야민은 『파사주』 프로젝트 O 4, 1에서 발췌한 구절을 여기서 언급하고 있는 듯하다. — 전집 편집자
51) Cour de Cassation : 1790년에 세워진 프랑스 최고 항소법원. 루이 필리프 치하에서 세력이 커지다가 제2제정기에 부르주아지의 이해관계에 봉사했다. 그리하여 나폴레옹 3세와 오스망 남작의 권력을 견제하는 역할을 했다.
52) 노동자들이 밀집해서 사는 파리 교외의 구역.
53) Georges-Eugène Haussmann, *Mémoires*, Bd. 2, Paris, 1890. — 전집 편집자

조한다. 하지만 그는 파리 시를 파리 시민들로부터 소외시켰다. 파리 시민들은 도시에서 더는 안락함을 느끼지 못하게 되었다. 그들은 대도시의 비인간적 성격을 의식하게 된 것이다. 막심 뒤 캉(Maxime Du Camp)의 기념비적 작품 『파리』[54]가 탄생한 것은 이러한 의식에서였다. "한 오스망주의자의 탄식들"[55]은 그 작품에 성서적 비가(悲歌)의 형태를 부여하게 된다.

오스망이 벌인 사업의 진정한 목적은 도시를 내란으로부터 보호하는 일이었다. 그는 파리 시내에 바리케이드를 치는 일을 영원히 불가능하게 만들고자 했다. 그러한 의도에서 이미 루이 필리프는 나무 포장도로를 설치했다. 그렇지만 바리케이드는 2월 혁명[56]에서 중요한 역할을 담당하게 된다. 엥겔스는 바리케이드 전투의 전술을 탐구하기도 했다.[57] 오스망은 바리케이드 전투를 이중적 방식으로 봉쇄하고자 했다. 즉 그는 가로를 넓힘으로써 바리케이드 설치를 불가능하게 하고, 새로운 가로를 터서 병영과 노동자 구역 사이에 지름길을 내려고 했다. 당시 사람들은 이러한 기도를 '전략적 미화 사업'이라고 불렀다.

보여주어라, 그들의 술책을 좌초시키면서,

---

54) Maxime Du Camp, *Paris. Ses organes, ses fonctions et sa vie dans la seconde moitié du XIXe siècle*, 6 Bde.(초판: 1869~75). ─전집 편집자
55) 다음의 책을 가리킨다. *Paris désert. Lamentations d'un Jérémie Haussmannisé*, 작자 미상, Paris, 1868. ─전집 편집자
56) 1848년 2월 혁명의 결과 루이 필리프가 축출되고 그의 입헌군주 체제가 붕괴된다.
57) 『파사주』 프로젝트 E 1a, 5에서 카를 마르크스, 『1848~50년까지 프랑스에서의 계급투쟁』(*Die Klassenkämpfe in Frankreich 1848 bis 1850*, in: *Marx-Engels-Werke*, Bd. 7)에서 발췌한 구절을 염두에 둔 듯하다. ─전집 편집자

오 공화주의자여, 그 부패한 인간들에게

그대의 메두사 같은 위대한 얼굴을,

시뻘건 섬광 속에서.

— 1850년경 노동자의 노래, 아돌프 슈타르, 『파리에서의 두 달』,

올덴부르크, 1851, 제2권, p. 199[58]

바리케이드는 파리 코뮌기에 새로이 부활한다. 바리케이드는 이전 어느 때보다도 강하고 튼튼하게 세워졌다. 그것은 거대한 가로수 길을 가로질러 세워졌고 종종 2층 높이에 달하기도 했으며 그 뒤에 있는 참호들을 가리는 역할을 했다.「공산주의자 선언」이 직업 음모꾼들의 시대를 종식시켰듯이 파리 코뮌은 프롤레타리아 계급의 초창기를 지배했던 판타스마고리아를 종식시키게 된다. 부르주아 계급과 손에 손을 잡고 1789년 혁명의 과업을 완수하는 것이 프롤레타리아 혁명의 과제라는 허상은 파리 코뮌을 통해 사라지게 된다. 이러한 착각은 1831년에서 1871년에 이르는 시기, 즉 리옹의 봉기에서 코뮌에 이르는 시기를 지배해왔다. 부르주아 계급은 이러한 오류를 범한 적이 없다. 프롤레타리아 계급의 사회적 권리에 반대하는 부르주아의 투쟁은 이미 대혁명 시기에 시작했으며, 그러한 투쟁을 은폐하면서 나폴레옹 3세 치하에서 전성기를 맞았던 박애주의 운동과 동일한 궤에 놓인다. 그의 치하에서 이러한 운동의 기념비적인 작품, 즉 르 플레(Le

---

58) [원주] Chansons d'ouvriers vers 1850. (Adolf Stahr, *Zwei Monate in paris*, Oldenburg, 1851, II, p. 199) [이 시구는 피에르 뒤퐁Pierre Dupont에서 발췌한 것이다. a 7, 3을 참조할 것—전집 편집자]

Play)의 책 『유럽 노동자들』[59]이 탄생했다. 박애주의라는 숨겨진 진지 이외에도 부르주아 계급은 언제나 계급투쟁이라는 공개된 진지를 구축하고 있었다. 이미 1831년 그들은 『논단』(Le Journal des Débats) 지(紙)에서 "모든 공장주는 자신의 공장에서 마치 노예들을 부리는 농장주처럼 산다"는 것을 인식하게 된다. 예전의 노동자 봉기의 경우 어떠한 혁명이론도 길을 제시해주지 않은 것이 불행이었다면, 그 불행은 다른 한편 노동자들이 새로운 사회의 건설에 착수하기 위해 필요한 직접적인 힘과 열정을 이루는 조건이 되었다. 이러한 열정은 파리 코뮌에서 절정에 달했고 한때 부르주아 계급의 최상의 요소들을 노동자들 편으로 끌어들이기도 했지만 결국 그 부르주아 계급의 최악의 요소들에 굴복하는 결과를 낳았다. 랭보와 쿠르베는 코뮌을 지지했다. 파리의 화재 사건은 오스망의 파괴 사업의 대미를 장식하게 된다.

> 내 훌륭한 아버지는 파리에 계셨습니다.
> ―카를 구츠코, 『파리에서 보내온 편지』
> 라이프치히, 1842, 제1권, p. 58[60]

발자크는 부르주아의 폐허에 대해 이야기한 최초의 작가이다. 그

---

59) Frédéric Le Play, *Les ouvriers européens. Etudes sur les travaux, la vie domestique et la condition morale des populations ouvrières de l'Europe*, Précédées d'un exposé de la méthode d'observation, Paris, 1855.―전집 편집자 [Le Play, 1806~82 : 프랑스 사회학자, 사회개량운동가. 보수적이고 가족주의적인 '사회적 가톨릭주의'를 추구했다―옮긴이]

60) 〔원주〕 Karl Gutzkow, *Briefe aus Paris*, Leipzig, 1842, I, p. 58.

러나 초현실주의에 와서야 그러한 폐허에 대한 시각이 활짝 트이게 된다. 생산력의 발달은 이전 세기[19세기]의 소망상징들을 표현하는 기념비들이 붕괴하기도 전에 그러한 상징들을 산산조각 내버렸다. 19세기에 이러한 발전은, 마치 16세기에 개별 과학들이 철학으로부터 해방되었던 것과 마찬가지로, 형상화의 형식들을 예술로부터 해방했다. 이러한 해방 과정의 시초를 연 것은 엔지니어 구조물로서의 건축이었다. 그 뒤를 이은 것이 사진에 의한 자연의 재현이다. 판타지의 창조력은 광고 그래픽으로 실용화될 태세를 갖추기에 이르렀다. 문학은 신문 문예란에서 몽타주에 예속되었다. 이 모든 산물들은 상품이 되어 바야흐로 시장으로 나갈 채비를 하고 있다. 그러나 그것들은 아직 문턱에서 서성이고 있다. 이러한 시대에서 나온 것이 파사주, 실내장식, 박람회장, 그리고 파노라마이다. 이것들은 꿈의 세계의 잔재들이다. 깨어날 때 꿈의 요소들을 활용하는 일은 변증법적 사유의 본보기이다. 그래서 변증법적 사유는 역사적 깨어남의 기관(器官)이다. 모든 시대는 다가올 시대를 꿈꾸기만 하는 것이 아니라 꿈을 꾸면서 깨어나기를 조급하게 기다린다. 모든 시대는 자신의 종말을 내부에 지니고 있으며 그 종말의 과정을—일찍이 헤겔이 인식했듯이—간계(List)를 통해 전개한다. 상품경제가 동요하면서 우리는 부르주아의 기념비들이 아직 붕괴해버리기도 전에 그것들을 폐허로 인식하기 시작한다.

게르마이네 크룰 : 파사주 뒤 퐁소(Passage du Ponceau)

게르마이네 크룰 : 파사주 뒤 퐁소(Passage du Ponceau)의 입구

게르마이네 크룰 : 파사주 데 되소르(Passage des Deux-Sœurs)

게르마이네 크롤 : 파사주 뒤 케르(Passage du Caire)

사샤 스톤 : 부르주아 인테리어

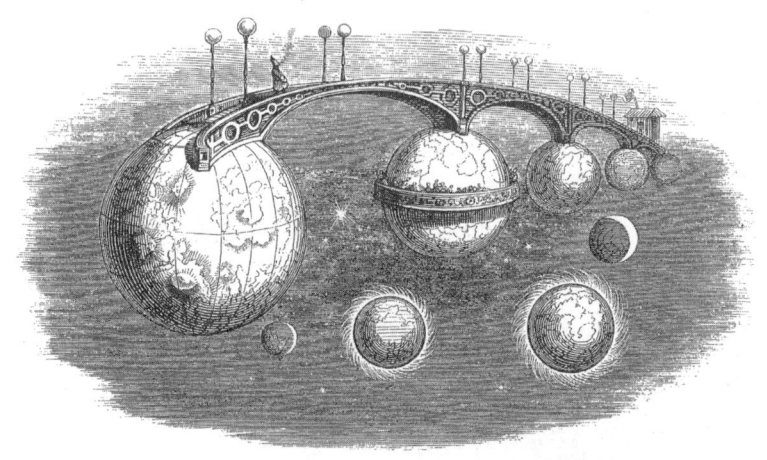

그랑빌 : 행성간 교각, 철제 발코니로서의 토성의 고리(1844)

19세기의 수도 파리[1)]
『파사주』프랑스어판 개요
(1939)

Walter Benjamin, *Gesammelte Schriften*, Frankfurt a. M., 1972~89, Bd. V/1, pp. 60~77. (Paris, Capitale du XIXème siècle. Exposé)

서문

역사는 야누스와 비슷하다. 역사는 두 개의 얼굴을 하고 있다.
과거를 바라보건 현재를 바라보건 역사는 동일한 것들을 바라본다.

— 막심 뒤 캉, 『파리』 VI, p. 315

---

1) 프랑스어로 된 두 번째 개요는 호르크하이머의 부탁으로 1939년에 씌어졌다. 벤야민은 서문과 결론을 새로 썼는데, 여기에 그가 『파사주』 프로젝트에서 이론적으로 추구하는 것이 무엇인지가 가장 간명하고 압축적으로 나타나 있다. 나머지 절들은 많은 부분 독일어판 개요와 일치한다. 그렇지만 4년 전에 씌어진 독일어판 개요에 비해 달라진 내용들을 통해 우리는 그동안 벤야민의 구상에서 생긴 발전과 변화를 엿볼 수 있다. 가장 눈에 띄는 변화는 우선 벤야민이 변증법적 이미지를 집단적 무의식에 정초시키는 작업을 포기하지 않았지만 매우 신중하게 하고 있다는 점이고, 둘째로 블랑키가 『별을 통해서 본 영원성』에서 전개한 우주론적 사변을 『파사주』 프로젝트를 위해 전폭적으로 끌어들인 점이다.

역사의 본질을 파악하기 위해서는 헤로도토스와 조간신문을 비교해보는 것으로 충분하다는 공식으로 쇼펜하우어가 표현한 환상(Illusion)이 바로 이 책의 대상이다. 그것은 지난 세기[19세기]의 역사관찰을 특징짓는 역사적 현기증을 표현해주고 있다. 그 표현은 세상의 흐름을 물화된 형태를 띤 사실들의 무한한 계열로 파악하는 관점과 일치한다. 이러한 관점은 인류의 삶의 형식과 창조물들을 하나씩 하나씩 목록으로 만드는 '문화사'라고 불리는 것에서 특징적으로 표현되고 있다. 이렇게 문화의 보물 창고에 그러모아진 풍부한 보화들은 이제부터 모든 시대를 통틀어 인식된 것으로 나타난다. 이러한 역사관은 그와 같은 풍부한 보화들이 그것들의 존재뿐만 아니라 그것들이 전승된 과정도 사회의 지속적인 노고에 힘입고 있다는 사실, 게다가 이 노고를 통해 그 보화들 자체가 낯설게 변한다는 사실을 은폐한다. 우리의 연구는 어떻게 해서 우리가 지난 세기에 얻어낸 새로운 삶의 형식들, 그리고 경제적·기술적 토대 위에서 구축한 창조물들이, 이처럼 문화가 물화된 형태로 재현된 결과, 판타스마고리아[2]의 우주로 진입하게 되는지를 보여주고자 한다. 이 창조물들은 이러한 '변용'을 이론적 방식으로만, 즉 이데올로기적으로 전치됨으로써만 겪는 것이 아니라 그것들의 감각적 현전의 직접성 속에서 겪는다. 그것들은 판타스마고리아들로 나타난다. 최초의 철 구조물인 파사주가 그러하며, 유흥산업과의 연계가 눈에 띄는 만국박람회가 그러하다. 시장의 판타스마고리아에 자신을 내맡기는 거리산보자의 경험 역시 같은

---

2) 판타스마고리아 개념에 대해서는 독일어판 개요, 주 31 참조.

질서의 현상에 속한다. 사람들이 오로지 전형적인 양상으로만 나타나는 시장의 판타스마고리아에는 자신이 소유한 거주 공간에 사적인 존재의 흔적을 남기고 싶은 절박한 욕구를 통해 구성되는 실내장식의 판타스마고리아가 상응한다. 끝으로 문화 자체의 판타스마고리아를 두고 말하자면, 그것의 정점은 오스망[3]에서 이루어졌으며, 그의 파리 개혁에서 극명하게 표현되었다.—상품을 만들어내는 사회가 그처럼 휘감고 있는 위엄과 광휘, 그리고 스스로 안전하다고 여겼던 환각은 실제로 믿음직한 상태가 아니었다. 제2제정의 붕괴와 파리 코뮌이 그것을 상기시킨다. 그와 동시에 그 사회가 가장 두려워했던 적수인 블랑키가 그의 마지막 저술에서 이 판타스마고리아의 끔찍한 모습들을 폭로해주었다. 그의 저술에서 인류는 저주받은 종족으로 나타난다. 인류가 기대할 수 있는 모든 새로운 것이 예전부터 늘 있어왔던 현실임이 드러난다. 그리고 그 새로움은 어떤 새로운 유행이 사회를 새롭게 해줄 수 있는 정도의 해방적인 해결책밖에 가져다주지 못한다.〔유행이 사회를 새롭게 해줄 수 없듯이 그 새로움은 인류를 해방시켜주지 못한다.〕블랑키의 우주적 사변이 주는 교훈은, 인류는 판타스마고리아가 그 속에 자리를 잡고 있는 한 신화적 불안에 시달릴 수밖에 없다는 점이다.

---

3) 독일어판 개요 주 48 참조.

A. 푸리에 혹은 파사주들

I

이 궁전들의 신비로운 원주들은,

그 주랑들이 펼쳐 보이는 것들을 통해,

온갖 측면에서 애호가들에게 보여준다,

산업이 예술의 경쟁자라는 것을.

— 『파리의 새로운 경치』, 파리, 1828, p. 27[4]

파리의 파사주들은 대부분 1822년부터 약 15년 사이에 지어졌다. 파사주들이 등장하게 된 첫 번째 조건은 섬유산업의 호황이다. 신상품 가게들(magasin de nouveautés), 자체 내에 보다 큰 상품 창고들을 갖고 있는 최초의 건물들이 모습을 드러내기 시작하는데 이 건물들이 바로 백화점의 전신들이다. 발자크는 이 시대를 이렇게 묘사했다. "진열장의 위대한 시(詩)가 마들렌 교회부터 생드니 성문에 이르기까지 다채로운 연(聯)을 노래한다."[5] 파사주들은 사치품 거래의 중심지가 된다. 파사주들을 꾸미는 일을 통해 예술은 상인들에게 봉사하게 된다. 동시대인들은 지칠 줄 모르고 파사주들에 경탄하게 된다. 오랫

---

4) [원주] *Nouveaux tableaux de Paris*, Paris, 1828, I, p. 27.

5) Honoré de Balzac, "Histoire et physiologie des boulevards de Paris", in: George Sand, Honoré de Balzac, Eugène Sue, et al., *Le Diable à Paris*(파리의 악마), vol. 2, Paris, 1846, p. 91.—전집 편집자

동안 이 파사주들은 여행객들에게 매력적인 장소가 된다. 한 「화보를 곁들인 파리 안내서」는 이렇게 쓰고 있다. "사치산업의 신발명품인 이 파사주들은 유리 천장으로 덮이고 대리석을 깐 회랑들로서 큰 건물들 사이를 가로지르고 있으며, 건물 소유주들은 이와 같은 투기사업을 위해 결탁하였다. 천장으로부터 조명을 받는 이 회랑들은 양편에 우아한 상점들이 즐비하게 늘어서 있어서 그러한 통로 자체가 하나의 도시, 아니 하나의 세계의 축소판처럼 되어 있다." 파사주들은 가스등 조명이 처음으로 켜지는 무대가 된다.

파사주가 생겨나게 된 두 번째 조건을 이루는 것은 철조 건축의 시작이다. 제정(帝政) 치하에 이 철조 건축술은 고대 그리스적 의미에서의 건축술을 부흥시키는 데 기여할 것으로 여겨졌다. 건축이론가 뵈티허는 "새 체제의 예술형식들에서 헬레니즘적 양식"이 우세해질 수밖에 없다고 말함으로써 당시의 일반적인 신념을 피력하고 있다.[6] 제정기의 양식은 국가를 자체 목적으로 하는 혁명적인 테러리즘의 양식이다. 국가의 성격이 시민 계급의 지배 도구로서 기능하는 것에 있음을 나폴레옹이 알아차리지 못했다면, 그의 시대 건축가들 역시 철이 갖는 기능적 성격, 즉 철의 구성 원리가 건축 분야에서 주도권을 쥐게 될 것이라는 사실을 깨닫지 못했다. 이 건축가들은 폼페이의 기둥을 본떠 받침대(도리)를 만들고, 주거(住居)를 본떠 공장을 짓게 된다. 이것은 나중에 최초의 역사(驛舍)들이 별장(Chalets)의 외관을 띠게 된

---

6) 〔원주〕 Karl Boetticher, "Das Prinzip der Hellenischen und Germanischen Bauweise hinsichtlich der Übertragung in die Bauweise unserer Tage", in: *Zum hundertjährigen Geburtstag Karl Böttichers*, Berlin, 1906, p. 46.—전집 편집자

것과 마찬가지다. 구성은 잠재의식(Unterbewußtsein)의 역할을 맡게 된다.[7] 그럼에도 불구하고 혁명전쟁에서 생겨난 엔지니어라는 개념이 통용되기 시작하고, 설계자와 장식가 사이의 싸움, 공과대학과 미술학교 사이의 싸움이 시작된다.—철과 함께 로마 시대 이래 처음으로 인공적 소재가 등장한다. 철은 19세기가 지나면서 점점 더 발전 속도가 빨라진다. 이 발전의 역사는 1828~29년 이래 아주 다양한 실험들이 이루어져온 기관차가 오로지 철로 된 선로 위에서만 효과적으로 가동된다는 사실이 밝혀지면서 결정적인 추동력을 얻게 된다. 선로는 최초의 조립 가능한 철제물로서 받침대의 전신이 된다. 사람들은 철을 주거용 건물에 쓰는 것을 꺼렸다. 그 대신 파사주, 전시회장, 역사 등 사람들이 임시로 머무는 건축물에 철을 사용했다.

II

모든 대중적이면서 역사적으로 관철되는 '관심'은 그것이 처음으로 세계의 무대에 등장할 때에는 '이념'이나 '표상'에서 그것의 실제적인 한계를 뛰어넘는다는 것은 쉽게 이해할 수 있다.

— 마르크스와 엥겔스, 『신성 가족』[8]

푸리에[9]의 유토피아에 부여된 가장 내밀한 추진력은 기계의 출현

---

7) [원주] Sigfried Giedion, *Bauen in Frankreich*, Leipzig, Berlin, 1928, p. 3 참조.— 전집 편집자
8) Karl Marx/Friedrich Engels, *MEW*, Bd. 2, Berlin, 1957, p. 85.—전집 편집자

에서 찾을 수 있다. 푸리에적 공동체(phalanstère)는 사람들이 윤리가 불필요한 관계들의 체계로 되돌아갈 수 있도록 고안되었다. 이러한 공동체에는 페늘롱[10])보다 네로(Nero)가 더 유익한 구성원이 될 것이다. 푸리에는 공동체를 위해서 미덕을 믿는 대신 열정을 추진력으로 삼는 사회의 효율적인 기능을 믿으려 한다. 열정을 동력장치로 삼아서, 즉 기계론적 열정과 비교(秘敎)적 열정의 정교한 조합을 통해 그는 시계의 메커니즘과 비슷한 집단심리학을 상상한다. 푸리에적 조화는 이러한 조합의 유희가 낳은 필수적인 산물이다.

푸리에는 제정기의 엄격한 형식들의 세계 안으로 1830년대의 다채로운 목가적 스타일을 도입한다. 그는 자신의 다채로운 비전의 산물들과 자신이 독특하게 고안해낸 숫자에서 나온 산물들을 하나로 섞어 특정한 체계를 고안해낸다. 푸리에의 '조화들'은 그 어떤 전통에서 나온 수의 신비론과도 전혀 상관이 없다. 푸리에의 조화들은 사실 그의 고유한 법령에서 직접 유래한다. 즉 그것들은 오로지 푸리에의 내면에서 고도로 발전된 조직적 상상력이 고심해서 만들어낸 것들이다. 그렇게 해서 그는 도시인들에게 만남의 의미가 무엇인지를 예견했다. 푸리에적 공동체에 거주하는 사람들의 일상은 거주자들의 집이 아닌, 증권거래소의 홀과 흡사한 큰 방에서 조직된다. 그리고 이 방에서 사람들의 만남은 중개인들에 의해 성사된다.

---

9) 독일어판 개요 주 11 참조.
10) Francois de Salignac de la Mothe Fénelon, 1651~1715 : 프랑스의 대주교, 신학자, 저술가. 정치와 교육에 대한 자유주의적 시각과 신비적 기도의 본질에 관한 논쟁에의 개입으로 국가 및 교회의 공격을 자주 받았다.

푸리에는 파사주에서 자신이 구상한 공동체의 건축적 규준(規準)을 보았다. 바로 여기에 푸리에의 유토피아가 갖는 '제정적' 특성이 존재하는데, 푸리에 역시 그 점을 다음과 같이 소박하게 인정하고 있다. "단체회원국가(Etat sociétaire)의 시작이 지연되면 될수록 그 국가는 그만큼 더 찬란할 것이다. 솔론(Solon)과 페리클레스 시대의 그리스가 이미 그 국가의 건설에 착수했었다."[11] 원래 상업적 목적에 봉사했던 파사주들이 푸리에에게 거주지가 된다. 그의 공동체는 파사주들로 이루어진 도시이다. 이 '파사주들의 마을'(ville en passages)에서 기술자의 설계 작업은 판타스마고리아의 특징을 띤다. '파사주들의 마을'은 파리 시민들의 시선을 매혹하는 꿈이 되어 그들을 19세기 후반 속으로 끌어들였다. 1869년에도 푸리에의 '거리 화랑들'은 무알랭의 『2000년의 파리』[12]에 나오는 유토피아의 청사진을 제공한다. 그곳에서 마을은 백화점과 아파트를 갖추고서 거리산보자를 위한 이상적 배경을 제공하는 구조를 취한다.

마르크스는 카를 그륀에 맞서 푸리에를 옹호하면서 푸리에의 "거창한 인간관"[13]을 강조한다. 마르크스에게는 푸리에가 헤겔과 더불어 프티 부르주아의 원칙이 진부하다는 것을 간파한 유일한 사람으로 여겨졌다. 헤겔에게서 그 유형이 체계적으로 극복되고 있다면 푸리에에게서는 그 유형이 유머러스하게 해체되고 있다. 푸리에적 유토피아의

---

11) 『파사주』 프로젝트 W 13, 4 참조.—전집 편집자
12) Tony Moilin, *Paris en l'an 2000*, Paris, 1869.—전집 편집자
13) Marx und Engels, *Die deutsche Ideologie*, in: *MEW*, Bd. 3, Berlin, 1958, p. 502 참조.—전집 편집자

가장 주목할 만한 특징들 중 하나는 다음 세기에 만연하게 될 인간에 의한 자연의 착취라는 생각이 그에게는 낯설다는 점이다. 푸리에가 보기에 기술은 오히려 자연의 화약에 불을 붙이는 불똥 같은 것이다. 어쩌면 이것은 공동체가 스스로 '폭발을 통해' 널리 확산된다는 그의 기이한 발상을 해명해주는 열쇠가 아닐까 싶다. 인간에 의한 자연의 착취라는 훗날의 개념은 생산수단의 소유자들에 의한 인간의 실제적 착취를 반영한다. 사회적 삶 속으로 기술을 통합하려는 시도가 좌초되었다면 그것은 바로 이러한 착취 때문이다.

B. 그랑빌 혹은 만국박람회

I

그렇다, 파리에서 중국에 이르기까지 온 세계가,
오 거룩한 생시몽이여, 그대의 가르침에 귀 기울인다면,
황금시대가 온통 화려하게 다시 태어나리라.
강들은 초콜릿과 차(茶)로 가득 차 흐를 것이고,
골고루 구운 양들이 초원에서 뛰어놀 것이며,
살짝 튀긴 곤들매기들이 센 강 속에서 헤엄칠 것이고
시금치들이 프리카세 되어 자라날 것이며,
온통 주변에 부수어놓은 튀긴 빵들로 곁들여질 것이고
나무에는 사과잼들이 열릴 것이며,
농부들은 외투와 장화들을 수확할 것이고,

포도주 눈이 내리고, 치킨 비가 내릴 것이며,

하늘에서는 순무와 함께 요리된 오리들이 떨어질 것이다.

— 랑글레/방데뷔르크, 「청동왕 루이와 생시몽주의자」,

팔레 로얄 극장, 1832년 2월 27일[14]

만국박람회는 상품이라는 물신(物神)을 찾아가는 순례지이다. "유럽은 상품을 보러 출타 중이다"라고 텐[15]은 1855년에 쓰고 있다. 만국박람회 이전에 국내 산업박람회가 있었는데, 최초의 산업박람회는 1798년 샹드마르스[16]에서 개최된다. 이 박람회는 "노동자 계급을 즐겁게 해주기" 위한 취지에서 생겨났고, "노동자 계급에게 일종의 해방적 축제가 된다."[17] 노동자들이 첫 고객을 형성하게 될 것이다. 유흥산업은 아직 틀이 갖추어지지 않았고 민속축제가 그 틀을 제공한다. 샤프탈[18]은 이 박람회의 개막 연설에서 산업에 대해 언급한다. — 지구의 산업화를 계획한 생시몽주의자들은 만국박람회의 구상을 끌어들인다. 이 새로운 분야에서 최초의 권위를 상징하는 슈발리에는 앙팡탱[19]의 제자이자 생시몽주의자들의 신문 『르 글로브』(*Le Globe*)를 편집한 인물이다.

---

14) [원주] Langlé et Vanderburch, Louis-Bronze et le Saint-Simonien. [벤야민은 Théodore Muret, *L'histoire par le théâtre 1789~1851*, Paris, 1865, p. 191에서 재인용하고 있다. —전집 편집자]
15) 독일어판 개요 주 26 참조.
16) Champ de Mars: 파리의 연병장.
17) Sigmund Engländer, *Geschichte der französischen Arbeiter-Associationen*, Hamburg, 1864, Bd. 4, p. 52. —전집 편집자
18) 독일어판 개요 주 29 참조.
19) 독일어판 개요 주 30 참조.

생시몽주의자들은 세계 경제의 발전을 예견했지만 계급투쟁은 예견하지 못했다. 19세기 중엽에 이들은 산업과 상업 분야에 관여하지만 프롤레타리아에 관련된 물음들에는 아무 대책도 마련하지 못했다.

만국박람회는 상품의 교환가치를 이상화한다. 만국박람회는 상품의 사용가치를 부차적으로 만드는 틀을 창조한다. 만국박람회는 소비에서 강제적으로 배제된 대중이 교환가치와 자신들을 동일시하는 지점에 이를 때까지 철저하게 교환가치에 빠져들도록 훈련받는 장소이다. "전시된 물건들을 만지는 것은 금지되어 있습니다." 따라서 만국박람회는 사람들이 정신을 분산시키며 즐길 목적으로 빠져들어가는 판타스마고리아에 접근할 수 있게 해준다. 유흥산업의 틀 내에서 개인이 빠져드는 그러한 기분 전환 속에서 개인은 언제나 그곳을 가득 메운 대중을 이루는 한 요소로 남아 있다. 이들 대중은 놀이공원에서 순전히 반응만 하는 태도로 롤러코스터, 비트는 기구, 무한궤도를 타고 놀면서 즐거워한다. 대중은 이로써 정치적이며 또한 산업적이기도 한 프로파간다가 염두에 두어야 하는 예속에 길들여진다. ─ 상품의 등극(登極)과 상품을 감싸는 정신 분산의 광휘는 그랑빌[20]의 예술이 다루는 내밀한 주제이다. 이것에 상응하는 것이 상품의 유토피아적 요소와 냉소적 요소 사이의 분열이다. 생명 없는 대상들을 표현하는 데서 그의 작품이 보이는 교묘한 솜씨는 마르크스가 상품의 "신학적 변덕스러움"[21]이라고 부른 것에 상응한다. 이것의 구체적인 표현은 이 시기

---

20) 독일어판 개요 주 32 참조.
21) Karl Marx, *Das Kapital I, MEW,* Bd. 23, p. 85. ─ 전집 편집자

에 사치산업에서 등장한 상품을 지칭하는 '특제품'에서 분명하게 찾아볼 수 있다. 만국박람회는 '특제품'들로 이루어진 세계를 건설했다. 그랑빌의 판타지 역시 동일한 것을 실현했다. 그의 판타지는 우주를 현대화한다. 그에게서 토성의 고리는 토성의 주민들이 저녁나절에 신선한 공기를 쐬러 나오는 철제 발코니가 된다. 동일한 방식으로 철제 발코니는 만국박람회에서 토성의 고리를 재현할 것이고, 박람회에 몰려든 사람들은 자신들이 토성 주민으로 바뀌었음을 느낄 수 있는 판타스마고리아 안으로 끌려 들어가는 것을 보게 될 것이다. 문학 분야에서 이 그래픽으로 그린 유토피아와 짝을 이루는 것이 푸리에주의 자연탐구가인 투세넬의 책들이다. 투세넬은 한 유행 잡지의 자연과학란을 담당하고 있었다. 그의 동물학은 유행의 법칙에 따라서 동물의 세계를 분류한다. 그는 여성을 인간과 동물 사이의 매개자로 간주한다. 여성은 어떤 점에서는 동물의 세계를 장식하는 존재인데 동물의 세계는 그 대신에 자신의 깃털과 모피를 여성의 발밑에 드리운다. "사자는 요컨대 가위를 쥐고 있는 것이 귀여운 소녀이기만 하다면 자신의 발톱을 깎게 하는 것 이상의 다른 무언가를 요구하지는 않을 것이다."

II

유행 : 죽음 씨! 죽음 씨!

— 레오파르디, 『유행과 죽음의 대화』[22]

---

[22] Giacomo Leopardi, *Operette morali. A cura di Alessandro Donati*, Bari, 1928, p. 23 ("Dialogo della moda e della morte").

유행은 상품이라는 물신이 경배받고자 하는 의식(儀式)을 규정해 준다. 그랑빌은 유행이 일용품에 대해 갖는 권위를 거의 우주에까지 확대한다. 그는 유행을 극단에 이르기까지 추구함으로써 유행의 본성을 드러내게 된다. 유행은 살아 있는 육신을 비유기체 세계에 접합한다. 살아 있는 것에서 유행은 시체들의 권리를 탐지해낸다. 비유기적인 것의 성적 매력에 굴복하는 물신주의가 그 유행의 생명력이다. 그랑빌의 판타지는 이러한 유행의 정신에 상응하는데 아폴리네르는 후에 유행의 이미지를 이렇게 묘사했다. "이제는 자연의 여러 영역에서 나온 모든 물질이 여성 의복을 제작하는 데 도입될 수 있다. 나는 코르크 마개로 만들어진 매혹적인 드레스를 보았다. 〔……〕 자기, 사암, 도기(陶器)가 갑자기 의상예술에 나타났다. 〔……〕 사람들은 베니스의 유리로 구두를 만들고 바카라의 크리스털로 모자를 만들고 있다."[23]

C. 루이 필리프 혹은 실내장식

|

나는 나의 영혼, 즉 사물을 믿는다.

— 레옹 되블, 『전집』, 파리, 1929, p. 193[24]

---

23) Guillaume Apollinaire, *Le poète assassiné*, Nouvelle édition, Paris, 1927, pp. 75~76.
24) 〔원주〕 Léon Deubel, *Œuvres*, Paris, 1929, p. 193.

루이 필리프 치하에서 사적 개인이 역사 안으로 진입하게 된다. 사적 개인에게서 거주 공간이 최초로 작업장과 대립하게 되었다. 거주 공간은 실내장식(Interior)을 형성하게 된다. 사무실은 그 실내의 보충물이 된다. (사무실은 사무실대로 가게 카운터와는 명백히 구분되었는데 거기에는 지구본, 괘도, 받침대를 세워 만든 난간 등이 있어 오늘날 주택의 방에 선행하는 바로크적 형태의 유물과 같은 모습을 띤다.) 사무실에서 현실의 일들을 처리하는 개인은 실내에서 자신의 환상들을 즐길 수 있기를 요구한다. 이러한 필요성은 개인이 자신의 사회적 기능에 대한 분명한 의식을 자신의 사업적 이해관계들에 접목시키지 않으려 할수록 더욱 절실해진다. 자신의 사적인 주변 환경을 꾸밀 때 사적 개인은 이 두 가지 영역을 모두 억제한다. 바로 거기서 실내장식의 판타스마고리아가 생겨난다. 실내장식은 사적 개인에게 우주를 나타낸다. 이 실내장식 속에서 그는 먼 곳에서 온 것과 먼 과거의 기억들을 수집한다. 그의 살롱은 세계 극장 속의 특별석이다.

　실내장식은 예술이 몸을 숨기는 은신처이다. 수집가는 실내장식의 진정한 거주자로 드러난다. 수집가는 사물을 이상화하는 것을 자신의 일로 삼는다. 그에게는 사물을 소유함으로써 사물에서 상품적 성격을 벗겨낸다는 시시포스적 과제가 주어진다. 그러나 그는 사물에 대해 사용가치 대신에 애호가적 가치만을 부여할 뿐이다. 수집가는 멀리 떨어져 있는 세계 또는 이미 지나간 세계를 불러내는 일만 즐기는 것이 아니라 그와 동시에 보다 더 나은 세계를 꿈꾸는데, 이 더 나은 세계에서 사람들은 현실세계에서와 마찬가지로 자신에게 필요한 것을 얻지 못하지만 사물들은 유용해야 한다는 의무에서 해방되어 있다.

II

머리는 〔……〕
침대 맡 탁자 위에 미나리아재비처럼
쉬고 있다.

— 보들레르, 「순교의 여인」

실내장식은 사적 개인의 우주일 뿐 아니라 그 개인을 담는 케이스이기도 하다. 루이 필리프 치하 때부터 부르주아는 대도시에 부재하는 사적인 삶의 흔적을 보상하려는 이러한 경향을 보여주었다. 부르주아는 이러한 보상을 자신이 살고 있는 아파트의 사면 벽 사이에서 발견하려고 한다. 마치 자신이 사용하는 물건들과 액세서리들의 흔적을 잃어버리지 않는 것이 명예라도 되는 양 그렇게 모든 것이 진행된다. 결코 지치는 법이 없이 그는 많은 물건들의 본을 뜬다. 자신의 실내화, 손목시계, 담요와 우산을 위해 그는 덮개와 케이스를 고안해낸다. 그는 모든 접촉 자국을 보존하는 플러시 천과 비로드를 유난히 선호한다. 제2제정기의 양식 속에서 아파트는 일종의 조종실이 된다. 거주자의 흔적들이 실내장식 속에 새겨진다. 여기서 이러한 흔적들을 조사하고 경로를 추적하는 탐정소설이 탄생한다. 포(E. A. Poe)는 『가구의 철학』과 『탐정소설들』을 쓰면서 이러한 실내장식의 최초의 관상학자(觀相學者)가 된다. 초기 탐정소설들의 범인들은 신사나 부랑아가 아니라 부르주아 계급의 단순한 개인들이었다(「검은 고양이」, 「고자질하는 심장」, 「윌리엄 윌슨」).

III

> 내 집을 찾는 이 일은 [⋯⋯] 내게 내려진 시련이었다. [⋯⋯] 어디에
> — 내 집은 있는지? 나는 이렇게 묻고 찾고 또 찾았지만 나는 그것을 발
> 견하지 못했기에.
>
> — 니체, 『차라투스트라는 이렇게 말했다』[25]

실내장식의 해체는 19세기 마지막 몇 년 동안 '모던 스타일' [modern style, 청년 양식]에 의해 일어났지만 그 과정은 오랫동안 준비된 것이었다. 실내장식의 예술은 장르 예술(art du genre, 풍속 예술)이었다. '모던 스타일'은 이 풍속의 종말을 알렸다. 그것은 세기병(世紀病)이라는 이름, 언제나 열린 가슴의 열망이라는 이름으로, 당시 장르의 자기만족에 반대해서 일어났다. '모던 스타일'은 처음으로 특정한 구조적 형태들을 고려의 대상으로 삼았다. 그것은 동시에 그 형태들을 기능적 관계들에서 떼어내 자연적인 불변의 형태들로 제시하려 노력했다. 요컨대 '모던 스타일'은 그 형태들을 양식화하려고 노력했다. 철 구조의 새로운 요소들, 특히 '받침대'의 형태는 '모던 스타일'의 관심을 사로잡았다. 장식 분야에서 그것은 이 형태들을 예술에 통합하려고 했다. 콘크리트는 건축에서의 이러한 새로운 잠재성을 마음껏 활용했다. 반 데 벨데[26]에게서 집은 마치 인격의 조형적인 표현인

---

25) Friedrich Nietzsche, *Werke in 3 Bänden*, hrsg. von Karl Schlechta, Bd. 2, München, 1955, p. 511("Also sprach Zarathustra"). — 전집 편집자
26) 독일어판 개요 주 39 참조.

듯 제시된다. 벨데의 집에서 장식적인 동기는 그림 하단의 서명과 같은 역할을 한다. 그는 식물적 삶의 상징인 꽃이 건축의 선 자체에 교묘히 섞여 들어가 일종의 영매(靈媒)적 특징을 가진 선형의 언어로 나타나는 데 만족해한다. ('모던 스타일'의 곡선은 『악의 꽃』이란 제목에서 처음 나타났다. 일종의 화환 무늬가 『악의 꽃』에서 시작하여 오딜롱 르동 Odilon Redon의 "꽃들의 영혼"을 잠시 경유하여 스완의 "카틀레야를 만들다 faire catleya"[27]에 이르는 연결선을 보여준다.)

푸리에가 예견했던 것처럼 시민의 삶의 진정한 틀은 이제부터는 점점 더 사무실과 중심 상가(centres d'affaires)에서 찾아야만 했다. 시민의 삶의 허구적인 틀은 사적인 집 내부에 형성된다. 바로 그런 식으로 『건축가 솔네스』는 '모던 스타일'을 측정했던 것이다. 자기 자신의 내밀한 발전을 근거로 삼아 기술과 경쟁하고자 했던 개인의 시도는 결국 그 개인을 파멸로 몰고 갔다. 건축가 솔네스는 자신의 높은 탑에서 떨어져 자살했던 것이다.

D. 보들레르 혹은 파리의 거리들

I

나에게는 모든 것이 알레고리가 된다. ― 보들레르, 「백조」

---

27) 카틀레야는 난초과의 식물이다. 프루스트의 「스완의 사랑」에서 주인공 스완과 오데트는 카틀레야를 만드는(faire l'amour) 것을 육체관계를 맺는다는 의미로 쓰고 있다.

멜랑콜리에서 자양분을 취하는 보들레르의 천재성은 알레고리적인 천재성이다. 파리는 보들레르에 이르러 최초로 서정시의 대상이 된다. 파리를 다루는 그의 시는 모든 향토시의 정반대다. 알레고리의 천재가 도시에 던지는 시선은 오히려 깊은 소외를 품고 있는 시선임을 드러낸다. 그것은 바로 자비로운 신기루 뒤에 장차 우리의 대도시에 살게 될 사람들의 비참함을 숨기고 있는 거리산보자의 시선이다. 거리산보자는 군중 속에서 은신처를 발견한다. 거리산보자에게 군중은 베일이 되는데 그에게 친숙한 도시가 그 베일을 통해 판타스마고리아로 변한다. 이 판타스마고리아 속에서 도시는 때로는 풍경이, 때로는 방이 된다. 나중에 백화점의 장식은 도시가 풍경 혹은 방으로 나타나는 이러한 환상에서 영감을 얻게 되고 그렇게 해서 백화점은 거리산보자마저 상품 판매고를 높이는 데 기여하게 만든다. 아무튼 백화점은 거리 산보가 이루어지는 마지막 구역이다.

거리산보자라는 인물에 이르러 지식인들은 시장에 친숙해진다. 거리산보자는 둘러보고 있다고 믿지만 사실은 이미 구매자를 찾기 위해 나선 것이며 이로써 시장에 종속된다. 거리산보자는 여전히 후견인을 갖고 있으면서 이미 시장의 요구에 복종하기 시작한 이러한 중간 단계에서 (신문소설 같은 경우에) 스스로 보헤미안[28]이 된다. 그의 정치적 기능의 모호함은 그의 경제적 입지의 모호함에 상응한다. 그가 지닌 정치적 기능의 모호함은 직업적인 음모꾼들의 모습에서 가장 분명하게 드러나는데 이들은 보헤미안으로 충원된다. 블랑키[29]는 직업 음

---

28) 방랑적 기질의 작가, 예술인을 지칭한다.

모꾼의 유형을 가장 특징적으로 대표하는 사람이다. 19세기 어느 누구도 그의 혁명적인 권위에 버금가지는 못했다. 블랑키의 이미지는 「악마의 연도(連禱)」(Les Litanies de Satan)[30]에서 섬광처럼 스쳐 지나간다. 그럼에도 보들레르의 저항은 반사회적 인간의 특성을 항상 간직하고 있었다. 그의 저항에는 출구가 없다. 보들레르가 자신의 삶에서 유일하게 성적 교류를 한 대상은 성매매 여성이었다.

II

> 도대체 분간이 되지 않는다.
> 똑같이 지옥에서 온
> 그 백 살 난 쌍둥이들은.
>
> — 보들레르, 「일곱 노파」

거리산보자는 시장에서 정찰병처럼 보인다. 이러한 특징 때문에 그는 동시에 군중 남색가이기도 하다. 군중에 몸을 내맡긴 사람에게 군중은 아주 특별한 환상을 동반하는 일종의 도취를 만들어낸다. 거리산보자는 군중 속으로 휩쓸려 들어가는 행인들을 바라보면서 그들

---

29) Louis Blanqui, 1805~81 : 프랑스의 혁명적 사회주의자. 1830년 7월 혁명 이래 거의 모든 봉기에 가담하여 생애의 절반에 가까운 30년을 옥중에서 보냈다. 이론가라기보다 행동가로서의 면모를 강하게 보인 블랑키는 특히 프랑스 혁명 시대의 민중봉기에 대한 연구를 통해 계급투쟁의 불가피성을 인식하고 진정한 인민정부를 확립하기 위해서는 아주 잘 훈련된 음모꾼들의 육성이 필요하다고 보았다. 이에 가족회와 계절회와 같은 조직을 결성했다.
30) 보들레르의 시.

을 외모에 따라 분류하고 마음속 깊은 곳까지 식별해낸다고 혼자 우쭐댄다. 그 시대의 생리학은 이 특이한 구상에 대한 기록들을 풍부하게 보여준다. 발자크[31]의 작품은 그 탁월한 예들을 제공한다. 행인들 속에서 발견되는 전형적 특성들은 감각에 아주 강한 인상을 남기기 때문에 사람들은 결국 그러한 전형적 특성들을 넘어 인물의 독특한 성격을 포착하려는 호기심을 갖기 마련이다. 그러나 위에서 인용한 시에서 보듯이 인물의 독특함도 결국은 새로운 전형을 구성하는 요소들에 불과하다는 점을 깨닫게 되면서 관상학자의 허망한 통찰력은 악몽으로 귀착된다. 따라서 가장 탁월한 개인이라 해도 결국은 어떤 전형의 사례임이 판명 나게 되는 것이다. 거리산보자의 가슴 속 한가운데서 불안한 판타스마고리아가 형태를 드러내는 것은 이 때문이다. 보들레르는 「일곱 노파」에서 아주 강렬하게 그 점을 드러낸다. 이 시에서 문제는 혐오감을 불러일으키는 노파가 일곱 번이나 반복적으로 나타난다는 점이다. 그렇게 수가 불어나면서도 ― 아무리 독특하고 유별난 모습을 띨지라도 ― 항상 똑같은 사람으로 나타나는 개인은 전형의 마법적인 고리를 깨뜨릴 수 없는 도시인의 불안감을 증명한다. 보들레르는 이러한 전개 과정의 국면을 지옥이라고 규정한다. 그가 일생 동안 노렸던 새로움은 이처럼 '항상 동일한 것'이라는 판타스마고리아와 똑같은 기원을 갖는다. (위에서 인용한 시가 해시시 중독자의 몽상들을 받아 적은 것이라는 증거가 제공될 수 있다고

---

[31] Honoré de Balzac, 1799~1850 : 19세기 전반 프랑스의 소설가로 사실주의의 선구자이다.

해도, 그러한 증거가 이러한 해석을 약화시키는 것은 전혀 아니다.)

III

새로움을 찾아 미지의 한가운데로!

— 보들레르, 「여행」

보들레르에게서 알레고리적 형식의 핵심은 상품이 가격 때문에 갖게 되는 특수한 의미와 밀접한 관련성을 지닌다. 17세기의 알레고리에서는 이른바 사물들에 의미가 부여됨으로써 사물들 그 자체의 가치는 하락하는데, 이러한 알레고리의 특징은 상품화된 사물에 가격이 매겨짐으로써 일어나는 특이한 가치 하락에 상응한다. 상품으로 가격화될 수 있다는 이유로 인해 사물이 겪는 이러한 가치 하락은 보들레르에게서는 새로움의 측정 불가능한 가치에 의해 상쇄된다. 새로움은 더는 어떠한 해석도, 또 어떠한 비교도 허용하지 않는 그러한 절대적인 것을 표상한다. 새로움은 예술의 궁극적인 잠호가 되었다. 『악의 꽃』의 마지막 시는 「여행」이다. "오 죽음이여, 늙은 선장이여, 시간이 되었네. 닻을 올리게!" 거리산보자의 마지막 여행은 죽음이다. 이 여행의 목적지는 새로움이다. 새로움은 상품의 사용가치와 아무런 상관도 없는 속성이다. 새로움은 유행이 지칠 줄 모르고 공급해주는 환상의 기원에 속한다. 예술의 저항의 마지노선은 상품의 최전방의 공격노선과 일치한다는 점을 보들레르는 알지 못했던 것이다.

『악의 꽃』의 초반부를 차지하는 시들의 제목 「우울과 이상」은 프랑스어 중 가장 오래된 외래어와 가장 최신의 외래어를 한 쌍으로 사용한다.[32] 보들레르가 보기에 그 두 개념 사이에는 어떤 모순도 존재하지 않는다. 그는 우울이 이상의 가장 최신의 변형임을 깨닫는다. ─ 그가 보기에 이상은 우울의 여러 표현들 중 가장 첫 번째 표현이다. 가장 새로운 것이 독자들에게 '가장 오래된 것'으로 제시되고 있는 이 제목에서 보들레르는 자신의 모던이란 개념에 가장 강력한 형태를 부여했다. 그의 예술론의 중심축은 '현대적 미'이다. 보들레르에게 모든 모더니티는 언젠가는 고대가 될 숙명을 특징으로 하고 또한 그러한 숙명을 바로 자신의 탄생에 대한 증인들에게 드러낸다는 점에 그 기준이 있다. 바로 그 점이 보들레르가 보기에 미의 부인할 수 없는 속성에 해당하는 예기치 않은 것의 본질이다. 모더니티의 얼굴은 까마득한 태고의 시선으로 우리를 전율하게 만든다. 그리스인들에게 메두사의 시선이 바로 그러했다.

E. 오스망 혹은 바리케이드

|

나는 미, 선, 위대한 것들을 숭배한다,
위대한 예술을 고취하는 아름다운 자연을.

---

[32] 우울(spleen)은 1745년 영어에서, 그리고 이상(idéal)은 1578년 라틴어에서 도입되었다. ─ 영역본 편역자

그것은 귀를 즐겁게 하고 눈을 매혹한다.
나는 여인과 장미와 같은 만개한 봄을 사랑한다!

— 오스망 남작, 『늙은 사자의 고백』

    오스망의 활동은 금융자본을 선호한 나폴레옹의 제국주의 정책에 잘 들어맞았다. 파리에서 투기가 정점에 달해 있었다. 오스망이 주도한 가렴주구 정책은 사행성 투기를 불러일으키는 계기를 마련한다. 부르주아와 오를레앙 야당에 의해 고취된 항소법원의 판결은 오스망주의의 재정적 위험 부담을 가중시키게 된다. 오스망은 파리를 비상 정권 아래 둠으로써 자신의 독재를 공고히 하려고 한다. 1864년 그는 한 의회 연설에서 불안정한 대도시 주민들에 대한 증오심을 표현한다. 이 대도시 주민들은 그가 벌이는 사업 때문에 꾸준히 증가해 간다. 집세의 상승은 프롤레타리아를 변두리 지역으로 내몰았다. 그로 인해 파리의 구역들은 본래의 모습을 잃게 된다. '적색지대'[33]가 형성된다. 오스망은 스스로 자신을 '파괴의 예술가'라고 불렀다. 그는 그가 기획했던 일에 대해 소명의식을 갖고 있었으며 회상록[34]에서 그 점을 강조한다. 중앙 시장들은 오스망이 건설한 가장 성공적인 사례로 꼽히는데, 여기에 흥미로운 징후가 있다. 사람들은 파리 시의 발원지가 된 시테 섬[35]에 대해 오스망이 지나간 곳에는 오로지 교회 하나,

---

33) 파리 교외 공산당 지지자가 많은 구역.
34) Georges-Eugène Haussmann, *Mémoires*, Bd. 2, Paris, 1890. —전집 편집자
35) Île de la Cité : 프랑스 수도 파리를 꿰뚫고 흐르는 센 강 가운데에 있는 섬으로서 파리의 요람지이다. 예전에는 인가와 교회의 밀집지였는데 제2제정기의 개조에 의해 경시청·공립병원·법원·병영 등의 공공건물이 대부분을 차지하고 있다.

병원 하나, 공공건물 하나, 서민 아파트 한 동만이 남는다고 이야기하 곤 했다. 위고와 메리메는 오스망에 의한 파리의 변형이 파리 시민들에게 얼마만큼 나폴레옹 폭정의 기념물로 보였는지를 암시한다. 파리 시민들은 도시에서 더는 안락함을 느끼지 못하게 되었다. 그들은 대도시의 비인간적 성격을 의식하게 된 것이다. 막심 뒤 캉의 기념비적 작품 『파리』[36]가 탄생한 것은 이러한 의식에서였다. 메리옹의 부식 동판화들(1850년경)은 옛 파리의 데스마스크를 찍는다.

오스망이 벌인 사업의 진정한 목적은 혹시 생길지 모를 내란으로부터 도시를 보호하는 일이었다. 그는 파리 시내에 바리케이드를 치는 일을 영원히 불가능하게 만들고자 했다. 그러한 의도에서 이미 루이 필리프는 나무 포장도로를 설치했다. 그렇지만 바리케이드는 2월 혁명에서 중요한 역할을 담당하게 된다. 엥겔스는 바리케이드 전투의 전술을 탐구하기도 했다.[37] 오스망은 바리케이드 전투를 이중적 방식으로 봉쇄하고자 했다. 즉 그는 가로를 넓힘으로써 바리케이드 설치를 불가능하게 하고, 새로운 가로를 터서 병영과 노동자 구역 사이에 지름길을 내려고 했다. 당시 사람들은 이러한 기도를 '전략적 미화사업'이라고 불렀다.

---

36) Maxime Du Camp, *Paris. Ses organes, ses fonctions et sa vie dans la seconde moitié du XIXe siècle*, 6 Bde.(초판: 1869~75).—전집 편집자
37) 『파사주』 프로젝트 E 1a, 5에서 카를 마르크스, 『1848~50년까지 프랑스에서의 계급투쟁』(*Die Klassenkämpfe in Frankreich 1848 bis 1850*, in: *Marx-Engels-Werke*, 제7권)에서 발췌한 구절을 염두에 둔 듯하다.—전집 편집자

II

> 장식의 화려한 왕국,
> 풍경과 건축의 매력,
> 그리고 온갖 장면의 효과는
> 단지 시각(視角)의 법칙에 근거할 뿐.
> ─ 프란츠 뵐레, 『연극의 교리문답』, 뮌헨, p. 74[38]

　오스망의 도시적 이상은 가로들의 긴 대열을 원근법적 시각으로 조망하는 일이었다. 그것은 19세기에 거듭 등장하는 취향, 즉 기술적 필연성을 사이비 예술적 목표를 통해 고상하게 만들려는 취향에 상응한다. 부르주아 계급의 세속적 지배와 정신적 지배를 관장하는 기관들은 대로(大路) 체계에 편입됨으로써 신격화되어야 했으며, 가로의 대열은 정비되기 전에 천으로 덮여 있다가 마치 기념물처럼 공개되었고, 그러면 전망은 교회, 정거장, 기마상 혹은 그 밖의 문명의 상징물들을 드러냈다. 오스망에 의한 파리의 재편성에서 판타스마고리아는 돌로 만들어지게 된다. 이러한 판타스마고리아에는 일종의 영속성이 예정되어 있지만 그것은 동시에 자신의 허약한 특성을 드러낼 수밖에 없었다. 그 시대의 악의에 찬 표현에 따르자면 루브르 호텔 수위실에서 바라본 오페라 거리는 오스망 지사의 과대망상증이 얼마나 만족을 몰랐는지를 보여준다.

---

38) 〔원주〕 Franz Böhle, *Theater-Katechismus*, München, p. 74.

III

> 보여주어라, 그들의 술책을 좌초시키면서,
> 오 공화주의자여, 그 부패한 인간들에게
> 그대의 메두사 같은 위대한 얼굴을,
> 시뻘건 섬광 속에서.
>
> ─ 피에르 뒤퐁, 「노동자의 노래」

바리케이드는 파리 코뮌기에 새로이 부활한다. 바리케이드는 이전 어느 때보다도 강하고 튼튼하게 세워졌다. 그것은 거대한 가로수 길을 가로질러 세워졌고 종종 2층 높이에 달하기도 했으며 그 뒤에 있는 참호들을 가리는 역할을 했다. 「공산주의자 선언」이 직업 음모꾼들의 시대를 종식시켰듯이 파리 코뮌은 프롤레타리아 계급의 초창기를 지배했던 판타스마고리아를 종식시키게 된다. 부르주아 계급과 손에 손을 잡고 1789년 혁명의 과업을 완수하는 것이 프롤레타리아 혁명의 과제라는 허상은 파리 코뮌을 통해 사라지게 된다. 이러한 착각은 1831년에서 1871년에 이르는 시기, 즉 리옹의 봉기에서 코뮌에 이르는 시기를 지배해왔다. 부르주아 계급은 이러한 오류를 범한 적이 없다. 프롤레타리아 계급의 사회적 권리에 반대하는 부르주아의 투쟁은 이미 대혁명 시기에 시작했으며, 그러한 투쟁을 은폐하면서 나폴레옹 3세 치하에서 전성기를 맞았던 박애주의 운동과 동일한 궤에 놓인다. 그의 치하에서 이러한 운동의 기념비적인 작품, 즉 르 플레의 책 『유럽 노동자들』[39]이 탄생했다.

박애주의 입장을 공개적으로 표명하면서도 부르주아지는 언제나 계급 갈등의 입장을 은밀하게 지속시켰다.[40] 이미 1831년에 부르주아지는 『논단』(Le Journal des Débats) 지(紙)에서 "모든 공장주는 자신의 공장에서 마치 노예들을 부리는 농장주처럼 산다"는 점을 인정한다. 예전의 노동자 봉기의 경우 어떠한 혁명이론도 길을 제시해주지 않은 것이 불행이었다면, 그 불행은 다른 한편 노동자들이 새로운 사회의 건설에 착수하기 위해 필요한 직접적인 힘과 열정을 이루는 필수조건이기도 하다. 이러한 열정은 파리 코뮌에서 절정에 달했고 한때 부르주아 계급의 최상의 요소들을 노동자들 편으로 끌어들이기도 했지만 결국 그 부르주아 계급의 최악의 요소들에 굴복하는 결과를 낳았다. 랭보와 쿠르베는 코뮌을 지지했다. 파리의 화재 사건은 오스망 남작의 파괴 사업의 대미를 장식하게 된다.

결론

> 우리 19세기 인간들이 출현하는 시간은
> 영원히 고정되어 있고 우리는 항상 그 시간을
> 똑같은 상태로 맞이한다.
>
> — 오귀스트 블랑키, 『별을 통해서 본 영원성』,

---

39) Frédéric Le Play, Les ouvriers européens. Etudes sur les travaux, la vie domestique et la condition morale des populations ouvrières de l'Europe, Précédées d'un exposé de la méthode d'observation, Paris, 1855. —전집 편집자
40) 독일어판 개요를 명백하게 수정한 구절임.

Paris, 1872, pp. 74~75[41]

　　코뮌 기간 동안 블랑키는 토로의 요새에 투옥되어 있었다. 바로 그곳에서 블랑키는 『별을 통해서 본 영원성』을 집필했다. 이 책은 우주적 특성을 지닌 최후의 판타스마고리아를 통해 암묵적으로 다른 모든 판타스마고리아를 매우 신랄하게 비판하고 있는데 이를 통해 그 세기의 판타스마고리아들의 성좌를 완성하고 있다. 수고(手稿)의 주요 부분을 이루는 이 독학자의 독창적 성찰들은 저자 자신이 지닌 혁명적 열정까지 가차 없이 반박하는 사고의 단초를 보여준다. 블랑키가 이 책에서 전개하고 있는 우주 개념은 기계론적인 자연과학의 자료들을 차용해서 만들어낸 것으로 그것은 지옥의 비전임이 밝혀진다. 더욱이 그 지옥의 비전은 블랑키가 삶의 최후에 이르러 자신을 패배시킨 승리자로 인정할 수밖에 없었던 바로 그 사회를 보완하는 것이었다. 여기서 이렇게 구축된 사상은 아이러니, 즉 저자 자신에게도 분명 감추어져 있던 아이러니를 보여주는데, 그것은 사회를 향해 토해내는 블랑키의 무서운 비난이 오히려 그 사회가 이룬 성과들에 전적으로 굴복하는 형식을 취하고 있다는 점이다. 이 글은 『차라투스트라』보다 10년 앞서 극단적 환각의 힘을 빌려 사물들의 영원회귀의 관념을 제시하는데, 여기서 저자의 말투는 그 감동적인 면에서 거의 니체에 뒤지지 않는다.

　　그의 영원회귀 관념은 당당하게 표현되기보다는 오히려 억압적인

---

41) [원주] Auguste Blanqui, *L'Eternité par les astres*, Paris, 1872, pp. 74~75.

느낌을 드러낸다. 블랑키는 이 책에서 역사 자체의 판타스마고리아로 드러나는 진보의 이미지—태곳적 먼 옛날이 최신의 화려한 새로움 속에서 으스대며 걷고 있다—를 묘사하는 데 열중한다. 그 핵심 구절은 다음과 같다.

우주 전체는 별들의 체계들로 이루어져 있다. 그 체계들을 창조하기 위해서 자연은 자신이 마음대로 처분할 수 있는 100가지의 단순한 물체밖에 갖고 있지 않다. 자연은 이 자원들로부터 놀라운 것들을 이끌어내고 이것들이 풍부해지도록 그 자원들로부터 무한한 조합을 만들어낼 수 있음에도 불구하고 그 결과는 구성 요소들 자체와 마찬가지로 반드시 유한한 수로 나타난다. 따라서 자연은 공간을 채우기 위해서는 자신에 의해 최초로 만들어진 조합 혹은 타입들을 각각 무한히 반복해야만 한다. 따라서 모든 별은 그게 어떤 별이든 간에, 시간과 공간 속에 무한수로 존재한다. 그것도 그 별의 여러 관점들 중의 한 관점에서만 그런 것이 아니라 탄생에서 죽음까지 그 별이 지속하는 매 순간순간 그러하다. 〔……〕 지구는 이러한 별들 중의 하나이다. 이처럼 모든 인간 존재는 자신의 존재의 매 순간 영원하다. 내가 이 순간 토로의 지하 독방 감옥에서 쓰고 있는 것을 나는 과거에도 썼으며 앞으로도 영원히 쓰게 될 것이다. 테이블 위에서, 펜으로, 지금 입고 있는 옷을 입고, 이와 유사한 상황 속에서. 〔……〕 우리와 꼭 닮은 사람의 수는 시간과 공간 안에서 무한하다. 솔직히 말해 그 이상 요구할 수는 없다. 이 꼭 닮은 사람들은 살과 뼈를 지니고 존재하며, 게다가 바지와 외투를 입고, 크리놀린 천을 걸치고, 머리를 틀어 올린 모습으로 존재한다. 그들은 전혀 유령이 아니며 영속화된 현실이다. 그럼에도 여기에 심각한 결점이 놓여 있다. 즉 진보가 없다는 것이다. 〔……〕 우리가 진보라 부르는 것은 각각의 지상에 갇혀 있고 그 땅과 함께 사라진다. 이 지상의 야영장 안에서는 언제 어디에서건 똑같은 드라마, 똑같은 무대장치가 똑같이 협소한 무대 위에서 펼쳐진다. 자신의 위대함에 자만하면서 떠들썩한 인류는 스스로 우주라고 믿고 자신의 감옥 안에서 그것이 마치 거대한 공간인 양 살고 있다. 가장 지독한 경멸감 속에서 그 인류의 오만함이라는 짐을 져왔던 지구와 함께 곧 파멸할 그날까지. 다른 별들 안에서도 이와 똑같은 단조로움, 똑같은 부동의 상태가 지배한다. 우주는 끊임없이 자신을 반복하면서 제자리에서 땅을 파고 있다. 영원성은 무한 속에서 똑같은 표상들을 태연하게 연출하고 있다.[42]

어떤 희망도 없는 이러한 체념이 바로 위대한 혁명가의 최후의 말이다. 19세기는 새로운 기술적 잠재성들에 상응하는 새로운 사회적 질서를 만들어내지 못했다. 이것이 바로 그 최후의 말이 옛것과 새것의 길 잃은 중개자들, 판타스마고리아의 심장부에 있는 그 중개자들에게 남겨지게 된 이유이다. 판타스마고리아에 의해 지배되는 세계, 바로 그 세계가—보들레르의 표현을 사용한다면—모더니티이다. 블랑키의 비전은 모더니티—일곱 노파가 마치 전조처럼 나타나는—안으로 우주 전체를 집어넣었다. 결국 새로움은 그에게 천벌의 선고를

---

42) 〔원주〕 Blanqui, 앞의 책, pp. 73~74, 76. 〔Louis-Auguste Blanqui, *Introductions pour und Prise d'Armes: L'Eternité par les astres*, Paris: Société Encyclopédique Française, 1972, pp. 167~69. 『파사주』 프로젝트, D 7, D 7a 참조. 벤야민은 이 텍스트를 1937년 말에 처음 접하게 된다.—영역본 편역자〕

받을 것들의 속성으로 비쳤다. 그와 마찬가지로 몇 년 앞서 나온 통속 희극 『천국과 지옥』에서도 지옥의 벌은 모든 시간을 통틀어 최후의 새로움의 모습을 띤다. 즉 그것은 "영원하면서 항상 새로운 벌"[43]로 나타난다. 블랑키가 마치 유령에게 하듯이 말을 걸고 있는 19세기의 인간들이 이곳 출신들이다.

---

[43] Hippolyte Lucas et Eugène Barré, *Le ciel et l'enfer*, Paris, 1853, p. 88.―전집 편집자

수집가이자 역사가 에두아르트 푹스

Walter Benjamin, *Gesammelte Schriften*, Frankfurt a. M., 1972~89, Bd. II/2, pp. 465~505. (Eduard Fuchs, der Sammler und der Historiker)

1

 에두아르트 푹스[1]의 필생의 저작은 최근의 과거에 속한다. 이 저작을 돌아보는 일은 최근의 과거를 해명하려는 시도가 수반하게 되는 온갖 어려움을 내포한다. 여기서 논의되는 시기는 동시에 마르크스주의적 예술이론의 최근사이기도 하다. 그리고 그것은 문제를 용이하게 만들지 않는다. 왜냐하면 마르크스주의적 경제학과는 반대로 예술론

---

1) Eduard Fuchs, 1870~1940 : 독일의 작가, 수집가, 문화비평가. 1886년 사회민주당에 입당했고 1888~89년 정치활동 때문에 투옥되기도 했다. 1900년에서 1933년까지 베를린에 살다가 그 뒤 파리로 망명했다. 프란츠 메링과 교류했고, 메링이 죽자 그의 유산 관리자가 되었다. 『중세에서 현재까지 삽화를 곁들인 풍속사』(전 3권 및 증보집, 1909~12; 1926)와 『에로틱 미술의 역사』(전 3권, 1908; 1922~26)로 가장 널리 알려졌다.

은 아직 역사가 일천하기 때문이다. 그 스승들인 마르크스와 엥겔스는 유물론적 변증법에 예술론 속의 한 넓은 영역을 지정해주는 일 이상은 하지 않았다. 그리고 그 일에 착수한 최초의 사람들인 게오르기 플레하노프[2]나 프란츠 메링[3] 같은 사람들은 스승들의 가르침을 단지 간접적으로만 또는 적어도 뒤늦게야 수용하게 되었다. 마르크스에서 빌헬름 리프크네히트[4]를 거쳐 아우구스트 베벨[5]에 이르는 전통은 마르크스주의의 과학적 측면보다 그 정치적 측면에 훨씬 더 도움이 되었다. 메링은 민족주의를 거쳐 나중에는 라살[6] 학파를 경유했다. 그

---

2) Georgy Valentinovich Plekhanov, 1856~1918 : 러시아의 사상가, 정치철학자. 러시아 사회민주운동의 정신적 지도자가 되었고 레닌의 사상에도 영향을 끼쳤다. 엥겔스, 카우츠키 등과 친교를 맺었고 「공산주의자 선언」을 러시아어로 번역하였다. 제2인터내셔널의 러시아 대표를 역임하였다.
3) Franz Mehring, 1846~1919 : 독일의 사회주의 역사가, 문예평론가. 1890년 사회민주당에 가입하여 사회주의 신문 『라이프치히 민중신문』의 편집을 맡았다. 1878년 비스마르크의 사회주의 탄압법에 반대하였으며, 1889년 이후에는 독일 사회민주당 기관지 『새 시대』(Die Neue Zeit)의 편집에 참가하여 정치 활동을 전개하였다. 제1차 세계대전 중에는 카를 리프크네히트와 로자 룩셈부르크 등과 함께 제국주의 전쟁에 맞서 항쟁하였고 스파르타쿠스단(團)과 그 후신인 독일 공산당 창립자의 한 사람으로 활동하였다. 저서로는 『레싱 전설』(1893) 등의 문학작품 외에 『독일 사회민주당사』(1897~98) 등이 있다.
4) Wilhelm Liebknecht, 1826~1900 : 독일의 사회주의자. 혁명운동으로 13년간 망명생활을 하며 마르크스의 지도를 받았다. 독일로 돌아와 1869년 베벨과 함께 사회민주당을 결성하고 라살파와 합동하여 사회주의노동당을 만들었으며 제2인터내셔널의 지도자로 활동하였다. 그의 아들 카를 리프크네히트(1871~1919) 역시 법률가이자 공산주의 지도자가 되었으나 로자 룩셈부르크와 함께 1919년 살해되었다.
5) August Bebel, 1840~1913 : 독일 사회민주당의 지도자, 작가. 리프크네히트와 함께 대역죄로 몰려 투옥되기도 했다. 1890년대와 1900년대 초기까지 제국의회에서 야당 지도자로 활동했다. 저서로 『여성과 사회주의』(1883), 『기독교와 사회주의』(1892) 등이 있다.
6) Ferdinand Lassalle, 1825~64 : 1848년 혁명에 가담한 뒤 마르크스의 신봉자가 되었다. 독일 사회주의를 대변하는 역할을 맡았고, 노동운동의 기초를 다졌다.

가 처음으로 당에 접근했을 때 거기서는 카를 카우츠키[7]의 고백에 따르면 "이론적으로 여전히 다소 통속적인 라살주의"가 지배하고 있었다. "철저한 마르크스주의적 사유에 대해서는, 몇 명의 흩어져 있는 인물들의 경우를 제외하고는, 언급도 되지 않았다."[8] 나중에야, 즉 엥겔스의 말년에 메링은 마르크스주의와 접촉하게 되었다. 푹스는 그 나름대로 메링을 일찍부터 맞닥뜨렸다. 두 사람의 관계 속에 처음으로 역사적 유물론의 정신사적 연구들에서 한 전통이 생겨나게 되었다. 그러나 메링의 작업 영역인 문학사는 두 연구자의 정신 속에서 푹스의 작업 영역과는 거의 접점이 없었다. 게다가 그들의 성향상의 차이가 두드러지게 나타났다. 메링은 학자적 성향을 지녔지만 푹스는 수집가였다.

수집가에는 여러 유형이 있다. 더구나 각각의 수집가 속에는 많은 충동들이 작용한다. 푹스는 수집가였지만 무엇보다 개척자였다. 그는 유일하게 존재하는 캐리커처와 에로틱 미술 및 풍속화의 역사를 위한 아카이브를 창립했다. 그러나 더 중요한 것은 또 다른, 그와 상보적 관계에 있는 상황이다. 즉 개척자로서 푹스는 수집가가 되었다. 유물론적 예술 관찰의 개척자로서 말이다. 그렇지만 이 유물론자를 수집가로 만든 것은 그가 스스로 처하게 되었다고 여긴 역사적 상황에 대한

---

[7] Karl Kautsky, 1854~1938 : 독일 사회주의 작가, 마르크스주의 신봉자. 런던에서 엥겔스의 개인 비서로 일했고 사회주의 평론지인 『새 시대』를 창간하여 1917년까지 편집을 맡았다. 제1차 세계대전 중에는 평화주의를 선호했고, 볼셰비즘과 러시아 혁명에 반대하였다.

[8] 〔원주〕 Karl Kautsky, Franz Mehring, in: *Die Neue Zeit*, XXII, Stuttgart, 1904, I, pp. 103~04.

다소 분명한 감정이었다. 그것은 역사적 유물론 자체의 상황이었다.

이 상황은 어느 사회주의적 편집국에서 푹스가 자신의 출판에서 첫 승리를 거두었을 무렵 프리드리히 엥겔스가 메링에게 보낸 편지 속에 표현되고 있다. 1893년 7월 14일자의 그 편지는 무엇보다도 다음과 같이 상술하고 있다. "대부분의 사람들을 무엇보다도 현혹하고 있는 것은 헌법과 법률체제의 독립된 역사, 모든 특수 영역에서의 이데올로기적 관념들의 독립된 역사라는 가상이다. 루터와 칼뱅이 공인된 가톨릭교를, 헤겔이 피히테와 칸트를, 그리고 루소가 자신의 사회계약론으로 입헌제를 주장하던 몽테스키외를 간접적으로 '극복했다'고 한다면, 그것은 신학과 철학과 국가학의 테두리 안에 머물러 있던 어떤 과정이었으며, 이러한 사상 영역들의 역사 속에서의 한 단계를 나타낼 뿐 결코 사상 영역 밖으로 나온 어떤 과정이었던 것은 아니다. 그리고 자본주의적 생산양식이 영구히 존속할 것이고 궁극적인 단계일 것이라는 부르주아적 환상이 거기에 덧붙여진 이후로는, 중농주의자들과 애덤 스미스에 의해 중상주의가 극복된 것까지도 사상의 어떤 단순한 승리로 여겨진다. 다시 말해 그것은 변화된 경제적 사실들의 사상적 반영으로서가 아니라, 언제 어디에서나 존속하고 있는 실제적인 조건들에 대한 최종적으로 얻어진 올바른 통찰로 간주되고 있다."[9]

엥겔스는 두 가지에 대해 반대 입장을 취한다. 첫째 그는 정신사에서 어떤 새로운 도그마를 이전의 도그마의 '발전'으로, 어떤 새로운

---

9) [원주] Gustav Mayer, Friedrich Engels. Eine Biographie, Bd. II: *Friedrich Engels und der Aufstieg der Arbeiterbewegung in Europa*, Berlin, pp. 450~51에서 재인용.

시파(詩派)를 그에 앞서 지나간 시파에 대한 '반작용'으로, 어떤 새로운 양식을 구 양식에 대한 '극복'으로 제시하는 관행에 반대한다. 그러나 그는 동시에 그와 같은 새로운 정신적 구성물들을 그것들이 인간과 인간의 정신적·경제적 생산 과정에 끼친 영향과 분리하여 생각하는 관습에도 암암리에 반대를 하고 있음이 분명하다. 이로써 헌법의 역사, 자연과학의 역사, 종교 또는 예술의 역사로서의 정신과학은 혁파되었다. 그러나 엥겔스가 반세기 동안이나 품고 다닌 이러한 생각의 파괴력[10]은 더욱 멀리 미친다. 그러한 파괴력은 여러 정신적 영역과 그 영역이 만들어낸 구성물들의 독립성에 대해 의문을 제기하는 것이다. 따라서 예술을 두고 볼 때 예술 자체의 독립성과 또 그 예술 개념이 포괄한다고 주장하는 작품들의 독립성은 의문시된다. 이 작품들은 사적 변증가로서 그것을 다루는 사람의 시각에서 보면 작품의 전사(前史)와 후사(後史)—다시 말해 그것에 의해 작품의 전사까지도 끊임없이 변화 속에 있는 것으로 인식될 수 있는 그러한 후사를 통합하고 있다. 예술작품들은 어떻게 해서 그것들의 기능이 그것들을 만든 사람보다 더 오래 살아남고 또 만든 사람의 의도를 넘어서 나아갈

---

10) [원주] 그 사상은 포이어바흐에 대한 최초의 연구들 속에서 등장하는데 거기에서 마르크스는 다음과 같이 그 사상을 부각하고 있다. 즉 "정치, 법, 학문, [……] 예술, 종교의 역사라는 것은 존재하지 않는다"(Marx-Engels Archiv, Zeitschrift des Marx-Engels-Instituts in Moskau, Hrsg. von D. Rjazanov, Bd. I, Frankfurt a. M., 1928, p. 301). [Ludwig A. Feuerbach, 1804~72 : 독일의 철학자, 헤겔의 제자. 헤겔의 관념론을 버리고 자연주의적 유물론에 경도했으며 그 입장에서 기독교를 비판했다. 대표작으로 『기독교의 본질』(1840)이 있다. 종교의 본질을 무한성에 대한 의식의 소산으로 파악한 그의 사상은 카를 마르크스에게 큰 영향을 끼쳤다.—옮긴이]

수 있는지를 가르쳐준다. 또한 예술작품들은 창작자의 동시대인들에 의한 수용이 예술작품이 오늘날의 우리에게까지 미치고 있는 영향의 한 구성 요소라는 점, 그리고 오늘날의 우리에게까지 미치는 그 영향은 비단 예술작품과의 만남에만 기인하는 것이 아니라 그 작품을 오늘날의 우리에게 전승시켜준 역사와의 만남에도 기인한다는 점을 가르쳐주고 있다. 괴테는 그가 셰익스피어에 관해 대화할 때 뮐러 재상에게 "어떤 커다란 영향을 끼쳤던 모든 것은 원래 더는 평가될 수가 없다"고 언급했을 때에, 종종 그랬듯이 감추듯이 한 얘기이긴 하지만, 바로 그 점을 염두에 두고 있었다. 변증법적이라고 불릴 권리가 있는 모든 역사 관찰의 출발점에서 생겨나는 불안감을 이보다 더 적절하게 표현해주는 말은 없다. 그 불안이란 곧 연구자가 어떤 특정한 과거의 단편이 특정한 현재와 함께 위치하고 있는 비판적인 성좌구조〔상황〕를 의식하기 위해서는 스스로 대상에 대해 초연하고 관조적인 자세를 취하는 것을 포기해야 할 것이라는 예상에서 생겨나는 불안이다. "진리는 우리에게서 달아나지 않을 것이다"라는 고트프리트 켈러[11]의 말은 역사주의가 추구하는 역사의 이미지를 표현해주는데, 바로 이 지점이 역사적 유물론자에 의해 혁파되는 장소이다. 왜냐하면 과거의 진정한 이미지는 매 현재가 스스로를 그 이미지 안에서 의도된 것으로 인식하지 않을 경우 그 현재와 더불어 사라지려 하는 과거의 복원

---

11) Gottfried Keller, 1819~90 : 스위스의 독일계 작가. 19세기 독일 리얼리즘 문학의 최고봉. 대표작으로 자전적 장편소설 『녹색의 하인리히』(1854~55), 『젤트빌라 사람들』(제1권: 1856; 제2권: 1874), 『취리히 단편집』(1878~79) 등이 있다. 벤야민은 켈러에 대한 긴 에세이를 썼다.

할 수 없는 이미지이기 때문이다.[12]

 엥겔스의 명제들을 잘 생각해보면 볼수록 그만큼 더 분명해지는 것은, 역사를 변증법적으로 서술하는 일은 언제나 역사주의의 특징이라고 할 수 있는 관조의 태도를 포기함으로써 얻어질 수 있다는 점이다. 사적 유물론자는 역사의 서사적 요소를 포기하지 않으면 안 된다. 역사는 그에게 어떤 구성의 대상이 되는데, 그 구성의 장소를 이루는 것은 공허한 시간이 아니라 특정한 시대, 특정한 삶 그리고 특정한 작품이다. 그는 그 시대를 사물화된 '역사적 연속성'을 폭파하여 거기에서 끄집어낸다. 그래서 이런 식으로 그는 한 시대에서 한 특정한 삶을, 필생의 업적에서 한 특정한 작품을 캐낸다. 이러한 구성에서 얻어지는 수확은, 한 작품 속에 필생의 업적이, 필생의 업적 속에 한 시대가, 그리고 한 시대 속에 전체 역사의 진행 과정이 보존되고 지양되어 있다는 점이다.[13]

 역사주의가 과거에 대한 영원한 이미지를 제시한다면, 역사적 유물론자는 그때그때 과거와의 유일무이한 경험을 제시한다. 서사적 요인을 구성적 요인으로 대체하는 일이 이러한 경험의 조건임이 드러난다. 역사주의와 '한때 ……이 있었다'는 이야기 속에 묶여 있었던 강

---

12) 벤야민은 "진리는 ……"으로 시작하는 이 구절을 「역사의 개념에 대하여」의 5번 테제에서 그대로 인용한다.
13) [원주] 역사적 경험 속에서 원천적으로 우리에게 해당하는 것을 집적된 사실적인 것들의 더미로부터 부각해주는 것이 바로 그러한 변증법적 구성이다. "사실적인 것의 적나라하고 명백한 존립 속에서는 원천적인 것을 결코 인지할 수 없으며, 그것의 리듬은 오로지 이중적인 통찰에 열려 있다. 원천은 [……] 그 사실적 자료의 전사와 후사와 관계된다"(Walter Benjamin, *Ursprung des deutschen Trauerspiels*, Berlin, 1928, p. 32).

력한 힘들이 이러한 경험 속에서 해방된다. 모든 현재에 대해 어떤 근원적인 경험이 되는 그러한 역사와의 경험을 작동시키는 일—바로 이것이 사적 유물론의 과제이다. 사적 유물론은 역사의 연속성을 폭파하는 현재의 의식을 향하고 있다.

역사적인 것을 이해한다는 것을 사적 유물론은 그 맥박을 현재에 이르기까지 느낄 수 있는 어떤 이해된 것을 추(追)체험하는 것으로 파악한다. 이러한 역사적 이해는 푹스에게서도 한 위치를 차지하고 있지만 그렇다고 그 위치가 전혀 논란의 여지가 없는 것은 아니다. 푹스에게는 낡고 독단적이며 소박한 수용관이 새롭고 비판적인 수용관과 함께 공존하고 있다. 전자, 즉 낡은 수용관은 우리가 한 작품을 수용하는 데 기준이 되는 것은 그 작품이 탄생했던 시대의 동시대인에 의해 이루어진 수용이라는 주장으로 요약된다. 이러한 수용관은 바로 '실제로 어떠했는가'라는 레오폴트 폰 랑케[14]의 말과 흡사하며, 바로 그것이 "유일무이하게" 중요하다는 것이다.[15] 그러나 이와 함께 한 수용의 역사가 지니는 의미에 대해서 가장 넓은 지평을 열어주는 변

---

14) Leopold von Ranke, 1795~1886 : 독일의 역사학자. '역사주의'로 알려진 근대 역사학의 방법을 주창하여 서유럽 역사기술에 큰 영향을 끼쳤다. 그는 프로테스탄트 사상, 낭만주의 사상을 기초로 "모든 시대는 직접 신에 이어진다"고 기술하고, 가톨릭적·계몽주의적·헤겔적 역사관에 반대하여, 각 시대, 각 민족의 개성적 특질과 그 질적 발전을 중시할 것을 주장했다. 또 역사학의 임무는 "그것이 실제로 어떠했느냐를 나타내는 것"이라고 하여, 실용주의적 역사서술을 배척하고, 객관적 역사서술을 주장하였고 엄정한 객관적 사료의 비판 방법을 확립했다.
15) [원주] *Erotische Kunst*, Bd. I, p. 70(푹스의 저작들에 관해서는 각주 24 참조). [벤야민이 인용한 구절의 출처는 『1494~1514년까지의 라틴족과 게르만족 역사』(*Geschichte der romanischen und germanischen Völker von 1494~1514*, 1824, 제2판: Leipzig, 1874)이다. ―옮긴이]

증법적 통찰이 아무런 매개 없이 병존하고 있다. 푹스는 예술사에서 성공에 대한 물음이 도외시되고 있다는 점을 비판한다. "이것이 무시된 것은 〔……〕 우리의 전체 〔……〕 예술관이 지니는 결함이다. 〔……〕 그러나 한 예술가가 크게 성공을 거두거나 혹은 그러지 못한 원인, 그 성공이 지속되거나 혹은 그러지 못한 진정한 원인을 밝혀내는 일은 나에게는 예술과 결부된 가장 중요한 문제들 가운데 하나라고 생각된다."16) 메링 역시 견해를 달리하지 않았다. 그의 『레싱 전설』(*Lessing-Legende*)은 지금까지 이루어진 이 작가에 대한 수용의 역사, 이를테면 하이네, 게오르크 게르비누스,17) 아돌프 슈타르,18) 테오도르 단첼,19) 그리고 마지막으로 에리히 슈미트(Erich Schmidt)에 의해 이루어졌던 수용을 작품 분석의 출발점으로 삼고 있다. 그리고 얼마 지나지 않아 방법론적으로는 아닐지라도 내용 면에서는 높이 평가될 수 있는 연구서인 율리안 히르슈(Julian Hirsch)의 『명성의 기원』(*Die Genesis des Ruhms*)이 등장하고 있었던 것도 그 나름의 까닭이 있다. 푹스가 염두에 두고 있었던 것도 바로 이와 동일한 물음이다. 이 물음의 해결은 사적 유물론의 수준을 가늠할 기준을 제시해줄 것이다. 이러한 사정

---

16) 〔원주〕 Gavarni, p. 13.
17) Georg Gottfried Gervinus, 1805~71 : 19세기 독일의 역사가, 정치가. 3월 혁명 전후의 자유주의 사상의 대표자이다. 문학을 보다 넓은 역사적 맥락 속에 위치시켜 서술하려 시도한 그는 문학사 기술의 새 지평을 열었다. 대표작으로 『독일문학사』(1835~42)가 있다.
18) Adolf Wilhelm Stahr, 1805~76 : 3월 혁명 전후 독일의 작가, 문학사가. 프로이센 혁명, 레싱, 괴테 등에 대한 책과 여행기 등을 저술했다.
19) Theodor Wilhelm Danzel, 1818~50 : 독일의 미학자, 문학사가. 고트셰트, 레싱 등에 대한 책을 저술했다.

은 그러한 해결이 아직 이루어지지 못했다는 사정을 은폐하는 것을 정당화하지 않는다. 오히려 우리는 한 예술작품의 역사적 내용을, 그것이 **예술작품**으로서 우리에게 보다 더 투명해졌다고 할 정도로 파악하는 일이 단지 개별적인 경우에만 성공했음을 가차 없이 인정하지 않으면 안 된다. 한 예술작품에 대한 모든 찬미는, 그 작품의 냉철한 역사적인 내용이 변증법적인 인식에 의해 파악되지 않는 한, 공허할 수밖에 없다. 이것은 수집가 에두아르트 푹스의 작품이 지향하고 있는 진리들 가운데 첫 번째의 진리에 불과하다. 그의 수집물들은 이론이 지닌 논리적 난관들에 대한 실천가의 대답이다.

2

푹스는 1870년에 태어났다. 그는 처음부터 학자가 될 운명은 아니었다. 그리고 만년에 박식하게 되었어도 그는 한 번도 스스로 학자로 행세한 적이 없다. 그의 활동은 항상 연구자의 시야를 제한하는 경계를 넘어서고 있었다. 수집가로서 그의 업적이 그러했던 것처럼 정치가로서 그의 활동도 마찬가지였다. 푹스는 1880년대 중반에 직업 전선에 나선다. 그 당시는 사회주의자들을 탄압하는 법의 지배하에 있었다. 연수 기간을 그는 정치적으로 관심이 있는 프롤레타리아들과 보내게 되었는데, 이때 그는 곧 이들에 의해 당시 불법적으로 투쟁하던 사람들의 싸움, 오늘날에는 목가적 느낌을 주는 그런 싸움에 휘말리게 된다. 이러한 수업시대는 1887년에 끝난다. 몇 년이 지난 뒤 사회민주당의 바이에른 지역 기관지인 『뮌헨 포스트』는 당시 슈투트가르트의 한 인쇄소에서 젊은 부기계원으로 일하던 푹스를 스카우트했다. 그 기관지는 그를 간행물로 인해 생겨났던 경영상의 결함들을 제거해줄 수 있는 사람으로 보았다. 푹스는 뮌헨으로 갔으며 거기에서 리하르트 칼버와 함께 일하게 되었다.

『뮌헨 포스트』에서 사회주의자들의 풍자잡지인 『남부독일 포스틸론』이 간행되었다. 우연한 기회에 푹스는 임시로 도와주는 형식으로 『포스틸론』의 한 호를 완전히 바꾸어 편집하는 일을 맡게 되었으며, 또 다른 때에는 자신의 원고들 몇 개로 공란을 메우지 않으면 안 되었다. 이 호의 성공은 이례적이었다. 그리고 나서 같은 해에 화려한 삽화가 곁들여진—유색 삽화를 곁들인 잡지가 나오기 시작한 것은 이 무렵이었다—5월호가 푹스의 편집에 의해 간행되었다. 연간 2,500부 정도 팔리던 잡지가 6만 부나 팔렸다. 이렇게 해서 푹스는 정치적 풍자를 전문적으로 다루는 한 잡지의 편집인이 되었다. 그는 곧 그 자신의 활동 분야의 역사에 손을 대었으며 또 이렇게 해서 일상적인 업무와 병행하여 캐리커처에 나타난 1848년 혁명에 관한 삽화 연구와 롤라 몬테즈[20]의 정부 스캔들에 관한 삽화 연구가 이루어졌다. 이것들은 당시 생존해 있던 소묘가들이 그림을 그려 넣은 역사책들(예컨대 옌치[21]가 삽화를 그린 빌헬름 블로스[22]의 통속적인 혁명서적들)과는

---

20) Lola Montez, 1818~61 : 본명은 Elizabeth Rosanna Gilbert. 아일랜드 출신의 전설적인 무희(舞姬). 스페인 무희로 행세하며 유럽 전역을 돌면서 스캔들을 일으켰다. 바이에른의 루트비히 1세의 애인이 되어 1847~48년에 정치에 관여하기도 했고 뮌헨에서 많은 평지풍파를 일으켰다. 나중에는 미국과 호주로 가서 활동했고 뉴욕에서 사망했다. 막스 오퓔스(Max Ophüls) 감독에 의해 프랑스-독일 합작으로 영화화되기도 했다(Lola Montez, 1955).
21) Hans Gabriel von Jentzch, 1862~1930 : 독일의 삽화가, 캐리커처 작가.

반대로 다큐멘터리적인 그림들로 삽화를 넣은 최초의 역사서적들이었다. 푹스는 막시밀리안 하르덴[23)]의 요청에 따라 이 작품들 가운데 두 번째 것을 『미래』지에 실을 것이라고 광고했는데, 이때 그는 자신이 유럽의 여러 민족들의 캐리커쳐를 다루게 될 방대한 작품에서 그 작품이 단지 한 단면에 불과하다는 언급도 곁들였다. 신문에서 국가원수를 모독했다는 죄목으로 복역한 10개월이라는 기간은 이 작품을 위한 연구에 도움이 되었다. 그의 착상이 행운이었다는 것이 분명하게 드러났다. 삽화를 곁들인 가정도서들을 발행하는 데 이미 경험이 있던 한스 크레머라는 사람이 푹스에게 자기가 이미 캐리커쳐의 역사에 대한 작업을 하고 있으니 자신이 연구한 것들을 가지고 공동 저작을 기획해보자고 제안해 왔다. 그렇지만 그는 기고하기로 한 원고들을 보내오지 않았다. 그리고 이내 그러한 엄청난 작업을 푹스 혼자서 감당해야만 하는 상황이 벌어졌다. 그 캐리커쳐 작품 초판의 표제에서 보였던 그 동업자의 이름은 제2판에서는 삭제되었다. 그러나 푹스는 자신의 작업 능력과 자료를 다루는 능력을 처음으로 설득력 있게 보여줄 수 있었다. 그 뒤로 일련의 주저(主著)들이 계속 발표되었다.[24)]

---

22) Wilhelm Blos, 1849~1927 : 독일의 정치가, 사회민주당의 저널리스트.
23) Maximilian Harden : 본명은 Felix Ernst Witkowski. 독일의 저널리스트, 비평가, 배우. 주간지 『미래』(*Die Zukunft*, 1892~1922)를 창간하여 예술과 정치에 대한 비평을 실었고 평화주의를 지향했다. 주요 저서로 『문학과 연극』(1896), 『전쟁과 평화』(1918) 등이 있다.
24) [원주] 푹스의 주저(München: Albert Langen 출판사): *Illustrierte Sittengeschichte vom Mittelalter bis zur Gegenwart*(삽화를 곁들인 중세에서 현재까지의 풍속사), 제1권 Renaissance(르네상스), 1909; 제2권 Die galante Zeit(우아한 시대), 1910; 제3권 Das bürgerliche Zeitalter(부르주아 시대), 1911/12. 여기에 덧붙여 Ergänzungsbände(증보집), I~III(1909; 1911; 1912); 전권에 대한 신판 1926(*Sittengeschichte*

푹스가 활동을 시작한 때는, 언젠가 『새 시대』(Neue Zeit) 지에 썼었던 것처럼 "도처에서 나이테가 겹겹이 쌓이면서 유기적으로 성장해 가는 사회민주당의 줄기"[25]가 형성되던 때와 일치한다. 따라서 이 시기에는 당의 교육사업에서 새 과제들이 대두되었다. 노동자 집단들이

로 인용함).

  Geschichte der erotischen Kunst(에로틱 미술의 역사), 제1권 Das zeitgeschichtliche Problem(시대사적 문제), 1908, 신판 1922; 제2권 Das individuelle Problem(개인적인 문제), 제1부, 1923; 제3권 Das individuelle Problem(개인적인 문제), 제2부, 1926(*Erotische Kunst*로 인용함).

  Die Karikatur der europäischen Völker(유럽 민족의 캐리커처), 제1권 Vom Altertum bis zum Jahre 1848(고대에서 1848년까지), (초판: 1901) 제4판, 1921; 제2권 Vom Jahre 1848 bis zum Vorabend des Weltkrieges(1848년에서 세계대전의 전야까지), (초판: 1903) 제4판, 1921(*Karikatur*로 인용함).

  Honoré Daumier. Holzschnitte und Lithographien(오노레 도미에. 목판화와 석판화), 에두아르트 푹스 엮음, 제1권 Holzschnitte(목판화) 1833~70, 1918; 제2권 Lithographien(석판화) 1828~51, 1920; 제3권 Lithographien(석판화) 1852~60, 1921; 제4권 Lithographien(석판화) 1861~72, 1922(*Daumier*로 인용함).

  Der Maler Daumier(화가 도미에), 에두아르트 푹스 엮음, 1927(제목대로 인용함).

  Gavarni, Lithographien(가바르니. 석판화), 에두아르트 푹스 엮음, 1925(*Gavarni*로 인용함).

  Die großen Meister der Erotik. Ein Beitrag zum Problem des Schöpferischen in der Kunst(에로틱의 대가들. 예술에서 창조적인 것의 문제에 대하여. 회화와 조각), 1931(제목대로 인용함).

  Tang-Plastik. Chinesische Grabkremik des 7. bis 10. Jahrhunderts(당조唐朝의 조형예술. 7세기에서 10세기까지의 중국 부장副葬 도자기)(문화와 예술의 기록들, 제1권), 1924(제목대로 인용함).

  Dachreiter und verwandte chinesische Keramik des 15. bis 18. Jahrhunderts(15세기에서 18세기까지의 용마루 기와 및 그와 유사한 중국 도자기)(문화와 예술의 기록들, 제2권), 1924(*Dachreiter*로 인용함).

  이 밖에도 푹스는 여성, 유대인 및 세계대전을 주제로 한 캐리커처를 특집으로 엮어냈다.

25) 〔원주〕 A. Max, "Zur Frage der Organisation des Proletariats der Intelligenz", in: *Die Neue Zeit*, XIII, Stuttgart, 1895, I, p. 645.

당으로 쇄도하면 할수록 그만큼 당은 그들을 단순히 정치적 · 자연과학적으로 계몽하고 잉여가치론이나 진화론을 통속화해서 가르치는 일만으로는 만족할 수가 없게 되었다. 당은 역사적 교육 자료까지도 당의 정치 강연과 당 기관지의 문예란 속에 포함시키는 일에 눈을 돌리지 않으면 안 되었다. 이렇게 해서 '학문의 대중화'라는 문제가 광범위하게 대두되었다. 그러나 이 문제는 해결되지 못했다. 사람들이 이러한 교양사업의 대상을 계급이 아닌 '대중'으로 생각하고 있는 한은 그 해답에 근접할 수조차 없었던 것이다.[26] 만약 계급을 겨냥하였다면 당의 교육사업도 결코 사적 유물론의 학문적 과제들과 밀접한 접촉을 상실하지는 않았을 것이다. 역사적 자료는, 만약 그것이 마르크스적 변증법으로 쟁기질이 되었다면 현재가 그 속에 뿌렸던 종자가 싹틀 수 있는 토양이 되었을 것이다. 그러나 이러한 일은 이루어지지 않았다. 프란츠 슐체델리치[27] 주도하에 국가에 순응하는 단체들이 노동자 교육을 '노동과 교육'이라는 구호 아래 행하자 사회민주당은 "지식이 힘이다"라는 구호로 이에 맞섰다. 그러나 사회민주당은 그

---

26) [원주] 니체는 이미 1874년경에 다음과 같이 썼다. "마지막 [……] 결과로서 생겨나는 현상은 널리 환영받는 현상, 즉 학문의 [……] '통속화'이다. 다시 말해 그것은, 우리가 여기서 한번 재단사 같은 독일인의 재단사 같은 활동을 표현해보고자 한다면, '혼합된 관중'이라는 몸에 맞추어 학문이라는 옷을 재단해내는 일이라 할 수 있다." Friedrich Nietzsche, *Unzeitgemäße Betrachtungen*, Bd. 1, Leipzig, 1893, p. 168(Vom Nutzen und Nachtheil der Historie für das Leben). [벤야민의 역사관과 유사한 의미에서 니체는 이 글에서 "현재의 최고의 힘으로써만 과거의 것을 해석할 수 있다"고 말한다. ―옮긴이]

27) Franz Hermann Schulze-Delitzsch, 1808~83 : 독일의 자유주의 사상가 · 정치가. 협동조합법 제정에 최대의 공로자였으며 의회에서는 소시민적 자유주의 이념 아래 협동조합운동을 통하여 가난한 수공업자 구제에 전념하였다.

구호가 지니는 이중적인 의미를 간파하지 못했다. 사회민주당은 프롤레타리아트에 대한 부르주아지의 지배를 확고하게 만들었던 바로 그 동일한 지식이 언젠가는 프롤레타리아트를 부르주아지의 지배로부터 해방할 수 있다고 생각하였다. 그러나 실제로는 실천으로 나아가는 통로가 없었고 또 계급으로서의 프롤레타리아트에게 그들의 상황에 대해 아무것도 가르쳐줄 수 없었던 지식은 그들의 압제자, 즉 부르주아지에게는 위험스러운 것이 못 되었다. 이러한 사정은 특히 정신과학적〔인문학적〕 지식의 경우에 해당되었다. 정신과학적 지식은 경제학과는 거리가 멀었고 또 경제학의 변화에 아무런 영향도 받지 않았다. 사람들은 정신과학적 지식을 다루면서 단지 "자극을 주거나", "기분 전환을 해주고", "흥미를 돋우는" 정도로 만족하고 있었다. 사람들은 역사를 느슨하게 풀어서 '문화'를 얻어냈다. 바로 여기에 푹스의 저작이 위치해 있다. 즉 이러한 상황에 반응하고 있는 데에 그의 저작의 위대성이 있으며, 그러한 상황에 참여하고 있다는 점에서 그의 저작은 문제성을 지닌다. 푹스는 처음부터 독자 대중에 초점을 맞추는 것을 자신의 원칙으로 삼았다.[28]

당시만 해도 실제로 얼마나 많은 것이 유물론적인 교육사업에 달려 있는지를 알아차린 사람은 극소수에 불과했다. 어느 한 논쟁 속에 표현된 희망과 두려움도 바로 이들 극소수의 희망과 두려움이었는데, 우리는 『새 시대』지에서 이러한 논쟁의 흔적을 찾아볼 수 있다. 그

---

28) 〔원주〕 "자신의 과제를 진지하게 여기는 문화사가는 항상 대중을 위해 써야 한다" (*Erotische Kunst*, Bd. II, S. V).

흔적들 가운데 가장 중요한 것은 「프롤레타리아트와 고전주의」라는 표제가 붙은 코른(C. Korn)의 논문인데, 이 논문에서 오늘날에 와서 그 의미를 다시 획득하고 있는 유산이라는 개념이 다루어지고 있다. 코른에 따르면 라살은 독일 관념론 속에서 오늘날 노동자 계급이 물려받은 한 유산을 발견했다고 한다. 그러나 마르크스와 엥겔스는 그 문제에서 라살과는 견해를 달리했다. "마르크스와 엥겔스는 노동자 계급의 사회적인 우위성을 어떤 유산으로부터 이끌어낸 것이 아니라 〔……〕 생산 과정 자체 속에서 차지하는 노동자 계급의 결정적인 위치로부터 이끌어내었다. 매일 매시간 〔……〕 전 문화 장치를 항상 새로이 재생산해내는 노동을 통해 그들의 '권리'를 나타내는 현대의 프롤레타리아트의 경우에서처럼 어떤 계급의 벼락출세자의 경우에도 〔……〕 소유에 관해—정신적 소유에 관한 것까지도—얘기한다는 것은 필요한 일이다. 〔……〕 따라서 마르크스와 엥겔스의 입장에서 보면 라살적인 교양이상(敎養理想, Bildungsideal)의 화려한 장식물인 사변적 철학은 결코 성스러운 신전이 아니다. 〔……〕 그리고 이 두 사람은 〔……〕 자연과학에 점점 더 강한 매력을 느꼈는데, 그 까닭은 〔……〕 자신의 계급의 이념이 바로 그 계급 자신이 작동하는 데 있는 그러한 계급의 입장에서는 자연과학만이 진정한 학문으로 불릴 수 있기 때문이다. 이것은 마치 지배하고 소유하는 계급의 입장에서는 모든 역사적인 것이 그들이 지닌 이데올로기의 주어진 형식을 이루는 것과 같은 이치이다. 〔……〕 실제로 경제적인 것에서 자본이라는 것이 지나간 노동에 대한 지배를 의미하는 것과 마찬가지로 역사라는 것도 의식에게는 소유 카테고리를 대변한다."[29]

역사주의에 대한 이러한 비판은 나름대로 중요하다. 그렇지만 자연과학 — "진정한 학문" — 에 대한 그들의 지적은 교육 문제가 지니는 위험한 문제점을 완전히 노출하고 있다. 자연과학의 지위 문제는 베벨 이래로 논쟁의 대상이 되어왔다. 베벨의 주저(主著)인 『부녀자와 사회주의』는 이것이 간행되고 나서 코른의 연구가 간행될 때까지 30년 동안에 무려 20만 부나 팔렸다. 베벨의 경우 자연과학을 평가하는 기준은 자연과학적 결과들이 지니는 산술적인 정확성뿐만이 아니라 무엇보다도 그것들의 실제적 응용 가능성이다.[30] 자연과학은 나중에 엥겔스에게도 그와 비슷한 기능을 수행한다. 엥겔스는 기술을 언급하면서 칸트의 현상주의를 반박할 수 있다고 생각했다. 즉 기술의 발달은 우리가 '물(物) 자체'를 인식할 수 있음을 보여준다는 것이다. 코른에서 진정한 학문으로 등장하고 있는 자연과학은 그러니까 무엇보다도 기술의 토대로서 이러한 일을 하게 된다. 그러나 기술은 명백히 순수한 자연과학적 사태(Tatbestand)가 아니다. 기술은 동시에 역사적인 사태이기도 하다. 역사적 사태로서의 기술은 사람들이 자연과학과 정신과학 사이에 세워두려고 한 실증주의적이고 비변증법적인 칸막이를 재고하도록 강요한다. 인류가 자연에 대해 제기하는 물음들은 인류의 생산 상태에 의해 함께 조건 지워져 있다. 이 지점이 바로 실증

---

29) [원주] Carl Korn, "Proletariat und Klassik", in: *Die Neue Zeit*, XXVI, Stuttgart, 1908, II, pp. 414~15.

30) [원주] August Bebel, *Die Frau und der Sozialismus*. (Die Frau in der Vergangenheit, Gegenwart und Zukunft) 제10판, Stuttgart, 1891, pp. 177~79, 333~36: 기술로 인한 가정경제의 변혁에 대한 부분, 그리고 pp. 200~01 : 발명가로서 여성에 대한 부분 참조.

주의가 좌절하는 지점이다. 실증주의는 기술의 발전 속에서 자연과학의 진보만을 인식할 수 있었을 뿐 사회의 퇴보는 인식하지 못하였다. 이러한 기술의 발전이 자본주의에 의해 함께 결정적으로 조건 지워졌다는 사실을 실증주의는 간과하였다. 또한 사회민주주의 이론가들 중에서 실증주의자들 역시 이러한 발전이 이러한 기술을 프롤레타리아트의 소유가 되도록 해야 하는 날로 절실해지는 행동을 점점 더 어렵게 만들고 있다는 점을 알아차리지 못하였다. 그들은 그러한 발전이 지니는 파괴적인 측면을 놓쳤는데, 왜냐하면 그들은 이미 오래 전에 변증법이 지니는 파괴적인 측면으로부터 소외되어 있었기 때문이다.

기술의 이러한 발전을 두고 전망을 예측할 때가 되었지만 그것은 이루어지지 않았다. 이것이 지난 세기를 특징짓는 한 과정을 결정짓게 되었는데, 기술의 불행한 수용이 그것이다. 기술의 불행한 수용이란 곧 기술이 단지 상품의 생산을 위해서만 사회에 봉사하는 상황을 한꺼번에 뛰어넘으려고 하는 활기차고 항상 새로운 시도들이 도달한 결과를 말한다. 이러한 시도들의 시초에 생시몽[31]주의자들의 산업문학이 있다. 그 뒤를 따르는 것이 막심 뒤 캉[32] 식의 사실주의인데, 그

---

31) Henri Saint-Simon, 1760~1825 : 프랑스 사회주의의 창시자로 여겨지는 철학자, 사회개혁가. 주저로 『유럽 사회의 재조직에 관하여』(1814), 『산업체제』(1819~23), 『신기독교』(1825)가 있다. 생시몽주의자들은 자본주의 형성의 사상적 토대로 생시몽의 사회사상을 추종하여 산업 개혁을 추진한 세력을 일컫는다. 생시몽 사상의 기초에는 '산업주의'가 있었으며, 그것은 "모든 것은 산업에 의하여, 그리고 모든 것은 산업을 위하여"라는 표어로 집약된다.
32) Maxime Du Camp, 1822~94 : 프랑스 작가, 저널리스트, 사진작가. 주요 저서로 19세기의 파리를 기술한 6권짜리 저술 『파리, 그 장기(臟器)와 기능과 생명』(Paris, ses

는 기관차에서 미래의 성녀를 보았다. 마지막 주자인 루트비히 파우 (Ludwig Pfau)³³⁾는 "천사가 될 필요는 하나도 없다. 철도는 가장 아름다운 날개 한 쌍보다 더 가치 있다!"³⁴⁾고 썼다. 기술을 바라보는 이러한 시선은 『정자』(Die Gartenlaube, 亭子) 지(誌)³⁵⁾에서 나온 것이었다. 이런 상황에서 우리는 19세기의 시민들이 즐겼던 '쾌적함'(Gemütlichkeit)이라는 것도 따지고 보면 자신의 손 아래에서 생산력이 어떻게 발전할 수밖에 없는지를 한 번도 경험할 필요가 없던 무사안일한 태도에서 비롯된 것이 아닐까 하는 의문을 제기해볼 수 있을 것이다. 결국 이러한 경험은 실제로 20세기에 와서야 이루어진다. 20세기에 사람들은 교통수단들의 빠른 속도라든지 말과 글을 다양하게 복제하는 기구들의 능력이 사람들의 욕구를 어떻게 능가하는지를 체험하게 된다. 기술이 이러한 한계를 넘어서서 발전시킨 에너지들은 파괴적이다. 그 에너지들은 우선 첫째로 전쟁의 기술과 전쟁 준비를 위한 저널리즘적인 예비 작업을 촉진하게 된다. 전적으로 계급에 의

---

organes, ses fonctions et sa vie, 1869~75)이 있다.

33) Karl Ludwig Pfau, 1821~75: 독일의 작가, 저널리스트, 혁명가. 1848년 혁명에 가담했으며 삽화를 곁들인 독일 최초의 정치적 풍자지 『오일렌슈피겔』(Eulenspiegel, 1847)을 창간했다.

34) 〔원주〕 David Bach, John Ruskin, in: Die Neue Zeit, XVIII, Stuttgart, 1900, I, p. 728에서 재인용.

35) Die Gartenlaube는 1953년 카일(E. Keil)이 라이프치히에서 창간한 근대 독일에서 대중적 성공을 거둔 삽화를 곁들인 가족잡지로 1937년까지 간행되었다. 1938년에는 Die neue Gartenlaube로 속간되다가 1944년 정간되었고, 1982년 다시 출간되고 있다. 이 잡지에 연재된 연재소설은 '정자소설'(Gartenlaubenroman)이라는 장르로 알려지게 되었다. Gartenlaube를 '정자'로 번역했지만 원래는 사방이 트인 언덕 같은 곳에 비와 햇빛을 막기 위해 목재나 주물로 만든 간단한 전원주택식 건물을 가리킨다. 목가적 분위기를 자아내는 이 건물은 19세기와 20세기 초에 널리 유행했다.

해 규정된 이러한 발전을 두고 우리는 그러한 발전이 지난 세기의 등위에서 이루어졌다고 말해도 좋을 것이다. 19세기는 기술이 지니는 파괴적인 에너지를 미처 의식하지 못했다. 이러한 점은 특히 세기말의 사회민주주의에 적용된다. 사회민주주의는 여기저기에서 실증주의의 환상들에 대항했다고 말하지만 전체적으로 보면 그러한 환상들에 사로잡혀 있었다. 사회민주주의의 입장에서 과거라는 것은 현재라는 창고 속으로 몽땅 가져온 것처럼 보였다. 사회민주주의는 미래가 노동을 통해 풍작의 축복을 가져다주리라고 믿었다.

3

이러한 시기에 푹스는 교육을 받았으며, 그의 저작의 결정적인 특성들은 이 시기에 형성되었다. 공식화해서 말하면 그의 저작은 문화사(Kulturgeschichte)에 뗄 수 없이 부착된 문제점을 공유하고 있다. 이러한 문제점은 앞서 인용한 엥겔스의 텍스트를 상기시킨다. 우리는 사적 유물론을 문화의 역사로 정의한 그의 텍스트 속에서 이 문제점에 대한 고전적 문구를 발견했다고 생각할 수 있을 것이다. 그것이 그 구절의 진정한 의미여야 하지 않을까? 이제는 독자성의 가상이 벗겨진 개별 분과들의 연구는 인류가 오늘날까지 보전해온 자산에 대한 연구로서 문화사의 연구에 합류해야 하지 않을까? 이러한 식으로 묻는 자는 실제로 (문학과 예술의 역사, 법의 역사, 혹은 종교의 역사로서의) 정신사가 포괄하는 문제성이 많은 여러 단위들 대신에 새롭고 가장 문제성이 있는 하나의 단위만을 설정할 것이다. 문화사는 자신의 내용들을 특출한 위치로 부각하여 제시하는데, 이러한 특출함은 사적 유물론자에게는 하나의 가상적인 특출함이고 허위의식에 의해 생겨나게 된 특출함이다.36) 사적 유물론자는 그러한 특출함을 거리를 두고 대한다. 지나간 과거를 슬쩍 한번 훑어보기만 해도 그의 그러한 태도가 정당하다는 것을 알 수 있을 것이다. 다시 말해 그가 예술과 과학에서 개관하는 것은 하나같이 그가 전율하지 않고서는 생각할 수 없는 곳에서 온 것들이기 때문이다. 그것들은 그것들을 만들어낸 위대한 천재들의 노고에뿐만 아니라 그 천재들과 함께 살았던 무명의 동시대인들의 노역에도 힘입고 있다. 동시에 야만의 기록이 아닌 문

---

36) [원주] 이러한 가상적 요인은 1912년 독일 사회학자 대회에서 행한 알프레트 베버(Alfred Weber)의 환영사에서 특징적으로 표현되었다. "삶이 삶의 제 필요성과 제 유용성에서 벗어나 그것들을 넘어서는 어떤 형상물이 되었을 때에 [……] 비로소 문화는 존재한다." 이러한 문화 개념 속에는 그 이후 싹을 틔우게 된 야만의 씨앗들이 잠재해 있다. 문화라는 것은 "삶의 존속에 대해서 잉여적인" 어떤 것으로서 나타나고 있는데 그러면서도 "우리는 그러한 잉여적인 것이 바로 우리의 삶이 그것을 위해 현존하고 있는 목표라고 [……] 느낀다"는 것이다. 요컨대 문화는 예술작품의 방식대로 존재한다. "예술작품은 무엇인가를 해체하고 파괴하는 식의 영향을 끼치며 어쩌면 전 생활형식과 삶의 원칙들을 혼란에 빠뜨릴 수도 있는 것이다. 그럼에도 우리는 그러한 예술작품의 존재를 그로 인해 파괴되는 모든 건강하고 생기에 차 있는 것들보다 더 고차원적인 것으로 느낀다"(Alfred Weber, "Der soziologische Kulturbegriff", in: *Verhandlungen des Zweiten Deutschen Soziologentages*. Schriften der Deutschen Gesellschaft für Soziologie, 1. Serie, II. Band, Tübingen, 1913, pp. 11~12). 이 말이 있고 25년이 지난 뒤 문화국가들은 그러한 예술작품과 닮는 일, 그러한 예술작품이 되는 일을 그들의 명예로 삼았다. [Alfred Weber, 1868~1958: 독일의 경제학자이자 문화사회학자로서 막스 베버(Max Weber)의 동생이다. 경제학에서는 '산업입지론'을, 사회학 분야에서는 형식(形式)사회학을 비판하고 문화(文化)사회학을 제창하였다. 역사적 생활의 모든 영역을 사회과정·문명과정·문화운동으로 구분하고, 형식적 주체와의 관련을 바탕으로 역사적 개체(個體)를 형성하는 '문화'와 단순한 수단적 가치의 누적이며 주체를 떠나서 전파 파급이 가능한 '문명'을 구별하였다. ─ 옮긴이]

화의 기록이란 결코 없다. 지금까지 어떤 문화사도 이러한 사정이 지니는 근본적 의미에 합당하지 못했으며, 앞으로도 합당하리라는 것을 기대할 수 없다.

그렇지만 여기에 결정적인 문제가 있는 것은 아니다. 문화라는 개념이 사적 유물론의 입장에서 볼 때 문제성을 띤 하나의 개념이라면, 문화가 인류에게 일종의 소유 대상이 될 재화들로 분쇄된다는 것은 사적 유물론자로서는 이해할 수 없는 일이다. 과거의 작품은 그에게는 완결되어 있지 않다. 사적 유물론은 과거의 작품이 사물이 되고 손에 쥘 수 있는 것이 되어 품 안에 굴러들어 오는 시대라는 것을 생각할 수 없다. 구성물의 총체가 그것들이 생겨나게 되는 생산 과정으로부터는 아닐지라도 그것들이 존속하게 되는 과정으로부터 독립되어 관찰되는 형상물들의 총체를 뜻하는 문화 개념은 그에게는 물신적 특성을 지닌다. 그런 문화는 물화(物化)되어 나타난다. 그러한 문화의 역사란 인간의 의식 속에서 아무런 진정한 경험, 즉 아무런 정치적인 경험에 의해서도 헤집어진 적이 없는 기념비적인 것들로 이루어진 침적물 이외의 아무것도 아닐 것이다.

그 밖에도 우리는 문화사적인 토대 위에서 기도되었던 어떠한 역사서술도 이러한 문제점에서 벗어나지 못했다는 점을 간과할 수는 없을 것이다. 이러한 문제점은 카를 람프레히트[37]에 의해 광범위하게

---

37) Karl Lamprecht, 1856~1915 : 독일의 역사가. 부르크하르트(Jacob Burckhardt)의 영향을 받은 그는 역사학이 단지 정치적이기만 한 것이 아니라 사회심리학적이라는 주장을 펼쳤고 『문화사적 방법』(*Die kulturhistorische Methode*, 1900)에서는 역사적 방법을 재검토하고 사회사와 문화사를 역사 연구의 정당한 영역으로 받아들일 것을 지지했다.

기도된 『독일사』에서 쉽게 찾아볼 수 있다. 『새 시대』지의 비평이 이 책을 한 번 이상 다루고 있는 데에는 그럴 만한 까닭이 있다. 메링은 이 비평에서 다음과 같이 쓰고 있다. "주지하다시피 람프레히트는 부르주아 역사학자들 가운데에서 사적 유물론에 가장 가까이 접근했던 사람이다." 그렇지만 "람프레히트는 중도에서 머무르고 말았다. [……] 람프레히트가 경제적·문화적 발전 과정을 어떤 특정한 방법으로 다루고자 하면서도 같은 시대의 정치적 발전 과정은 몇몇 다른 역사가들의 말을 모아 짜깁기해놓았을 때는 이미 역사적 방법의 개념은 [……] 떠난 셈이다."[38] 실용주의적 사관을 근거로 하여 문화사를 서술한다는 것은 분명 하나의 모순이다. 그러나 변증법적 문화사 자체의 모순은 더 깊다고 할 수 있는데, 왜냐하면 역사의 연속성은 변증법에 의해 폭파되고 나면 그 어느 부분보다도 사람들이 문화라 칭하는 부분에서 가장 멀리 흩뜨려지기 때문이다.

  요컨대 문화사라는 것은 단지 겉보기에만 통찰의 진전을 보여주고 있을 뿐 변증법의 진전을 겉보기로나마 보여주는 법은 한 번도 없다. 그 이유는 문화사에는 변증가의 경험이나 변증법적 사유를 신빙성 있는 진실한 경험으로 보증해주는 파괴적인 요인이 빠져 있기 때문이다. 분명 문화사는 인류의 등에 쌓이는 보화의 무게를 증가시키고 있기는 하다. 하지만 문화사는 인류에게 그 보화를 뒤흔들어 그것을 수중에 넣을 수 있도록 할 힘을 주지는 않는다. 이와 똑같은 것이 바로

---

38) [원주] Franz Mehring, "Akademisches", in: *Die Neue Zeit*, XVI, Stuttgart, 1898, I, pp. 195~96.

문화사를 지표로 삼았던 세기말의 사회주의 교육사업에 적용된다.

4

푹스의 저작은 그 역사적 윤곽을 이러한 배경 앞에서 드러낸다. 그의 저작이 지속성을 갖는 곳에서 그의 저작은 그 어느 때보다 불리하게 보였던 정신적 상황에서 쟁취해낸 결과였다. 그리고 여기서 그의 시대가 이론가로서의 그에게 접근을 차단했던 많은 것을 포착하도록 가르쳐준 것은 그의 수집가적인 면이었다. 캐리커처, 포르노적인 묘사와 같은 한계 영역까지 진출함으로써 전통적인 예술사에서 나온 일련의 천편일률적인 도식들을 무력화한 것도 수집가로서의 그였다. 우선 지적해야 할 점은 푹스는 마르크스에게서도 그 흔적이 엿보이는 의고전주의적 예술관과 전면적으로 결별하였다는 점이다. 시민 계급이 이 의고전주의적 예술관을 발전시키면서 사용하였던 개념들, 예컨대 아름다운 가상이라든가 조화, 다양한 것들의 통일과 같은 개념들은 푹스에게서는 더는 작동하지 않는다. 작가로서의 푹스를 의고전주의의 이론으로부터 등을 돌리게 하였던 수집가로서의 탄탄한 자기주장은 때로는 고대 자체에 맞서서도 격렬하고 뻣뻣하게 작용하기도 한다. 1908년 그는 로댕과 막스 슬레포크트[39]의 작품을 근거로 하나의 새로운 미를 예언한다. 그에 따르면 이 "새로운 미는 그것이 보여주

---

39) Max Slevogt, 1868~1932 : 독일 인상파의 대표적 화가. 프랑스 인상파 화가들에게서 강한 자극을 받았다.

는 궁극적인 결과를 두고 보면 고대의 미보다도 훨씬 더 위대하게 되리라는 것을 기약하고 있는데, 그것은 고대의 미가 지고(至高)의 동물적인 형식이었다면 새로운 미는 어떤 웅장한 정신적·영혼적 내용으로 가득 채워지게 될 것이기 때문"이라는 것이다.[40]

요컨대 한때 괴테와 빙켈만의 예술관을 규정했던 가치질서는 푹스에게서는 일체의 영향력을 상실하고 있다. 하지만 그렇기 때문에 관념론적인 예술관이 완전히 혁파되었다고 생각한다면 그것은 오산이다. 그러한 일은, 관념론이 하나는 '역사적 서술'로서, 다른 하나는

---

[40] 〔원주〕 *Erotische Kunst*, Bd. I, p. 125. — 동시대의 조형예술에 대한 끊임없는 관심은 수집가 푹스가 지닌 가장 중요한 충동들 가운데 하나이다. 그러한 관심은 부분적으로는 과거의 위대한 창작물들로부터 오기도 하였다. 예전의 캐리커처에 대한 탁월한 지식은 그에게 일찍이 툴루즈로트레크, 존 하트필드, 게오르게 그로스의 작품들을 해명해주는 열쇠가 되었다. 오노레 도미에에 열정적으로 탐닉하다가 슬레포크트의 작품을 알게 된 푹스는 그의 돈키호테 구상을 도미에와 동렬에 둘 수 있는 유일한 구상으로 생각하였다. 도자기에 대한 연구를 통해 푹스는 에밀 포트너(Emil Pottner)와 같은 사람을 후원할 만큼 도자기에 대한 권위를 얻게 되기도 한다. 푹스는 그의 생애 내내 조형예술가들과 친밀한 교류를 맺었다. 그렇기 때문에 예술작품들에 대해 언급하는 그의 방식이 종종 역사가의 방식이라기보다는 예술가적인 방식인 점은 놀라운 일이 아니다. 〔Henri de Toulouse-Lautrec, 1864~1901 : 19세기 프랑스의 화가, 삽화가. 사실주의적 경향과 풍자적 경향을 결합하였고 특히 그의 소묘는 날카롭고 박력 있는 표현으로 근대 소묘사에서 중요한 위치를 차지한다. John Heartfield, 본명은 Helmut Herzfelde, 1891~1968 : 독일의 그래픽 아티스트, 사진작가, 디자이너. 베를린 다다의 창시자 중 한 사람. 그는 사진 몽타주를 정치적 무기로 사용하였다. George Grosz, 1893~1959 : 신즉물주의로 알려진 독일 바이마르 공화국 시대의 화가. 그의 그림은 부르주아 기업가, 군국주의, 자본주의를 전형적으로 묘사하여 풍자한 것이 특징이다. 1932년 미국에 망명했다. Honoré Daumier, 1808~79 : 생전에는 크게 주목받지 못했지만 오늘날 캐리커처의 거장이자 위대한 감수성을 지닌 화가, 조각가로 알려져 있다. 풍자지 『캐리커처』(*La Caricature*)와 『샤리바리』(*Charivari*) 지에 연재한 소묘와 석판화에서 중산층의 평범한 일상을 생생하게 묘사, 해부하면서 풍자했다. 1848년 혁명 이후에는 도시 하층민의 고뇌를 전형적으로 표현한 유채화, 수채화에 주력하였다. — 옮긴이〕

'기리는 평가'(Würdigung)로서 수중에 쥐고 있는 분리된 사지(disiecta membra)가 하나가 됨으로써 그 자체가 시대에 뒤떨어진 것이 되기 전까지는 일어날 수가 없을 것이다. 관념론적 예술관을 뒤엎는 일은 역사학이 해야 할 일인데, 이때 역사학의 대상은 어떤 단순한 사실들의 뭉치가 아니라 오히려 과거라는 씨줄이 현재라는 직조 속에 엮어 넣어진 상태를 나타내는 일군의 소수의 실들이다. (우리가 이처럼 엮어 넣어진 상태를 단순한 인과율적 결합과 동일시한다면 그것은 잘못일 것이다. 그런 상태는 오히려 일종의 변증법적인 직조이다. 그 실들은 수백 년 동안 잊혀질 수도 있지만, 현재의 역사 진행은 그러한 실들을 비약적으로 또 눈에 띄지 않게 다시 붙잡을 수 있다.) 순전한 사실성에서 벗어난 역사적 대상은 어떠한 '기리는 평가'도 필요로 하지 않는다. 그 이유는 그러한 역사적 대상은 현재성(Aktualität)과의 애매모호한 유사점들을 보여주는 것이 아니라 현재성이 해결하지 않으면 안 되는 엄밀한 변증법적 과제 속에서 구성되기 때문이다. 실제로 푹스가 겨냥한 것도 바로 그것이다. 우리는 이러한 변증법적 과제를 무엇보다도 텍스트를 가끔 강연에 접근시키고 있는 그의 격앙된 필치에서 느낄 수 있다. 하지만 다른 한편으로는 그 의도와 출발점에만 머무르고 있는 경우도 적지 않음을 엿볼 수 있다. 의도에서 근본적으로 새로운 면이 강력하게 표현되는 곳은 무엇보다도 소재적인 대상이 그 의도에 부합하는 곳에서이다. 이것은 성화상(聖畵像)의 해석, 대중예술에 대한 관찰, 복제기술에 대한 연구에서 이루어지고 있다. 이 분야들에서 푹스의 저작들은 획기적이다. 이 분야들은 예술작품을 두고 장차 이루어질 모든 유물론적 관찰의 구성 요소이다.

위에 언급한 세 가지 모티프는 한 가지 공통점이 있다. 즉 이들 모티프는 전통적인 예술관에 비추어 보면 파괴적으로 여겨질 수밖에 없는 인식들에 대한 지침을 내포하고 있다. 복제기술에 대한 연구는 수용의 결정적 중요성을 밝혀주는데, 이것은 그 어떤 다른 연구 방향도 해명해줄 수 없다. 그리고 이러한 연구는 이를 통해 예술작품에서 일어나는 물화 과정을 어느 한도까지는 교정할 수 있게 해준다. 대중예술에 대한 관찰은 천재 개념을 수정할 수 있도록 해준다. 즉 대중예술에 대한 관찰은 예술작품이 생성되도록 하는 데 관여한 영감을 넘어서서, 실제로 그 영감이 생산적인 것으로 되게끔 해주는 유일한 것으로서의 외관(Faktur)을 간과하지 않게 해준다. 끝으로 그의 성화상에 대한 해석은 수용과 대중예술에 관한 연구에 필수 불가결한 것으로 입증되고 있을 뿐만 아니라 무엇보다도 그것은 모든 형식주의가 쉽게 자행하는 월권행위를 하지 못하게 만든다.[41]

푹스는 형식주의와 대결하지 않으면 안 되었다. 푹스가 자신의 작품의 토대를 세우고 있을 무렵 하인리히 뵐플린[42]의 설이 득세하고 있었다. 「개인적인 문제」라는 글에서 푹스는 뵐플린의 저서 『고전예

---

41) [원주] 성화 해석의 거장으로서 에밀 말을 꼽을 수 있을 것이다. 그러나 그가 행한 연구들은 12세기에서 15세기에 걸친 프랑스 성당들의 조각작품에 국한되어 있기 때문에 푹스의 연구 영역과 중복되지는 않는다. [Émile Mâle, 1862~1954 : 프랑스 미술사가, 중세 프랑스 성화 연구의 전문가. 『프랑스 13세기의 종교미술』(1898) 등의 저술이 있다. ― 옮긴이]
42) Heinrich Wölfflin, 1864~1945 : 스위스 미술사학자. 양식 변천의 근원을 시대정신·민족성·개인 기질에서만 추구하지 않고, 눈으로 본 형식 자체를 전개하는 데서 파악하여 '인명 없는 미술사'를 제창하고, 특히 르네상스에서 바로크에 이르기까지의 발전을 기초적인 5쌍의 대립 개념을 바탕으로 체계를 세웠다. 주요 저서로 『르네상스와 바로크』(1888), 『고전예술』(1899), 『미술사의 기초 개념』(1915) 등이 있다.

술』에 나오는 한 기본 원칙에 대해 언급하고 있다. 그 기본 원칙이란 다음과 같다. "양식 개념들로서 15세기와 16세기의 르네상스 예술은 어떤 소재적인 특성들로 모두 설명할 수는 없다. 이 예술 현상은, 어떤 특수한 신념이나 특수한 미적 이상과는 근본적으로 무관한 어떤 예술적 시각상의 발전이 있었음을 시사해준다."[43] 이러한 뵐플린의 말은 분명 사적 유물론자에게 저항감을 불러일으킬 수 있다. 하지만 그 말 속에는 유익한 점도 들어 있는데, 왜냐하면 푹스는 예술적인 시각의 변화라는 것이 어떤 변화한 미적 이상에서보다는 오히려 보다 더 근원적인 과정들에서 비롯한다는 사실에 더욱 흥미를 느꼈기 때문이다. 그 근원적인 과정들이란 바로 생산에서의 경제적·기술적 변화를 통해 시작되는 과정들을 가리킨다. 이 경우 다음과 같은 물음, 즉 르네상스는 주거건축에서 경제적으로 조건 지어진 어떠한 변화들을 수반했으며 또 르네상스 회화는 새로운 건축술에 대한 전망으로서, 그 회화가 가능케 한 현상에 대한 도해로서 어떠한 역할을 수행하였는가 하는 물음을 연구해본다면 전혀 소득이 없지는 않을 것이다.[44]

---

43) 〔원주〕 Heinrich Wölfflin, *Die klassische Kunst. Eine Einführung in die italienische Renaissance*, München, 1899, p. 275.
44) 〔원주〕 더 오래된 그림에서는 사람의 숙소로서 작은 움막과 같은 것을 그리는 것이 고작이었다. 르네상스 초기에 이르러서야 처음으로 내부 공간들이 그림에서 묘사되기 시작했는데 그 내부 공간 속에서 각각의 인물은 활동 공간을 가지고 있었다. 그리하여 파올로 우첼로가 고안해낸 원근법은 그 당시 사람들과 그 자신에게도 압도적인 중요성을 지니게 된다. 이때부터 (한때 기도하는 자들을 그렸던 것과는 달리) 거주하는 자들에 대한 묘사에 이전보다 더 치중하게 된 회화는 그들에게 그들이 거주할 곳에 대한 설계 도안을 제공해주었으며 지칠 줄 모르게 별장의 전망들을 그들에게 보여주었다. 원래의 실내 공간을 묘사하는 데에 훨씬 더 인색하였던 후기 르네상스도 그러한 토대 위에서 구성하였다. "15세기는 사람과 건축물 사이의 관계, 어

물론 뵐플린은 이 물음을 단지 피상적으로 다루었을 뿐이다. 그러나 푹스가 그에 맞서서 "바로 이러한 형식적인 요인들이야말로 그 시대의 변화된 분위기로밖에는 달리 설명할 수 없는 것들이다"[45]라고 주장할 때, 그것은 무엇보다도 앞서 지적했던 문화사적인 범주들이 지니는 의심스러운 면을 시사해준다.

 작가로서 푹스가 걸었던 길을 보면 거기에는 논쟁이나 토론이라는 것이 없었다는 점이 여러 군데에서 드러나고 있다. 논쟁적인 변증법은 헤겔의 정의에 따르면 "적을 내부로부터 파괴하기 위하여 그 적이 지닌 힘 속으로 파고들어가는"데, 푹스의 개념의 무기고에는 그가 논쟁적으로 보일지라도 그러한 논쟁적인 변증법의 요소를 찾아볼 수 없다. 마르크스와 엥겔스를 이은 연구자들에 이르러서는 사고의 파괴적인 힘은 약화되었고, 이제 사고는 세기를 상대로 더는 도전할 엄두를 내지 못했다. 이미 메링에게서도 사고의 파괴적 힘의 어조는 숱한 자잘한 싸움 속에서 꺾여 있었다. 그래도 메링은 『레싱 전설』이라는 괄목할 만한 업적을 남겼다. 그는 위대한 고전 작품들 속에 정치적·학문적·이론적 에너지들이 얼마나 결집되어 있었는지를 보여주었다. 이로써 메링은 대중문학이나 좇아가는 동시대인들의 타성에 대한 자신의 반감을 힘주어 표현했다. 그는 프롤레타리아트가 경제적·정치

떤 아름다운 공간이 불러일으키는 반향에 대해 특히 강렬한 느낌을 갖고 있었다. 15세기의 예술은 이러한 건축술적인 이해나 그 기초를 마련하는 작업이 없이는 거의 어떤 존재도 상상할 수 없다"(Heinrich Wölfflin, 앞의 책, p. 227). [Paolo Uccello, 1397~1475 : 이탈리아 화가. 피렌체 출생으로 투시도법의 연구자로 널리 알려져 있다. — 옮긴이]

45) [원주] *Erotische Kunst*, Bd. II, p. 20.

적 승리를 거두고 난 후에야 비로소 예술은 그 부활을 기대할 수 있다는 확고한 인식에 도달하였다. 또한 "예술은 프롤레타리아트의 해방적 투쟁에 깊이 관여할 능력이 없다"[46)]는 굳건한 인식에도 도달하였다. 그 후 예술이 발전해간 모습은 메링의 생각이 옳았음을 입증해주었다. 그가 도달한 인식을 보면 우리는 그가 학문적 연구에 역점을 두고 있었음을 알 수 있다. 메링은 학문적 연구를 통해서 수정주의에 대항할 엄격성과 견고함을 획득하였다. 이렇게 해서 그의 성격의 이미지 속에는 최상의 의미에서 부르주아적이라고 부를 수 있는 특성들이 형성되었다. 그러나 이러한 특성들은 그를 변증가로 보게 할 수 있는 성격적 특성과는 거리가 먼 것이다. 이에 못지않게 푹스의 경우에도 그러한 부르주아적 특성이 나타나고 있다. 어쩌면 더 두드러지게 나타난다고 말할 수 있는데, 왜냐하면 그의 그러한 특성들은 보다 더 팽창력 있고 감각주의적인 소질들과 어울려 있기 때문이다. 어쨌든 우리는 푹스의 초상을 어떤 부르주아 학자들의 초상을 전시해놓은 화랑에 갖다 놓아도 무방할 것이다. 우리는 그의 옆 자리에 그와 마찬가지로 합리주의적인 광기와 정열을 지녔던 게오르크 브란데스[47)]를 두어도 무방할 것이다. 그들은 (진보, 학문, 이성이라는) 이상의 횃불을 높이 들고 광대한 역사적 공간들을 비추는 데 정열을 기울인 자들이다. 푹스의 다른 옆 자리에는 민속학자인 아돌프 바스티안[48)]을 두어도 좋

---

46) [원주] Franz Mehring, "Geschichte der deutschen Sozialdemokratie, Zweiter Teil: Von Lassalles Offenem antwortschreiben bis zum Erfurter Programm", *Geschichte des Sozialismus in Einzeldarstellungen*, III, 2, Stuttgart, 1898, p. 546.
47) Georg Morris Brandes, 1842~1927 : 덴마크의 문학비평가, 유물론적 역사가. 셰익스피어·괴테·볼테르·키르케고르·니체 등에 관한 연구를 했다.

을 것이다. 무엇보다도 푹스의 만족할 줄 모르는 자료 수집욕이 그를 상기시키기 때문이다. 그리고 마치 바스티안이 어떤 물음을 해명해야 할 필요가 있을 때에는 언제나 작은 손가방을 들고서 몇 달 동안이고 고향을 떠나 탐험길에 오를 마음의 태세를 갖춤으로써 전설적인 명망을 얻은 것과 마찬가지로 푹스 역시 어느 때고 새로운 예증을 찾아 나서야겠다는 충동이 일 때마다 그 충동을 따랐다. 두 사람의 작품 모두 무궁무진한 연구 자료의 보고(寶庫)로 남게 될 것이다.

5

긍정적인 데 경도하는 본성을 지닌 어떤 열광자가 어떻게 캐리커처에 심취하게 되었는지는 심리학자에게는 하나의 의미심장한 물음임이 틀림없다. 심리학자가 그 물음에 어떻게 대답하든 상관없다. 푹스에 관한 한 사정은 명약관화하다. 처음부터 그의 예술에 대한 관심은 사람들이 흔히 '아름다운 것에 대한 기쁨'이라고 칭하는 것과는 달랐다. 처음부터 진리는 유희 속에 섞여 있었다. 푹스는 지칠 줄 모르게 캐리커처의 사료적 가치와 권위를 강조하였다. "진리는 극단적인 것 속에 있다"고 그는 이따금 표현하고 있다. 그는 한 걸음 더 나아가,

---

48) Adolf Bastian, 1826~1905 : 19세기 민족학자. 독일 민족학 초창기의 대표적 학자로서 세계 각지를 탐사하며 여행했고 베를린 민족박물관을 연구기관으로 설립하기도 했다. 세계 각지 문화의 일치점과 상이점을 설명하기 위해서 근원사고(Elementargedanken)와 민족사고(Völkergedanken)라는 개념을 주창했다. 그 자신은 진화론자가 아니었지만, 인류의 심리가 기본적으로는 같기 때문에 각지에서 유사한 제도와 습속(習俗)이 발생한다는 그의 근원사고설은 문화진화론을 뒷받침하는 이론으로서 환영받았다.

캐리커처는 그에겐 "어느 면에서는 (······) 모든 객관적 예술의 출발점이 되는 형식이다. 민속 박물관들을 한 번만 들여다보아도 이러한 명제는 곧 입증될 수 있다"[49]고 말한다. 푹스가 선사시대의 종족들이나 어린아이들의 그림을 끌어들일 때, 어쩌면 캐리커처의 개념이 많은 문제점을 안고 있는 어떤 상관관계 속에 들어갈지 모른다. 하지만 그럴수록 그가 예술작품의 노골적 요소들에 대해—그것이 내용적인 것이든[50] 아니면 형식적인 것이든 간에—보이는 맹렬한 관심은 그만큼 더 원초적으로 표출되고 있다. 이러한 관심이 그의 작품 전체를 관통하고 있다. 후기의 『당조의 조형예술』에서도 다음과 같은 것을 읽을 수 있다. "그로테스크한 것은 감각적으로 표상할 수 있는 것을 최고도로 고양시킨 것이다. (······) 이러한 의미에서 그로테스크한 형상물들은 동시에 한 시대의 넘쳐흐르는 기운의 표현이다. (······) 물론 그로테스크한 것의 원동력을 두고 보면 이와는 극단적으로 대립되는 점이 있다는 사실은 이론의 여지가 없다. 퇴폐적 시대나 병적인 두뇌를 가진 자들도 그로테스크한 형상을 추구하는 경향이 있다. 이 경우 그로테스크한 것은 퇴폐적 시대와 병적 개인들에게는 세계와 삶의 문제

---

49) [원주] *Karikatur*, Bd. I, p. 4.
50) [원주] 무산자 계급의 여자들을 그린 도미에의 인물들에 대한 푹스의 훌륭한 언급을 참조할 것: "그러한 소재를 단순한 율동의 모티프(Bewegungsmotive)로 보는 사람은, 감동적인 예술을 형상화하기 위해 작용하지 않으면 안 되는 궁극적인 원동력들이 그에게는 어떤 봉인된 책과 같은 것이라는 점을 증명해주는 셈이 된다. (······) 이 그림들에서는 (······) '율동의 모티프'와는 전혀 다른 무엇이 다루어지고 있다는 바로 (······) 그 이유 때문에 도미에의 작품들은 19세기 어머니들의 질곡적 상황을 그린 감동적인 기념비로서 (······) 영원히 살아남을 것이다"(*Der Maler Daumier*, p. 28).

들이 해결될 수 없는 것으로 보인다는 사실에 대한 충격적인 반작용의 표현이다. 〔……〕 이 두 경향 가운데 어느 경향이 창조적 추진력으로서의 그로테스크한 판타지의 배후에 있는가 하는 것은 금방 알아볼 수 있다."51)

이 구절은 많은 점을 시사해준다. 푹스의 저작들이 광범위한 영향력을 갖게 되고 대중적으로 각별한 인기를 얻게 된 이유가 바로 이 구절 속에서 명백하게 드러난다. 그것은 곧 그가 서술할 때 사용하는 기본 개념들을 가치평가와 융합시킬 줄 아는 재능이다. 이러한 일은 종종 대규모로 이루어진다.52) 게다가 이러한 가치평가들은 항상 극단적이다. 이러한 평가들은 극단적 성격을 띠고 등장하며, 또 그런 식으로 가치평가와 융합되어 있는 개념을 양극화한다. 그로테스크한 것을 서술할 때에도 그러하며 에로틱 캐리커처를 서술할 때에도 그러하다. 이러한 서술은 몰락기에는 '외설'이거나 "간지럽게 하는 감각적 자극"이고, 상승기에는 "흘러넘치는 욕구와 분출하는 힘의 표현"53)이다. 푹스가 끌어들이고 있는 것들은 때로는 개화기와 몰락기의 가치 개념들이고 때로는 건강한 것과 병든 것의 가치 개념이다. 그는 이러한 개념들의 문제점이 드러날지도 모르는 한계 상황들은 피한다. 그는 즐겨 "아주 거대한 것"에 집착하는데 왜냐하면 그러한 것은 "가장 단순한 것 속에 들어 있는 매혹적인 것"에 대해 공간을 부여하는 특

---

51) 〔원주〕 *Tang-Plastik*, p. 44.
52) 〔원주〕 예술작품의 에로틱한 영향에 관한 푹스의 명제, 즉 "영향이 강렬하면 강렬할수록 예술적 질은 그만큼 더 높다"고 한 말을 참조할 것(*Erotische Kunst*, Bd. I, p. 68).
53) 〔원주〕 *Karikatur*, Bd. 1, p. 23.

권을 가지고 있기 때문이다.[54] 그는 바로크와 같은 균열이 난 예술시대들을 높이 평가하지 않는다. 위대한 시대는 그에게도 르네상스이다. 여기에서는 창조력에 대한 그의 숭배가 고전주의에 대한 그의 혐오를 압도하고 있다.

독창적인 것이라는 개념은 푹스에게도 생물학적 요소가 강하게 혼입된 개념이다. 또 천재가 종종 호색가의 면모를 지니고서 등장한다면, 푹스가 거리를 두는 예술가들은 남성적인 요소가 줄어든 사람들로 나타난다. 푹스가 엘 그레코, 바르톨로메 무리요, 호세 데 리베라[55]를 서로 대조하면서 그들에 대한 판단을 다음과 같이 요약하고 있을 때 그와 같은 생물학적 관점이 잘 드러나고 있다. 즉 "세 사람 모두 그들 나름대로 하나같이 '고루한' 에로티커라는 바로 그 이유 때문에 바로크 정신의 고전적인 대표자들이 되었다."[56] 우리는 푹스가 자신의 기본 개념들을 발전시켰던 시대가 '병리학'이 예술심리학의 궁극적 기준이었던 체사레 롬브로소[57]와 파울 뫼비우스[58]와 같은 대가들에게 권위를 부여하였던 시대라는 점을 간과해서는 안 될 것이다. 또한 천재 개념은 이 시기에 출간된 부르크하르트[59]의 영향력 있는 저서

---

54) 〔원주〕 *Dachreiter*, p. 39.
55) 그레코(El Greco, 1541~1614), 무리요(Bartolomé Esteban Murillo, 1617~82), 리베라(José de Ribera, 1591~1652) : 세 사람 모두 에스파냐의 화가들.
56) 〔원주〕 *Die großen Meister der Erotik*, p. 115.
57) Cesare Lombroso, 1836~1909 : 이탈리아 법의학자, 정신의학자, 범죄인류학 창시자. 천재와 정신병자의 유사점을 논한 천재론 등을 연구했다.
58) Paul Julius Möbius, 1853~1907 : 독일의 정신병리학자로서 루소, 괴테, 니체와 같은 천재들의 병리적 특질에 대한 연구로 알려져 있다.
59) Jacob Burckhardt, 1818~97 : 19세기 스위스의 역사가, 문화사가. 역사가 랑케와 미술사가 F. T. 쿠글러의 지도를 받았다. 미술과 문화에 대한 연구를 통해 르네상스

『르네상스 시대의 예술』이 제공한 풍부하고 구체적인 자료로 채워짐으로써 이러한 천재 개념은, 창작은 뭐니 뭐니 해도 우선 넘쳐흐르는 힘의 표현이라는 당시 널리 퍼져 있던 확신을 또 다른 근거로부터 확인해주었다. 푹스가 나중에 정신분석학과 유사한 구상들에 도달했던 것도 바로 이와 유사한 시대적 경향에 힘입어서이다. 그는 정신분석학을 예술학을 위해 생산적인 것으로 만든 최초의 인물이 되었다.

이러한 견해에 따라 예술적 창작을 특징짓는 분출적이고 직접적인 요소들은 예술작품을 파악하는 푹스의 관점도 상당히 지배하고 있다. 그래서 그러한 요소들은 종종 그의 경우 지각과 판단 사이에 놓여 있는 어떤 비약 이상의 것이 되지 못하고 있다. 실제로 '인상'(印象)이라는 것은 그에게는 관찰자가 작품에서 경험하는 당연한 충격일 뿐만 아니라 관찰 그 자체의 카테고리이기도 하다. 푹스는 예컨대 명조의 기교적 형식주의에 대한 자신의 비판적·유보적 입장을 밝히면서, 명대의 작품들은 "결국에는 〔······〕 가령 당조가 그 위대한 선을 〔······〕 가지고 도달하였던 것과 같은 인상에 더는, 아니 결코 한 번도 도달하지 못하고 있다"[60]고 자신의 입장을 요약하고 있나. 이렇게 해서 작가 푹스는 특수하면서도 확신에 차 있는 문체, 어쩌면 조야하다고 할 수도 있는 그런 문체에 도달하였는데, 이러한 문체의 특징을 그는 『에로틱 미술의 역사』에서 다음과 같이 설명할 때 대가답게 구사하고 있

시대의 유럽 문화에 대한 일반적인 개념을 발전시켰고 이것이 근대 역사기술에 큰 영향을 주었다. 주저로 『이탈리아 르네상스의 문화』(1860), 『그리스 문화사』(1898~1902)가 있다.

60) 〔원주〕 *Dachreiter*, p. 40.

다. 즉 "한 예술작품에 작용하는 힘들을 올바르게 느끼는 일에서부터 그것을 남김없이 판독해내는 일에 이르는 길은 그야말로 단 한 걸음에 불과하다."[61] 이러한 문제는 누구나 도달할 수 있는 문제가 아니다. 푹스는 그러한 문제를 획득하기 위해 그 대가를 치르지 않으면 안 되었다. 그 대가를 한마디로 표현하자면 이렇다. 즉 경탄을 불러일으킬 수 있는 재능은 작가 푹스에게는 없었다. 그가 그러한 재능의 결핍을 느꼈음은 분명하다. 그는 이러한 결핍을 보상하려고 다양하게 노력하였다. 그래서 그는 그 어떤 것에 대해서보다도 그가 창작의 심리학에서 추적하고 있는 그 신비(神秘)들에 대해 이야기하기를 좋아하고, 또 유물론 속에 그 해답이 있는 역사 진행의 수수께끼들에 대해 이야기하기를 좋아하는 것이다. 그러나 이미 그의 창작관과 아울러 수용관을 규정하고 있는 충동, 여러 정황들을 단도직입적으로 해결하려는 충동은 결국 그의 분석에서도 그대로 관철되고 있다. 예술사의 흐름은 '필연적'인 것으로, 양식적 특성들은 '유기적'인 것으로, 그리고 이상하게 보이는 예술적 형상물들까지도 '논리적'인 것으로 나타난다. 분석이 진행되어가는 동안 이러한 기이한 예술적 형상물들은 나중에는, 예컨대 '절대적으로 논리적'이고 '유기적'인 것으로 보였던 불꽃의 날개와 촉각을 지닌 당조의 가공의 동물들처럼, 처음 인상을 주던 때보다는 논리적으로 되는 경우가 점차 드물어진다. "거대한 코끼리의 귀들조차 논리적인 것으로 보인다. 그것들의 자세 역시 항상 논리적이다. 〔……〕 중요한 것은 결코 구성된 개념만이 아니라 살아

---

61) 〔원주〕 *Erotische Kunst*, Bd. II, p. 186.

숨 쉬는 형식이 된 이념이다."[62]

---

62) [원주] *Tang-Plastik*, pp. 30~31. — 이러한 직관적이고 직접적인 관찰 방식은, 그것이 유물론적인 분석의 요건을 충족시키고자 할 경우에는 문제성을 띠게 된다. 잘 알다시피 마르크스는 상부구조와 하부구조의 관계를 세부적으로 어떻게 생각해야 할 것인가에 대해서는 상세하게 그의 생각을 피력하지 않았다. 확실한 것은 단지 그가 예술을 포함하는 상부구조라는 보다 멀리 떨어져 있는 영역들과 물질적인 생산관계들 사이에 개입되는 일련의 매개들, 말하자면 전달장치들을 생각하고 있었다는 점뿐이다. 플레하노프의 경우도 역시 마찬가지이다. 즉 "상위의 계급들에 의해 제작된 예술이 생산 과정과 전혀 직접적인 관련을 맺고 있지 않다고는 할지라도 그것은 궁극적으로는 [……] 경제적인 이유들로부터 해명될 수 있다. 이 경우에도 [……] 유물론적인 역사 해석이 적용된다. 그렇지만 존재와 의식 사이의 의심할 여지 없는 인과적인 상관관계, '노동'을 토대로 삼는 사회적 관계들과 예술 사이의 상관관계가 이 경우 그렇게 쉽게는 드러나지 않는다는 점은 자명한 사실이다. 여기서 몇 가지 중간적 단계들이 [……] 생겨난다"[Georgi Plechanow, "Das französische Drama und die französische Malerei im achzehnten jahrhundert vom Standpunkt der materialistischen Geschichtsauffassung"(유물론적인 역사관의 입장에서 본 18세기의 프랑스 연극과 프랑스 회화), in: *Die Neue Zeit*, XXIX, Stuttgart, 1911, I, pp. 543~44]. 다만 한 가지 분명한 사실은 여기서 마르크스의 고전적인 역사 변증법이 인과적인 종속관계를 기정사실로 간주하고 있다는 점이다. 나중에 가서 사람들은 더 느슨하게 이를 해석해서 때로는 유추적인 해석들로 만족하였다. 이러한 일은 십중팔구 시민적 문학사와 예술사를 광범위한 유물론적 문학사와 예술사로 대치하고자 했던 요구와 연관이 있을 것이다. 이러한 요구는 그 시대의 특징 가운데 하나이다. 그 요구는 빌헬름 시내적인 징신에 의해 지탱되었다. 푹스도 이러한 시대적 요구에 순응하였다. 작가 푹스가 다양한 형태로 즐겨 표현하고 있는 생각 중의 하나는 사실주의적인 예술시대들이 상업국가에 해당된다는 것을 증명하는 일이다. 17세기의 네덜란드나 8, 9세기경의 중국이 그 한 예가 될 수 있다. 황제국의 많은 특성들을 많이 시사해주는 중국의 원예에 대한 분석에서 출발하면서 푹스는 당(唐)의 지배하에서 생겨난 새로운 조각술에 관심을 기울이게 되었다. 기념비와 같은 경직화된 한대(漢代)의 양식이 풀어지기 시작했다. 도예 작업을 발전시켰던 익명의 거장들의 관심은 이제부터는 인간과 동물의 움직임에 쏠리기 시작한다. 푹스는 다음과 같이 상술하고 있다. "그 세기(8, 9세기) 중국에서는 시대가 거대한 잠에서 깨어났다. [……] 왜냐하면 상업이라는 것은 항상 고양된 삶과 움직임을 의미하기 때문이다. 그리하여 우선 첫째로 삶과 움직임이 당대(唐代)의 예술에 등장해야만 했다. [……] 그리고 이러한 특징은 사람들 눈에 확연하게 드러난 첫 번째 특징이기도 하다. 가령 한대의 경우 동물들의 전체적인 동작은 항상 무겁고 육중하기만 했던 데 비해,

여기서 당시의 사회민주주의 이론들과 가장 긴밀하게 관련되어 있는 일련의 생각들이 나타난다. 잘 알려져 있다시피 다윈주의는 사회주의적 역사관의 발전에 지대한 영향을 끼쳤다. 다윈주의의 영향은 비스마르크에 의해 사회주의가 박해를 받던 당시 당(黨)의 불굴의 확신과 단호한 투쟁에 도움을 주었다. 그 후 수정주의[63]에서 보듯이 당

[……] 당대에 와서는 그것들이 생기에 차 있고 모든 사지가 움직이고 있는 모습을 보게 된다"(*Tang-Plastik*, pp. 41~42). 이러한 관찰 방식은 단순한 유추, 즉 상업과 조각술에서의 움직임이라는 면에 그 근거를 두고 있다. 따라서 우리는 그러한 관찰 방식을 명목론적이라고 칭할 수 있을 것이다. 이와 마찬가지로 르네상스에서의 고대(古代) 수용을 통찰하려는 시도 역시 그와 같은 유추적인 해석에서 벗어나지 못하고 있다. "이 두 시대에서 경제적인 토대는 동일한 것이었다. 단지 르네상스에서는 그러한 경제적 토대가 보다 높은 발전 단계에 있었을 따름이다. 다시 말해 이 두 시대는 상품 교역에 그 근거를 두었다"(*erotische Kunst*, Bd. I, p. 42). 마지막에 가서는 상업 자체가 예술 작업의 주체로 나타나게 된다. "상업은 실제로 주어진 수치들을 고려하지 않으면 안 된다. 그것도 단지 구체적이고 검증 가능한 수치들만 고려의 대상으로 삼을 수 있다. 따라서 이러한 수치들을 경제적으로 처리하기 위해서는 상업은 이런 식으로 세계와 사물들에 대항하여 맞서지 않으면 안 된다. 그러니까 사물들을 보는 예술적 견해까지도 어느 모로 보나 사실적인 성격을 띠게 된다"(*Tang-Plastik*, p. 42). 우리는 예술에서 "어느 모로 보나 사실적인" 묘사라는 것은 있을 수 없다는 점을 차치해도 좋다. 고대 중국의 예술과 고대 네덜란드의 예술에 똑같이 해당되는 어떤 상관관계라는 것은 근본적으로 좀 문제가 있다고 할 수 있다. 실제 그러한 상관관계는 그렇게 성립되지 않는다. 베네치아 공화국의 경우를 일별해 보면 금방 알 수 있다. 베네치아 공화국은 상업을 통해 번창하였다. 그럼에도 팔마 베키오(Palma Vecchio), 티치아노(Tiziano) 혹은 베로네세(Veronese)의 예술은 "어느 모로 보나" 사실주의적인 예술이라고 말하기는 어렵다. 그들의 예술 속에서 우리가 만나게 되는 삶의 모습은 단지 품위 있고 장중한 성격을 띠고 있을 따름이다. 다른 면에서 보자면 상업 활동은 그것의 모든 발전 단계들에서 현실에 대한 상당한 감각을 요구한다. 따라서 유물론자는 양식적 행동에 관해서는 상업 활동으로부터 아무런 결론도 이끌어낼 수 없다. 〔빌헬름 시대는 빌헬름 프리드리히 루트비히 1세(1797~1888)의 재위 기간(1871~88)을 가리킨다. ―옮긴이〕

63) Revisionismus : 정통적 마르크스주의의 입장에서 마르크스주의에 수정을 가하려는 사상적 입장이나 운동을 수정주의라 한다. 수정주의 논란이 격렬했던 몇 가지 예를 보면 다음과 같다. 19세기 말, 독일 사회민주당 내에서는 E. 베른슈타인(Eduard

이 자본주의에 대항할 때 그간 당이 이룩한 것을 내걸고 투쟁하려는 의지가 적어지면 적어질수록 진화론적인 역사관은 그만큼 더 '발전'을 보증하는 역할을 맡게 되었다. 역사는 결정론적인 특성을 띠게 되었다. 당의 승리는 "반드시 이루어지고야 말 것이었다." 푹스는 수정주의에 늘 거리를 두었다. 그의 본능적인 정치 감각과 호전적인 기질은 그를 당의 좌파로 나아가게 하였다. 그러나 이론가로서의 그는 그러한 수정주의의 영향들에서 벗어날 수 없었다. 우리는 그러한 영향을 작품 도처에서 감지해낼 수 있다. 당시 엔리코 페리[64]와 같은 사람은 사회민주주의의 원칙들뿐만 아니라 그 전술까지도 자연법칙으로 환원하였다. 그는 무정부주의적 · 일탈적 경향들은 지질학과 생물학에 대한 지식이 부족하기 때문에 나타난다고 보았다. 카우츠키 같은 지도자들도 그러한 무정부주의적 경향들과 논쟁을 벌였음이 분명하다.[65] 그럼에도 불구하고 많은 사람들은 여전히 역사적 과정들을 '생

Bernstein, 1850~1932)을 중심으로 교조적 성격이 두드러진 마르크스의 정통적 혁명이론에 대한 비판이 시작되었다. 베른슈타인은 당시의 독일 및 유럽 자본주의의 경제사회적 상황에 대한 신중적 분석을 통하여 마르크스가 예언한 자본주의 붕괴의 허구성을 지적하고, 프롤레타리아 혁명 독재 대신에 민주적 · 점진적 사회개혁을 통하여 사회주의의 목표에 접근할 것을 주창하였다. 베른슈타인의 수정주의는 공산당의 교의에 대한 중요한 도전으로 받아들여졌고, 이에 따라 카를 카우츠키, F. A. 베벨 및 로자 룩셈부르크 등 당 이론가들의 비판이 이어졌다. 이후 당 대회에서는 베른슈타인의 점진적 사회개혁론이 부정되었으나, 실제의 정치적 관행에 있어서 독일 사회민주당은 수정주의 당으로 변모하였다. 오늘날 서유럽의 민주사회주의 정당들은 바로 이 수정주의의 후예이다.

64) Enrico Ferri, 1856~1929 : 형법에서의 실증주의 학파를 창설한 이탈리아의 형법학자, 범죄사회학자, 정치가. 사회당 기관지 『아방티』(*Avanti*)의 편집을 맡았으나 나중에 파시스트로 전향하였다.

65) [원주] Karl Kautsky, "Darwinismus und Marxismus", in: *Die Neue Zeit*, XIII, Stuttgart, 1895, I, pp. 709~10.

리학적인' 과정과 '병리학적인' 과정으로 분류하거나 아니면 자연과학적 유물론이 프롤레타리아트의 손에서 '자동적으로'(selbsttätig) 사적 유물론으로 고양되었다고 생각하는 테제들에 만족하였다.[66] 이와 유사하게 푹스에게도 인간사회의 진보는 마치 "사람들이 끊임없이 앞으로 밀고 내려오는 빙하를 막을 수 없는 것처럼 도저히 막을 수 없는"[67] 어떤 과정으로 나타난다. 그에 따라 결정론적인 견해는 확고한 낙관주의와 짝을 이룬다. 그렇다면 장기적으로 보면 확신이 없이는 어느 계급도 성공적으로 정치에 개입할 수 없게 된다. 그러나 낙관주의는 그것이 계급의 행동력에 적용되느냐 아니면 그 계급이 활동하는 상황에 적용되느냐에 따라 차이가 있다. 사회민주당은 후자의 미심쩍은 낙관주의로 기울었다. 바야흐로 전개되기 시작한 야만성, 즉 엥겔스의 경우 『영국 노동자 계급의 상황』에서, 그리고 마르크스의 경우 자본주의의 발전에 대한 예견에서 섬광처럼 잠깐 나타났었고 또 오늘날에는 평범한 정치가들에게조차 익숙한 그 야만성을 내다보는 시야가 세기말의 아류들에게는 가려져 있었던 것이다. 콩도르세[68]가 진보

---

66) 〔원주〕 H. Laufenberg, "Dogma und Klassenkampf", in: *Die Neue Zeit*, XXVII, Stuttgart, 1909, I, p. 574.—자발성(Selbsttätigkeit)의 개념은 여기서 씁쓸하게 추락했다. 그 개념이 위대하게 등장했던 시대는 시장들의 균형이 시작되었던 18세기였다. 그 당시 그 개념은 자발성(Spontaneität)의 형태로 칸트에게서, 또 자동기계의 형태로 기술에서 승리를 구가했다.

67) 〔원주〕 *Karikatur*, Bd. I, p. 312.

68) Marie-Jean-Antoine Nicolas de Caritat, marquis de Condorcet, 1743~94 : 프랑스 수학자, 철학자, 정치가. J. R. 달랑베르, 볼테르, A. R. T. 튀르고 등과 교유하면서, 『백과전서』 편찬에 협력하여 경제학 항목을 담당하였다. 1782년에는 아카데미 프랑세즈에 들어가 볼테르 전집 간행사업에 참여하였다. 그는 백과전서적인 지식과 인류 진보에 대한 강한 확신으로 계몽 세기의 최후를 장식하기에 어울리는 사상가

이론을 펼칠 때만 해도 시민 계급은 권력의 장악을 목전에 두고 있었다. 1세기가 지난 뒤 프롤레타리아트는 그와는 다른 상황에 처해 있었다. 진보이론은 프롤레타리아트에게 여러 환상을 불러일으킬 수 있었다. 이러한 환상들이 실제로 푹스가 서술하는 예술의 역사가 이따금 열어 보여주는 배경을 형성하기도 한다. 그는 다음과 같이 말한다. "오늘날의 예술은 여러 방향에서 르네상스 예술이 도달했던 것을 훨씬 능가하는 많은 것을 실현시켜주었고, 미래의 예술 또한 필경 보다 더 고차적인 것을 의미할 것이 틀림없다."[69]

6

푹스의 역사관을 관통하고 있는 파토스는 1830년의 민주주의적인 파토스이다. 그 파토스에 대한 메아리는 빅토르 위고라는 연사였다. 연사로서의 위고가 후세에 전하는 말이 담긴 책들은 그 메아리에 대한 메아리이다. 푹스의 역사관은 위고가 「윌리엄 셰익스피어」라는 글에서 찬양하였던 역사관이다. 즉 "진보라는 것은 신의 걸음걸이 자체이다." 그리고 일반 투표권은 이러한 걸음의 보조를 측정하게 해주는 우주의 시계이다. 위고는 "누가 지배자를 투표하는가"라고 썼는데, 이로써 그는 민주주의적 낙관론의 현판을 세웠다. 이 낙관주의는 나

였다. 『인간정신 진보의 역사적 개관 초고』(*Esquisse d'un tableau historique des progrès de l'esprit humain*)를 저술함으로써 역사적 발전에 관해서 낙관주의를 표명하였고, 인류의 무한한 진보를 믿었다.

69) [원주] *Erotische Kunst*, Bd. I, p. 3.

중에도 기발한 꿈들을 만들어내었다. 그 꿈들 가운데 하나는 "모든 정신노동자들, 그에 따라 물질적으로든 사회적으로든 최상위층에 속하는 사람들도 프롤레타리아트"로 간주되어야 한다는 환영을 만들어냈다. 왜냐하면 그는 "휘황찬란한 제복을 입고 거만을 떠는 궁정관리에서부터 시작하여 피폐한 밑바닥 임금 노동자에 이르기까지 돈을 위해 봉직하는 사람들은 모두 [……] 자본주의의 힘없는 희생물이라는 점은 부정할 수 없는 사실"[70]이기 때문이라는 것이다. 위고가 세웠던 현판들은 푹스의 저작 위에도 걸려 있다. 그 밖에도 푹스가 각별한 애착을 가지고 프랑스에 연연하고 있을 때에도 그는 민주주의의 전통 속에 있다. 프랑스는 세 번에 걸쳐 대혁명이 일어난 땅이고, 망명객들의 고향이며, 유토피아적 사회주의의 근원지이고, 폭군을 증오하던 에드가르 키네[71]와 쥘 미슐레[72]의 조국이며, 그 흙 속에 파리 코뮌의 전사들이 묻힌 곳이기도 하다. 마르크스와 엥겔스의 눈에 비친 프랑스 상도 그러하였고 메링에게도 그러하였으며, 푹스에게도 "문화와

---

70) [원주] A. Max, "Zur Frage der Organisation des Proletariats der Intelligenz", 앞의 책, p. 652.
71) Edgar Quinet, 1803~75 : 프랑스 역사가, 작가, 정치가. 독일에 유학하였고 J. G. 헤르더를 프랑스어로 번역하기도 했으며, 미슐레와 친교를 맺었다. 자유사상가로 일관하였으며, 교회와 제정은 자유를 속박하는 것이라고 맹렬히 비판하는 한편, 프랑스 혁명의 공포정치도 자유를 파괴하는 것이라고 배척하였다.
72) Jules Michelet, 1798~1874 : 프랑스 역사가, 작가. 역사에서 지리적 환경의 영향을 중시하고 민중의 입장에서 반동적 세력에 저항하였다. 낭만파 역사학의 일인자로서 그의 역사서술은 고문서를 비롯한 각종 사료에 의거한 치밀한 실증을 취지로 하면서, 동시에 독일의 J. G. 헤르더와 이탈리아의 G. B. 비코의 영향을 받아 "인류 역사란 자유를 행사함으로써 숙명과 싸우는 인간 드라마"라고 간주하는 역사철학으로 일관되어 있다. 주저로 『프랑스사』(*Histoire de France*, 1833~67), 『프랑스 혁명사』(1847~53)가 있다.

자유의 아방가르드"[73]로서 프랑스는 여전히 그렇게 보였다. 푹스는 프랑스인들의 가벼운 농담을 독일인들의 무거운 농담과 비교한다. 그는 또 하이네를 고향에 머물러 있던 자들과 비교한다. 그는 독일의 자연주의를 프랑스(A. France)의 풍자소설들과 비교한다. 그리고 그는 이런 식으로 메링처럼 적확한 예견을 하게 되었는데, 게르하르트 하우프트만[74]의 경우를 두고 특히 그러하였다.[75]

프랑스는 수집가 푹스에게도 하나의 고향인 셈이다. 오래 관찰하면 할수록 그만큼 더 매력적으로 보이는 수집가라는 인물에 대해서는 지금까지 정당한 평가가 이루어지지 않았다. 사람들은 낭만주의 이야기꾼들에게 수집가라는 인물보다 더 매력적으로 보이는 인물은 없다고 생각할지 모른다. 하지만 길들여졌다고 할지라도 위험하기 짝이 없는 걱정들로 가득 찬 이러한 수집가 타입을 E. T. A. 호프만,[76] 토머스 디퀸시,[77] 제라르 드 네르발[78]과 같은 작가들이 그린 인물들에서

---

73) 〔원주〕 *Karikatur*, Bd. II, p. 238.
74) Gerhart Hauptmann, 1862~1946 : 독일의 극작가, 소설가. 고향인 슐레지엔 지방에서 1844년에 일어난 직조공들의 봉기를 드라마로 만든 『직조공들』(*Die Weber*, 1892)은 자연주의적 드라마의 대표로 알려져 있다. 1912년 노벨문학상을 수상했다.
75) 〔원주〕 메링은 하우프트만의 작품 『직조공들』(*Die Weber*)이 몰고 온 소송에 대해 『새 시대』지에서 코멘트를 가하고 있다. 이 작품을 변호한 변호인의 변론 가운데 일부는 이들 변론이 1893년 지녔던 현실성을 되찾고 있다. 그 변호사는 다음과 같이 변론하였다. 즉 "하우프트만은 여기서 문제되고 있는 겉보기에 혁명적인 구절들에 대해 진정시키고 무마하는 성격을 띤 다른 구절들을 대치하고 있음이 분명하다. 작가는 결코 폭동을 지지하는 편에 서 있지 않으며, 오히려 작가는 한 작은 무리의 군인들을 개입시켜 질서를 회복시키고 있다"(Franz Mehring, "Entweder-Oder", in: *Die Neue Zeit*, XI, Stuttgart, 1893, I, p. 780).
76) Ernst Theodor Amadeus Hoffmann, 1776~1822 : 독일 후기의 낭만파 소설가, 작곡가, 음악비평가. 기지와 풍자를 많이 담은 작품을 써서, 발자크·보들레르·포·도스토옙스키·바그너 등에게 많은 영향을 주었다.

찾으려 한다면 그것은 부질없는 일이다. 이들에게서 보이는 여행자, 거리산보자, 노름꾼, 대가 같은 인물들은 낭만적이다. 그러나 수집가라는 인물은 찾아볼 수가 없다. 또 이러한 인물을, 노점상에서 시작하여 사교계의 스타에 이르기까지 루이 필리프 치하의 파리 밀랍인형관의 어떤 인물도 빠뜨리지 않은 『생리학』(Physiologien)[79] 속에서 찾는다고 해도 허사이다. 그럴수록 수집가가 발자크에게서 차지하는 위치는 한층 더 큰 의미를 지닌다. 발자크는 수집가에게 하나의 기념비를 세워주었다. 그러나 그것은 결코 낭만주의적인 의미에서 다루어지지 않았다. 발자크는 처음부터 낭만주의와는 낯설었다. 그리고 『사촌 퐁스』에 나오는 스케치에서만큼 반낭만주의적 입장이 놀라울 정도로 분명하게 드러나는 부분도 없을 것이다. 또 이 작품에서 무엇보다도 두드러진 점은, 비록 우리가 퐁스가 수집한 물건들을—퐁스는 그것들을 위해 살고 있는데—자세히 알게 된다고 할지라도 그것들을 습득한 내력에 대해서는 거의 아는 바가 없다는 점이다. 『사촌 퐁스』에서는, 공쿠르 형제[80]가 그들의 일기 속에서 어떤 희귀한 명물을 파내

---

77) Thomas De Quincey, 1785~1859 : 영국 낭만주의 비평가, 소설가. 1821년 『런던 매거진』에 발표한 『어느 아편 중독자의 고백』(Confessions of an English Opium-Eater, 1822)은 그의 출세작으로 아편 중독자인 자신의 경험을 엮어 아편이 주는 몽환(夢幻)의 쾌락과 매력, 그 남용에 따른 고통과 꿈의 공포를 이야기하였다.
78) Gérard de Nerval, 1808~55 : 본명 Gérard Labrunie. 19세기 프랑스의 시인, 소설가. 작품으로 『환상시집』(Les chimères, 1854), 『오렐리아, 꿈과 인생』(Aurélia ou le Rêve et la vie, 1855) 등이 있다.
79) 여기서 Physiologien은 19세기 초 프랑스에서 일상의 여러 주제들을 광범위하게 다룬 대중적인 산문 장르를 가리킨다.
80) 공쿠르 형제 : 19세기 프랑스의 형제 소설가. 그들의 이름을 따 공쿠르상이 제정되었다. 형 에드몽(Edmond de Goncourt, 1822~96), 동생 쥘(Jules de Goncourt,

는 장면을 숨 막히는 긴장감으로 묘사하고 있는 페이지와 비교할 만한 구절은 하나도 찾아볼 수가 없다. 발자크는 수집가를 사람들이 흔히 바라보는 식으로 사냥터에서 이런저런 사냥감을 찾는 사냥꾼처럼 묘사하지 않는다. 그의 작품에 등장하는 퐁스나 엘리 마구스(Elie Magus)의 온몸을 떠는 환희는 오만함, 즉 그들이 지칠 줄 모르게 돌보고 지키는 귀중한 보물들에 대한 오만함이다. 발자크는 '소유하고 있는 자'를 묘사하는 데에 역점을 두고 있으며, '백만장자'라는 말은 그에게 '수집가'라는 말의 동의어로 쓰이고 있다. 그는 파리에 대해 다음과 같이 말한다. "사람들은 거기서 종종 퐁스나 엘리 마구스 같은 사람을 발견할 수 있는데, 그들은 아주 남루한 옷차림이다. 〔……〕 그들은 마치 아무것도 신경 쓰지 않고 아무것도 걱정하지 않는 것처럼 보인다. 그들은 여자들이나 진열장에도 관심이 없다. 그들은 꿈속에서처럼 마냥 걸어가고 있으며, 그들의 호주머니는 텅 비어 있고 그들의 시선엔 아무런 생각도 들어 있지 않으며, 사람들은 그들이 도대체 어떤 부류의 파리 사람에 속하는지를 궁금해할 정도다.―바로 이러한 사람들이 백만상자다. 그늘이 수집가들이다. 그들은 이 세상에 존재하는 사람들 가운데 가장 열정적인 사람들이다."[81]

1830~70). 주로 형 에드몽의 구술(口述)을 동생 쥘이 필기하고 함께 퇴고(推敲)하는 방법으로 많은 작품을 썼다. 이들은 병적일 정도로 날카로운 감수성을 지녔으며, 그로 인하여 자연주의 소설과 사회사, 미술비평 등에 크게 기여하였다. 이들이 남긴 『공쿠르 일기』(1850~96)는 제2제정기를 포함한 19세기 후반 프랑스 사회와 문단의 사정을 생생하게 나타내는 귀중한 자료이다. 에드몽이 죽은 뒤 유언에 따라 1903년 '아카데미 공쿠르'가 설립되었으며 해마다 새로 등장하는 우수 산문작품을 선정하여 공쿠르상을 수여하고 있다.

81) 〔원주〕 Honoré de Balzac, *Le Cousin Pons*, Paris, 1925, p. 162.

푹스라는 인물의 활동과 전모는 사람들이 낭만주의자에게서 기대할 만한 이미지보다 발자크가 그린 수집가의 이미지에 더 가깝다. 실로 사람들은 이 남자가 지닌 생명의 심지를 가리키면서 수집가로서의 푹스는 진정으로 발자크적이고 또 그는 발자크의 구상을 훨씬 능가하는 발자크적 인물이라고 말해도 좋을 것이다. 그 오만함과 팽창력이 결국 자신의 수집물들을 여러 사람들 앞에 보여주기 위해서 그것들을 복제품들로 만들어 시장에 내다 팔게끔 만들고 — 발자크적인 표현을 또 빌리자면 — 이런 식으로 부자가 되는 이 수집가보다 더 발자크의 구상에 잘 들어맞는 것이 무엇이겠는가. 그것은 보물들을 보관하는 자로 자처하는 어떤 남자의 성실성일 뿐만 아니라, 위대한 수집가의 노출증이기도 하다. 이 노출증이 바로 푹스로 하여금 모든 그의 저작 속에서 오로지 아직껏 출판되지 않았던 그림 자료, 거의 대부분 그 자신의 소유에서만 나온 그림 자료들만을 출판하도록 하였다. 『유럽 민족들의 캐리커처』 제1집을 펴내기 위해 그는 6만 8천 종 이상의 그림을 모아서 거기에서 약 5백 장을 추려내었다. 그는 그 가운데 어느 그림도 한 군데 이상 복제되지 못하게 했다. 그가 보여준 기록의 풍성함과 그가 미친 영향의 폭은 같은 뿌리에 속한다. 이 양면은 에두아르 드뤼몽[82]이 말하고 있듯이 그가 1830년 무렵 시민 계급의 대가문 출신임을 입증해주고 있다. 드뤼몽은 다음과 같이 쓰고 있다. "1830년 세대의 거의 모든 지도자들은 한결같이 비상한 체질과 다산성, 그리

---

82) Edouard-Adolphe Drumont, 1844~1917 : 프랑스 저널리스트, 정치가. 1886년, 19세기 프랑스에서의 유대인의 영향을 고발하는 『유대인의 프랑스』를 간행하여 커다란 반응을 불러일으켰고, 계속해서 많은 반(反)유대주의의 저작을 발표하였다.

고 웅장한 것을 추구하는 성향을 갖고 있었다. 들라크루아는 서사시들을 화폭에 옮겼으며, 발자크는 한 사회 전체를 묘사하였고, 뒤마는 그의 소설들 속에 인류의 4천 년 역사를 담았다. 이들 모두는 어떤 무거운 짐을 지워도 끄떡없는 등을 가지고 있었다."[83] 1848년 혁명이 일어났을 때 뒤마는 파리의 노동자들에게 보내는 호소문을 썼는데, 거기서 그는 자신을 그들과 동등한 사람이라고 소개하였다. 20년 동안에 그는 4백여 편의 소설과 35편의 희곡을 집필했다. 그는 8,160명의 사람들을 먹여 살렸다. 즉 교정자와 식자공, 무대장치자와 옷 보관소 담당자 등의 생계를 마련해주었다. 그는 고용 박수꾼들도 잊지 않았다. 보편사가인 푹스가 자신의 훌륭한 수집물의 경제적 토대를 마련할 때의 심정도 아마 뒤마의 자부심과 전혀 다르지 않았을 것이다. 나중에 이러한 경제적 토대는 그가 파리 시장을 자신의 수집물을 다루듯이 자유자재로 휘젓고 다니도록 해주었다. 파리의 한 원로 미술상은 세기말에 그에 관해 다음과 같이 말하곤 했다. "그는 파리 전체를 먹어치우는 신사다." 푹스는 마구 파헤치고 다니는 수집광(ramasseur)의 유형에 속한다. 그는 막대한 양에서 라블레적인 희열을 느끼며 이러한 희열은 그의 텍스트들이 무수하게 복제되는 데에서까지 드러난다.

7

푹스의 프랑스판 혈통은 수집가의 혈통이고, 독일판 혈통은 역사

---

83) 〔원주〕 Edouard Drumont, *Les héros et les pitres*, Paris, pp. 107~08.

가의 혈통이다. 역사가로서의 푹스에게서 특징적으로 나타나는 도덕적인 엄격성은 그에게 독일적 특성을 부여해준다. 그 도덕적 엄격성은 이미 게르비누스에게도 독일적 특성을 부여해주었는데, 그의 『시적(詩的) 국민문학의 역사』는 독일 정신사에 대한 최초의 연구서들 가운데 하나로 불릴 수 있는 것이다. 나중에 푹스에게도 해당되지만 게르비누스에게 특징적인 것은, 그의 문학사에서 위대한 창조자들은 말하자면 전투적인 인물로서 등장하고 또 그들의 성격에서 보이는 능동적인 면, 남성적인 면, 자발적인 면이 관조적인 면, 여성적인 면, 수동적인 면을 희생한 대가로 발현되고 있다는 점이다. 물론 이는 게르비누스의 경우에는 보다 더 수월하게 이루어진다. 그가 자신의 저작을 집필할 무렵 부르주아지는 상승일로에 있었고 부르주아지의 예술은 정치적 에너지로 충만해 있었다. 푹스가 저작 활동을 하던 시대는 제국주의 시대였다. 그는 예술의 정치적 에너지들이 날이 갈수록 감소하던 시대에 그러한 에너지를 논쟁적으로 제시하였다. 그렇지만 게르비누스가 기준으로 삼았던 척도들은 여전히 푹스 자신의 척도들이기도 하다. 실로 우리는 그 척도들을 18세기까지 거슬러 올라가 추적할 수 있다. 그것도 게르비누스 자신에게서 추적할 수 있는데, 그가 프리드리히 슐로서[84]를 위해 행한 기념 연설은 시민 계급의 혁명적 시대에서 나온 무장된 도덕주의를 훌륭하게 표현해주고 있다. 사람들은

---

84) Friedrich Christoph Schlosser, 1776~1861 : 독일의 역사가. 자유주의 노선을 견지한 그는 하이델베르크 대학에서 역사학을 가르쳤으며, 19세기 중산층의 정치관에 많은 영향을 끼쳤다. 주저로『독일 민족을 위한 세계사』(*Weltgeschichte für das deutsche Volk*, 전 18권과 색인 1권, Frankfurt a. M., 1844~57; 나중에 예거O. Jäger와 볼프F. Wolff에 의해 속간됨: 총 20권, Stuttgart, 1901~04)가 있다.

슐로서의 '성마른 도덕적 엄격성'을 비난하였다. 이에 대해 게르비누스는 다음과 같이 반박한다. "슐로서가 그러한 비난에 대해 반박할 수 있고 또 반박하리라 짐작되는 것은 이러한 것이다. 즉 사람들은 위대한 인물들의 삶에서나 역사에서는 장편소설이나 중단편(Novelle)에서와는 달리 감각과 정신의 온갖 명랑성에도 불구하고 삶에 대한 어떤 피상적인 기쁨을 배우지는 않는다는 점과 또 그러한 인물들과 역사의 관찰들로부터 인간 적대적인 경멸은 아닐지라도 세계에 대한 엄격한 견해와 삶에 대한 진지한 원칙들을 섭취한다는 점이다. 그리고 적어도 세계와 인간을 판단했던 자들 중 모든 위대한 자들, 자신의 내적인 삶에서 외적인 삶을 측량할 줄 알았던 그런 위대한 자들, 이를테면 셰익스피어 · 단테 · 마키아벨리와 같은 자들에게 세계는 항상 진지함과 엄격성을 형성할 수 있는 그와 같은 인상을 주어왔다."[85] 이것이 푹스의 도덕주의의 원천이다. 그것은 독일적인 자코뱅주의이며, 이것의 기념비가 슐로서의 세계사인데, 푹스는 젊은 시절에 그것을 읽었다.[86]

---

85) 〔원주〕 Georg Gottfried Gervinus, *Friedrich Christoph Schlosser. Ein Nekrolog*, Leipzig, 1861, pp. 30~31.
86) 〔원주〕 푹스가 자신의 전 작품을 이런 방향에 맞춰 저술한 것은, 그가 제국시대의 검사들에 의해 '풍기 문란한 저작들의 유포'라는 죄목으로 기소되었을 때 그에게 유익한 것으로 판명되었다. 우리는 푹스의 도덕주의가 특히 한 전문가의 진술 속에서 자연스럽게 드러나고 있는 것을 볼 수 있다. 그 진술은 모두 무죄 판결로 끝나게 될 형사 소송 사건들 중 하나가 진행될 때 이루어졌다. 이 진술은 초벨티츠(Fedor von Zobeltitz)라는 사람에 의해 이루어졌는데, 가장 중요한 구절을 인용하면 다음과 같다. "푹스는 자신을 도덕을 설파하는 교육자로 여기고 있다. 그리고 인류 역사에 봉사하는 그의 작업은 가장 높은 윤리성에 의해 이루어져야만 한다는 그의 이러한 진지한 인생관과 내적인 통찰은 그에게 제기된 의혹, 즉 사업에 대한 욕심에서 투기를

놀라운 일은 아니지만, 이러한 시민적 도덕주의는 푹스에게서 유물론적 요소와 충돌하는 요인들을 내포하고 있다. 푹스가 이 점을 분명하게 인식했다면 아마 그는 그러한 충돌을 완화할 수도 있었을 것이다. 그러나 그는 그의 도덕적 역사관과 사적 유물론은 서로 완전히 조화를 이룬다고 확신하고 있다. 여기에 하나의 환상이 지배하고 있다. 이 환상의 기저를 이루는 것은 널리 만연되어 있는, 참으로 수정될 필요가 있는 견해, 즉 시민 자신이 찬양했던 시민 혁명들은 프롤레타리아 혁명의 근간을 이룬다고 하는 견해이다.[87] 이에 대해서는 그러한 혁명들 속에 작용하고 있는 유심론(Spritualismus)에 시선을 돌려 보는 일이 무엇보다도 중요하다. 이러한 유심론을 관통하고 있는 금

했다는 일체의 의혹을 용납하지 않는다. 그러한 의혹 따위는 푹스라는 사람과 그의 빛나는 이상주의를 알고 있는 사람이면 누구나 우스꽝스럽게 여기지 않을 수 없을 것이다."

87) [원주] 이러한 수정 작업은 막스 호르크하이머(Max Horkheimer)에 의해 그의 에세이 「이기주의와 자유주의 운동」에서 시작되었다(실린 곳: *Zeitschrift für Sozialforschung*, Jahrgang V, 1936, pp. 161ff.). 샤토브리앙이 "테러를 찬미하는 유파"로 총괄해서 불렀던 시민 계급의 혁명사가들을 비난하면서 극우 급진주의자 아벨 보나르가 제시하고 있는 일련의 흥미 있는 증거들도 앞의 호르크하이머가 수집한 증거들과 부합한다[Abel Bonnard, *Les Modérés*(온건파들), Paris, pp. 179ff. 참조]. [호르크하이머의 논문 「이기주의……」의 국역은 『철학의 사회적 기능』(전예원, 1987)을 참조할 것. — 옮긴이]

[François-Auguste-René de Châteaubriand, 1768~1848 : 프랑스 낭만파의 선구적 작가. 몰락한 귀족 출신으로 혁명의 소용돌이 속에서 자연과 기독교를 범신론적으로 예찬하는 문체를 구사했다. 자신의 생애와 그 시대를 '기억의 마법'과 재치 있는 문체로 재구성하여 마르셀 프루스트가 높이 평가한 『무덤 저편의 회상』(*Mémoires d'outre-tombe*, 1848~50)을 남겼다. Abel Bonnard, 1883~1968 : 프랑스의 시인, 소설가. 제2차 세계대전 중에 비시(Vichy) 정권(1942~44)하에서 나치에 협력하는 언론을 위해 글을 썼고 교육부장관을 지냈다. 벤야민의 인용은 『현재의 드라마: 온건파들』(*Le drame du présent: Les Modérés*, 1936)에서 발췌한 것이다. — 옮긴이]

실을 자은 것은 도덕이다. 시민 계급의 도덕은—이것의 최초의 징후를 보여주는 것이 공포정치이다—내면성이라는 징표 속에 있다. 이 내면성의 요체는 양심이다. 그것이 로베스피에르적 공민(公民, citoyen)의 양심이든 아니면 칸트적 세계시민의 양심이든 간에 마찬가지이다. 부르주아지의 태도는 그들 자신의 이익에 합치하는 것이지만, 그들의 태도를 보완해주는 프롤레타리아트의 태도에도 의존하고 있었고 프롤레타리아트 자신의 이익에는 합치하지 않았다. 이런 부르주아지의 태도는 도덕적인 장치로서 양심이라는 것을 공표하였다. 양심은 이타주의를 표방한다. 양심은 가진 자에게, 그것이 통용되면 간접적으로 자기와 같은 부류의 가진 자들에게도 이익이 되는 그런 개념들에 합치하게끔 행동하도록 권한다. 또한 양심은 가지지 못한 자들에게도 그와 똑같은 것을 권한다. 못 가진 자들이 그러한 충고에 순응할 경우, 그런 태도가 가진 자들에게 가져다주는 이득은, 그 이득이 그렇게 행동하는 자들과 이들의 계급에게는 애매하면 애매할수록, 그만큼 더 직접적으로 눈에 띄게 드러난다. 그렇기 때문에 이러한 태도에 대해 미덕이라는 대가가 주어진다.—이렇게 해서 계급도덕이 관철된다. 하지만 그것은 무의식중에 관철된다. 이러한 계급도덕을 세우기 위해 시민 계급이 의식을 필요로 했다기보다는 오히려 프롤레타리아트가 그 도덕을 무너뜨리기 위해 의식을 필요로 한다. 이러한 사정에 푹스는 공정하지 못하게 되는데, 왜냐하면 그는 그의 공격이 부르주아의 양심을 겨냥해야 한다고 믿고 있기 때문이다. 부르주아지의 이데올로기는 그에게는 음모처럼 보인다. 그는 말한다. "몰염치하기 짝이 없는 계급적 판결에 직면해서도 해당 법관의 주관적인 정직성에 대해 떠벌려대는 허튼 수다는 그렇게 지껄이고 쓰는 작자들 자신의 무주견성이나 아니면 기껏해야 그들의 고루함을 증명해주고 있을 따름이다."[88] 푹스는 선한 양심(bona fides)이라는 개념 자체를 문제시하려는 생각에는 아직 이르지 못한다. 하지만 그것은 곧 사적 유물론자에게는 명약관화한 것이다. 왜냐하면 사적 유물론자는 선한 양심이라는 개념 속에서 시민적인 계급도덕의 담지자를 인식할 뿐만 아니라 이러한 개념이 도덕적 무질서와 경제적 무계획성의 유대관계를 조장한다는 점을 놓치지 않을 것이기 때문이다. 초기 마르크스주의자들은 이러한 사정을 적어도 암시적으로나마 건드렸다. 그리하여 사람들(구터만과 르페브르)은 선한 양심이라는 개념을 지나치게 남용하였던 알퐁스 드 라마르틴[89]의 정책에 대해 다음과 같이 언급하였다. 즉 "시민적 [……] 민주주의는 [……] 이러한 가치를 필요로 한다. 민주주의자는 [……] 사업의 측면에서 봤을 때는 공명정대하다. 이로써 그는 자신은 실제적 사정을 파고들 필요성에서 벗어났다고 느낀다."[90]

개인이 속한 계급이 무의식적으로 취하는 행동 방식, 또 그 계급이 생산 과정에서 차지하는 위치로 인해 취하게 되는 행동 방식보다는 개개인의 의식적인 이해관계에 더 주목하는 관찰 방식은 결과적으로

---

88) [원주] *Der Maler Daumier*, p. 30.
89) Alphonse de Lamartine, 1790~1869 : 프랑스 낭만파 시인, 정치가. 시작(詩作)을 하는 한편 종교와 정치에도 관심을 갖고 보통선거와 언론의 자유, 무상 의무교육, 국가와 교회의 분리 등을 주장하였다. 1833년 노르 주(州)에서 의회의원으로 당선되어 7월 왕정 아래서 야당 의원으로 활동하였다. 그의 정치적 입장은 사회 문제를 중시하는 부르주아적 합리주의였다.
90) [원주] Norbert Guterman et H. Lefebvre, *La conscience mystifée*, Paris, 1936, p. 151.

이데올로기 형성에서 의식적인 요인을 과대평가하게 만든다. 이러한 관찰 방식은 푹스의 다음과 같은 발언에서 분명하게 나타나고 있다. "예술이란 그것의 모든 본질적 부분에서 그때그때의 사회적 상태의 이상화된 분장이다. 왜냐하면 모든 지배적·정치적·사회적 상황은 스스로를 이상화하도록 강요하며 또 이런 식으로 자신의 존재를 도덕적으로 정당화하려고 한다는 것은 〔······〕 영원한 법칙이기 때문이다."[91] 여기에서 우리는 오해의 핵심에 접근하게 된다. 이 오해는 착취 때문에 허위의식이 생겨난다는 견해에서 비롯한다. 다시 말해 적어도 착취자들의 측면에서 볼 때는 올바른 의식이 그들에게는 도덕적으로 성가신 것이기 때문에 허위의식이 생겨난다는 견해가 그것이다. 이러한 명제는 계급투쟁이 전체의 시민생활을 온통 지배하고 있는 현재에는 어느 정도 제한된 타당성을 지닐 수도 있다. 그러나 특권층의 '양심의 가책'은 초기의 착취 형태를 두고 보면 결코 자명한 것이 못 된다. 물화 과정을 통하여 사람들 사이의 관계들만이 불투명해진 것이 아니다. 더 나아가 이들 관계의 실질적 주체 자신들도 안개에 휩싸이게 된다. 경제생활에서 권력을 쥔 자와 피착취자 사이에는 사법 관료와 행정 관료라는 한 장치가 끼어들게 되는데 이 장치의 구성원들은 충분히 책임 있는 도덕적 주체로서 기능을 더는 발휘하지 못한다. 이들의 '책임의식'이라는 것은 다름 아닌 그러한 불구 상태의 무의식적 표현이다.

---

91) 〔원주〕 *Erotische Kunst*, Bd. II, Erster Teil, p. 11.

8

푹스의 사적 유물론이 그 흔적을 드러내고 있는 도덕주의는 정신분석학에 의해서도 동요되지 않았다. 그는 성(性)에 대해 다음과 같은 판단을 내린다. "이러한 생의 법칙의 창조적인 면을 드러내는 감성적인 행동의 모든 형식은 정당하다. 〔……〕 이에 반해 이러한 지고(至高)의 충동을 단지 세련된 향락의 추구를 위한 단순한 수단으로 격하하는 형태들은 배척되어야 마땅하다."[92] 이러한 도덕주의의 특징은 분명 시민적인 것이다. 순수한 성적 쾌락이나 그러한 쾌락을 만들어내는 다소간 환상적인 방법들을 시민 계급이 배척하는 데 대한 정당한 불신은 푹스에게는 생소한 것이었다. 물론 그는 사람들은 "항상 상대적으로만 도덕성과 부도덕성에 대해" 말할 수 있을 따름이라는 원칙을 선언한다. 그러나 그는 곧장 같은 구절에서 "절대적인 부도덕성"이라는 하나의 예외를 설정하는데, 그 예외적인 경우란 곧 "사회적 충동을 거스르는 경우, 그러니까 말하자면 자연의 순리를 거스르는 경우"를 말한다. 이러한 견해의 특징적인 점은 "무한한 발전 가능성

---

92) 〔원주〕 *Erotische Kunst*, Bd. I, p. 43. 집정시대에 대한 푹스의 풍속사적 묘사는 그야말로 살인이나 재난을 그린 그림과 같은 특징을 지니고 있다. "드 사드(Marquis de Sade)의 끔찍스러운 책이 저열하고 악명 높은 동판화와 함께 진열장마다 펼쳐져 있었다." 그리고 "부끄러움을 모르는 그 난봉꾼의 조잡한 상상력"이 바라스의 입에서 울려 나오고 있다(*Karikatur*, Bd. I, pp. 201~02). 〔Paul François de Barras, 1755~1829 : 프랑스 혁명가. 1794년 로베스피에르를 축출하는 데 가담했고, 5집정관 정부(Direktoire, 1795~99)의 한 구성원으로서 이탈리아에서 나폴레옹 보나파르트의 군대 지휘권을 지키는 것을 도왔다. 하지만 왕정복고를 돕는 음모에 가담한 혐의를 받고 1799년 축출되었다. —옮긴이〕

을 지닌 대중이 변질된 개체에 대해 거두는"[93] 승리이다. 요컨대 푹스는 "이른바 타락한 충동을 죄악시하는 판결의 정당성을 공격하고 있는 것이 아니라 그러한 충동의 역사와 그 규모에 대한 견해를 공격하고 있다."[94]

이로 인해 성 심리학적 문제를 해명하는 일이 침해를 받게 된다. 성 심리학적 문제는 부르주아지의 지배 이래 특히 중요한 의미를 지녀왔다. 성적 쾌락에 해당하는 다소 넓은 영역들을 금기시하게 된 것이 이로부터 연원한다. 성적 금기에 의해 대중 속에서 생산되는 억압들은 마조히스트적인 콤플렉스와 사디스트적인 콤플렉스를 조장한다. 권력자들은 이러한 콤플렉스에 그들의 정책 수행에 가장 적절하다고 보이는 대상들을 제공하였다. 푹스의 동년배인 프랑크 베데킨트[95]는 이러한 연관관계들을 꿰뚫어 보았다. 그러한 연관관계들에 대해 푹스는 사회적 비판을 가하지 않았다. 그렇기 때문에 그가 자연사(自然史)라는 우회로를 통해 그러한 비판을 만회하고 있는 구절은 더욱 의미심장하다. 난장(Orgie)[96]을 옹호하는 그의 탁월한 변론이 바로 그것이다. 푹스에 따르면 "난장에 대한 [……] 욕구는 문화가 지닌 가장 귀

---

93) 〔원주〕 *Karikatur*, Bd. I, p. 188.
94) 〔원주〕 Max Horkheimer, "Egoismus und Freiheitsbewegung", 앞의 잡지, p. 166.
95) Frank Wedekind, 1864~1918 : 독일의 극작가. 사춘기 소년 소녀의 비극 『깨어나는 봄』(*Frühlings Erwachen*, 1891)을 발표하여 인정을 받았다. 자연주의에서 출발하여 표현주의 시대로 넘어가는 과도기를 대표하는 작가이다. 대표작으로 『룰루』(*Lulu*)를 포함한 삼부작 『지령(地靈)』(*Der Erdgeist*, 1895), 『판도라의 상자』(*Die Büchse der Pandora*, 1904)가 있다.
96) 고대 그리스와 로마에서 주신(酒神) 바쿠스에 대해 행하던 비밀 축제로서 열광적인 축제 · 무절제 · 방종 · 방탕 · 분방(奔放) · 광란 등으로 전의(轉意)되어 쓰이는데, 여기서는 긍정적 의미의 '난장'으로 번역한다.

중한 경향들 가운데 하나이다. 우리는 그러한 난장이 바로 우리를 동물과 구별시키는 요소들의 하나라는 점을 분명히 알아야 한다. 동물은 인간과는 달리 난장이라는 것을 모른다. 〔……〕 동물들은 일단 기아와 갈증이 충족되고 나면 제아무리 연한 먹이가 있고 아무리 맑은 샘물이 있어도 몸을 돌리며, 동물의 성충동은 대개 일 년 중 아주 특정한 짧은 기간에 한정되어 있다. 인간은 그와는 전혀 다르며, 특히 창조적인 인간은 그러하다. 창조적인 인간은 만족이라는 개념을 전혀 모른다."[97] 푹스가 전래적인 규범들을 비판적으로 다루고 있는 사고들 속에 그 자신의 성 심리학적 이론의 강점이 놓여 있다. 그가 소시민적인 환상들을 떨쳐버릴 수 있는 것도 바로 그러한 사고들 덕택이다. 나체문화에 대한 환상—이러한 환상 속에서 그가 '옹졸함의 혁명'을 읽고 있는 것은 옳다—이 그런 환상들 중의 하나이다. "인간은 다행스럽게도 야생동물은 아니다. 그리고 우리는 상상력이 (때로는 에로틱한 상상력이) 의상에서 어떤 역할을 수행하기를 〔……〕 바란다. 〔……〕 이에 반해 우리가 바라지 않는 것은 오로지 이 모든 것을 부정한 장사로 격하하는 인간의 사회적 조직뿐이다."[98]

---

97) 〔원주〕 *Erotische Kunst*, Bd. II, p. 283.—여기서 푹스는 한 가지 중요한 사정을 추적하고 있다. 푹스가 주신제 속에서 보았던, 동물과 인간의 경계를 직립보행이라는 측면이 보여주는 또 다른 경계와 직접적으로 연관을 맺는다면 성급한 태도일까? 직립보행과 더불어 자연사에 오르가슴 상태에 있는 한 쌍은 서로를 직시할 수 있다는 전대미문의 현상이 등장하게 된다. 그와 함께 비로소 주신제가 가능해진다. 그리고 주신제는 시선이 마주치는 자극들이 증가함으로써 이루어진다기보다는 오히려 결정적인 것은 오르가슴 상태에 도달했다는 표현, 즉 더는 할 수 없다는 표현 그 자체가 어떤 에로틱한 자극제가 될 수 있다는 점이다.

98) 〔원주〕 *Sittengeschichte*, Bd. III, p. 234.—바로 몇 페이지 뒤에는 이러한 확신에 찬 판단은 더 보이지 않는데, 이는 그러한 판단을 하기 위해 관습을 깨고 나오기가 얼

푹스의 심리학적이면서 역사적인 관찰 방식은 여러모로 의상의 역사를 위해 생산적인 것이 되었다. 실제로 유행만큼 작가 푹스의 삼중적인 관심—역사적·사회적·에로틱한 관심—에 더 부응할 만한 대상도 없을 것이다. 이러한 점은 유행에 대한 정의에서 드러나는데, 여기서 푹스의 언어는 카를 크라우스[99]를 상기시키는 특성을 보여준다. 그는 풍속사에서, 유행을 보면 우리는 "사람들이 공적 윤리를 가지고 어떻게 장사를 [……] 하려고 하는지"[100]를 알 수 있다고 쓰고 있다. 푹스는 또한 배우들이 흔히 저지르는 실수(막스 폰 뵌[101] 같은 사람을

마나 힘든지를 여실히 보여주는 한 증거이다. 즉 거기에는 다음과 같은 말이 나온다. "수많은 사람들은 여자나 혹은 남자의 나체 사진을 보면 성적으로 흥분이 된다는 사실은 [……] 사람의 눈이라는 것이 전체적인 조화를 보는 것이 아니라 단지 자극적인 부분만을 볼 능력밖에 없다는 사실을 증명해준다"(앞의 책, p. 269). 여기서 무엇인가가 성적으로 흥분시키는 작용을 하고 있다면 그것은 나체의 모습 자체라기보다는 오히려 나체가 된 몸이 카메라 앞에서 전시되고 있다는 생각이다. 이런 유의 나체 사진들 대부분이 노리고 있는 것도 결국 그러한 생각일지도 모른다.

99) Karl Kraus, 1874~1936 : 오스트리아 유대계 평론가, 시인, 극작가. 1899년 창간한 개인 잡지 『햇불』(*Die Fackel*)을 중심으로 나치 독일의 오스트리아 합병 이전까지 36년 동안 통렬한 풍자와 교묘한 역설을 구사하며 빈에서 왕성한 저술생활을 하였다. 일찍부터 언어의 퇴폐라는 현상을 주시하여, 자신의 날카로운 언어감각에 바탕을 두고 뼈대만 남은 언어가 스스로 나타내는 사회의 부패와 정신의 교만을 규탄하였는데, 그 특이한 비평 원리는 벤야민, 아도르노, 비트겐슈타인 이후의 언어철학에 큰 영향을 주었다. 작품은 여러 방면에 걸쳐 있으며, 『시집』(*Worte in Versen*, 1916~30) 이외에 전쟁의 근원을 파헤친 광범위한 몽타주극 『인류 최후의 날들』(1922) 및 나치즘에 대한 묵시록적 예언서 『제3의 발푸르기스의 밤』(1952) 등이 있다.

100) [원주] *Sittengeschichte*, Bd. III, p. 189.

101) Max von Boehn, 1860~1932 : 16세기에서 19세기에 이르는 패션에 대한 연구를 8권으로 펴냈다. 『유행』(*Die Mode*, 1907~25), 『비더마이어』(*Biedermeier*, 1911), 『고대의 유행』(*Antike Mode*, 1927), 『인형과 인형극』(*Puppen und Puppenspiele*, 1929) 등의 작품이 있다.

생각하면 좋을 것이다), 즉 유행을 단지 미적 관점과 에로틱한 관점에서만 탐구하는 실수를 저지르지 않았다. 그는 유행이 지배 수단의 역할을 한다는 점을 놓치지 않는다. 유행이 신분 간의 섬세한 차이들을 표현해주는 것처럼 그것은 또한 무엇보다도 계급 간의 현저한 차이를 날카롭게 주시한다. 푹스는 풍속사 제3집에서 유행에 대해 한 편의 긴 에세이를 할애하고 있는데, 증보집에서는 유행에 결정적인 요소들을 제시하면서 앞의 에세이의 생각들을 다음과 같이 요약하고 있다. 첫 번째 요소는 "계급을 구분 짓는 이해관계들"이고, 두 번째 요소는 유행을 다양하게 바꿈으로서 매출을 늘리고자 하는 "사적 자본주의의 생산방식"이며, 세 번째 요소로서 잊어서는 안 되는 것은 "에로틱하게 자극하려는 유행의 목적"이다.[102]

푹스의 전 작품을 관통하고 있는, 창조적인 것에 대한 숭배는 그의 정신분석학적 연구를 통해 새로운 자양분을 취하였다. 그러한 연구들은 그의 원초적인 생물학적으로 규정된 구상을 풍부하게 하기는 했지만, 그렇다고 해서 그의 구상을 교정한 것은 물론 아니다. 푹스는 창조적인 충동의 에로틱한 근원에 대한 이론을 열광적으로 받아들였다. 그러나 에로티시즘에 대한 그의 관념은 계속해서 감성에 대한 노골적 관념, 생물학적으로 결정된 관념들에 계속 밀착되어 있었다. 그는 사회적 상황과 성적 상황에 대한 그의 도덕주의적 견해를 어쩌면 수정시켰을지도 모를 억압과 콤플렉스에 관한 이론을 되도록 피했다. 푹스에게서 사적 유물론이 개인 속에서 무의식적으로 작용하는 계급의

---

102) [원주] *Sittengeschichte*, Ergänzungsband, III, pp. 53~54.

이해관계보다는 개인의 의식적인 경제적 이해관계로부터 사안을 도출해내고 있는 것과 마찬가지로, 창조적 충동 역시 이미지를 창조하는 무의식적인 것보다는 의식적인 감각적 의도에 더 근접해 있다.[103] 프로이트의 『꿈의 해석』이 해명해주었던 바와 같은 어떤 상징적 세계로서의 에로틱한 이미지의 세계는 푹스에게는 그의 내적 관심이 최고도로 작용하는 경우에만 그 효력이 발생한다. 이러한 경우에는 심지어 그러한 이미지의 세계에 대한 언급이 일절 없을 때에조차 그 이미지의 세계는 그의 서술을 가득 채운다. 혁명시대의 그래픽에 대한 거장다운 성격학적 고찰이 이를 잘 말해준다. "모든 것이 경직되어 있고 뻣뻣하며 군대식이다. 사람들은 누워 있지 않은데, 그것은 연병장이 '꼼짝도 할 수 없게' 비좁기 때문이다. 그들이 앉아 있을 때조차도 벌떡 일어나려고 하는 듯이 보인다. 그들의 온몸은 활시위 위의 화살처럼 잔뜩 긴장하고 있다. 〔……〕 선도 그렇고 색깔도 마찬가지이다. 이 그림들은 분명 로코코 시대의 그림들에 비해 차갑고 속이 텅 빈 듯한 느낌을 준다. 〔……〕 색깔은 그것이 그림의 내용에 어울리기 위해서는 〔……〕 딱딱하고 금속적이어야 했다."[104] 페티시즘(Fetischismus)에 대해 많은 것을 시사해주는 다음 글은 이보다 더 명시적이다. 이 글에서는 페티시즘의 역사적 등가물들을 추적하고 있다. 이에 따르면

---

103) 〔원주〕 이데올로기가 이해관계의 직접적인 산물인 것과 마찬가지로 예술은 푹스에게 직접적인 감성이다. "예술의 본질은 바로 감성이다. 예술은 감성이다. 그것도 가장 강화된 형태의 감성이다. 예술이란 형식이 되어버린 가시화된 감성이다. 그와 동시에 예술은 감성의 가장 높고 또 가장 고귀한 형식이다"(*Erotische Kunst*, Bd. I, p. 223).

104) 〔원주〕 *Karikatur*, Bd. I, p. 223.

"구두와 다리를 보고 성욕을 느끼는 페티시즘의 증가는 음경 숭배가 음문 숭배에 의해 대체되고 있음"을 암시해주는 듯이 보이며, 젖가슴에 대한 페티시즘은 그 반대의 경향을 암시하는 듯이 보인다. "옷을 입은 다리와 발을 숭배하는 것은 남성에 대한 여성의 지배를 반영해준다. 반면 젖가슴에 대한 숭배는 여성이 남자의 욕망 대상으로서 위치해 있음을 반영해준다."[105] 상징 분야에 대한 가장 깊이 있는 통찰을 푹스는 화가 도미에를 통해 보여준다. 그가 도미에가 그린 나무들에 관해 말한 부분은 그 작품 전체에서 가장 성공적인 발견 중의 하나이다. 그는 그 나무들 속에서 "아주 독특한 하나의 상징적 형식, 즉 이 형식 속에서 도미에의 사회적인 책임감이 표현되고 있고 또한 개인들을 보호하는 것이 사회의 의무라는 그의 확신이 표현되어 있는 〔……〕 그러한 형식"을 읽어낸다. "그가 자신만의 전형적 방식으로 형상화한 나무들을 보면 거기에는 길게 뻗어 있는 나뭇가지들이 나타나고 있는데, 그것도 누군가가 그 나무 아래 서 있거나 누워 있을 때 특히 그러하다. 이들 나뭇가지들은 특히 그런 나무들의 경우 어떤 거인의 팔들처럼 뻗어 있으며 또 어떤 무한한 것을 손에 붙잡으려고 하는 듯이 보인다. 그리고 그것들은 그 나무의 보호를 받기 위해 그곳으로 간 모든 이들을 온갖 위험으로부터 보호해주려는 듯, 좀처럼 뚫고 들어갈 수 없는 지붕 모양을 하고 있다."[106] 이러한 훌륭한 관찰을 바탕으로 하여 푹스는 도미에의 창작을 지배하는 모성적 요인들을 추적한다.

---

105) 〔원주〕 *Erotische Kunst*, Bd. II, p. 390.
106) 〔원주〕 *Der Maler Daumier*, p. 30.

9

푹스에게는 도미에보다 더 생동감을 주는 형상은 없었다. 도미에는 푹스를 전 연구 활동 내내 따라다녔다. 심지어 우리는 그가 도미에라는 인물을 통해 변증가가 되었다고 말할 수 있을 정도이다. 아무튼 그는 적어도 그 형상의 풍부한 전모와 그 형상이 지니는 생기에 넘치는 모순을 포착하였다. 그는 한편으로 도미에의 예술 속에 들어 있는 모성적인 요소를 간파하고 그것을 인상 깊게 해석하였는가 하면 다른 한편으로는 이에 못지않게 그 반대 극인 남성적인 면과 전투적인 면에 대해서도 잘 알고 있었다. 도미에의 작품 속에는 목가적인 요소가 빠져 있다는 그의 지적은 옳다. 그는 도미에의 작품에 풍경, 동물, 정물뿐만 아니라 에로틱한 모티프와 자화상까지도 빠져 있음을 지적하였다. 도미에가 진정으로 푹스를 매료했던 것은 단말마적인 요소였다. 아니면 도미에의 위대한 캐리커처의 원천을 다음과 같은 하나의 물음 속에서 찾으려 한다면 무모한 짓일까? 만약 우리가 오늘날의 시민적 인간들이 어떤 레슬링 연습장 같은 곳에서 생존을 위한 투쟁을 벌이고 있다고 생각해본다면 그들은 과연 어떤 태도를 취할 것인가? 도미에는 이렇게 묻고 있는 것처럼 보인다. 도미에는 파리 사람들의 사적·공적 삶을 단말마적인 고통의 언어로 옮겨놓았다. 그를 가장 감동시킨 것은 신체 전체가 경기를 할 때처럼 긴장된 상태, 전신 근육의 흥분 상태들이다. 이것은 어느 누구도 신체의 최고의 허탈 상태를 도미에만큼 감동적으로 그려내지 못했다는 말과도 결코 모순되지 않는다. 푹스가 언급하듯이 도미에의 구상은 입체적인(plastisch) 구상과 깊은 유사성을 지니고 있다. 이런 식으로 그는 그의 시대가 그에게 제공해주는 인물 유형들을 몰래 찾아내어서는 이를테면 찌푸린 얼굴을 하고 있는 올림픽 경기의 우승자들처럼 시상대에 올려 전시한 것이다. 그리고 그렇게 관찰될 수 있는 것은 무엇보다도 재판관이나 변호사를 그린 스케치들이다. 도미에의 이러한 영감을 보다 더 직접적으로 암시해주는 것은 그가 그리스의 판테온 신전을 즐겨 묘사할 때의 슬픔이 깃든 유머이다. 어쩌면 이러한 영감은 이미 보들레르가 이 거장에게서 마주쳤던 수수께끼, 즉 그의 캐리커처가 그것이 지닌 중후한 무게와 파괴력에도 불구하고 어떻게 그처럼 원한에서 자유스러울 수 있을까 하는 수수께끼에 대한 해답을 제공해주고 있는지도 모른다.

푹스가 도미에에 대해 말할 때에는 그의 모든 힘들이 약동한다. 어떠한 다른 대상도 그의 박식함으로부터 이처럼 예언적인 광채를 이끌어내지 못했을 것이다. 아무리 사소한 자극이라 할지라도 여기서는 중요한 의미를 지니게 된다. 완곡하게 말해도 미완성 작품이라고밖에 부를 수 없는 성급하게 그린 그림 한 장을 통해서도 푹스는 도미에의 생산적 광기에 대해 깊은 통찰을 할 수가 있다. 그것은 코와 눈만이 뭔가를 표현하고 있을 뿐인 얼굴의 상반부만 묘사한 그림이다. 그 스케치가 그러한 부분만을 그려놓았다는 점, 뭔가를 바라보고 있는 사람만을 유일한 대상으로 삼고 있다는 점은, 푹스에게는 바로 그 부분에 그 화가의 주된 관심이 작용하고 있다는 것을 말해주는 징표다. 왜냐하면 그림을 그릴 때 모든 화가는 자신이 충동적으로 가장 많은 관심을 두는 곳에서부터 작업을 시작하기 때문이라는 것이다.[107] 푹스는 도미에에 관한 저작에서 다음과 같이 말하고 있다. "도미에의 그림들에 묘사된 무수한 인물들은 가장 집중적으로 사물을 바라보는 일에 몰두해 있는데, 그것은 먼 곳을 바라보는 시선일 수도 있고 특정한 사물을 관찰하는 시선일 수도 있으며, 자신의 내부를 집중적으로 들여다보는 시선일 수도 있다. 도미에적인 인물들은 〔……〕 그 형태를 두고 보면 코끝으로 바라보고 있다."[108]

---

107) 〔원주〕 이 말에 대해서는 다음의 성찰을 비교할 수 있다. "내가 관찰한 바에 따르면 〔……〕 한 예술가의 팔레트를 지배하는 색조들은 그의 에로틱한 그림들 속에서 항상 유난히 분명하게 나타나며, 또 그러한 그림들 속에서 자신의 최고의 선명도를 보여준다고 생각된다"(*Die großen Meister der Erotik*, p. 14).

108) 〔원주〕 *Der Maler Daumier*, p. 18. ─여기서 논의되고 있는 인물들 중에는 유명한 "예술 전문가"(Kunstkenner)도 속한다. 이 인물은 여러 종류의 수채화로 그려진 인물이다. 푹스에게 어느 날 지금까지 알려지지 않았던 이 수채화의 한 종류가 제시되었다. 그는 그것이 진품인지 어떤지를 조사해보아야 했다. 푹스는 그 모티프의 주요한 부분을 묘시한 그림을 훌륭한 복제품으로 입수했고 곧이어 이 그림을 비교하는 일에 착수했는데 이 비교 작업은 시사하는 바가 무척 많다. 약간만이라도 빗나가게 묘사한 부분이 있으면 가차 없이 적발해내었다. 그리고 그러한 차이가 나는 모든 부분들에 대해 그것이 거장다운 손에서 유래한 것인지 아니면 무력함의 결과인지를 해명해줄 필요가 있었다. 푹스는 이 작업에서 거듭해서 원본을 참조했다. 하지만 그가 그러한 태도를 취하는 방식은 어쩌면 그가 그러한 점을 도외시할 수도 있었다는 점을 암시하는 것처럼 보였다. 그의 시선은 사람들이 수년 동안 머릿속에서 생각해왔던 그림의 경우가 그러한 것처럼 원본에 친숙해 있음을 드러냈다. 푹스가 그랬던 것은 의심할 여지가 없었다. 그리고 바로 그렇기 때문에 그는 윤곽에서 아무리 깊숙이 감추어져 있는 불확실한 면이라도, 또 음영의 색조에서 제아무리 눈에 띄지 않은 실수들이라도, 그리고 선을 긋는 데서의 아무리 사소한 탈선이라 할지라도 적발해낼 수 있었고 또 이로써 이 미심쩍은 그림이 서야 할 자리가 어디인지를 밝혀낼 수 있었다.─물론 이 그림이 설 자리는 어떤 모조품의 자리가 아니라 한 아마추어에게서 유래했음직한 훌륭한 옛 복사품의 자리였다.

10

도미에는 연구자 푹스에게 가장 성공적인 대상이었다. 이에 못지 않게 수집가로서의 푹스에게도 도미에는 가장 성공적인 대상이었다. 도미에와 폴 가바르니[109]의 독일 최초의 화집을 국가적 주도하에서가 아니라 푹스 자신이 만들어냈다고 그 스스로 자랑스럽게 말하고 있는 것도 결코 무리가 아니다. 수집가들 중에서 박물관에 대해 혐오감을 품고 있었던 사람은 유독 그만이 아니었다. 공쿠르 형제는 그 점에서 그의 선배이다. 박물관에 대해 품었던 혐오감의 격렬함을 두고 보면 그들은 푹스를 능가한다. 공공기관의 소장품들이 개인의 소장품보다 사회적으로 덜 문제시되고 학문적으로 더 유용할 수도 있다. 그러나 공공기관의 수집물들은 그것들의 가장 큰 가능성을 놓치고 있는 셈이다. 수집가는 그의 정열 속에 그를 새로운 수원(水源)을 찾아내는 사람이 되게 하는 마법의 지팡이를 가지고 있다. 이는 푹스에게도 해당된다. 그렇기 때문에 그는 빌헬름 2세 치하의 박물관을 지배하고 있던 정신과 정반대로 느끼지 않을 수가 없었다. 박물관들이 노리고 있었던 것은 이른바 걸작들이었다. 푹스는 다음과 같이 말한다. "물론 오늘날의 박물관을 위한 이러한 종류의 수집은 이미 공간적인 이유

---

109) Paul Gavarni, 1804~66 : 프랑스의 판화가, 수채화가. 『레 로레트』(Les Lorettes, 1841~43) 등 여성을 주제로 한 작품이 뛰어났고 풍자적 판화도 발표하였는데, 당시 유명한 패션잡지 『샤리바리』(Le Charivari)에 기고하였다. 그는 파리 사람들의 생활, 특히 사치와 빈곤의 양극단을 잘 묘사하였다. 1847~51년 영국 런던에 체재하면서 그곳에서 발행하는 신문 『더 일러스트레이티드 런던 뉴스』(The Illustrated London News)에 기고하였다. 귀국 후에도 『파리』지에 『가면과 표정』이라는 연작을 발표하였다.

때문에 제약을 받고 있다. 그러나 이러한 공간적 제약성은 우리가 그로 인해 과거의 문화에 대해 극히 불완전한 〔……〕 생각을 갖게 된다는 사실에 하등의 변화도 줄 수 없다. 우리는 과거의 문화를 〔……〕 축제일에 입는 화려한 의상 속에서 보고 있으며 빈약한 평상복의 옷차림을 통해 보는 경우는 매우 드물다."110)

위대한 수집가들에게서 볼 수 있는 가장 두드러진 특징은 대상을 선택하는 그들의 독창성이다. 예외가 있기는 하다. 예컨대 공쿠르 형제는 대상들에서보다는 그 대상들을 구제할 전체에서 출발하였다. 그들은 실내장식이 이제 막 꺼져갔을 때 그 실내장식을 미화하는 일에 착수했다. 그러나 지금까지 수집가는 대상 자체에 이끌려 일에 착수하게 되는 경우가 보통이었다. 한 대표적 예로 근대로 넘어오는 문턱에 서 있던 인문주의자들을 들 수 있는데, 그들이 그리스에서 수집한 물건들과 그들의 여행을 보면 우리는 그들이 얼마나 한 목표를 향해 집요하게 수집을 했는지를 분명히 알 수 있다. 데모세드가 모범이었던 수집가 마롤은 장 드 라브뤼예르[111]의 인도를 받아 문학에 입문하

---

110) 〔원주〕 *Dachreiter*, pp. 5~6.
111) Jean de La Bruyère, 1645~96 : 프랑스 모럴리스트. 귀족이나 사이비 인사들의 실태를 직접 관찰하면서 틈틈이 기록한 것이 『인간 백태(百態)』(*Les caractères*)이며, 이후 1694년의 제8판까지 증보를 거듭하였다. '여성에 대하여', '궁정에 대하여' 등 16장으로 나누어져 있는데, 그 구성은 상당히 자유분방하여 짧고도 신랄한 경구가 있는가 하면, 전형적 인물들의 다채로운 묘사도 있어 변화무쌍하다. 여기에 등장하는 인물 중 하나가 제13장 '유행에 대하여'에 나오는 그림 수집가 데모세드(Démocède)인데 그는 라틴 시의 박식한 번역가이자 빌루앵(Villeloin)의 수도원장인 마롤(Michel de Marolles, 1600~81)이라는 실제 인물에 기초하여 그려졌다. 마롤은 6천 명 이상의 화가가 그린 12만 3천 4백여 점의 그림을 수집해놓고 있었다. 이 수집물은 루이 14세 정부에 의해 1667년에 구입되어 현재 루브르 그림 아카이

게 된다. 마롤은 그래픽의 중요성을 최초로 인식한 사람이다. 그는 12만 5천 점을 수집하여 판화 진열실의 토대를 만들었다. 다음 세기에 케뤼스[112] 백작이 마롤의 수집품에서 발췌해서 편집한 7권에 달하는 카탈로그는 고고학 최초의 대업적이 되었다. 필리프 폰 스토슈[113]의 보석 수집은 수집가 빙켈만(Wincklmann)의 부탁에 의해 그 목록이 작성되었다. 그러한 수집품들 속에서 구체화하고자 했던 학문적인 구상이 지속적으로 전개되지 못한 곳에서도 수집행위 자체는 때때로 지속되었다. 페르디난트 발라프[114]와 쉴피스 부아스레[115]의 수집 활동이 그 한 예인데, 이들의 작업에 토대를 마련해주었던 자들은, 쾰른 박물관의 예술은 고대 로마 예술의 상속자라는 낭만주의적이면서 나자렛파(派)[116]적인 이론에서 출발하면서 그들이 수집한 중세의 독일 그림

브, Cabinet des Estampes에 소장되어 있다.
112) Graf von Caylus, 본명은 Anne Claude Philippe de Tubières, 1692~1767 : 고고학자, 작가. 저서로 『이집트, 에트루리아, 그리스, 로마, 갈리아 유물들의 수집』(1752~67)이 있다.
113) Philipp von Stosch, 1691~1767 : 프로이센 출신의 유물 수집가, 외교관, 고대 미술품과 문서 수집가, 연구가. 빙켈만은 한때 그의 수집품들 중 일부의 목록을 만들어 프랑스어로 출판하기도 했다.
114) Ferdinand Franz Wallraf, 1748~1824 : 가톨릭 사제, 쾰른 대학에서 수학·자연사·식물학·신학·철학 등을 가르쳤다. 프랑스 혁명군이 쾰른 시를 점령하고 있는 동안 교회 건물들이 프랑스인들에 의해 허물어지자 예술품들을 구하려고 수집을 시작했다. 나중에 중세의 그림들, 종교적인 예술품들, 서적, 동전, 조가비, 무기, 조각품 등 쾰른 시의 역사와 관련된 귀중한 유물들을 모았고, 이 유물들은 그가 죽은 뒤 시에 기증되었다. 이 수집품들에서 쾰른의 여러 박물관이 생겨났고, 발라프 리하르츠 박물관(Wallraf-Richartz-Museum)이 그 가운데 가장 유명하다.
115) Sulpiz Boisserée, 1783~1854 : 독일의 작가, 예술품 수집가. 그의 동생 멜히오르(Melchior, 1786~1851)와 함께 중세 독일과 네덜란드의 그림들을 수집했다. 나중에 이 수집품들을 1827년 바이에른의 왕 루트비히 1세에게 팔았고, 이것이 알테 피나코테크 박물관에 전시되었다.

들로써 쾰른 박물관의 기초를 마련했다. 한눈을 팔지 않고 곧장 한 가지 문제에 골몰한 이 위대하고 주도면밀한 수집가들의 대열에 푹스를 놓을 수 있다. 그의 의도는 예술작품을 사회에 되돌려줌으로써 예술작품에 현재적 삶을 부여하는 데 있었다. 예술작품은 그동안 그것이 발견되었던 장소인 예술시장에서 그 진가를 이해할 수 있었던 사람들뿐만 아니라 그것을 제작했던 사람들과도 동떨어진 채 상품으로 쪼그라들어 생명을 부지하고 있을 정도로 사회와 너무나 유리되어 있었던 것이다. 예술시장에서 물신숭배적 마력을 갖는 것은 대가의 이름이다. 역사적으로 보면, 푹스가 예술사를 대가라는 이름의 물신숭배로부터 해방시키는 단초를 마련한 것은 그의 가장 위대한 업적으로 남게 될 것이다. 푹스는 당조의 조형예술을 두고 다음과 같이 말한다. "이러한 묘의 부장품들이 보이는 완벽한 익명성, 즉 이들 작품의 개인적인 창작자를 알 수 있는 경우가 하나도 없다는 사실에서 우리는 그 모든 경우에 개별적인 예술적 결과들이 결코 중요했던 것이 아니라 그 당시의 모든 사람들이 어떻게 세계와 사물들을 바라보았던가 하는 방식이 중요했다는 사실에 대한 하나의 중요한 증거를 볼 수 있다."[117] 푹스는 대중예술이 지니는 특수한 성격과 그가 사적 유물론으로부터 획득하였던 충동들을 함께 발전시켰던 최초의 인물들 가운데

---

116) Nazarener : 19세기 초에 활약한 독일 낭만파 화가의 한 그룹. 1809년 빈 아카데미의 학생 F. 오버베크와 F. 포르 등에 의해 교단적 성격을 지닌 그룹으로 발족하였다. 그들은 이탈리아의 초기 르네상스를 지향하고, 아카데믹한 고전주의 회화의 혁신을 목표로 1810년 로마의 성 이시도로 수도원으로 자리를 옮겨 그곳에서 가톨리시즘의 계율 아래 중세의 화가와 같이 본격적인 종교에의 봉사와 공동 제작에 힘을 쏟았다.

117) 〔원주〕 *Tang-Plastik*, p. 44.

하나이다.

대중예술에 대한 연구는 필연적으로 예술작품의 기술복제에 대한 물음으로 이어지기 마련이다. "모든 시대에는 그 시대가 지닌 특정한 복제기술들이 있다. 그 복제기술들은 각 시대의 기술적인 발전 가능성을 대변해주고 있으며 또한 〔……〕 당대의 시대적 욕구〔필요, Bedürfnis〕의 결과이기도 하다. 그렇기 때문에 지금까지의 지배 계급이 아닌 다른 계급을 〔……〕 지배자로 〔……〕 만들어주는 모든 커다란 역사적 변혁들은 이미지 복제기술상의 변화도 가져온다는 사실은 조금도 놀라운 일이 아니다. 우리는 이러한 사실을 아주 분명하게 지적하지 않으면 안 된다."[118] 푹스의 이러한 통찰들은 획기적인 것이었다. 그는 이러한 통찰들 속에서 사적 유물론이 스스로를 훈련시킬 수 있는 대상들을 지시하였다. 예술들의 기술적인 수준이 그 중요한 대상들 중의 하나이다. 예술들의 기술적인 수준을 추적하는 일은 항간의 정신사에서 애매모호한 문화 개념이 끼치고 있는 (때때로 푹스 자신에게 있어서도 마찬가지이지만) 많은 폐해들을 다시 보상해준다. "수천에 달하는 단순하기 짝이 없는 도공들이 〔……〕 기술적·예술적으로 똑같이 정교한 〔……〕 예술품을 참으로 손쉽게 빚어낼 수 있는

---

118) 〔원주〕 *Honoré Daumier*, Bd. I, p. 13. — 우리는 이러한 생각을 가나(Kana)의 혼인 잔치에 대한 위고의 알레고리적인 해석과 비교할 수 있다. "빵이 일으킨 기적은 독자의 수를 여러 배로 증가시킨 것을 뜻한다. 그리스도가 그 상징(빵)에 마주치던 날에 그는 인쇄술의 발명을 예감하였다"(Victor Hugo, William Shakespeare, Georges Batault: Le ponitife de la démagogie: Virctor Hugo, Paris, 1934, p. 142에서 재인용). 〔가나의 혼인 잔치 이야기는 성경, 「요한복음」 제2장 1~11절 참조. 하지만 이 구절은 빵 일곱 개에 관한 일화(「마태복음」 제15장 32~38절)와 섞여 있다. — 옮긴이〕

재간을 갖고 있었다"[119]는 사실이 푹스에게 고대 중국 예술의 참모습을 말해주는 구체적인 한 증거로 보이는 것은 당연하다. 그와 같은 기술적 측면을 숙고함으로써 그는 이따금씩 그의 시대를 앞질러 가는 명석한 통찰을 할 수 있었다. 고대는 캐리커처라는 것을 전혀 알지 못했다는 사실을 해명하는 일도 그러한 통찰에 속한다. 어떠한 관념론적인 역사서술이라도 이러한 사실 속에서 의고전주의적인 그리스 이미지, 즉 '고귀한 단순과 고요한 위대성'(edle Einfalt und stille Größe)[120]을 뒷받침해주는 근거를 보았을 것이다. 그런데 푹스는 이 문제를 어떻게 설명하고 있는가? 그에 따르면 캐리커처라는 것은 일종의 대중예술이다. 따라서 대중적인 보급 없이 캐리커처라는 것은 있을 수가 없는 것이다. 대중적인 보급이라는 것은 저렴한 보급을 뜻한다. 그런데 "고대에는 〔……〕 주화밖에는 아무런 저렴한 복제 형태도 없었다."[121] 주화 표면은 너무 좁아서 캐리커처를 그릴 만한 공간이 없었다. 따라서 고대는 캐리커처라는 것을 전혀 몰랐다.

캐리커처는 대중예술이었으며, 풍속도도 그랬다. 이러한 대중적 성격은 관례적인 예술사의 관점에서는 그렇지 않아도 수상쩍었던 대중예술이 비방받는 빌미가 되었다. 푹스의 경우에는 사정이 달랐다. 백안시당하는 경전(經典) 외적 사물들에 시선을 주는 것은 푹스 본래

---

119) 〔원주〕 *Dachreiter*, p. 48.
120) 독일의 미학자, 미술사학자 빙켈만(Johann Joachim Winckelmann, 1717~68)이 그리스 고전미술의 정신을 표현한 공식이다. 주저: 『고대미술사』(*Geschichte der Kunst des Altertums*, 1764).
121) 〔원주〕 *Karikatur*, Bd. I, p. 19. 그 예외가 법칙을 확인해준다. 진흙으로 된 형상(테라코타)을 빚어낼 때 기계적인 복제 수법이 사용되었다. 그것들 가운데 캐리커처가 많이 들어 있다.

의 강점이다. 마르크스주의가 겨우 그 단초밖에 제시해주지 못했던 그러한 사물들로 향하는 길을 그는 수집가로서, 그것도 자기 혼자 힘으로 개척하였던 것이다. 이를 위해서는 거의 광적이라고 할 만한 정열이 필요했다. 이러한 정열이 푹스의 특징적인 면들을 형성하였다. 어떤 의미에서 형성했는지는 도미에의 석판 인쇄물들 속에서 미술 애호가, 상인, 회화에 열광하는 자들, 조형미술에 일가견이 있는 자들의 긴 대열을 두루 섭렵해보는 사람이면 가장 잘 알 수 있다. 그들은 체격에 이르기까지 푹스와 닮았다. 그들은 키가 후리후리하고 마른 사람들이다. 그리고 그들은 불의 혓바닥과 같은 정열적인 시선을 가지고 있다. 그러한 사람들 속에 도미에가 옛 대가들의 그림에서 보이는 금을 찾아다니는 자, 무당, 구두쇠의 후예를 그려 넣으려 했다고 하는 사람들의 말이 틀린 말은 아닐 것이다.[122] 수집가로서 푹스는 그러한 부류의 사람에 속한다. 마치 연금술사가 금을 만들어내겠다는 그의 '저속한' 소망을 혹성들과 원소들이 화합하여 영적 인간의 상들이 생겨나는 화학 약품들에 대한 연구 작업과 결부시키고 있는 것처럼, 수집가 푹스는 소유라는 '저속한' 소망을 만족시키면서 그 속에서 생산력과 대중이 화합하여 역사적인 인간의 상들이 생겨나는 예술에 대한 연구를 시도했던 것이다. 푹스가 그러한 상들에 대해 가졌던 열정적인 관심은 그의 후기 저서들 속에서까지 흔적을 남기고 있다. "중국의 용마루 기와에서 하나의 〔……〕 이름 없는 민중예술이 거론되고 있다는 사실이 그 용마루 기와의 최후의 명성인 것은 아니다. 그것을 창조

---

122) 〔원주〕 Erich Klossowski, *Honoré Daumier*, München, 1908, p. 113 참조.

해낸 사람들이 누구였는지를 증언해주는 영웅서는 한 권도 없다"[123]고 푹스는 쓰고 있다. 이름 없는 자들과 그 이름 없는 자들의 솜씨의 흔적을 보조해준 것을 향한 그러한 관찰이, 사람들이 또다시 인류의 머리 위에 내리덮으려 하는 지도자 숭배(Führerkult, 총통 숭배)보다는 더 인류의 인간화에 기여하지 않을지는, 과거가 가르치려고 했지만 실패하고 만 많은 문제들처럼, 또다시 미래가 가르쳐줄 것임이 틀림없다.[124]

---

123) 〔원주〕 *Dachreiter*, p. 45.
124) 벤야민은 이 결론에서 푹스의 작업은 인류의 인간화에 기여할 만한 작업이었다는 점, 하지만 이것이 실제로 이루어질지는 파시즘이 준동하는 현재에는 불투명하고 결국 미래를 향해 열려 있는 물음이라는 점을 강조하면서 절망적인 정치적 현실에 대한 날카롭고 냉철한 비판을 가하고 있다.

역사의 개념에 대하여[1]
(1940)

Walter Benjamin, *Gesammelte Schriften*, Frankfurt a. M., 1972~89, Bd. I/2, pp. 693~704. (Über den Begriff der Geschichte)

1

한 자동기계가 있었다고 알려져 있는데, 이 기계는 사람과 장기를 둘 때 이 사람이 어떤 수를 두든 반대 수로 응수하여 언제나 그 판을 이기게끔 고안되었다.[2] 터키 복장을 하고 입에는 수연통(水煙筒)을

---

1) 이 에세이는 '역사의 개념에 대하여'가 원래 제목이지만, 국내에서는 '역사철학테제' (Geschichtsphilosophische Thesen)로 더 잘 알려져 있다. 본문에서 진하게 쓴 부분은 저자가 원문에서 이탤릭체로 강조한 부분이다. 그리고 주석은 '전집 편집자'라고 명시하지 않았으면 모두 옮긴이의 것이다.
2) 기록에 의하면 터키 인형으로 된 최초의 장기 두는 기계는 1770년 헝가리 출신 만물박사이자 발명가인 볼프강 폰 켐펠렌(Wolfgang von Kempelen: 1734~1804)이 마리아 테레지아 여왕과 빈 궁정의 사람들을 위해 오락용으로 제작하였다고 전해진다. 태엽장치로 움직이고 다양한 동작을 표현할 수 있게 고안된 이 기계에는 모피로 장식된 외투를 입고 터번을 두른 채 긴 터키 파이프를 입에 문 콧수염이 달린 인형이 바퀴 위에 올려놓은 단풍나무로 만든 상자 꼭대기에 앉아 있으며, 그 앞에는 상감으로 세

문 한 인형이 넓은 책상 위에 놓인 장기판 앞에 앉아 있었다. 거울 장치를 통해 이 책상은 사방에서 훤히 들여다볼 수 있다는 환상을 불러일으켰다. 실제로는 장기의 명수인 꼽추 난쟁이가 그 속에 들어앉아 그 인형의 손을 끈으로 조종하고 있었다. 사람들은 이 장치에 상응하는 짝을 철학에서 표상해 볼 수 있다. '역사적 유물론'[3]으로 불리는 인형이 늘 이기도록 되어 있다. 그 인형은 오늘날 주지하다시피 왜소하고 흉측해졌으며 어차피 모습을 드러내어서는 안 되는 신학을 자기편으로 고용한다면 어떤 상대와도 겨뤄볼 수 있다.

2

헤르만 로체는 "인간의 심성이 지니는 가장 두드러진 특징들 중에는 [……] 세세한 것에서 보이는 수많은 이기심 이외에도 어떤 현재든 일반적으로 미래에 대해 아무런 부러움도 갖고 있지 않다는 점이 속

공한 장기판이 놓여 있다. 상자 안에는 좁고 답답한 공간 안에 감춰진 채 아주 작은 사람이 앉아서 촛불 아래에서 기계를 조작하면서 장기를 뒀다. 이 자동기계는 1783~84년 유럽의 대도시들을 돌면서 대부분의 게임을 이겼다. 켐펠렌이 죽자 그 기계는 빈의 흥행사인 요한 멜첼(Johann Maelzel)에게 넘겨졌고 그가 운영한 이 기계는 큰 인기를 끌었으며 많은 책, 팸플릿, 기사 들의 주제가 되었다. 그 가운데 포(Edgar Allen Poe)는 「멜첼의 장기 기계」(1836)라는 제목으로 상세한 목격담과 분석을 담은 글을 쓰기도 했다. 1809년 이 기계는 나폴레옹을 이기기도 했고, 1817년에서 37년까지 영국과 미국을 정기적으로 순회하기도 했다. 이 상자의 비밀은 이 기계를 조작하던 예전의 한 기사에 의해 밝혀졌지만, 군중들의 인기는 계속되었다. 멜첼이 1838년에 사망하자 이 터키 인형은 필라델피아의 한 작은 박물관에 전시되었고, 그 뒤 점차 잊히다가 1854년에 화재로 소실되었다.
3) 벤야민의 사적 유물론에 대한 구상은 그의 또 다른 에세이 「수집가이자 역사가 에두아르트 푹스」의 첫 부분에 좀더 서술되어 있다.

한다"고 말한다.[4] 이러한 성찰은 우리가 품고 있는 행복의 이미지라는 것이 전적으로, 우리 자신의 삶의 흐름이 우리를 원래 그쪽으로 가도록 가리킨 시간으로 채색되어 있다는 점을 깨닫게 한다. 우리에게서 부러움을 일깨울 수 있을 행복은 우리가 숨 쉬었던 공기 속에 존재하고, 우리가 말을 걸 수 있었을 사람들, 우리 품에 안길 수 있었을 여인들과 함께 존재한다. 달리 말해 행복의 관념 속에는 구원의 관념이 포기할 수 없게 함께 공명하고 있다. 역사가 대상으로 삼는 과거라는 관념도 사정이 이와 마찬가지다. 과거는 그것을 구원으로 지시하는 어떤 은밀한 지침(指針)을 지니고 있다. 우리 스스로에게 예전 사람들을 맴돌던 바람 한 줄기가 스치고 있지 않은가? 우리가 귀를 기울여 듣는 목소리들 속에는 이제는 침묵해버린 목소리들의 메아리가 울리고 있지 않은가? 우리가 구애하는 여인들에게는 그들이 더는 알지 못했던 자매들이 있지 않을까? 만약 그렇다면 과거 세대의 사람들과 우리 사이에는 은밀한 약속이 있는 셈이다. 그렇다면 우리는 이 지상에

---

4) Hermann Lotze, *Mikrokosmos*, Bd. 3, Leipzig, 1864, p. 49. — 전집 편집자 〔로체(1817~81)는 독일의 철학자, 의학자. 그의 철학의 특징은 자연과학에 정통하여 그 입장을 충분히 인정받은 위에 심정의 요구에 응하는 형이상학을 세우려고 한 점에 있다. 즉 물질계의 과학적 연구에서 기계론의 견지를 일관해야 하고, 생명현상에 관해서도 생명력의 가설을 물리치고 기계론적으로 설명해야 한다고 주장하였다. 그러나 자연계는 어디까지나 현상에 지나지 않고 궁극의 실재(實在)는 정신적인 것이라야만 한다고 생각하였다. 그리고 형이상학으로는 유심론의 입장을 취하였으며, 실재로서의 정신적 실체를 선(善)한 것으로 생각하여 실재와 현상 사이에 목적·수단의 관계를 상정하였다. 실험심리학의 선구이기도 한 그는 서남학파의 문화철학에 영향을 끼쳤다. 저서로는 여기 인용된 『소우주』(1856~64) 외에 『독일 미학사』(*Geschichte der Ästhetik in Deutschland*, 1868), 『논리학』(*Logik*, 1874), 『철학대계』(제2부, 1874~79), 『형이상학』(*Metaphysik*, 1879) 등이 있다. — 옮긴이〕

서 기다려졌던 사람들이다. 그렇다면 우리에게는 우리 이전에 존재했던 모든 세대와 **미약한**(schwach) 메시아적 힘이 함께 주어져 있는 것이고, 과거는 이 힘을 요구하고 있는 것이다. 이 요구는 값싸게 처리해버릴 수 없다. 역사적 유물론자는 그것을 알고 있다.

3

사건들을 그것들의 크고 작음을 구별하지 않고 헤아리는 연대기 기술자는 그로써 일찍이 과거에 일어난 그 어떤 것도 역사에서 상실되어서는 안 된다는 진리를 중시한다. 물론 구원된 인류에게 비로소 그들의 과거가 완전히 주어지게 된다. 이 말은 구원된 인류에게 비로소 그들의 과거의 매 순간순간이 인용 가능하게 될 거라는 뜻이다. 살았던 순간들 하나하나가 최후의 심판일이 될 날의 의사 일정에 인용 대상[5]이 될 것이다.

4

너희는 먼저 먹을 것과 입을 것을 찾아라.
그러면 하느님의 나라도 곁들여 받게 될 것이다.

—헤겔, 1807[6]

---

5) 벤야민이 쓴 프랑스어 citation à l'ordre du jour는 '그날의 업무(의 일부)로서 이루어져야 할 인용, 소환', '주어진 순간의 시급한 사안을 인용'한다는 뜻이며 군사용어로서 그날의 긴급 훈령을 가리키기도 한다.

마르크스에 훈련된 역사가가 늘 목전에 두는 계급투쟁은 투박한 물질적인 사물들을 둘러싼 투쟁인데, 이러한 것들이 없이는 섬세하고 정신적인 것들도 있을 수 없다. 그럼에도 계급투쟁에서 이 후자의 것들은 승리자에게 떨어지는 전리품이라는 관념과는 다른 모습으로 주어져 있다. 그것들은 확신, 용기, 유머, 간계, 불굴의 투지로 이 투쟁 속에 살아 있으며, 먼 과거에까지 영향을 미친다. 그것들은 일찍이 지배자들의 수중에 떨어졌던 모든 승리를 새로이 의문시할 것이다. 꽃들이 머리를 태양 쪽으로 향하듯이 은밀한 종류의 향일성(向日性)에 힘입어 과거는 **바로** 역사의 하늘에 떠오르고 있는 태양을 향하려고 애쓴다. 모든 변화 중에서도 가장 눈에 띄지 않는 이 변화를 역사적 유물론자는 놓치지 말아야 한다.

5

과거의 진정한 이미지는 **휙** 지나간다. 과거는 인식 가능한 순간에 인식되지 않으면 영영 다시 볼 수 없게 사라지는 섬광 같은 이미지로서만 붙잡을 수 있다. "진리는 우리에게서 달아나지 않을 것이다"라는 켈러[7]의 말은 역사주의가 추구하는 역사의 이미지를 표현해주는

---

6) *K. L. von Knebel's literarischer Nachlaß und Briefwechsel*, Hrsg. von K. A. Varnhagen von Ense und Th. Mundet, Bd. 2, 2. Aufl., Leipzig, 1840, p. 446(헤겔이 크네벨에게 보낸 1807년 8월 30일자 편지). ─전집 편집자 〔한편 이 구절은 「누가복음」, 제12장 31절("너희는 먼저 하느님의 나라를 찾아라. 그러면 이 모든 것도 곁들여 받게 될 것이다")을 변형한 것이다. ─옮긴이〕
7) Gottfried Keller, 1819~90 : 스위스의 작가. 19세기 독일 사실주의 시대를 대표하는

데, 바로 이 지점이 역사적 유물론자에 의해 혁파되는 장소이다. 왜냐하면 과거의 진정한 이미지는 매 현재가 스스로를 그 이미지 안에서 의도된 것으로 인식하지 않을 경우 그 현재와 더불어 사라지려 하는 과거의 복원할 수 없는 이미지이기 때문이다.

6

과거를 역사적으로 표현한다는 것은 그것이 '원래 어떠했는가'를 인식하는 일[8]을 뜻하는 것이 아니다. 그것은 위험의 순간에 섬광처럼 스치는 어떤 기억을 붙잡는다는 것을 뜻한다. 역사적 유물론의 중요한 과제는 위험의 순간에 역사적 주체에게 예기치 않게 나타나는 과거의 이미지를 붙드는 일이다. 그 위험은 전통의 존속에뿐만 아니라 그 전통의 수용자들에게도 닥친다. 둘 모두에게 그 위험은 똑같은 것으로서 지배 계급의 도구로 넘어갈 위험이다. 어느 시대에나 전승된 것을 제압하려 획책하는 타협주의로부터 그 전승된 것을 쟁취하려는 시도가 이루어지지 않으면 안 된다. 메시아는 구원자로서만 오는 것이 아니다. 메시아는 적그리스도를 극복하는 자로서 온다. 죽은 자들도 적이 승리한다면 그 적 앞에서 안전하지 못하다는 점을 투철하게

작가이다. 대표작으로 『녹색 옷의 하인리히』(*Der grüne Heinrich*, 1854~55, 수정판: 1879~80), 『젤트빌라 사람들』(*Die Leute von Seldwyla*, 1856, 제2판: 1874)이 있다. 벤야민은 켈러에 대한 긴 에세이를 썼다.

[8] 19세기의 대표적인 역사학자 레오폴트 폰 랑케(Leopold von Ranke, 1795~1886)가 이 명제로써 역사가의 과제를 정의하는데, 이것을 벤야민은 19세기 역사주의의 방법론을 요약하는 말로 이해한다.

인식하고 있는 역사가**에게만** 오로지 과거 속에서 희망의 불꽃을 점화할 재능이 주어져 있다. 그리고 이 적은 승리하기를 멈추지 않았다.

7

> 비탄의 소리가 울려 퍼지는 이 골짜기의
> 어둠과 혹한을 생각하라
>
> ―브레히트, 『서푼짜리 오페라』[9]

퓌스텔 드 쿨랑주[10]는 역사가에게, 만일 그가 지나간 어떤 시대를 추체험하고자 한다면 이후 역사의 진행에 관해 알고 있는 모든 것을 머리에서 떨쳐버려야 할 거라고 제안한다. 역사적 유물론이 파기했던 방식을 이보다 더 잘 특징지을 수 없다. 그것은 감정이입(Einfühlung)의 방식이다. 그것의 원천은 순간적으로 스쳐 지나가는 진정한 역사적 상을 붙잡을 자신이 없는 마음의 나태함, 태만(acedia)이다. 그 태만은 중세의 신학자들에게 슬픔의 근원으로 여겨졌다. 이 슬픔을 잘 알았던 플로베르는 "카르타고를 소생시키기 위해 얼마나 많은 슬픔이 필요했는지를 아는 사람은 별로 없을 것이다"라고 쓰고 있다. 이 슬픔의 본질은 사람들이 도대체 역사주의적 역사가는 누구에게 감정

---

9) Bertolt Brecht, *Gesammelte Werke*, Werkausgabe, Frankfurt a. M., 1967, Bd. 2, p. 486(Die Dreigroschenoper, 3막 9장의 마지막 대사). ―전집 편집자

10) Numa Denis Fustel de Coulange, 1830~89 : 고대사와 중세사를 연구한 프랑스의 역사가.

이입을 하는지 물음을 던져보면 더욱 분명해진다. 대답은 두말할 나위 없이 승리자에게 감정이입을 한다는 것이다. 그런데 그때그때 지배하는 자들은 예전에 승리했던 자들의 후예들이다. 그에 따라 승리자에게 감정이입을 하는 일은 그때그때 지배하는 자들에게 도움을 준다. 이로써 역사적 유물론자는 충분히 알 수 있다. 오늘에 이르기까지 늘 승리를 거둔 사람은 오늘날 바닥에 누워 있는 자들을 짓밟고 가는 지배자들의 개선 행렬에 함께 동참하는 셈이다. 전리품은 통상적으로 늘 그래왔듯이 개선 행렬에 따라다닌다. 사람들은 그 전리품을 문화재라고 칭한다. 그 문화재들을 역사적 유물론자는 거리를 두고 바라보게 될 것이다. 왜냐하면 그 유물론자가 문화재들에서 개관하는 것은 하나같이 그가 전율하지 않고서는 생각할 수 없는 곳에서 온 것들이기 때문이다. 그것들은 그것들을 만들어낸 위대한 천재들의 노고에 뿐만 아니라 그 천재들과 함께 살았던 무명의 동시대인들의 노역에도 힘입고 있다. 동시에 야만의 기록이 아닌 문화의 기록이란 결코 없다. 그리고 문화의 기록 자체가 야만성에서 벗어날 수 없는 것처럼 그것이 한 사람에게서 다른 사람에게로 넘어간 전승의 과정 역시 야만성을 벗어나지 못한다. 따라서 역사적 유물론자는 가능한 한도 내에서 그러한 전승에서 비켜선다. 그는 결을 거슬러 역사를 솔질하는 것을 자신의 과제로 본다.

8

억압받는 자들의 전통은 우리가 그 속에서 살고 있는 '비상사태'

(Ausnahmezustand, 예외상태)가 상례임을 가르쳐준다. 우리는 이에 상응하는 역사의 개념에 도달하지 않으면 안 된다. 그렇게 되면 진정한 비상사태를 도래시키는 것이 우리의 과제로 떠오를 것이다. 그리고 그로써 파시즘에 대항한 투쟁에서 우리의 입지가 개선될 것이다. 파시즘이 승산이 있는 이유는 무엇보다 그 적들이 역사적 규범으로서의 진보의 이름으로 그 파시즘에 대처하기 때문이다. 우리가 체험하는 것들이 20세기에도 '여전히' 가능하다는 데 대한 놀라움은 **전혀** 철학적인 놀라움이 아니다.[11] 그 놀라움은 그 놀라움이 연원한 역사 관념이 지탱될 수 없다는 인식의 출발점에 있다면 모르되, 어떤 다른 인식의 출발점에 있는 것이 아니다.

9

내 날개는 날 준비가 되어 있고
나는 기꺼이 돌아가고 싶다.
왜냐하면 내가 평생 머문다 해도
행복하지 못할 것이기에

—게르숌 숄렘(Gershom Scholem), 「천사의 인사」[12]

---

11) 철학은 놀라움에서 시작한다는 아리스토텔레스의 말을 암시하고 있다(『형이상학』, 982b).
12) 숄렘은 1921년 7월 15일에 「천사의 인사」(Gruss vom Angelus)라는 제목의 시를 벤야민의 29세 생일을 축하하기 위해 써서 보낸다. 클레의 펜화인 「새로운 천사」(Angelus Novus, 1920)는 벤야민이 수집해서 한동안 소유하고 있던 그림으로서 숄렘이 뮌헨에 거주할 때 잠시 맡아 가지고 있었다. 이 시의 전문은 『편지 선집』에 실려 있다(Walter Benjamin, *Briefe*, 2 Bde., Frankfurt a. M., 1966, p. 269).

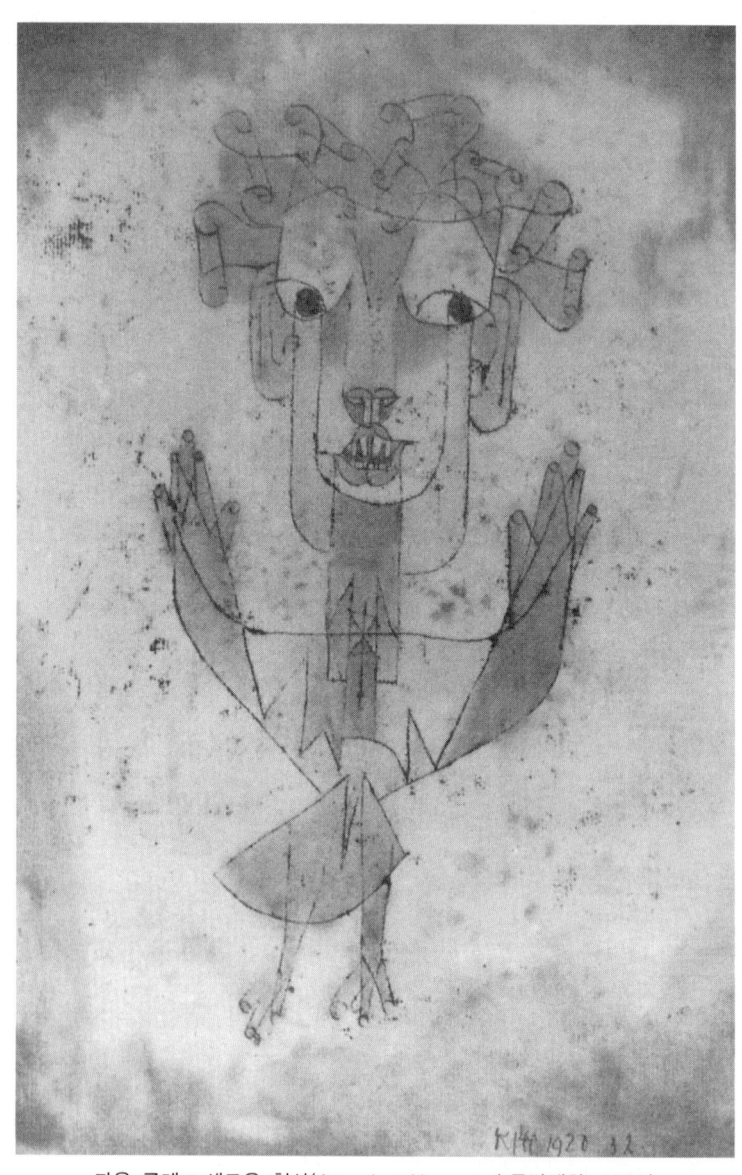

파울 클레 : 새로운 천사(Angelus Novus, 수묵담채화, 1920)

파울 클레(Paul Klee)가 그린 「새로운 천사」(Angelus Novus)라는 그림이 있다. 이 그림의 천사는 마치 자기가 응시하고 있는 어떤 것으로부터 금방이라도 멀어지려고 하는 것처럼 묘사되어 있다. 그 천사는 눈을 크게 뜨고 있고, 입은 벌어져 있으며 또 날개는 펼쳐져 있다. 역사의 천사도 바로 이렇게 보일 것임이 틀림없다. **우리들** 앞에서 일련의 사건들이 전개되고 있는 바로 그곳에서 그는, 잔해 위에 또 잔해를 쉼 없이 쌓이게 하고 또 이 잔해를 우리들 발 앞에 내팽개치는 단 하나의 파국만을 본다. 천사는 머물고 싶어 하고 죽은 자들을 불러일으키고 또 산산이 부서진 것을 모아서 다시 결합하고 싶어 한다. 그러나 천국에서 폭풍이 불어오고 있고 이 폭풍은 그의 날개를 꼼짝달싹 못하게 할 정도로 세차게 불어오기 때문에 천사는 날개를 접을 수도 없다. 이 폭풍은, 그가 등을 돌리고 있는 미래 쪽을 향하여 간단없이 그를 떠밀고 있으며, 반면 그의 앞에 쌓이는 잔해의 더미는 하늘까지 치솟고 있다. 우리가 진보라고 일컫는 것은 바로 **이러한** 폭풍을 두고 하는 말이다.

10

수도원이 수사들에게 명상을 위해 지시하는 대상들은 세상과 세상사들로부터 그들을 떨어지게 하는 데 목적이 있다. 우리가 여기서 추적하고 있는 사유 과정도 이와 유사한 규정에서 나왔다. 이러한 사유 과정이 의도하는 바는, 파시즘의 반대자들이 기대를 걸었던 정치가들이 파시즘 앞에서 무릎을 꿇고 자신의 대의를 스스로 저버리고 있는 이 마당에, 정치적 관심을 가진 평범한 사람들을 그 정치가들이 쳐 놓은 그물망에서 풀려나도록 하는 데 있다. 이러한 관찰은 이 정치가들의 진보에 대한 완고한 믿음, 그들의 '대중 기반'에 대한 믿음, 그리고 통제 불가능한 기구에 노예처럼 종속되어 있는 모습이 동일한 사안의 세 양상이었다는 데서 출발한다. 그러한 관찰은 이 정치가들이 계속 고수하는 역사 관념과의 어떤 공모관계도 피하는 역사 관념을 갖기 위해서는 우리의 익숙한 사고가 얼마나 비싼 대가를 치러야 하는지를 보여주고자 한다.

11

처음부터 사회민주주의[13]가 길들어 있던 타협주의는 그들의 정치적 전술뿐만 아니라 그들의 경제적 관념들에서도 찾아볼 수 있다. 그 타협주의가 이후의 붕괴를 가져온 원인이다. **자신들이** 시대의 물결을 타고 간다는 견해만큼 독일 노동자 계급을 타락시킨 것은 없다. 기술의 발전이 그 계급에게는 그 계급이 타고 간다고 생각하는 흐름의 낙차로 여겨졌다. 여기서부터, 기술의 진보 과정 속에 있는 공장 노동이 정치적 업적을 나타낸다고 생각하는 환상에 이르는 것은 단 한 걸음

---

[13] 독일 사회민주당(Sozialdemokratische Partei Deutschlands)은 빌헬름 리프크네히트(Wilhelm Liebknecht)와 아우구스트 베벨(August Bebel)이 1863년 창당한 정당으로서 원래는 마르크스주의적 혁명조직으로 출범했으나, 시간이 지나면서 1880년대 비스마르크의 반사회주의법 등의 압력을 받아 혁명 정당에서 사회개혁적 정당으로 노선을 선회하게 된다. 제1차 세계대전이 끝난 뒤에는 독일의 제1당으로서 온건한 개혁 노선을 취하면서 바이마르 공화국의 정부에 참여하기도 한다. 이 정당은 1933년 나치에 의해 해체된다.

이면 족하다. 해묵은 프로테스탄트적 노동 윤리가 세속화된 형태로 독일 노동자들에게서 부활을 맞았던 것이다. 고타 강령[14]에 이미 이러한 혼란의 흔적이 담겨 있다. 그 강령은 노동을 "모든 부와 모든 문화의 원천"[15]으로 정의한다. 여기서 불길한 징조를 보던 마르크스는 그에 응수하여 자신의 노동력 이외에 아무것도 갖고 있지 않은 사람은 "소유주가 […] 된 다른 사람들의 노예가 될 수밖에 없다"고 했다. 그럼에도 불구하고 혼란은 더 확산되어, 요제프 디츠겐[16]은 곧이어 이렇게 선언한다. "노동은 새 시대의 구세주를 뜻한다. […] 노동이 […] 개선되면 […] 지금까지 어떤 구원자도 성취하지 못한 것을 성취할 부가 생겨날 것이다." 노동의 본질에 대한 이처럼 속류 마르크스주의적인 개념은 노동자들이 노동의 산물을 이용할 수 없는 한

---

14) 1875년 독일에서 리프크네히트가 이끌던 당과 라살(Ferdinand Lassalle)이 이끌던 당이 사회주의 노동자당으로 통합되면서 튀링겐 주의 고타(Gotha)에서 전당대회가 열리는데, 여기서 채택된 강령이 고타 강령(Gotha Programm)이다. 마르크스는 "Randglossen zum Programm der Deutschen Arbeiterpartei"(1875, 최초 출간은 1891)라는 글에서 이 강령을 비판한다.
15) Karl Marx, "Randglossen zum Programm der Deutschen Arbeiterpartei", Hrsg. von Karl Korsch, Berlin, Leipzig, 1922, p. 22. ─전집 편집자
16) Josef Dietzgen, *Sämtliche Schriften*(전집), Wiesbaden, 1911, Bd. 1, p. 175 [Sozialdemokratische Philosophie(사회민주주의 철학)]. 해당 구절을 정확하게 인용하면 다음과 같다. "공짜로(gratis) 주어진 자연에서 노동만이 이자를 포함하여 모든 자본을 만들어낸다는 것은 애덤 스미스 이래 국민경제학에서 인정된 바다." ─전집 편집자 [디츠겐(1828~88)은 사회민주주의 대표적 철학자로서 가죽 무두질로 생활하면서 독학으로 철학을 연구하였다. 칸트, 포이어바흐 등의 영향을 받아 마르크스·엥겔스와는 독립적인 유물사관에 도달하였다. 저서 『인간 두뇌활동의 본질』(*Das Wessen der menschlichen Kopfarbeit*, 1869)에서 사고는 뇌수(腦髓)의 소산에 불과하고, 인식은 개별적인 것으로부터 일반적인 것으로의 발전이라고 설파하였다. ─옮긴이]

그 산물이 그들 스스로에게 어떤 효과를 가져올 것인가의 물음을 오랫동안 숙고하지 않는다. 그러한 노동 개념은 자연 지배의 진보만을 보고 사회의 퇴보는 보려고 하지 않는다. 그러한 노동 개념은 나중에 파시즘에서 나타나게 될 기술주의적 특징들을 이미 보여준다. 1848년 3월 혁명 이전 시대(1830~48)의 사회주의적 유토피아들에서의 자연 개념에서 벗어나 불길한 조짐을 보이며 부각된 자연 개념이 그러한 특징들 가운데 하나다. 이런 식으로 이해된 노동은 이제 자연의 착취로 귀결되는데, 사람들은 소박하게 만족해하면서 프롤레타리아 계급의 착취에 그 자연의 착취를 대립시켰다. 이러한 실증주의적 구상과 비교해 볼 때 푸리에[17]와 같은 사람을 조롱할 때 많은 소재를 제공했던 환상들은 놀랍게도 건강한 의미를 드러내준다. 푸리에에 따르면 사회적 노동이 잘 짜여만 진다면, 네 개의 달이 지상의 밤을 밝혀줄 것이고, 극지방의 빙하가 물러갈 것이며, 바닷물 맛이 짜지 않고, 맹수들은 사람들에게 봉사하게 될 거라고 했다. 이 모든 것은 자연을 착취하는 것과는 동떨어진 노동, 그 자연의 품속에 가능성으로 잠들어 있는 산물들을 출산시킬 능력이 있는 노동의 모습을 보여준다. 타락한 노동 개념에게는 그것의 상보물로서 디츠겐이 표현한 대로 "공짜로 주어진" 자연이 속한다.

---

[17] Charles Fourier, 1771~1837 : 프랑스의 공상적 사회주의자. 상인의 아들로 태어난 그는, 사회적 부(富)가 증대되어가는데도 많은 노동자들이 가난에 허덕이는 것을 보고 자본주의 제도, 특히 자본주의적 상업을 사회악의 근원이라고 생각하였다. 그는 저서 『가정적·농업적사단론(社團論)』(1822), 『산업적·조합적 세계』(1829)에서 그것을 비판함과 동시에 '팔랑주'(phalange)라는 생산자 협동조합을 중심으로 상업이 존재하지 않는 자유로운 생산자의 협동사회를 건설할 것을 제안하였다.

12

> 우리는 역사를 필요로 한다. 그러나 우리는 그것을 지식의 정원에서 소일하는 나태한 자가 필요로 하는 방식과는 다른 방식으로 필요로 한다.
> ―니체, 「역사가 삶에 대해 갖는 이점과 단점에 대해」[18]

역사적 인식의 주체는 투쟁하는, 억압받는 계급 자신이다. 마르크스에서 그 계급은 해방의 과업을 과거에 때려눕혀진 자들의 세대들 이름으로 완수하는, 최후의 억압받고 복수하는 계급으로 등장한다. 짧은 기간 '스파르타쿠스'(Spartakus)[19]에서 다시 한 번 위세를 보였던 이 의식을 사회민주주의는 예전부터 못마땅하게 여겼다. 30여 년이 경과하는 동안 사회민주주의는 그 쩌렁쩌렁한 목소리가 지난 19세기를 뒤흔들었던 블랑키[20]라는 이름을 거의 말살하는 데 성공했다. 그들은 노동자 계급에게 **미래** 세대들의 구원자 역할을 부여하는 것을 좋아했다. 그들은 그로써 노동자 계급이 지닌 가장 강력한 힘에서 그

---

18) Friedrich Nietzsche, *Werke in drei Bänden*, hg. von Karl Schlechta, Bd. 1, München, 1954, p. 209.―전집 편집자〔니체의 이 글은 1873년에 씌어졌고, 1874년 『반시대적 고찰』(*Unzeitgemäße Betrachtungen*)의 제2부로 1874년에 출판되었다.―옮긴이〕
19) 제1차 세계대전 중 카를 리프크네히트(Karl Liebknecht)와 로자 룩셈부르크(Rosa Luxemburg) 등에 의해 조직된 독일 사회당 좌파의 연합으로서 그 후(1918) 독일 공산당의 모태가 되었다.
20) Louis-Auguste Blanqui, 1805~81 : 프랑스의 혁명적 사회주의자. 19세기의 세 주요 혁명인 1830, 1840, 파리 코뮌에 모두 가담하였다. 블랑키에 대한 벤야민의 상세한 언급은 『파사주』 프로젝트에 나온다. 파사주의 프랑스어판 개요 「19세기의 수도 파리」의 끝부분을 참조할 것.

힘줄을 잘라버리고 있다. 노동자 계급은 이 훈련 과정에서 증오와 희생정신을 모두 망각하였다. 왜냐하면 그 둘은 해방된 자손의 이상에서가 아니라 억압받은 선조의 이미지에서 그 자양을 취하기 때문이다.

13

> 우리의 과제는 날로 더 분명해지고 민중은 날로 영리해지지 않는가.
> ―요제프 디츠겐, 『사회민주주의 철학』[21]

사회민주주의 이론은, 그리고 그 실천은 더욱더, 현실에 근거를 두지 않고 교조적인 요구를 갖는 진보 개념에 의해 규정되었다. 사회민주주의자들의 머릿속에 그려진 진보는 우선 (인류의 기술과 지식의 진보만이 아니라) 인류의 진보 자체였다. 둘째로 그것은 (무한한 완성 가능성에 상응하는) 종료시킬 수 없는 진보였다. 셋째로 그것은 (자동적으로 직선이나 나선형의 궤도로 진행되는) 본질적으로 저지할 수 없는 진보였다. 이 세 가지 속성 모두 논란의 여지가 있으며 각각의 속성에 비판을 가할 수 있다. 하지만 그 비판이 가차 없는 비판이 되려면 이 속성들 모두의 배경을 파헤쳐보고, 그 속성들의 공통점이 무엇인지를 밝히지 않으면 안 된다. 역사에서의 인류의 진보라는 생각은 역사가 균질하고 공허한 시간을 관통하여 진행해나간다는 생각과 분리될 수 없다. 이러한 진행에 대한 비판이 진보에 대한 생각 일반에

---

21) Dietzgen, 앞의 책, Bd. 1, p. 176.―전집 편집자

대한 비판의 토대를 형성해야 한다.

14

근원이 목표다.

—카를 크라우스, 『시집 I』[22]

역사는 구성의 대상이며, 이때 구성의 장소는 균질하고 공허한 시간이 아니라 지금시간(Jetztzeit)으로 충만된 시간이다. 그리하여 로베스피에르에게 고대의 로마는 지금시간으로 충전된 과거로서, 그는 이 과거를 역사의 연속체에서 폭파해내었다. 프랑스 혁명은 스스로를 다시 귀환한 로마로 이해했다. 프랑스 혁명은 마치 유행이 과거의 의상을 인용하는 것과 똑같이 고대 로마를 인용하였다. 유행은 현재적인 것을, 그것이 과거의 덤불 속 어디에서 움직이고 있든지, 알아채는 감각을 갖고 있다. 유행은 과거 속으로 뛰어드는 호랑이의 도약이다. 다만 그 도약이 지배 계급이 지휘를 하고 있는 경기장에서 일어나고 있을 뿐이다. 역사의 자유로운 하늘 아래에서 펼쳐질 그와 같은 도약이 마르크스가 혁명을 파악했던 변증법적 도약이다.

---

22) Karl Kraus, *Worte in Versen I*, 2. Aufl., Leipzig, 1919, p. 69(Der sterbende Mensch).—전집 편집자 〔카를 크라우스(1874~1936)는 오스트리아 저널리스트, 비평가, 극작가, 시인으로서 그의 『시집』은 1916~30년에 총 9권으로 출판되었다. 벤야민의 장문의 에세이 「카를 크라우스」(선집 9권) 및 『일방통행로』의 「전몰용사 기념비」 참조. —옮긴이〕

15

역사의 연속체를 폭파한다는 의식은 행동을 하는 순간에 있는 혁명적 계급들에게서 특징적으로 나타난다. 대혁명은 새로운 달력을 도입하였다. 달력이 시작하는 날은 역사적 저속촬영기로서 기능을 한다. 그리고 회상(Eingedenken, 기억)의 날들인 공휴일의 형태로 늘 다시 돌아오는 날도 근본적으로 그와 똑같은 날이다. 따라서 달력들은 시간을 시계처럼 세지 않는다. 달력들은 역사의식의 기념비들이며, 이 역사의식은 유럽에서 100년 전부터 가장 희미한 흔적조차 남아 있지 않은 것 같다. 7월 혁명[23] 시절만 해도 이러한 의식이 살아 있음을 보여준 사건이 일어났다. 처음 투쟁이 있던 날 밤에 파리 곳곳에서 서로 독립적으로 동시에 시계탑의 시계를 향해 사람들이 총격을 가하는 일이 벌어졌다. 한 목격자는 시의 운율에서 영감을 받은 듯이 당시 이렇게 적고 있다.

> 누가 믿을 것인가! 사람들 말로는 시간에 격분하여
> 새 여호수아들이 모든 시계탑 밑에서
> 그날을 정지시키기 위해 시계 판에 총을 쏘아댔다고 한다.[24]

---

23) 7월 혁명은 1830년 7월 27~29일에 일어난다. 이 혁명에서 샤를 10세의 정부가 전복되고 루이 필리프(Louis Philippe)가 '시민왕'으로 추대된다.
24) Barthélemy et Méry, L'Insurrection. Poème dédié aux Parisiens(반란. 파리인들에게 헌정된 시), Paris, 1830, p. 22, 52(『파사주』, a 21a, 2 참조). 시간을 멈춘 여호수아에 관해서는 「여호수아」 제10장 10~15절 참조: "그때, 야훼께서 아모리 사람들을 이스라엘 백성에게 부치시던 날, 여호수아는 이스라엘이 보는 앞에서 야훼께 외쳤다. '해야, 기브온 위에 머물러라. 달아, 너도 아얄론 골짜기에 멈추어라.' 그러

16

경과하는 시간이 아니라 그 속에서 시간이 멈춰서 정지해버린 현재라는 개념을 역사적 유물론자는 포기할 수 없다. 왜냐하면 그러한 현재 개념이야말로 그가 자기의 인격을 걸고 역사를 기술하는 현재를 정의하기 때문이다. 역사주의가 과거에 대한 '영원한' 이미지를 제시한다면, 역사적 유물론자는 과거와의 유일무이한 경험을 제시한다. 역사적 유물론자는 역사주의라는 유곽에서 '옛날에 (……) 이런 일이 있었다'는 창녀에게 몸을 던지는 일을 다른 사람에게 맡긴다. 그는 자신의 힘을 제어할 줄 알며, 역사의 연속체를 폭파하기에 충분한 정력을 갖고 있다.

17

역사주의가 보편사(Universalgeschichte)에서 그 정점을 이루는 것은 당연하다고 할 수 있다. 유물론적 역사서술은 방법론적으로, 어떠한 다른 종류의 역사보다 바로 이러한 보편사와 비교해 보면 아마 가장 뚜렷이 구별될 것이다. 보편적 세계사는 아무런 이론적 장치도 갖고 있지 않다. 보편사의 방법론은 가산(加算)적이다. 그것은 균질하고 공허한 시간을 채우기 위해 사실의 더미를 모으는 데 급급하다. 유물론

자 원수들에게 복수하기를 마칠 때까지 해가 머물렀고 달이 멈추어 섰다. 이 사실은 야살의 책에 기록되어 있지 않은가? 해는 중천에 멈추어 하루를 꼬박 움직이려고 하지 않았다."

적 역사서술은 이와는 반대로 하나의 구성(構成, Konstruktion)의 원칙에 근거를 둔다. 사유(思惟)에는 생각들의 흐름만이 아니라 생각들의 정지도 포함된다. 사유는, 그것이 긴장으로 가득 찬 상황〔성좌(星座), Konstellation〕 속에서 갑자기 정지하는 바로 그 순간에 그 상황에 충격을 가하게 되고, 또 이를 통해 그 상황은 하나의 단자(單子, Monade)로 결정(結晶)된다. 역사적 유물론자는 역사적 대상에 다가가되, 그가 그 대상을 단자로 맞닥뜨리는 곳에서만 다가간다. 이러한 단자의 구조 속에서 그는 사건의 메시아적 정지의 표지, 달리 말해 억압받은 과거를 위한 투쟁에서 나타나는 혁명적 기회의 신호를 인식한다. 그는 균질하고 공허한 역사의 진행 과정을 폭파하여 그로부터 하나의 특정한 시대를 끄집어내기 위해 그 기회를 포착한다. 이런 식으로 그는 한 시대에서 한 특정한 삶을, 필생의 업적에서 한 특정한 작품을 캐낸다. 이러한 방법론에서 얻어지는 수확은, 한 작품 속에 필생의 업적이, 필생의 업적 속에 한 시대가, 그리고 한 시대 속에 전체 역사의 진행 과정이 보존되고 지양되는 것이다. 역사적으로 파악된 것의 영양이 풍부한 열매는, 귀중하지만 맛이 없는 씨앗으로서의 시간을 그 내부에 간직하고 있다.

18

어떤 현대 생물학자는 이렇게 말했다. "호모 사피엔스의 보잘것없는 5만 년의 역사는 지구 상의 유기체의 역사와 비교해 보면 하루 24시간의 끝자락 마지막 2초 정도에 해당한다. 문명화된 인류의 역사는 이 척도에 비추어 본다면 기껏해야 마지막 시간, 마지막 초의 5분의 1에 지나지 않는다." 메시아적 시간의 모델로서 전 인류의 역사를 엄청난 축소판으로 요약하고 있는 지금시간은 우주 속에서 인류의 역사가 이루는 **앞의** 모습과 엄밀하게 일치한다.

부기(附記)

A

역사주의는 역사의 여러 계기들 사이에 인과적 결합을 세우는 데 만족한다. 그러나 어떠한 사실 정황도 그것이 원인이라는 이유로 이미 역사적 사실 정황이 되지는 않는다. 그것이 역사적 사실 정황이 되는 것은, 사후(死後)에, 수천 년의 세월이 동떨어져 있을지 모를 사건들을 통해서이다. 이러한 점을 전제로 출발하는 역사가는 사건들의 순서를 마치 염주처럼 손가락으로 헤아리는 일을 중단한다. 그는 그 자신의 시대가 과거의 특정한 시대와 함께 등장하는 성좌구조(Konstellation)를 포착한다. 그는 그렇게 해서 메시아적 시간의 파편들이 박혀 있는 '지금시간'으로서의 현재의 개념을 정립한다.

B

시간이 무엇을 그 품에 숨기고 있는지를 묻는 점술가들에게 시간은 분명 균질하게도 공허하게도 경험되지 않았다. 이 점을 염두에 두는 사람은 아마 회상 속에서 과거의 시간이 어떻게 경험되었는지 가늠할 수 있을 것이다. 즉 마찬가지로 경험되었다. 알려져 있다시피 유대인들에게는 미래를 연구하는 일이 금지되었었다. 그에 반해 토라와 기도는 그 미래를 회상 속에서 가르친다. 이 회상은 점술가들에게 정보를 얻으러 가는 사람들이 빠져들었던 미래를 그 미래가 지니는 마법에서 벗겨내주었다. 하지만 그렇다고 해서 유대인들에게 미래는 균질하고 공허한 시간이 되지 않았다. 왜냐하면 그 미래 속의 매초는 메시아가 들어올 수 있는 작은 문이었기 때문이다.

「역사의 개념에 대하여」관련 노트들[1]
(1940)

Walter Benjamin, *Gesammelte Schriften*, Frankfurt a. M., 1972~89, Bd. I/3, pp. 1229~52.

과거 속으로의 감정이입(Einfühlung)은 결국 그 과거를 현재에 떠올리는 일〔Vergegenwärtigung, 생생하게 그려내는 일〕에 기여한다. 이처럼 과거를 현재에 떠올리는 경향이 역사에 대한 실증주의적 관념과 잘 어울리는 것은 이유가 있다. (이것은 내가 에두아르트 마이어[2] 경우에서 보여준 바와 같다.) 역사의 영역에서 과거를 현재 속에 투사하는

---

1) 이 글은 벤야민이 「역사의 개념에 대하여」를 집필할 당시 노트자료들을 모아놓은 것이다. ( )로 표시된 부분은 저자 자신이 그렇게 쓴 부분이거나 역자가 원어나 한자를 병기한 부분이고, { }로 표시된 부분은 벤야민 자신이 지운 부분들이며, 〔 〕로 표시된 부분은 옮긴이가 추가로 설명한 부분이다. 여기서 「역사의 개념에 대하여」의 본문과 현저하게 중복되는 단편들은 번역에서 제외하였다. 그리고 주석은 '전집 편집자'라고 명시하지 않았으면 모두 옮긴이의 것이다.
2) Eduard Meyer, 1855~1930 : 독일의 역사가. 실증주의적인 입장을 취하고, 사료(史料) 비판에 뛰어났는데, 특히 이집트·히브리·그리스·로마 등의 고대 정치사·종교사 연구에 정통했고, 정치적으로는 국수주의자로 제1차 세계대전 때 독일의 입장을 정당화하는 데 힘썼다.

일은 물질세계에서 변화를 위해 동일한 형상구조들을 치환하는 일과 유사하다. 후자의 치환은 마이어슨[3)]에 의해 자연과학의 토대로서 입증되었다(『과학 내에서 설명에 관하여』).[4)] 전자, 즉 현재 속으로의 과거의 투사는 역사가 지니는, 실증주의의 의미에서 본래 '과학적'인 성격의 진수이다. 이러한 성격은 역사의 원초적 규정인 회상(Eingedenken)을 상기시키는 모든 것을 완전히 말살하는 대가로 얻어진다. 현재화의 거짓 생동성은 역사에서 나오는 '비탄'의 메아리를 모두 제거하는 일이며 그것은 현대적 개념의 역사 아래에 역사를 궁극적으로 종속시킴을 가리킨다.

달리 말해 역사 속에서 사건들의 진행에 대한 '법칙'들을 찾아내려는 의도는 역사기술을 자연과학에 동화시키는 유일한 방법도 아니고 더더구나 가장 은밀한 방법도 아니다. 이와 똑같은 조작에 역사가의 과제가 과거를 '현재에 떠올리는' 일이라는 생각도 한몫을 하고 있고, 이는 꿰뚫어 보기가 훨씬 더 어렵다.

{17a

마르크스는 계급 없는 사회의 관념 속에 메시아적 시간관을 세속화했다. 그리고 그것은 잘된 일이다. 불행은 사회민주주의가 이러한 생각을 '이상'으로 떠받든 데서 시작한다. 이 이상은 신칸트주의 이

---

3) Emile Meyerson, 1859~1933 : 프랑스 화학자, 철학자.
4) Emile Meyerson, *De l'explication dans les sciences*, Paris, 1921.

론에서 '무한한 과제'로 정의되었다. 그리고 이 이론이 슈미트(Conrad Schmidt)와 슈타들러(August Stadler)에서 시작하여 나토르프(Paul Natorp)와 포어렌더(Karl Vorländer)에 이르기까지 사회민주당의 강단 철학이었다. 계급 없는 사회가 일단 무한한 과제로 정의되었을 때, 공허하고 균질한 시간이 말하자면 사람들이 다소 느긋하게 혁명적 상황이 도래하기를 기다릴 수 있는 사랑방(舍廊房)으로 둔갑했다. 실제로는 자신의 혁명적 기회를 동반하지 않는 순간이란 없다. 그 기회는 다만 특수한 기회로, 즉 전혀 새로운 과제에 직면하여 전혀 새로운 해답을 얻을 기회로 정의될 필요가 있다. 혁명적으로 사유하는 자에게는 각각의 역사적 순간의 독특한 혁명적 기회는 정치적 상황으로부터 확인된다. 하지만 그에게 그 기회는 그 순간이 지닌 힘, 그때까지 닫혀 있던 과거의 어떤 특정한 방(房)을 열고 들어갈 힘을 통해서도 그에 못지않게 확인된다. 이 방에 들어서는 일은 정치적 행동과 엄밀하게 합치한다. 그리고 그렇게 들어서는 일을 통해 정치적 행동은, 제아무리 파괴적일지언정, 메시아적 행동으로 입증된다. (계급 없는 사회는 역사에서의 진보가 다다르는 최종 목표가 아니라 그 진보의 중단, 자주 실패했지만 끝내 이루어낸 중단이다.)〉

역사의 구조를 탐구하는 역사적 유물론자는 자기 나름대로 일종의 스펙트럼 분석을 시도한다. 물리학자가 태양광의 스펙트럼에서 자외선을 찾아내듯이, 그 역사가도 역사 속에서 메시아적 힘을 찾아낸다. '구원된 인류'가 어떤 상황에 있는지, 이러한 상황이 등장하는 일이 어떤 조건에 묶여 있는지, 언제 그런 일이 일어날 수 있는지를 알고자 하는 사람은 대답이 없는 질문들을 던지고 있는 셈이다. 그것은 마치 자외선이 어떤 색을 갖고 있는지를 알아내려고 하는 것과 같다.

마르크스는 혁명이 세계사의 기관차라고 말했다. 그러나 어쩌면 사정은 그와는 아주 다를지 모른다. 아마 혁명은 이 기차를 타고 여행하는 사람들이 잡아당기는 비상 브레이크일 것이다.

우리는 마르크스의 저작에서 세 개의 기본 기념을 집어내어, 그의 저작의 전체 이론적 틀을 바로 이 세 개념을 서로 연결하여 접합하려는 시도로 볼 수 있다. 프롤레타리아 계급의 계급투쟁, 역사적 발전의 과정(진보), 계급 없는 사회가 바로 그 세 개념이다. 마르크스에게서 기본 생각의 구조는 다음과 같이 나타난다. 일련의 계급투쟁을 통해 인류는 역사적 발전 과정 속에서 계급 없는 사회에 다다른다.＝그러나 계급 없는 사회는 역사적 발전의 종점으로 구상될 수 없다.＝이 거짓된 구상으로부터 무엇보다, 아류들에게서, 잘 알려져 있다시피 결코 도래하지 않을 '혁명적 상황'에 대한 생각이 나왔다.＝계급 없는 사회의 개념에게 그것의 진정한 메시아적 얼굴이 다시 부여되지 않으면 안 된다. 그것도 프롤레타리아 계급 자신의 혁명적 정치의 관심 속에서 부여되지 않으면 안 된다.

"혁명은 세계사의 기관차이다"(기차 속의 여행객들).
양적인 축적에 대한 신뢰는 진보에 대한 믿음과 '대중 기반'에 대한 신뢰 둘 다의 바탕에 깔려 있다.

반전(反轉, Umkehr) 개념의 역사철학적이고 정치적인 파급력. 최후의 심판일은 과거를 향한 현재이다.

예를 들어 영화에 대한 이론(제의가치의 특성을 밝히는 작업)에서나 보들레르에 대한 에세이(아우라의 특성을 밝히는 작업)에서 했듯이 그때그때 다루는 시대를 전사(前史)와 대결시키는 일이 갖는 방법론적 의미. 이러한 대결 덕분에 그때그때 다루는 시대는 역사를 기술하는 사람의 현실적인 현재와 **연대하는** 관계에 있다.

새 테제들 B

{역사는 연관관계와 관계가 있고 임의로 추출해낸 인과의 연쇄들과 관계가 있다. 그러나 역사가 그 대상의 근본적인 인용 가능성을 파악하게 해주는 가운데, 그 대상은 그것의 최고의 상태에서 인류의 순간으로 제시되지 않으면 안 된다. 시간은 그 순간에 정지되어 있지 않으면 안 된다.}

변증법적 이미지는 지나간 과거의 전체 지평을 뒤넢는 하나의 구전(球電)[5]이다.

{지난 과거를 역사적으로 서술한다는 것은 동일한 어떤 순간의 성좌구조에서 함께 등장하는 것을 그 과거 속에서 인식하는 일을 뜻한다. 역사적 인식은 역사적 순간에만 유일하게 가능하다. 하지만 역사

---

[5] Kugelblitz(영어: ball lightning) : 뇌우가 심할 때나 직후에 일어나는 극히 드문 현상으로 낮은 공간을 적황색 빛을 내며 부유하는 광구이다. 번개 때문에 국부적으로 열이 가해진 공기 덩어리라고 추정되며, 10센티미터 정도의 크기에 몇 분 이내로 지속된다.

적 순간에서의 인식은 언제나 어느 한 순간에 대한 인식이다. 과거가 순간으로 — 변증법적 이미지로 — 응축하는 가운데, 그 과거는 인류의 비자의적 기억으로 들어선다.}

{변증법적 이미지는 구원된 인류의 비자의적 기억으로 정의될 수 있다.}

보편사(Universalgeschichte)의 관념은 진보의 관념과 문화의 관념에 묶여 있다. 인류의 역사 속의 모든 순간들이 진보의 연쇄에 하나하나 나열될 수 있으려면 그 순간들은 문화, 계몽, 객관적 정신 또는 사람들이 무어라 칭하든 간에 그런 것의 공통분모로 환원되지 않을 수 없다.

새 테제들 C

역사의 진행이 역사가에게 어떤 실 가닥처럼 손에서 매끈하게 미끄러질 때에만 진보에 관해 얘기할 수 있다. 그러나 역사의 진행이 여러모로 해어진 가닥이고 수천 가닥으로 흐트러진 밧줄로서 풀어진 머리 다발처럼 늘어져 있다면, 그 가닥들이 모두 모여 머리 장식으로 엮이기 전까지 어떤 가닥도 특정한 장소를 갖지 못한다.

신화의 기본 구상은 형벌로서의 세계이다. 이때 형벌은 처벌받을 자들에게서 비로소 만들어지는 형벌이다. 영원회귀는 우주로 투사된 유급(留級)의 형벌이다. 즉 인류는 그들의 텍스트를 무수하게 반복하여 베껴 써야 한다(엘뤼아르, 『반복』).[6]

---

6) Paul Eluard, *Répétitions*, Paris, 1922.

{지옥의 형벌의 영원함은 어쩌면 고대의 영원회귀 사상이 지닌 가장 무서운 창끝을 부러뜨렸는지 모른다. 그 영원함은 어떤 운행의 영원함이 서 있던 자리에 고통의 영원함을 갖다 놓았다.}

{19세기에 영원회귀 사상을 다시 생각하면서 니체는 신화적 숙명이 집행되는 자의 형상이 되었다. 왜냐하면 신화적 사건의 정수는 회귀이기 때문이다(시시포스, 다나이스).}[7]

새 테제들 H

실용주의적 역사로의 해체는 문화사에 도움을 주어서는 안 된다. 그 밖에도 실용주의 역사관은 '엄밀한 과학'이 인과법칙의 이름으로 제기하는 모종의 요구들 때문에 실패한 것이 아니다. 실용주의 역사는 역사적 시각의 변위(變位)로 인해 실패했다. 자신의 지배자적 입장을 독창적 방식으로 미화할 능력이 없는 시대는 과거의 지배자적 입장들에 도움을 주었던 미화와 더는 아무 관계도 없다.

{역사기술의 주체는 그들의 연대가 모든 억압받는 자들을 포괄하는 그런 인류의 부분이다. 제아무리 이론적 위험 부담이 크다 해도 그들이 실제에서 잃어버릴 것이 거의 없기 때문에 그 위험 부담을 떠안는 그런 인류의 부분이다.}

{보편사가 모두 반동적이지는 않다. 구성적 원칙이 없는 보편사가

---

7) 그리스 신화에 나오는 다나오스의 50명의 딸들. 복수형은 다나이데스(Danaïdes)이다. 50명의 남편을 결혼식을 치른 첫날밤에 살해한 데 대한 형벌로 지옥에서도 구멍 뚫린 항아리에 영원히 물을 채워야 하는 형벌을 받았다고 한다.

반동적인 것이다. 보편사의 구성적 원칙은 그 보편사를 부분사들 속에서 재현하는 것을 허용한다. 그것은 달리 말하면 단자론적 원칙이다. 그것은 구원사에 존재한다.}

{산문(Prosa)의 이념은 보편사의 메시아적 이념과 합치한다. (레스코프!)}[8)]

새 테제들 K

"염세주의를 조직한다는 것은 [⋯⋯] 정치적 행동의 공간에서 [⋯⋯] 이미지 공간(Bildraum)을 발견하는 일을 뜻한다. 그러나 이 이미지 공간은 정관적으로는(kontemplativ) 전혀 측정할 수 없다. [⋯⋯] 이렇게 찾았던 이미지 공간은 [⋯⋯] 보편적이고 완전한 현재성(Aktualität)의 세계이다"(「초현실주의」).

구원은 진보를 막는 경계선의 방어벽이다.

{메시아적 세계는 보편적이고 완전한 현재성의 세계이다. 그 세계 속에 비로소 보편사가 존재한다. 그러나 쓰인 역사로서가 아니라 축제로 보낸 역사로서. 이 축제는 모든 휴일이 구축(驅逐)된 상태이다. 그것은 축제의 노래라는 것을 모른다. 그것의 언어는 문자의 사슬을

---

8) Nikolai Semyonovich Leskov, 1831~95 : 러시아의 소설가. 러시아 전국을 여행했으며 러시아 민중의 삶에 뿌리를 둔 이야기들을 현란한 문체로 그려낸 작가로서 벤야민은 그에 대한 긴 에세이 「이야기꾼」(Der Erzähler, 1936)을 쓰면서 소설과 이야기에 대한 역사철학을 전개한다. 주요 작품으로 『봉인(封印)된 천사』(1874), 『무첸스크 군(郡)의 맥베스 부인』(1856, 국역: 『러시아의 맥베스 부인』, 소담출판사), 『매혹당한 나그네』(Ocharovannyi strannik, 1874, 국역: 『매료된 여행자』, 생각하는백성) 등이 있다(『선집』 제9권 참조).

폭파한 해방된 산문(befreite Prosa)이다. (산문의 이념은 보편사의 메시아적 이념과 합치한다. 「이야기꾼」 참조. 역사적 산문의 스펙트럼으로서 예술산문의 종류들.)}

{'역사'(Historien)의 다수성은 언어의 다수성과 동일하지는 않다면 적어도 매우 근친 관계에 있다. 오늘날의 의미에서 보편사는 항상 일종의 에스페란토에 불과하다. (그 보편언어의 이름이 그렇듯이 그 다수성은 인류의 희망을 표현해준다.)}

서문

기억 속에서 우리는 역사를 직접적으로 신학적인 개념들을 가지고 기록하려고 해서는 안 될지라도 그 역사를 근본적으로 비(非)신학적으로 파악하는 것을 금하는 어떤 경험을 하게 된다(N 8, 1=V, 589).[9]

내 사유가 신학에 대해 갖는 관계는 압지가 잉크에 대해 갖는 관계와 같다. 이 압지는 잉크를 흠뻑 빨아들인 상태이다. 하지만 그 사유가 압지와 같을 경우, 글로 쓰인 것은 아무것도 남아 있지 못할 것이다(N 7a, 7=V, 588).

{현재가 예언의 (의도적) 대상이 되는 현재의 개념이 있다. 이 개념은 섬광처럼 나타나는 역사의 개념의 상관 개념(보완물)이다. 그 개념은 근본적으로 정치적 개념이고, 그렇게 튀르고[10]도 정의한다. 역사

---

[9] N은 『파사주』 프로젝트의 노트와 자료들 분류기호 중 하나로서 "인식론적인 것, 진보의 이론" 부분이다. V는 전집(*Gesammelte Schriften*) 제5권을 나타낸다.
[10] Anne-Robert Turgot, 1727~81 : 프랑스의 중농주의 경제학자, 정치가. 루이 16세

가는 과거를 향한 예언자[11]라는 것이 그 말의 비의적(秘義的, esoterisch) 의미이다. 그 예언자는 자신의 시대에 등을 돌린다. 그의 예언자적 시선은 과거 속으로 가물거리며 사라지는 이전 사건들의 정점들에서 점화된다. 이 예언자적 시선이야말로 그 앞에서 자신의 시대가, 시대와 함께 보조를 '맞추는' 동시대인들에게보다 더 분명한 모습으로 등장하는 그런 시선이다.}

방법론적 물음들 III

기술의 빠른 진보는 그만큼 빠른 전통의 몰락에 상응하는데, 그 진보와 함께 집단적 무의식의 부분, 한 시대의 고대적 얼굴이 예전보다 훨씬 더 빠르게 나타난다. 아니 이미 다음 세대에게 나타난다. 그래서 역사에 대한 초현실주의적 시선이 있는 것이다.

{새로운 생산수단의 형식은 처음에는 아직 옛 생산수단의 형식에 지배를 받는데(마르크스), 그 형식에는 상부구조에서 꿈의 의식, 그 속에서 새로운 것이 환상적 형상으로 미리 형성되는 그러한 꿈의 의식이 상응한다. 꿈의 의식 속의 이 환상적 선(先)형식이 없이 아무런 새로운 것도 탄생하지 않는다. 그것의 표현은 오로지 예술에서만 나타나는 것이 아니다. 19세기에서 결정적인 점은 판타지가 도처에서

치하에 재정총감에 임명되어 여러 개혁을 추진하였으나 봉건귀족들의 반발로 무산된다. 『백과전서』의 집필에도 참여했으며 주요 저서로 『부(富)의 형성과 분배에 관한 성찰』(*Réflexions sur la formation et la distribution des richesses*, 1766)이 있다.

11) Friedrich Schlegel, "Der Historiker ist ein rückwärts gekehrter Prophet", *Athenäum-Fragmente*, 1798, 80번째 단편.—전집 편집자

그 한계를 넘어서 등장한다는 점이다.}

{전통의 문제 I}

정지 상태의 변증법

(근본적 논리적 난관: "사건들의 연속체로서의 역사에 대립되는 과거의 불연속체로서의 전통"—"전통의 연속성이 가상일 수 있다. 그러나 그렇다면 이 항상성의 가상의 항상성이 그 전통 속의 연속성을 만들어낸다.")

(근본적 논리적 난관: "억압받는 자들의 역사는 불연속체이다"—"역사의 과제는 억압받는 자들의 전통을 전유專有하는 일이다.")

이 난관들에 추가할 말: "역사의 연속체는 억압받는 자들의 연속체이다. 연속체의 관념이 모든 것을 평준화하는 반면, 불연속체의 관념은 진정한 전통의 토대이다."—{역사적 불연속성에 대한 의식은 행동의 순간에 있는 혁명적 계급의 독특한 섬이나. 하지만 다른 한편 한 계급의 혁명적 행동과 이 계급이 (다가올 미래에 대해서뿐만 아니라) 과거의 역사에 대해서 가지는 개념 사이에는 긴밀한 연관성이 존재한다. 그것은 겉보기에만 모순이다. 즉 프랑스 혁명은 2천 년의 심연을 건너 로마 공화정을 다시 붙들었다.}

전통의 문제 II

프롤레타리아 계급에게는 새로운 진격(進擊)의 의식에 어떠한 역사적 선례도 없다. 어떠한 기억도 일어나지 않는다. (인위적으로 그러한 기억을 만들어내려고 했는데, 치머만[12]이 쓴 『농민전쟁의 역사』 등이 그것이다. 그러나 이 책은 성공을 거두지 못했다.)

{노동자 계급이 최후의 억압받고 복수하는 계급이면서 해방시키는 계급으로 등장하는 것은 억압받는 자들의 전통 속에서이다. 이 의식을 사회민주주의는 처음부터 포기했다. 사회민주주의는 노동자들에게 미래 세대들의 구원자 역할을 부여했다. 그들은 그로써 노동자 계급이 지닌 가장 강력한 힘에서 그 힘줄을 잘라버리고 있다. 노동자 계급은 이 훈련 과정에서 증오와 희생정신을 모두 망각하였다. 왜냐하면 그 둘은 해방된 자손의 이상에서가 아니라 억압받은 선조의 이미지에서 그 자양을 취하기 때문이다(12번 테제 참조). 러시아 혁명 초기에 이러한 의식이 살아 숨 쉬었다. "승리자에게 어떠한 명예도, 패배한 자에게 어떠한 동정도 없다"는 문장은 그것이 뒤에 태어난 형제들과의 연대보다 죽은 형제들과의 연대를 표현해주기 때문에 감동적이다.―"나는 다가올 시대의 종족을 사랑한다"고 횔덜린은 젊은 시절에 썼다. 그러나 이것은 동시에 독일 부르주아의 진짜 약점에 대한 고백이 아닐까?}

---

[12] Wilhelm Zimmermann, *Allgemeine Geschichte des großen Bauernkrieges*, 1841~43.

인식 가능성의 현재

역사가는 과거를 향한 예언자라는 말은 두 가지 방식으로 이해할 수 있다. 전승된 방식으로는, 역사가는 멀리 떨어진 과거에 자신을 전치시키는 가운데 그 과거에 대해 여전히 미래로서 통용되어야 할 것인데 그 사이에 역시 과거가 되어버린 어떤 것을 예언한다는 것을 뜻한다. 이 관점은 퓌스텔 드 쿨랑주(Fustel de Coulange)가 한 충고, 즉 만일 당신이 지나간 어떤 시대를 추체험하고자 한다면 이후 역사의 진행에 관해 알고 있는 모든 것을 머리에서 떨쳐버려야 할 거라는 충고로 포장한 역사적 감정이입의 이론에 정확하게 상응한다. —하지만 우리는 이 말을 전혀 다른 식으로 해석하여 이렇게 이해할 수도 있다. 즉 역사가는 자신의 시대에 등을 돌리는데, 그의 예언적 시선은 예전 세대들의, 더욱더 깊이 과거 속으로 사라지는 정점들을 보고 점화된다. 이 예언자적 시선이야말로 그 앞에서 자신의 시대가, 시대와 함께 보조를 '맞추는' 동시대인들에게보다 더 분명한 모습으로 등장하는 그런 시선이다. 튀르고가 예인의 의도적 대상을 나타내는 현재의 개념을 본질적으로, 또 근본적으로 정치적인 개념으로 정의한 것은 이유가 있다. 튀르고는 이렇게 말한다. "우리가 사물들의 주어진 상태에 관한 정보를 얻기 전에, 그 상태는 이미 여러 번 변했다. 그래서 우리는 일어난 일에 대해 항상 뒤늦게 알게 된다. 그렇기 때문에 사람들은 정치라는 것은 현재를 미리 예언하는 데 의존할 수밖에 없다고 말한다."[13] 바로 이 현재의 개념이 진정한 역사기술의 현재성의 바탕을 이루는 개념이다(N 8a, 3/N 12a, 1). 마치 예들이나 유사한 것들의 헛간을 뒤지듯이 과거를 뒤지는 자는 얼마나 많은 것이 어떤 주어진 순간에 그 과거의 현재화에 달려 있는지 전혀 모르는 자이다.

변증법적 이미지

(우리가 역사를 어떤 텍스트로 보려고 하면, 그 역사에는 최근에 어떤 작가가 문학 텍스트에 대해 한 말이 적용된다. 즉 과거가 그 텍스트들 속에 이미지들을 남겨놓았는데, 이 이미지들은 감광판에 담긴 이미지들에 비유할 수 있다. "미래만이 그 이미지를 세부 내용까지 나타나게 할 만큼 충분히 강력한 현상액을 갖게 된다. 마리보[14]나 루소(Rousseau)에서 많은 측면이 동시대 독자들이 완전히 해독할 수 없었던 비밀스러운 의미를 보여준다."〔몽롱[15] N 15a, 1〕 역사적 방법은 삶이라는 책의 바탕에 놓인 문헌학적 방법이다. "씌어지지 않은 것을 읽기"라고 호프만스탈[16]은 말했다. 여기서 생각해야 할 독자가 진정한 역사가이다.)

{역사의 다수성은 언어의 다수성과 유사하다. 오늘날의 의미에서

---

13) Anne-Robert Turgot, *Œuvres*, vol. 2, Paris, 1844, p. 673("Pensées et fragments").
14) Pierre Carlet de Chamblain Marivaux, 1688~1763 : 프랑스 극작가, 에세이스트, 소설가.
15) André Monglond, *Le Préromantisme français*, vol. 1, Le Héros préromantique, Grenoble, 1930, p. xii.—전집 편집자
16) Hugo von Hofmannsthal, 1874~1929 : 오스트리아의 시인, 극작가. 벤야민은 호프만스탈의 운문극 『치인(痴人)과 죽음』(*Der Tor und der Tod*, 1893)에 나오는 이 구절을 「미메시스 능력에 대하여」에서 미메시스적 읽기의 태도로 규정한다(『선집』 제6권 참조).

보편사는 언제나 일종의 에스페란토일 수밖에 없다. 보편사의 이념은 메시아적 이념이다.}

{메시아적 세계는 보편적이고 완전한 현재성의 세계이다. 그 속에 비로소 보편사가 있다. 그러나 쓰인 역사로서가 아니라 축제로 보내는 역사로서. 이 축제는 모든 휴일이 구축(驅逐)된 상태이다. 그것은 축제의 노래라는 것을 모른다. 그것의 언어는 문자의 사슬을 폭파하여 (마치 새들의 언어를 행운아들Sonntagskind[17]이 이해하듯이) 모든 사람이 이해할 수 있는 온전한 산문이다. 산문의 이념은 보편사의 메시아적 이념과 합치한다. (역사적 산문의 스펙트럼으로서 예술산문의 종류들에 관해서는 『이야기꾼』 참조.)}

비판들

진보에 대한 비판 — 알레고리에 대하여 —
문화사와 문학사에 대한 비판
보편사에 대한 비판
감정이입에 대한 비판 — 역사적 비판 — 인용 — 책망 — 서문 —
기리는 평가(Würdigung, 가치평가)에 대한 비판
역사를 칸으로 구획하는 방식에 대한 비판
무한한 진보의 이론에 대한 비판

---

[17] 독일의 민담 전통에서는 일요일에, 특히 초승달에 태어난 아이들은 특수한 능력, 즉 영들을 본다든지 죽은 자들과 소통한다든지 소원을 성취하며 보통 사람들이 풀지 못하는 것들을 쉽게 풀어내는 능력을 타고난다고 전해진다.

자동적 진보의 이론에 대한 비판

모든 영역에서의 가능한 진보의 이론에 대한 비판. 예술에서는 그것의 예언적 요소를 두고 볼 때 진보란 없다. 문명의 진보들과 — 하지만 이를 재는 공통의 척도는 어디에 있는가? — 도덕적 진보들 — 이것에 대해서는 순수 의지의 척도, 예지적 성격이 그 대상으로 제공된다! — 사이의 차이.

마르크스에서 진보의 이론에 대한 비판. 마르크스에서 진보는 생산력의 전개 양상으로 정의되고 있다. 하지만 그 생산력에는 인간 내지 프롤레타리아 계급이 속한다. 이로써 기준에 대한 물음은 되밀린다.

B14

메시아적 세계는 보편적이고 완전한 현재성의 세계이다. 그 세계 속에 비로소 보편사가 존재한다. 오늘날 보편사로 칭해지는 것은 언제나 일종의 에스페란토일 따름이다. 보편사에는 바벨탑의 건설에서 연유하는 혼란이 정돈되기 전에는 아무것도 상응할 수 없다. 보편사에게는 살아 있는 언어로 되어 있거나 죽은 언어로 된 모든 텍스트가 삭감됨이 없이 번역될 언어가 전제된다. 또는 더 잘 표현하자면, 보편사는 그러한 언어 자체이다. 그러나 쓰인 역사로서가 아니라 축제로 보내는 역사로서. 이 축제는 모든 휴일이 구축(驅逐)된 상태이다. 그것은 축제의 노래라는 것을 모른다. 그것의 언어는 문자의 사슬을 폭파하여, 마치 새들의 언어를 행운아들이 이해하듯이, 모든 사람이 이해할 수 있는 온전한 산문이다.

A

영원한 등불[18]은 진정한 역사적 존재의 이미지이다. 그 전등은 구원된 인류의 이미지이며, 최후의 심판일에 점화될 불꽃, 그 자양을 이전에 사람들 사이에서 일어난 모든 것에서 발견하는 그런 불꽃의 이미지이다.

{대혁명은 옛 로마를 **인용하였다.**}

{완고한 진보 신앙과 대중 기반에 대한 신뢰 사이의 연관: 양적 축적이 그러한 신뢰를 만들어냄에 틀림이 없다.}

{"혁명은 세계사의 기관차이다", 기차 속의 여행객들}

{파괴적 요인들: 보편사의 타도, 서사(敍事)적 요소의 제거, 승리자에게 감정이입하지 않기. 역사는 결을 거슬러 솔질되어야 한다. 문화사 자체는 떨어져 나간다. 즉 문화사는 계급투쟁의 역사 속에 통합되어야 한다.}

{진정한 역사적 표상의 예: "후손들에게."[19] 우리는 후손들에게 우리의 승리에 대한 감사가 아니라 우리의 패배에 대한 기억을 요구한다.} 이것은 위안이다. 즉 오로지 위안에 대한 희망을 더는 갖지 않는 자들에게만 있을 수 있는 위안이다.

{"비탄의 소리가 울려 퍼지는 이 골짜기의 어둠과 혹한을 생각하

---

18) 「출애굽기」, 제27장 20절 : "그리고 너는 이스라엘 백성에게 명령하여, 올리브를 찧어서 짜낸 깨끗한 기름을 가져다가 그 기름으로 등잔불을 켜서 꺼지는 일이 없도록 하여라." (신은 모세에게 시나이 산에서 등불을 성소에 영원히 보존하라고 명한다. 그 등불은 신의 현전의 징표로서 끊임없이 타오르게 된다.)
19) 브레히트의 시.

라"[20] {승리자에게 감정이입하기에 대해})

{지나간 의상의 **인용하기**로서의 유행} (버팀 테를 넣은 스커트에 대한 블랑키의 구절에 대한 해석에서도 고려할 것.)

공허하고 균질한 시간 속에서의 진전이라는 도식에서 풀려난 역사에 대한 관념은 그토록 오랫동안 마비되어 있던 역사적 유물론의 파괴적 에너지들을 드디어 다시 전쟁터로 끌어낼 것이다. 이로써 역사주의의 가장 중요한 세 입장이 흔들리게 될 것이다. 첫 번째 타격은 보편사의 이념에 가해져야만 한다. 인류의 역사가 여러 민족의 역사들이 **모여 이루어졌다**는 생각은, 민족들의 본질이 그들의 상호 관계를 통해서뿐만 아니라 그들의 구조를 통해서도 모호해진 오늘날 순전한 사유의 게으름에 대한 핑계에 지나지 않는다. (보편사의 이념은 보편적 언어의 이념과 합치한다. 보편적 언어의 이념이 중세에서처럼 신학적 토대를 지니거나 아니면 라이프니츠에서 마지막으로 그랬듯이 논리적 토대를 지니는 동안에만 해도 보편사라는 것은 생각하기 불가능한 것은 아니었다. 그에 비해 지난 19세기 이래 논의되었던 보편사는 항상 일종의 에스페란토일 수밖에 없다.) — 역사주의의 두 번째 확고한 입장은 역사란 서사될 수 있는 어떤 것이라는 생각에서 엿볼 수 있다. 유물론적 연구에서 서사적 요소는 구성의 과정 속에서 불가피하게 폭파될 것이다. 서사적 요소를 제거하는 일은 마르크스가 저자로서 『자본』에서 그랬던 것처럼 감수되어야 한다. 마르크스는 자

---

[20] 브레히트의 『서푼짜리 오페라』의 마지막 시구.

본의 역사가 단지 이론의 강철 같고 광범위한 틀 속에서만 구축될 수 있음을 깨달았다. 마르크스가 그 저작에서 기록한 바와 같은, 자본의 지배하에 있는 노동에 대한 이론적 개관 속에서는 역사주의의 기념비적이고 장황하며 근본적으로 유유자적하는 저작들에서보다 인류의 이해관계가 더 잘 보살펴지고 있다. 이름 없는 자들의 기억을 기리는 유명한 자들, (사람들이 칭송하는 자들의—시인과 사상가들도 예외가 아닌데—기억을 기리기보다 더 어렵다. 역사적 구성은 이 이름 없는 자들의 기억에 바쳐진 것이다.—역사주의의 세 번째 요새는 가장 강하고 공략하기 어려운 요새이다. 그것은 바로 '승리자에게 감정이입하기'로 나타난다. 그때그때 지배하는 자들은 일찍이 역사에서 승리했던 모든 자들의 상속자들이다. 승리자에게 감정이입하는 것은 그때그때 지배자들에게 도움을 줄 뿐이다. 역사적 유물론자는 이 사실 정황을 중시한다. 그는 이 사실 정황이 근거가 있다는 점에 대해서 변명을 하기도 한다. 역사에 점철된 수많은 투쟁들에서 오늘날까지 승리를 쟁취한 자는 누구나 오늘날 지배받는 자들 위에 군림하는 지배자들의 승리에 그의 지분을 깆고 있다. 전지의 승리자들이 후자의 지배자들에게 펼쳐 보이는 전리품들의 목록은 역사적 유물론자에 의해 매우 비판적으로 검토될 수밖에 없다. 이 목록이 문화로 불린다. 역사적 유물론자가 문화재들에서 개관하는 것은 하나같이 그가 전율하지 않고서는 생각할 수 없는 곳에서 온 것들이다. 그것들은 그것들을 만들어낸 위대한 천재들의 노고에뿐만 아니라 그 천재들과 함께 살았던 무명의 동시대인들의 노역에도 힘입고 있다. 동시에 야만의 기록이 아닌 문화의 기록이란 결코 없다. 역사적 유물론자는 그 기록으로부

터 거리를 유지한다. 그는 역사를 결을 거슬러 솔질해야 한다 — 부집
게를 동원해야 하는 경우가 생기더라도.}

{마르크스에서 증오의 힘. 노동자 계급의 투지. 혁명적 파괴를 구원
의 생각과 결합시키기(네차예프,[21] 악령들).}

{한 계급의 역사적 행동은 다가올 역사뿐만 아니라 과거의 역사에
대해 이 계급이 갖고 있는 개념과 매우 긴밀한 연관을 맺고 있다. 이
것은 역사적 불연속성에 대한 의식이 행동의 순간에 있는 혁명적 계
급의 독특한 점이라는 인식과 단지 겉보기에만 모순을 이룬다. 왜냐
하면 역사에서 이에 상응하는 현상들이 없지 않기 때문이다. 즉 프랑
스 혁명에 대해 로마가 그 예이다. 프롤레타리아 계급에서는 이러한
연관이 순탄하지 않다. 즉 새로운 진격(進擊)의 의식에 어떠한 역사적
선례도 없다. 어떠한 기억도 일어나지 않는다. 처음에 사람들은 그러
한 기억을 만들어내려고 했다(치머만이 쓴 『농민전쟁의 역사』 참조).
연속체의 관념이 모든 것을 평준화하는 반면, 불연속체의 관념은 진
정한 전통의 토대이다. 새 출발의 감정과 전통 사이의 연관을 제시할
필요가 있다.}

{역사기술에서 파괴적이거나 비판적인 요소는 역사적 연속체를 폭
파하는 데서 효력을 발휘한다. 진정한 역사기술은 대상을 손쉽게 선

---

21) Sergei Gennadievich Nechaev, 1847~82 : 러시아 혁명가. 도스토옙스키의 소설
『악령』에도 등장하는 인물이다.

택하지 않는다. 진정한 역사기술은 대상을 집어내는 것이 아니라 그 대상을 역사적 진행 과정으로부터 폭파해낸다. 역사기술에서 이러한 파괴적 요소는 전승된 것에뿐만 아니라 그것의 수용자에게도 닥쳐오는 위험 상황에 대한 반응으로 파악될 수 있다. 역사기술은 이 위험의 상황에 맞선다. 그 상황에서 역사기술은 자신의 정신이 깨어 있음(Geistesgegenwart)을 입증해 보여야 한다. 이 위험 상황에서 변증법적 이미지가 섬광처럼 번득인다. 그 이미지는 역사적 대상과 동일하다. 그 이미지는 연속체의 폭파를 정당화한다(N 10, 1–2–3).}

진정한 역사기술에서는 파괴적 충동만큼이나 구제의 충동도 강하다. 하지만 무엇으로부터 그 과거의 것이 구제될 수 있는가? 그 과거가 빠져든 악평과 멸시로부터라기보다 그 과거의 특수한 종류의 전승으로부터 구제되어야 한다. 그 과거가 '유산'으로 가치 평가되는 방식은 그 과거가 실종돼버리는 것보다 더 불행하다(N 9, 3).

통상적인 역사서술에는 연속성을 만들어내고자 하는 욕구가 마음 속 깊이 자리 잡고 있다. 그 역사서술은 과거의 것에서 이미 후세에 영향을 미친 요소들에 비중을 둔다. 그것은 거기서 전승이 끊기는 곳들 및 그와 함께 암석과 모서리들, 즉 이것들을 넘어가려는 자들을 멈추게 하는 그런 요소들은 비껴간다(N 9a, 5).

과거에 지나간 것이 현재에 빛을 비추거나, 현재가 과거에 빛을 비추는 것이 아니라, 상이라는 것은 그 속에서 이미 흘러간 어떤 것이 지금과 만나 섬광처럼 성좌구조를 이루는 무엇이다. 옛날(Einst)이 지금(Jetzt)에 대해 갖는 관계는 (연속적인) 순전히 시간적인 관계인 데

반해 과거가 현재에 대해 갖는 관계는 변증법적 관계, 비약적인 관계이다(N 2a, 3).[22]

{인식 가능성의 지금에 섬광처럼 스치는 과거의 이미지는 그것의 추가적 규정에 따라 볼 때 하나의 기억의 이미지이다. 그 이미지는 위험의 순간에 등장하는 자신의 과거 이미지들과 유사하다. 이 이미지들은 주지하다시피 비자의적으로 나타난다. 따라서 엄밀한 의미의 역사는 비자의적 회상의 이미지이고, 위험의 순간에 역사의 주체에게 갑자기 나타나는 이미지이다. 역사가의 역능은 역사의 주체가 그때그때 빠져든 위기에 대한 날카로운 의식에 달려 있다. 이 주체는 결코 선험적 주체가 아니며, 가장 많이 위험에 노출된 상황에서 투쟁하는 억압받는 계급이다. 역사적 인식은 오로지 그 계급을 위해 있으며, 그것도 오로지 역사적 순간에만 있다. 이 규정으로써 역사서술에서 서사적 요소를 제거하는 일이 확인된다. 비자의적 기억에게는 결코 경

---

22) 『파사주』에 이 단편의 후반부는 조금 다르게 되어 있다. "현재가 과거에 대해 갖는 관계는 (연속적인) 순전히 시간적인 관계인 데 반해 과거가 지금에 대해 갖는 관계는 변증법적 관계, 비약적인 관계이다. — 변증법적 상들만이 진정한(즉 태곳적이지 않은) 상들이다. 그리고 사람들이 그러한 상들을 마주치는 장소는 언어이다"(N 2a, 3). 또 다른 단편에서는 이렇게 씌어 있다. "상이란 정지 상태의 변증법이다. 왜냐하면 현재가 과거에 대해 갖는 관계는 순전히 시간적인 관계인 데 반해 과거가 지금에 대해 갖는 관계는 변증법적 관계이기 때문이다. 즉 후자의 관계는 시간적인 성격이 아니라 이미지적 성격을 띠는 관계이다. 변증법적 상들만이 진정으로 역사적인 상들이고, 다시 말해 태고의 상들이 아니다. 읽혀진 상, 곧 인식 가능성의 현재 속의 상에는, 모든 읽기의 행위에 동반하는, 위기의 순간, 위험의 순간이라는 인장이 찍혀 있다"(N 3, 1=V, 578). 여기서 태고의 상들은 융(C. G. Jung)의 원형(archetypus) 개념을 가리킨다. 벤야민은 변증법적 상을 융이 말하는 상들과 변별할 필요가 있다는 아도르노의 비판적 지적을 받아들여 그 작업에 착수했다. 그러나 그는 그 작업을 본격적으로 진전시키지는 못했다.

과가 아니라 오로지 이미지만이 제시되며, 이것이 자의적 기억과 구별되는 점이다(따라서 비자의적 회상의 이미지 공간으로서 '무질서'가 있다).}

희한한 점과 신기한 점
{꼽추 난쟁이로서의 신학, 장기 두는 자의 투명한 책상}
최소의 보증, 익사하려는 자가 붙잡는 지푸라기.
현재를 파국으로 정의하기. 메시아적 시간으로부터 정의하기.
메시아는 역사를 중단시킨다. 메시아는 어떤 발전의 종점에 등장하지 않는다.
낙원의 대표자로서의 아이들.
{억압받는 자들의 역사는 불연속체이다}
{억압받는 자들의 후예로서 프롤레타리아 계급. 마르크스주의자들에게서 이 의식이 소멸함}

진보는 역사의 중단과 아무런 관계도 없다. 이 중단은 무한한 완성 가능성의 이론에 의해 이미 예단(豫斷)되었다.
진정한 인간성의 분위기로서의 파괴. (선함에 대해 프루스트가 한 말.) 보들레르의 파괴적 감정을 정치적으로 규정된 파괴적 열정에 비추어 측정해보는 일은 많은 시사점을 던져준다. 그로부터 그의 파괴적 충동은 어쩌면 나약하게 나타날지 모른다. 다른 한편 잔 뒤발(Jeanne Duval)과 그의 관계는 파괴의 분위기 속에서의 진정한 인간성으로 나타난다.

퇴보와 파괴의 관계

정치적 유토피아의 기능은 파괴할 만한 가치가 있는 것의 영역을 비춰 들춰내는 데 있다.

파괴적 성격에 대한 나의 심리학[23]과 블랑키를 비판하기 위한 프롤레타리아적 심리학.

지푸라기로서의 회상

{파국은 진보이고, 진보는 파국이다.}

역사의 연속체로서의 파국

구원자로서의 정신의 깨어 있음. 스쳐가는 이미지들을 포착할 때의 정신의 깨어 있음. 정신의 깨어 있음과 정지

정신의 깨어 있음에 대한 정의를 이것과 결부할 것. 역사가는 스스로 가도록 내버려둬야 한다는 것은 무엇을 뜻하는가.

역사에 대한 관심의 도덕적 정당화, 해명.

{역사의 주체는 억압받는 자들이지 인류가 아니다.}

{연속체는 억압하는 자들의 연속체이다.}

{현재를 역사적 시간의 연속체로부터 폭파해내는 것이 역사가의 과제이다.}

{[파울 클레의]「새로운 천사」해석: 날개는 돛이다. 낙원에서 불어오는 바람이 그 돛에 닿는다.}

---

23) Walter Benjamin, *Gesammelte Schriften*, IV/1, pp. 396~98(『선집』제1권 참조).

— 완충장치로서의 계급 없는 사회.

비티코(Witiko)와 살람보(Salambo)는 그들의 시대를 완결된 시대, '직접 신에게로' 향한 시대로 서술한다. 이 소설들이 시간적 연속체를 폭파해버리듯이 역사서술도 그와 비슷하게 할 수 있어야 한다.

플로베르는 아마 19세기에 만연했던 역사에 대한 모든 관념들에 대해 깊은 불신을 품었던 것 같다. 그는 역사의 이론가로서 어쩌면 가장 일찍 니힐리스트였던 것 같다.

{연속체의 폭파는 신력(新曆)을 도입함으로써 혁명들을 구체화한다. 크롬웰}

{그로부터 파시즘이 관찰될 수 있는 역사이론을 세워야 할 필요성}

{희생에 대한 생각은 구원에 대한 생각 없이 관철될 수 없다. 노동자들을 희생으로 유도하려는 시도. 하지만 개개인에게 그를 대신할 사람이 없다는 생각을 심어줄 능력이 없었다.—영웅적 시기에 볼셰비키주의자들은 명백히 그 반대를 가지고 위대한 일을 달성했다. 즉 승리자에게 어떠한 명예도, 패배한 자에게 어떠한 동정도 없다.}

{역사적 시간의 개념을 전개시킬 카테고리들}

{역사적 시간의 개념은 시간적 연속체의 관념과 대립해 있다.}

{영원한 등불은 진정한 역사적 존재의 이미지이다. 그 등불은 지나간 것을—한때 불이 붙었던 그 불꽃을—그것에 항상 새로운 자양을 주면서 영원히 인용한다.}

계급 없는 사회의 존재는 그것을 위해 투쟁하는 일과 같은 시간에 생각될 수 없다. 그러나 역사가에게 구속력 있는 의미의 현재 개념은 이 두 시간적 질서에 의해 정의되어 있다. 계급 없는 사회를 어떤 식으로든 시험하지 않고서는 과거에 관해서는 조각난 역사만 있을 뿐이다. 그런 점에서 모든 현재의 개념은 최후의 심판일의 개념에 참여하고 있다.

한 복음서의 외경(外經)에 나오는 말, 즉 "누구든 내가 그를 만나는 곳에서 그를 심판하리라"[24)]는 말은 최후의 심판일에 대해 독특한 빛을 던져준다. 그 말은 카프카가 노트에 쓴, 최후의 심판일이 즉결 재판(Standrecht)이라는 구절을 상기시킨다.[25)] 그러나 그 말은 여기에 뭔가를 덧붙인다. 최후의 심판일은 이 말에 따르면 다른 날들과 다를 바 없을 것이다. 이 복음서의 말은 어쨌거나 역사가가 자신의 것으로 전유하는 현재의 개념에 대해 규준을 제시해준다. 매 순간은 이전에 흘러간 특정한 순간들에 대한 심판의 순간이다.

{푹스 에세이에서 발췌한 것들}

{요흐만(C. G. Jochmann)의 예언적 시각에 대한 구절을 파사주 프로젝트의 토대에 접합할 것.}[26)]

---

24) 영역본에 따르면 아마도 신약 외경의 일부인 「바울의 묵시록」 제5장에 나오는 말인 듯하다. "그러나 나는 그들이 회개하고 돌아올 때까지 인내하고 있다. 진실로 내게 아니 돌아온다면 그들을 심판하리라."
25) 카프카가 1917~18년에 쓴, 제목이 없는 일련의 아포리즘 모음인 「죄, 고통, 희망, 그리고 진실한 길에 관한 성찰」의 40번째 단편에 나오는 구절: "최후의 심판이란 단지 우리의 시간 개념이 그렇게 부르게 만든 말이다. 원래 그것은 일종의 즉결 재판이다"(Franz Kafka, *Nachgelassene Schriften und Fragmente*, Bd. 2, Frankfurt a. M.: Fischer Verlag, 1992).
26) 벤야민의 요흐만 서문 참조("Die Rückschritte der Poesie" von Carl Gustav Jochmann, in: Walter Benjamin, *Gesammelte Schriften*, II/2, pp. 572~85).

{예언자적 시각은 순식간에 멀어져가는 과거에서 점화된다. 다시 말해 예언자는 미래를 등지고 있다. 즉 미래의 형상을 그는 시대의 밤 속으로 그 앞에서 사라져가는 과거의 황혼 속에서 본다. 미래에 대한 이러한 예언적 관계는 마르크스가 규정한, 현재의 사회적 상황에 의해 결정된 역사가가 지니는 태도에 필수적으로 속한다.}

비판과 예언은 과거를 '구제'하는 일에서 함께 등장하는 카테고리들일까?

과거에 대한 비판(예를 들어 요흐만)을 어떻게 그것의 구제와 합일시킬 수 있을까?

역사적 사건들의 영원성을 확정한다는 것은 원래 그 사건들의 무상함의 영원성을 믿는다는 뜻이다.

세 가지 요소를 유물론적 역사관의 토대에 집어넣을 수 있는데, 곧 역사적 시간의 불연속성, 노동자 계급의 파괴적 힘, 억압받는 자들의 전통이 그것이다.

{억압받는 자들의 전통은 노동자 계급을 구원자로 만든다. 사회민주주의의 역사관에서 치명적인 결함은, 노동자 계급은 다가올 세대들에 대하여 구원자로 등장해야 한다는 점이었다. 그 계급의 구원자적 힘은 오히려 그 계급 이전에 있었던 세대들에게서 결정적으로 실증되어야 한다. (복수하는 자들로서의 그들의 기능도 마찬가지로 과거의 세대들과 연관되어 있다.)}

'기리는 평가'는 파국으로의 감정이입이다.

역사는 억압받는 자들의 전통을 전유해야 할 과제만이 아니라 그 전통을 만들어내야 하는 과제를 갖는다.

구원의 사고 속에 놓인 파괴적 힘들을 풀어놓을 것.

{20세기에 '그러한 것'이 여전히 가능하다는 데 대한 놀라움—이 놀라움은 결코 철학적인 놀라움이 아니다. 그 놀라움은 그 놀라움이 연원한 역사 관념이 지탱될 수 없다는 인식의 출발점에 있다면 모르되, 어떤 다른 인식의 출발점에 있는 것이 아니다.}

{우리는 우리가 그 속에서 살고 있는 비상사태가 상례를 나타내는 역사의 개념에 도달하지 않으면 안 된다. 그렇게 되면 진정한 비상사태를 도래시키는 것이 우리의 과제로 떠오를 것이다. 그리고 그로써 파시즘에 대항한 투쟁에서 우리의 입지가 개선될 것이다. 파시즘이 좌파에 대해 갖는 우월함은 무엇보다 좌파가 역사적 규범, 일종의 역사적 평균 상태의 이름으로 그 파시즘에 맞서는 데서 드러난다.}[27]

역사적 인식의 정수(精髓)는 시초를 가장 먼저 보는 일이다.

B3 [5번째 테제]

과거의 진정한 이미지는 **획** 지나간다. 과거는 인식 가능한 순간에 인식되지 않으면 영영 다시 볼 수 없게 사라지는 섬광 같은 이미지로서만 붙잡을 수 있다. 그 이미지가 진정한 이미지라면 그것은 그 이미지의 순간성 덕분이다. 그 순간성에 그 이미지의 유일한 기회가 놓여

---

[27] 「역사의 개념에 대하여」의 8번 테제 참조.

있다. 이 진리가 덧없이 사라지는 것이고 한 줄기 바람이 그 진리를 쓸어가버리기 때문에 많은 것이 그 순간성에 달려 있다. 왜냐하면 영원성과 더 잘 어울리는 가상이 그 자리를 기다리고 있기 때문이다.

A4 [5번째 테제]

"진리는 우리에게서 달아나지 않을 것이다"라는 켈러의 말은 역사주의가 추구하는 역사의 이미지를 표현해주는데, 바로 이 지점이 역사적 유물론자에 의해 혁파되는 장소이다. 왜냐하면 과거의 진정한 이미지는 매 현재가 스스로를 그 이미지 안에서 의도된 것으로 인식하지 않을 경우 그 현재와 더불어 사라지려 하는 과거의 복원할 수 없는 이미지이기 때문이다. 역사가가 과거에게 흥분된 가슴으로 가져다주는 복음은 어쩌면 그것이 열리는 순간 공허한 소리가 되어버릴지 모를 어떤 입에서 나오기 때문이다. 역사가가 지나간 과거에 대해 수행하는 구제는 다음 순간에 이미 구제 불가능하게 상실될 어떤 것을 두고 하는 방식으로만 착수될 수 있다.

12 [7번째 테제/테제 A]

유유자적하며 서사하는 역사주의의 바탕에 놓인 것은 좀더 자세히 들여다보면 감정이입이다. 쿨랑주는 그가 역사가들에게 다음과 같이 권할 때 바로 그 감정이입에 호소한다. 즉 역사가들이 지나간 어떤 시대를 추체험하고자 한다면 그가 이후 역사의 진행에 관해 알고 있는 모든 것을 머리에서 떨쳐버려야 할 것이다. 역사적 유물론과 대치되는 방법을 이보다 더 잘 특징지을 수 없다. 역사주의는 역사의 여러 계기들 사이에 인과적 결합을 세우는 데 만족한다. 그러나 어떠한 사실도 그것이 원인이라는 이유로 이미 역사적 사실이 되지는 않는다. 그것이 역사적 사실 정황이 되는 것은, 사후(死後)에, 수천 년의 세월이나 동떨어져 있을지 모를 사건들을 통해서이다. 이러한 점을 전제로 출발하는 역사가는 사건들의 순서를 마치 염주처럼 손가락으로 헤아리는 일을 중단한다. 그는 그 자신의 시대가 과거의 특정한 시대와 함께 등장하는 성좌구조(Konstellation)를 포착한다. 그는 그렇게 해서 메시아적 시간의 파편들이 박혀 있는 '지금시간'으로서의 현재의 개념을 정립한다. 이 개념은 역사기술과 정치 사이에 연관을 만들어내는데, 그 연관은 기억과 구원 사이의 신학적 연관과 동일하다. 이러한 현재는 사람들이 변증법적이라고 칭할 수 있는 이미지들 속에 표현된다. 그 이미지들은 인류의 '구제적 착상'을 나타낸다.

11 [16번째 테제]

경과하는 시간이 아니라 그 속에서 시간이 멈춰서 정지해버린 현재라는 개념을 역사적 유물론자는 포기할 수 없다. 왜냐하면 그러한 현재 개념이야말로 그때그때 역사가 기술되는 현재를 정의하기 때문이다. 이상하게 들릴지 모르지만, 이러한 현재는 예언의 대상이다. 그 현재는 그러니까 미래의 것을 예고하지 않는다. 그 현재는 단지 무엇이 종을 울렸는지 진술할 뿐이다. 그리고 정치가는 우리가 그것을 말하기 위해 얼마나 예언자가 되어야 하는지를 잘 알고 있다. 우리는 이 현재의 개념이 튀르고에 의해 정확하게 포착되고 있음을 알 수 있다. 그는 이렇게 쓰고 있다. "우리가 사물들의 주어진 상태에 관한 정보를 얻기 전에, 그 상태는 이미 여러 번 변했다. 그래서 우리는 일어난 일에 대해 항상 뒤늦게 알게 된다. 그렇기 때문에 사람들은 정치라는 것은 현재를 미리 예언하는 데 의존할 수밖에 없다고 말한다."[28] 우리는 역사에 대해서 똑같은 것을 말할 수 있다. 역사가는 과거를 향한 예언자이다. 그는 자신의 시대를 흘러간 불행들의 매체 속에서 본다. 이로써 그에게 서사의 유유자적함은 사라진 셈이다.

XVa [테제 A]

역사주의는 역사의 여러 계기들 사이에 인과적 결합을 세우는 데 만족한다. 그러나 어떠한 사실 정황도 그것이 원인이라는 이유로 이미 역사적 사실 정황이 되지는 않는다. 그것이 역사적 사실 정황이 되는 것은, 사후(死後)에, 수천 년의 세월이나 동떨어져 있을지 모를 사건들을 통해서이다. 이러한 점을 전제로 출발하는 역사가는 사건들의 순서를 마치 염주처럼 손가락으로 헤아리는 일을 중단한다. 그는 역사란 서사될 수 있는 어떤 것이라는 생각에 더는 예속되지 않는다. 유물론적 연구에서 서사적 연속성(epische Kontinuität)은 구성적 논리정연함(konstruktive Schlüssigkeit)을 위해 붕괴될 것이다. 마르크스는 자본의 '역사'가 이론의 강철 같고 광범위한 틀로서 나타난다는 점을 깨달았다. 그 역사는 마르크스 자신의 시대가 역사 속의 아주 특정한 예전의 계기들과 함께 등장한 성좌구조를 포착한다. 그 역사는 메시아적 시간의 파편들이 박혀 있는 '지금시간'으로서의 현재의 개념을 내

---

28) 앞에 나온 '인식 가능성의 현재' 단락 참조.

용으로 갖는다.

[테제 B]

{우리는 미래를 조사하는 마법적 의식들에서 시간, 무엇을 자신의 품에 숨기고 있는지 사람들이 캐묻는 그 시간은 균질하지도 않고 공허하지도 않은 시간으로 표상된다는 점을 상상해볼 수 있겠다. 이 점을 염두에 두는 사람은 아마 회상 속에서 과거의 시간이 어떻게 경험되는지 가장 잘 보게 되는데, 즉 그와 똑같이 본다. 알려져 있다시피 유대인들에게는 미래를 연구하는 일이 금지되었다. 우리가 역사에 대한 그들의 신학적 관념의 정수를 볼 수 있는 회상은 마법이 종속된 미래를 탈마법화한다. 하지만 그렇다고 해서 그 역사관은 미래를 공허한 시간으로 만들지 않는다. 오히려 그 역사관에게 매초는 메시아가 들어올 수 있는 작은 문이다. 그 문이 움직이는 돌쩌귀가 회상이다.}